제2판

사회복지정책론

정영숙 · 서종수 · 김문수 · 이미영 · 이우구 · 양지훈

KNOWLEDGE COMMUNITY 공동체

머리말

오늘날 급속한 사회변화 속에서 한국사회의 복지정책도 빠르게 변화하고 있다. 사회복지서비스가 사회서비스로, 국민복지의 프레임이 국민행복의 프레임으로 확대되어 감에 따라, 사회복지정책의 주요 대상이 취약한 계층에서 전체, 모든 국민에게 확대되고 있다. 특히 사회복지의 중요한 정책 중 하나였던 기초생활보장제도에서 부양의무자 기준이 삭제된 것은 이러한 복지의 보편적 성격을 드러낸 것이라 할 수 있다.

사회복지정책이 행정을 거쳐 서비스로 전달되는 거시적 관점을 이해해야만 뛰어난 사회복지사로서 기능할 수 있다. 그러나 많은 경우 학생들은 사회복지 실천가로서의 자신의 역할을 규정짓는 경우가 많다 보니 직접 클라이언트를 만나서 실천하는 것에 대한 관심은 높으나, 사회복지정책에 대한 관심은 학생들에게 있어 다소 미미한 것처럼 보인다. 우리나라의 사회복지는 외원기관이 갑작스럽게 빠져나감에 따라 국가에 의존하는 비율이 높으며, 따라서 민간이 주도적인 정책의 흐름을 형성하고 만들어 가기보다는 국가에 의해 좌우되는 경우가 많다. 따라서 국가가 어떠한 관점의 정책을 추진하고, 운영하고 있는가를 이해하는 것은 매우 중요하다 할 수 있다.

이미 다수의 사회복지정책론 저서가 있음에도 본 저서를 출간하는 의도는 교육자의 관점에서 '사회복지정책'의 중요성을 토대로 한 또 다른 애정과 사회복지정책의 중요성 때문이다. 특히 점차 이익집단이 정책형성에 미치는 영향이 증가함에 따라 사회복지 관련 이슈를 어떻게 정책화하느냐는 매우 중요하다 할 수 있다. 이러한 내용들을 많이 담아내고자 하였다.

많이 미흡하지만, 본 저서가 현장에서 전문 사회복지사로 성장하기 위해 사회복지정책의 전문지식을 습득하기를 원하는 사회복지사들의 지침서로 활용되기를 바란다. 교재 내용은 크게 2부로 나누어 사회복지정책 이론과 한국의 사회복지정책으로 구분하였다.

제1부에서는 사회복지정책을 전반적으로 개관하고 사회복지정책의 특성, 사회복지정책발달과 이론, 사회적 이슈와 정책의제설정 과정, 정책모형과 정책평가 등을 중심으로 기술하였다. 또한 사회복지정책결정의 의의 및 과정에 대해 살펴보고, 사회복지정책이 합리성을 갖추기 위한 평가의 필요성과 유형, 요인 등에 대해 상세히 다루었다.

제2부에서는 한국의 사회복지정책의 구체적 내용을 다룸에 있어 먼저 사회보장과 사회보험을 기능과 특성 중심으로 살펴보고, 국민연금, 건강보험, 산업재해보상보험, 고용보험, 노인장기요양보험에 관한 내용을 다루었다. 그리고 공공부조의 의미와 원리를 살핀 후 국민기초생활보장제도, 대상별 사회복지서비스 내용에 관해 설명하였다.

출판을 위해 원고를 검토하다 보면 늘 부족한 부분을 새삼 발견하곤 한다. 보완되어야 할 부분은 앞으로 더욱 성실하게 겸손한 자세로 개정해 나갈 것이다. 끝으로 사회복지 분야의 중요 서적들의 출판을 통해 한국의 사회복지 발전에 이바지하고, 또 이 교재를 한 권의 책으로 엮을 수 있도록 도와주신 도서출판 공동체에 감사를 드린다.

2026년 2월

저자 일동

차 례

PART

01

사회복지정책 이론

CHAPTER 01

사회복지의 개념

제 1 절 | 사회복지의 개념적 정의

1. 협의 및 광의의 개념

사회복지에 관한 다양한 정의는 여러 문헌에서 찾을 수 있다. 그러나 이들 정의에 본질적 차이가 있는 것은 아니다. 간단히 말하면, 사회복지란 사회문제를 해결하고 인간의 기본 욕구 충족을 위한 기능을 수행하는 사회적이고 조직적이며 체계적인 활동이다. 사회복지는 정부와 민간 부문의 활동으로 이루어지며 다수의 전문직을 포함하지만, 사회사업에만 국한되는 것은 아니다. 사회복지는 욕구가 있는 사람들을 위한 제도적 프로그램인 데 비해 사회사업은 사회복지제도에 의해 수반되는 계획적 변화 활동을 관리하는 전문직 중 하나이다(전재일 · 정영숙 · 배일섭, 2009).

사회복지는 좁은 의미와 넓은 의미로 정의할 수 있다. 좁은 의미의 사회복지는 고통과 빈곤을 경감시키는 것에 목적을 두고 있는 사회, 공공 또는 민간의 비영리 기능과 활동을 포함한다. 이에 비해 넓은 의미의 사회복지는 미국사회복지사협회의 정의와 맥락을 같이한다. 사회복지는 사회유지에 필수적인 사회적, 경제적, 교육적, 보건의료적 욕구를 충족하는 것을 돕는 프로그램, 급여, 서비스 체계로서 사회구성원의 복지와 관련된 조직적 활동을 말한다. 이러한 활동에는 사회복지사를 비롯하여 상담사, 사회사업가, 의사, 간호사, 법률가, 교사, 기술자, 성직자 등의 다양한 전문가들이 참여한다.

모든 국가는 질병, 장애, 실업, 빈곤, 폭력, 차별 등으로 인한 불이익과 불안정으로부터 국민을 보호하는 데 목적을 둔 사회복지정책과 프로그램을 구축하고 있다. 이러한 정책이나 프로그램이 지향하는 것은 기후변화, 홍수, 지진, 화재 등의 자연재해를 예방하고 사회질서를 유지하기 위한 활동도 포함되는데 이는 궁극적으로 인간의 삶에 적지 않은 영향을 미치기 때문이다. 그러나 사회복지에 기여하는 다양한 전문가들끼리의 고유한 전문 영역이 있기 때문에, 사회복지는 협소하게 이해되고 있다. 따라서 사회복지는 좁은 의미로 인식되는 경향이 있으며, 사회복지사의 주된 역할은 상담, 치료, 재활 등과 같은 직접적인 서비스를 욕구가 있는 대상에게 서비스를 제공하는 것을 주요 활동으로 한다.

사회복지를 구성하는 넓은 의미의 정의는 사회적 안녕을 유지하는 모든 조직적 활동과 사회적 반응을 포함한다. 이는 사회구성원으로서 개인이 누려야 할 최소한의 교육, 건강, 재활 등을 포괄하는 보호적 서비스와 공공부조나 사회보험 등과 관련된 활동에 초점을 맞추고 있다. 그러므로 사회복지는 사회문제를 해결하기 위해 공공기관과 민간이 하는 조직적 활동을 포함하며, 사회복지 프로그램은 조직이나 지역사회에서 도움이 필요하거나 욕구가 있는 대상에게 관련 욕구를 해결해 주기 위한 실천적 계획이다.

2. 제도적 · 잔여적 특성

사회복지 정책 및 프로그램에 대한 관점 중 제도적 · 잔여적 특성에 대해 살펴볼 필요가 있다. 이는 1958년 윌렌스키와 르보(Wilensky & Lebeaux)가 『산업사회와 사회복지(Industrial Society and Social Welfare)』라는 책에서 개념화하였다. 잔여적 특성이란 개인 또는 가족의 기본 욕구를 충족하는 데 필요한 자원이 부족하거나 없으면 관련 기관에서 개별주의 차원에서 필요한 서비스를 제공하는 것이다. 즉, 가족과 시장이 제기능을 하지 못할 때 개입하는 것이며, 따라서 일시적이고 보충적인 성격을 가진다. 반면 제도적 특성은 문제나 욕구가 있으면 개별적 차원이 아닌 공식적인 사회체계 내에서 기본 욕구 충족에 필요한 서비스를 요구할 수 있다. 이는 욕구(needs)가 아닌 요구(wants)의 차원으로, 사람들이 만족할 만한 수준의 삶을 누릴 수 있도록 하는 제도적으로 기능하는 것을 의미한다. 이러한 두 가지 특성은 서비스 제공 차원에서 차이가 있으며 전반적인 흐름은 잔여적 특성에서 제도적인 것으로 변화하고 있다. 각 개념의 구성요소를 비교하면 <표 1-1>과 같다.

<표 1-1> 제도적 · 잔여적 사회복지의 특성

구분	잔여적	제도적
욕구	비정상적인 것으로 본다.	산업화에 대한 기대로 나타난다.
문제	긴급상황과 위기상황으로 구분된다.	복잡한 현대생활에서 파생한 것이다.
지원	인적, 물적 자원이 고갈된 경우에만 지원받을 수 있다.	지원받을 상황이 발생하기 전에 예방적 차원에서 제공된다.
지원 기간	지원은 일시적 개선을 위해 자선 형식을 취하고 조기에 종결되는 경향이 있다.	서비스는 예방과 재활을 강조하는 제도화된 것이고 영구적일 수 있다.
한계점	서비스 지원에 낙인이 수반된다.	서비스 지원에 낙인이 수반되지 않는다.
가치	개별주의에 토대를 두고 있다.	안전과 인본주의에 초점을 두고 있다.
주요 내용	공공부조	사회보험

제도화된 프로그램은 예방적 차원에서 제공하므로 사회보장이나 사회보험과 같이 욕구 정도를 예측할 수 있어야 한다. 그러나 잔여적 프로그램은 욕구가 발생한 후에 개별적으로 제공하므로 욕구에 대한 반응적 특성을 가지고 있다. 즉, 잔여적 프로그램은 기본 욕구를 충족시키지 못한 데 대한 반응에서 비롯된 것이다.

또한 지원 기간 면에서 제도적 프로그램은 지속적인 특성을 가지고 있는 데 비해 잔여적 프로그램은 관련 제도가 기본 욕구를 충족시킬 만큼 충분한 기능을 수행한 경우 철회하는 특성이 있다. 예를 들면, 경기가 침체기에 접어들면 다수가 일자리를 잃고 소득을 상실하게 된다. 이런 경우, 정부는 잔여적 프로그램의 일환으로 긴급실업수당을 지급하고 더불어 직업알선 및 직업훈련 등을 지원하게 된다. 상황에 따라 잔여적 프로그램은 제도적 프로그램으로 전환되기도 한다. 국민기초생활보장제도와 같은 공공부조 프로그램이 대표적인 예이다.

티트머스(Titmuss)는 사회활동을 시장에서 이익을 추구하는 활동과 복지를 지향하는 활동으로 구분하였다(Titmuss, 1963). 이 정의에 따르면 모든 비시장적 활동은 사회복지에 이념적 토대를 두고 있는 활동이다. 또한 사회복지 개념을 좁은 의미와 넓은 의미로 정의할 수 있다. 좁은 의미의 사회복지는 잔여적 개념을 내포하고 있다. 즉, 욕구[1]가 있는 취약 계층을 중심으로 전문기관에서 서비스나 프로그램을 통해 기본 욕구가 충족되드록 지원하는 활동을 의미한다. 넓은 의미의 사회복지는 보편적 차원에서 모든 사람의 삶의 질을 보장할 수 있도록 다양한 주체의 상호 유기적 연계하에 체계적으로 이루어지는 복지활동을 말한다. 오늘날 널리 적용되는 사회보장제도는 넓은 의미의 사회복지이고 한부모 세대, 소년소녀가정 지원, 국민기초생활보장제도, 의료급여 등은 좁은 의미의 사회복지이다.

사회복지가 무엇인가에 대한 개념적 정의에서 어떤 영역들이 포함되어야 하는가에 대한 논의는 지금도 여전히 이루어지고 있다. 넓은 의미의 사회복지가

---

1 욕구와 필요는 개념적 차이가 있다. **욕구**(need)는 인간이 생존하고 존립하기 위해 무언가를 필요로 하는 것이다. 예를 들면, 최소한의 주거 공간, 기본 영양소를 갖춘 식사, 마실 수 있는 물, 육체적 자존감과 추위나 더위로부터 보호해 줄 수 있는 의복, 건강유지를 위한 의료 보호, 교육받을 기회 등은 인간의 생존과 존립에 절대적으로 필요한 것이므로 욕구 범위에 속한다. **필요**(want)는 갖고 싶고 소유하면 좋은 것을 의미한다. 즉, 생존 차원은 아니지만 갖고 싶고 가질 수 있으면 행복하고 좋은 것은 필요 범위에 속한다.

비공식 영역보다 공적 제도에 초점을 두어야 한다는 주장도 만만치 않았다. 그러나 최근 들어 제도적 사회복지가 공적 체계뿐 아니라 비공식적 원조체계와 연계될 필요가 있다는 점을 강조하고 있다. 예를 들면, 상담서비스 이용을 권하는 이웃사람, 종교인, 주민 갈등을 중재하는 지역주민 등은 비공식 원조체계의 일부이며 넓은 의미의 사회복지 범위에 포함된다고 볼 수 있다.

3. 경제적 측면과 사회복지 개념

1) 복지와 표준

복지(welfare)란 인간생활의 이상적인 상태 또는 표준을 나타내는 개념이다. 따라서 복지 개념의 이면에는 이상적 상태나 표준에 도달하려는 욕구가 내재되어 있고 현실과 표준 간의 격차로 인한 문제를 엿볼 수 있다. 표준(standard)이란 도달하기를 희망하는 수준을 의미하며, 삶을 보는 시각은 하나의 표준을 형성한다. 따라서 복지에 대한 개념은 삶을 보는 시각이 절대적인지, 상대적인지 또는 고정적인 것인지, 변화와 관련된 것인지에 따라 달라질 수 있다. 만약 복지 수준을 절대적 시각에 기준을 두고 평가한다면 개인의 표준이 중요한 변수가 된다. 그러나 상대적 시각에 초점을 둔다면 개인이나 집단의 복지는 다른 사람이나 집단의 표준과 비교한 것에 무게가 실리게 된다.

우리 사회에서 복지에 대한 과학적이고 실증적인 정보에 대한 요구와 필요는 끊임없이 제기되어 왔다. 다수 학자는 한 개인, 한 가족 또는 한 집단의 삶의 수준이 적정한지, 용인될 수 있는 수준인지 그렇지 못한지에 대해 객관적으로 규명하는 방안을 연구해 왔고 집단 간 차이를 비교할 수 있는 표준 개념이 필요하다는 것에 공감하고 있다. 예를 들어, 'A 가족이 B 가족보다 형편이 더 좋다'라든가, '몇 년 전보다 현재의 형편이 더 좋아졌다'라고 할 때 이때의 형편은 비교를 토대로 한 상대적 측면을 내포하고 있다.

만약 표준을 객관적인 형태로 나타낼 수 있다면 표준은 복지 수준의 적절함을 나타내는 지표가 될 수 있다. 왜냐하면, 사회복지는 본질적으로 삶의 질이 표준에 도달할 수 있도록 지향하기 대문이다. 하나의 표준은 단일 현상에 대한 수준을 나타낼 수도 있고 또 가족이나 집단이 직면하고 있는 환경적 요소를 모두 포함할 수도 있다. 그런 의미에서 복지 개념을 반영하는 표준은 다음과 같은 부문에 적용할 수 있다. 첫째, 개인이나 가족, 집단, 또는 국민의 복지 수준을 측정하는 데 적용할 수 있다. 둘째, 개인과 가족 또는 집단 간의 상대적 복지 수준을 비교할 수 있다. 셋째, 관련 집단의 합리적 선택을 유도하는 데 적용할 수 있다. 넷째, 인적자원의 질이나 국민복지에 관한 사회적 목적을 실현하기 위한 기준이 될 수 있다.

2) 사회복지와 자원의 희소성

사회복지란 인간 생활의 이상 상태를 유지하고 개선하기 위한 표준에 도달하는 데 목적을 둔 사회적이고 조직적인 활동을 말한다. 사회복지에 대한 욕구와 이를 해결하고자 하는 정책적 노력은 어느 사회에서나 볼 수 있는 보편적 현상이다. 사회복지를 실현하기 위해서는 무엇보다 자원이 필요하다. 어떻게 보면 사회복지란 자원의 합리적 배분과 밀접한 관련이 있다. 그러나 문제는 복지에 대한 욕구는 무한하지만 이를 실현할 수 있는 자원은 한정되어 있다는 것이다. 이러한 자원의 희소성으로 인해 개인, 가족, 사회는 무한한 욕구 중에서 선택해야 하고, 선택한다는 것은 무언가를 포기해야 한다는 것을 의미하므로 기회비용이 발생하게 된다.

자원이 무한하다면 우리는 선택의 문제에 직면하지 않을 것이다. 왜냐하면, 욕구가 있는 곳이면 누구든, 어디든 필요한 자원을 제공할 수 있기 때문이다. 그러나 자원은 한정되어 있고 그에 비해 사회복지 욕구는 무한하므로 우리는 언제나 선택의 문제에 직면하게 된다. 문제를 해결하기 위한 정책 대안은 어떤 것이 있는가? 제한된 예산으로 어떤 대안을 선택해야 비용보다 효용이 큰 정책이 될 것인가? 이런 질문은 정책입안자가 정책을 만들기 전에 숙고하고 분석하여 질문에 대한 답을 가지고 있어야 한다. 이런 의미에서 사회복지정책론은 선택의 학문이라고 볼 수 있다.

제 2 절 | 사회정책, 사회서비스 및 사회사업

사회복지에서 종종 언급되는 몇 가지 다른 용어에는 사회정책, 사회서비스, 그리고 사회사업이 있는데, 사회복지를 이해하기 위해서는 이들 용어의 정의를 파악할 필요가 있다.

1. 사회정책

미국사회사업가협회에서 발행한 사회사업사전에 의하면 사회정책은 사회가 개인, 집단, 지역사회 및 사회제도 간의 관계를 규정하고 이 관계에 개입하는 방식을 제시하는 사회활동과 원칙이다. 이러한 활동과 원칙은 사회가 지향하는 가치 및 관습에 토대를 두고 있으며, 자원 배분과 인간의 삶의 질을 결정한다. 사회정책은 시장경제체제에서 파생되는 문제를 보완하고 인간의 삶의 질을 증진하기 위한 사회적 차원의 모든 정책과 제도를 포함한다. 일반적으로 고용정책 또는 경제정책이라고 하면 개념이 쉽게 이해가 된다. 그러나 사회정책이라고 하면 개념이 가지고 있는 포괄성으로 인해 선뜻 이해가 되지 않는 경향이 있다. 사회정책은 사회복지제도인 사회보험, 공공부조, 사회복지서비스를 비롯하여 보건의료, 고용과 노동시장, 인적자원 및 교육, 주택, 문화, 환경 등 다양한 영역의 정책, 법, 제도 등을 포함한다. 따라서 사회정책은 사회복지정책보다 더 포괄적인 개념이다.

사회에는 다양한 문제가 있으며, 어떤 문제든 다면적 특성이 있다. 예를 들어, 소득보장은 복지 부문의 주요 이슈이지만, 산업 및 고용 구조와 맞물려 있다. 그리고 고용은 인적자원 및 교육과도 밀접한 관계가 있다. 왜냐하면, 교육을 통한 인적자원 배출은 산업의 노동수요에 부응하는 측면이 있기 때문이다. 이런 다면적 특성으로 인해 소득보장에 대한 문제를 논할 때 노동, 교육, 경제정책과 더불어 복지정책에 대한 논의도 함께 이루어져야 소득보장에 대한 합리적 정책 대안을 구축할 수 있다. 따라서 비용보다 효용이 큰 합리적인 사회정책을 만들기 위해서는 다학문적 접근을 통해 대안을 모색해야 한다.

우리나라는 급속한 경제성장을 이루었고 그로 인해 삶의 질이 높아진 것도 사실이다. 사회정책 및 사회복지정책으로 사회안전망도 어느 정도 구축되었다고 볼 수 있다. 그러나 사회는 항상 변화 과정에 있으므로 현재의 사회안전망에 현실의 변화가 반영될 수 있도록 해야 한다. 사회정책에 투입할 수 있는 재원은 경기와 세수에 따라 차이가 있으나 늘 부족한 것이 일반적인 경향이다. 재원은 한정되어 있으나 욕구는 무한하기 때문이다. 즉, 사회적 수요보다 사회정책에 투입될 재원 공급이 부족하다.

부족한 재원을 효율적으로 사용하기 위해 무엇이 우선되어야 하는지에 대해 살펴볼 필요가 있다. 무엇보다 사회정책이 일관되게 추진될 수 있는 기반과 인프라가 구축되어야 한다. 사회는 역동적 속성을 가지고 있으므로 사회환경도 변하게 되고 그에 따라 사회정책도 변화를 수용할 수 있어야 한다. 그러나 정부가 바뀔 때마다 사회정책 기조에 큰 폭의 변화가 생긴다면 정책의 일관성이 유지될 수 없고 수혜대상자의 범위도 바뀔 수밖에 없는 불안정한 상태에 놓일 것이다. 여기서 중요한 점은 사회정책 변화에 대한 합리적 예측이 가능해야 한다는 것이다. 그러기 위해서는 정책 기조와 이를 유지하는 기반 및 인프라 자체가 일관성이 유지되어야 한다.

2. 사회서비스

사회보장기본법(제3조)에 의하면 사회서비스란 국가·지방자치단체 및 민간부문의 도움이 필요한 모든 국민에게 복지, 보건의료, 교육, 고용, 주거, 문화, 환경 등의 분야에서 인간다운 생활을 보장하고 상담, 재활, 돌봄, 정보의 제공, 관련 시설의 이용, 역량 개발, 사회참여 지원 등을 통해 국민의 삶의 질이 향상되도록 지원하는 제도를 말한다. 즉, 사회서비스는 인간다운 생활보장과 국민의 삶의 질 향상을 지원하는 제도를 포괄하는 개념으로 사회서비스에 종래의 사회복지서비스 영역이었던 복지, 보건의료, 교육, 고용, 주거, 문화, 환경 분야와 더불어 새로운 복지 수요인 돌봄, 정보의 제공, 역량 개발, 사회참여 지원도 사회서비스에 포함된다.

사회서비스와 사회복지서비스는 제공 범위와 특성에 차이가 있는데 이를 구체적으로 비교하면, 사회복지서비스 대상은 수급자 등의 빈곤계층인 데 비해 사회서비스 대상은 저소득층뿐 아니라 중산층까지 확대되어 있다. 서비스 내용의 경우, 사회복지서비스는 기본 생활만 보장하지만, 사회서비스는 일상생활을 지원하고 인적자본 확충을 위한 서비스까지 포함하고 있다. 재정지원에 있어서 사회복지서비스는 공급자와 공급기관이 지원하지만, 사회서비스는 수요자 지원방식을 병행하고 있다. 비용부담은 사회복지서비스의 경우 정부 지원이고 사회서비스는 수혜자가 일부 부담한다. 서비스 제공방식에도 차이가 있는데 사회복지서비스는 상대적으로 시설보호 중심이고 사회서비스는 재가서비스에 초점을 두고 있다.

<표 1-2> 사회서비스와 사회복지서비스의 차이점

구 분	사회서비스	사회복지서비스
대 상	저소득층, 중산층까지 확대	수급자 등 빈곤계층
서비스 내용	일상생활 지원, 인적자본 확충을 위한 서비스	기본적 생활보장 서비스
재정지원 방식	수요자 지원방식 병형	공급자(기관) 지원
비용부담	본인 일부 부담	정부 지원 중심
공급주체	제3섹터(지역사회 기관)	정부 중심
서비스 제공방식	재가서비스까지 확대	시설보호 중심

사회복지가 사회서비스로 과거보다 대상이나 내용 범위가 확대된 배경을 살펴보면 우선 저출산·고령화로 인한 인구구조의 변화, 핵가족화 등 가족구조의 변화, 여성의 경제활동참여 증가 등이 주된 요인으로 작용하고 있다. 이러한 요인은 가족과 지역사회에서 비공식적으로 담당해 왔던 아동, 노인, 장애인 등에 대한 돌봄 기능을 사회가 지원하는 돌봄의 사회화 요구로 연결하고 있다. 또한 저출산·고령화의 가속화로 인해 노동력 감소가 현실 문제로 대두되면서 노동공급의 양과 질을 높이기 위해 인적자원 개발을 위한 지속적인 투자의 필요성도 커지고 있다. 특히 인적자원 투자는 취약 계층 아동에 대한 교육투자로

기회의 평등을 실현하고 가난의 대물림을 방지한다는 차원에서 관심을 가져야 한다.

3. 사회사업

사회사업은 빈곤, 사회적 부조리, 인권침해 등으로 고통받거나 사회적으로 인간관계에서 기능수행에 문제를 겪고 있는 사람들이 문제를 해결하도록 또는 예방하도록 돕는 활동이다. 따라서 사회사업은 개인이 직면한 고통을 경감시키고, 추구하는 목표를 달성하며, 열망과 가치를 실현하도록 지원하고 인간행동에 영향을 미치는 사회환경 간의 상호작용에 관심을 두고 있다. 미국의 사회서비스 인력지침에 의하면 사회사업은 개인, 집단, 지역사회가 각자의 사회적 기능을 수행하고 능력을 회복하고 증진할 수 있도록 돕는 사회적 조건을 형성하는 전문적 활동이다.

사회사업이 지향하는 실천 목적은 다양하다. 필요한 서비스를 받을 수 있도록 지원하고, 개인이나 가족, 집단을 위해 상담과 심리치료를 제공하며, 지역사회에서 사회서비스나 보건서비스 전달체계가 원활할 수 있도록 사회사업의 가치를 기반으로 실천 기술을 정립하는 것이다. 따라서 사회사업실천은 인간발달 및 행동과 사회, 경제, 문화에 대한 정보뿐 아니라 이들 요인 간의 상호작용에 관한 지식도 요구한다.

사회사업은 사회복지나 사회서비스와 구별되는 개념이다. 사회사업은 하나의 전문 직업이다. 이 전문 직업은 주로 사회서비스 전달과 사회복지제도에서 운영된다. 사회복지는 사회사업을 실천하는 중요한 무대이고, 사회서비스는 사회사업을 통해 제공된다. 사회사업가는 사회복지 장면에서 중요한 전문적 제공자이다. 보건서비스 영역에서는 의사가 전문가집단이지만, 의료서비스를 제공하는 모든 사람이 의사가 아닌 것처럼, 사회서비스를 제공하는 모든 사람이 사회복지사는 아니다.

오늘날 사회복지사의 역할은 매우 다양하다. 사회사업가가 수행하는 가장 중요한 역할은 심리사회적 도움이 필요한 대상에게 프로그램을 연결해 주는 것을 비롯하여 상담, 심리치료, 복지사업관리, 사회복지정책분석, 정책 및 실습 개발, 사회 및 국제 개발, 공동체 구성, 변호, 사회사업교육 등이다. 사회복지사가 하는 역할을 수행내용별로 살펴보면 다음과 같다.

- 아웃 리치 워커

어려움에 직면해 있거나 취약하여 쉽게 위험에 처할 수 있는 개인, 집단, 지역사회 등이 있는지 찾아내어 문제의 본질을 규명하고, 환경과의 상호작용에 유리한 사회적 조건을 창출하는 사회복지사는 아웃 리치 워커의 역할을 하는 것이다.

- 중개자

사회복지사는 도움을 필요로 하는, 즉 필요한 서비스나 급여를 받기 위하여 기다리는 클라이언트에게 자원을 연결하는 역할을 수행하는 중개자의 역할을 수행한다.

- 옹호자

사회복지사는 클라이언트를 옹호하는 사람이다. 도움이 필요한 사람들, 어려움에 직면한 사람들의 인권과 존엄성을 위하여 사회복지사는 그들의 주장을 변론하거나 옹호하여 목적을 달성한다.

- 평가자

문제나 욕구가 있으면 그에 대한 정보를 수집하고, 사정하며, 개입 방향 및 행동 범위와 수준을 결정하는 사회복지사는 평가자의 역할을 한다.

• 동원자

이미 존재하고 있거나 새로운 집단을 소집하고, 적합한 정보를 제공하여 인지 또는 자각하게 하며, 조직하는 사회복지사는 동원자의 역할을 맡는다. 이렇게 동원된 조직은 지역사회조직의 일부로 볼 수 있다.

• 교사

정보와 지식을 전달하고 알리며, 사회적 기술을 개발하는 사회복지사는 교사의 역할을 한다. 이러한 역할은 공식적인 교실에서 할 수도 있고 교실 밖 장소에서 이루어질 수도 있다.

• 사회운동가

사회복지사는 사회운동가이자 행동하는 사람이다. 이러한 역할은 사회정의, 불평등, 상대적 박탈에 관심을 가지고 사회환경 변화에 초점을 두고 있다. 관련 역할을 하기 위해 실태를 파악하고 지역사회의 욕구를 분석하며, 조사연구, 정보 보급과 해석, 활동을 조직하는 기능 등을 행한다.

• 자문가

사회복지사는 클라이언트의 문제해결을 돕기 위해 자문가로서 일한다. 진행 중인 특정 문제에 대해 구체적인 사항에 대해 조언할 수 있고, 사회복지기관 외의 곳에서 피드백을 받을 수 없는 대상자에게 피드백을 제공하는 역할을 한다.

• 지역사회계획가

지역사회 프로그램의 개발에 있어서 이웃, 지역기관, 정부 등과 함께 일하는 사회복지사를 지역사회계획가라고 한다. 지역사회복지 계획을 수립하면서 주민의 복지 욕구를 파악하고, 관련 욕구를 효과적으로 해결하기 위하여 구체적인 계획을 세우는 데 참여한다.

- 자료관리자

사회복지 환경에서 발생하는 자료를 수집하고, 분류하며, 분석하는 사회복지사는 자료관리자이다. 이 역할은 슈퍼바이저나 관리자에 의해 수행될 수 있고, 필요한 기술을 가진 사무직원에 의해 수행될 수도 있다.

- 행정가

사회복지사는 행정가 임무를 수행한다. 합리적인 행정가라면 실행과정에 변화가 필요하다고 판단되는 즉시 행동에 옮길 것이다. 그러기 위해 관련 분야에 필요한 지식, 기술, 경험을 가짐과 동시에 일선 사회복지사를 지도・감독할 능력을 갖추어야 제 역할을 할 수 있다.

CHAPTER 02

사회복지정책의 개념과 특성

제 1 절 | 사회복지정책의 개념

1. 사회복지정책의 개념

1) 정책의 개념

정책(policy)에 대한 개념적 정의는 관점에 따라 학자 간에 차이가 있다. 이스턴(Easton)은 정책이란 사회적 가치의 권위적 배분(authoritative allocation of social values)을 위한 활동이라고 정의하였고, 티트머스(Titmuss)는 목표를 성취하기 위해 지향된 행동원칙이라 규명하였다. 라스웰(Lasswell)은 정책이란 목적이 지향하는 가치와 이를 실행하는 계획인데 이때의 계획은 정책결정 과정에 나타나는 일련의 행동을 의미하는 것으로 규정하고 있다. 맥그레(MacRae)는 다수에게 영향을 미치는 선택된 행동지침을 정책이라 정의하였다. 프레스맨과 윌다브스키(Pressman & Wildavsky)는 정책을 목표와 그 목표를 실행하기 위한 행동지침이라고 하였다. 트롭맨(Tropman)은 정책은 사회의 기본 방향에 상응하고, 이러한 방향은 사회와 집단의 철학이나 이념으로 표현될 수 있으며 그러한 철학과 이념 바탕하에 사회가 추구하는 목적을 달성하기 위한 구체적인 공공사업이나 활동으로 정의하였다. 마그라비(Magrabi)와 정영숙(1990)은 정책은 사회적 동의가 이루어진 가운데 형성된 가치나 목표의 성취 및 추구와 관련된 일련의 선택과 결정 과정을 포함한다고 정의하였다.

정정길 등(2010)은 정책이란 바람직한 사회를 이루려는 정책목표와 이를 달성하는 데 필요한 정책수단에 대하여 정부 기관이 권위적·공식적으로 결정한 기본 방침이라고 하였다. 개념적 정의를 하는 데 있어서 학자마다 관점을 어디에 두는가에 따라 다양한 측면에서 규명할 수 있으나 공통적으로 정책 개념을 목표와 수단의 결합으로 보고, 정책이란 문제해결을 위해 정립한 목표를 달성하기 위한 행동원칙 또는 행동지침이라고 보았다.

2) 사회적 가치의 권위적 배분과 정책

사회복지정책은 자원을 어떤 기준에 의해 배분할 것인가와 밀접한 관련이 있다. 그런 의미에서 사회적 가치의 권위적 배분에 대해 살펴볼 필요가 있다. 이스턴(Easton)이 말한 사회적 가치의 권위적 배분은 자원을 어떤 원칙에 의해 배분할 것인가에 대한 문제이다. 우리가 가진 자원이 욕구만큼 무한하다면 분배하는 데 있어서 원칙이 필요하지 않다. 그러나 자원의 희소성이라는 현실적 문제로 인해 항상 자원보다 배분해야 할 집단이 많으므로 사회적 갈등과 이해관계가 형성된다. 다양한 이익 집단의 욕구를 제한된 자원으로 배분하기 위해 대안을 모색하고, 합리적 대안을 선택해서 정책으로 만든다. 이처럼, 정책이란 본질적으로 희소한 자원을 어떤 가치를 기준으로 갈등적 배분을 합리적 배분으로 연결할 것인가에 관한 것이다.

사회적 자원 배분에 권위가 수반되어야 하는 이유는 희소한 자원을 어떻게 나눌 것인지를 결정하는 권한을 누구에게 어떻게 부여할 것인가의 문제와 맥락을 같이하기 때문이다. 사회에는 다양한 욕구를 가진 집단이 존재하고 자원 배분에는 언제나 이해관계가 상반된 집단이 정부의 결정이나 정책지침을 수용하지 않는 경우가 종종 있다. 즉, 정부의 결정이나 정책지침으로 인해 상대적으로 득실을 보는 집단이 생기고 그 과정에 욕구가 반영된 집단과 그렇지 못한 집단 간에 갈등과 저항이 생길 수 있으므로 권위가 부여된 조정이 필요하다.

강압적 힘이 강제될 수 있는 권위는 합리적 조건이 갖추어진 경우에만 적용 가능한데, 여기서 조건이란 정책이 어느 특정 개인을 위한 것이 아니라 사회 전체를 위한 것이어야 한다. 따라서 정책결정은 사회에서 이해관계를 가진 집단 간 갈등이 권위를 수반한 조정을 통하여 해소되는 과정을 거쳐야 한다. 즉, 사회문제로 거론되고 이슈화됨에 따라 이를 해결하기 위한 정책의제로 발전되어, 정책목표를 설정하며, 목표를 달성할 수 있는 대안들을 검토하여 하나의 정책대안을 채택하게 되는 일련의 활동을 포함하며, 활동결과의 산출물이 바로 정책이다.

마그라비(Magrabi)는 사회적 동의가 이루어진 가운데 형성된 가치나 목표를 추구하는 과정에 다음과 같은 의문을 제기할 필요가 있다고 주장한다. 과연 사회의 소외계층이나 취약집단의 복지를 위해 어떤 정책이나 프로그램이 필요한가? 만약 정책이나 프로그램을 만든다면 어디에 초점을 두어야 하는가? 정책입안자는 소외계층이나 취약집단을 위한 정책의 필요성을 파악하고 그에 맞는 적절한 프로그램을 만들기 위해 현재와 미래에 발생할 수 있는 문제와 변화에 대해 인식하고 예측할 수 있어야 한다.

사회복지가 삶의 조건을 개선하는 데 목적을 둔 조직적인 활동이라면, 사회복지정책은 사회복지와 관련된 문제를 해결하는 데 있어서 사회적 동의가 이루어진 가치나 목표의 성취와 관련된 일련의 선택과 결정 과정을 포함하는 것이다. 사회복지정책을 만들 때는 이스턴의 주장과 같이 사회적 가치의 권위적 배분을 고려해야 한다. 즉, 복지정책이 지향하는 바가 인간의 삶의 질을 향상하는 데 있으므로 정책 원칙을 형성하고 집행하는 과정에 인간의 존엄성과 사회적 가치가 전제되어야 한다.

2. 사회복지정책의 특성

1) 인간 지향적

사회복지정책의 기본 가치는 인간의 존엄성을 지키기 위한 인간 지향적이다. 사회의 구성원으로서, 누구나 인간의 존엄성이 보장되고 그 사회가 지향하는 가치체계 안에서 인간으로서 대우받을 수 있는 생활이 보장되어야 한다. 사회복지정책의 적용대상은 모든 사람이지만, 기본적으로 인간으로서 존엄성이 훼손당하거나, 인간으로서 대우받을 수 있는 환경이 위협받고 있거나, 위협받을 수 있는 환경에 노출된 사람이나 집단을 주요 대상으로 한다. 인간의 존엄과 가치가 사회복지정책에 어떻게 반영되는가는 그 사회의 관습, 전통, 관념, 문화 등에 의해 결정되고 이러한 요인이 지배적 가치체계를 형성하므로 가치체계에 변화가 생기면 사회복지정책의 내용과 방향도 달라진다.

2) 소득재분배

사회복지정책의 특성을 단적으로 말하면 소득재분배를 위한 정책이다. 인간의 존엄성도 정책결정에 필요한 사회적 가치의 권위적 배분도 모두 소득재분배를 통해서 달성할 수 있다. 정부는 보조가 필요한 집단을 돕기 위해 정책을 만들며 이러한 정부 정책은 소득재분배에 영향을 미치게 된다. 농민을 보호하기 위한 소득재분배정책을 예로 들면, 이 정책의 목적은 농민들의 소득을 사회가 수용할 만한 수준으로 유지하는 것이다. 이러한 정책이 만들어지는 과정에 관련 정책이 소득재분배의 목적을 충실히 수행할 수 있는지, 그 혜택이 누구에게 돌아갈 것인지, 누가 그 비용을 부담할 것인지에 대한 검토가 이루어져야 한다. 가격보조제나 잉여농산물의 수매와 관련된 농민을 위한 정책은 정부지출을 수반하게 되고 정부는 납세자로부터 세금을 거두어 지출을 충당한다. 또한 정부는 소비자로 하여금 인위적으로 시장가격보다 높게 형성된 농산물을 구매하게 하는 방법을 통해서도 소득재분배를 한다. 이처럼 사회복지정책은 소득이전(income transfer)을 목적으로 수립되는 것이 특징이며 이 과정에 재분배의 효과가 나타난다.

소득재분배는 사회복지정책에서 차지하는 비중과 중요성에도 불구하고 항상 여러 면에서 논란의 소지를 안고 있다. 이유는 소득이나 가치 배분이 한편에서 다른 한편으로 일방적으로 이전되므로 비용부담자와 수혜자 간에 갈등이 있기 때문이다. 그리고 때로는 사회복지정책결정 과정에 복지정책 대상인 취약계층의 욕구가 반영되지 않고 오히려 기득권층의 의견이나 혜택이 우선되는 방향으로 정책이 수립되기도 한다. 실제로 사회복지정책이 인간의 존엄성과 가치를 준수하는 가운데 사회체제의 존속과 유지를 위한다는 명분으로 취약계층의 욕구가 충분히 반영되지 못한 부분이 적지 않다. 사회복지정책의 궁극적 목적이 사회통합에 있고 취약계층의 상대적 박탈감이 사회통합에 큰 영향을 미친다는 점을 고려한다면 진정한 의미에서의 소득재분배가 이루어지기 위해 이들 취약계층의 욕구가 반영될 수 있는 채널이 열려 있어야 한다.

3) 개별적 욕구 충족

사회복지정책이 보편적 성격을 지닌다고는 하지만, 아직까지 사람들에게 제공되는 서비스는 개인차가 있다. 국방정책은 모든 국민에게 정책의 효용성이 균등하게 제공된다. 즉, 국방정책을 통하여 특정한 이득을 보는 집단이 있거나, 집단에 따라 그 내용이 달라지지 않는다. 그에 반하여 사회복지정책은 정책마다 서비스 대상이나 내용에 차이가 존재한다. 빈곤한 클라이언트에게는 소득지원이 이루어진다면, 아픈 사람에게는 의료서비스가 제공된다. 이처럼 사회복지정책은 대상에 따라 서비스의 내용이나 질에 차이가 존재한다. 따라서 사회복지정책은 개별적 욕구 충족의 특성을 가진다.

4) 직접적 욕구 충족

경제정책은 시장의 규제나 완화를 통해 경제에 영향을 미침으로써, 임금이나 일자리에 영향을 주는 간접적인 방식으로 인간의 욕구를 해결한다. 그에 반하여 사회복지정책은 빈곤에 대해 직접적으로 개입하여 현금과 현물 서비스를 제공함으로써 개별적인 욕구 충족을 추구한다.

5) 내용 포착이 어려움

사회복지정책은 경제적, 화폐적 계량화가 어려워 개념화와 내용 포착이 용이하지 않다.

6) 비용과 효용의 양면성

모든 정책은 비용과 효용의 양면을 지니고 있으므로 정책을 만들 때 비용과 효용을 추정할 수 있어야 한다. 그리고 이러한 비용을 누가 부담해야 하는지도 결정해야 한다. 농민보호 정책의 경우 인위적으로 인상된 가격에 의해 농산물을 구매하게 될 때 고소득층과 도시 빈곤계층이 받게 되는 영향은 다르다. 이유는 일반적으로 소득에서 차지하는 식비 비율이 고소득층이나 중산층보다 빈곤계층이 월등히 높다는 점을 고려할 때, 고소득층이나 중산층보다 빈곤계층이 농산물을 구매할 때 상대적으르 더 지급하기 때문이다. 이는 농민 보호를 위한 가격 인상 혜택이 농민들의 소득을 증가시키는 효과는 있으나 이 과정에서 발생하는 비용 일부를 도시 빈곤계층이 부담하게 되는 결과를 초래하게 된다는 것을 시사한다.

이러한 예를 통해 사회복지정책이 때로는 정부 의도대로 빈곤층에게 혜택을 주지 않는다는 것을 알 수 있다. 따라서 관련 정책의 비용과 혜택을 자세히 분석할 필요가 있고, 그러한 정책을 적용할 때 인간의 존엄성을 고려한 가운데 소득재분배가 이루어지고 있는지에 대해 명확한 검토를 해야 한다. 만약 정책 설정 시 비용과 혜택에 대한 분석 없이 정책을 집행하게 되면 복지정책이 오히려 빈곤 계층에게 비용을 부담하게 하고 그들이 지급한 비용 일부를 상대적으로 부유한 농민이 누리게 되는 결과를 낳게 된다.

3. 사회복지정책 영역 및 범위

1) 사회복지정책의 주체와 객체

사회복지정책의 주체는 정책을 만들고 집행하는 기관으로서 국가, 지방자치단체, 공공 및 민간 복지기관, 그 외 비정부단체가 포함된다. 정책의 주체를 정의하는 데 있어서 정책결정 과정에 직접 관여하는지 아니면 간접적으로 영향을 주는지에 따라 사회적 가치의 권위적 배분 범위와 내용이 달라질 수 있다. 즉, 가치의 권위적 배분은 문제의 인지, 사회적 이슈, 정책의제 형성, 정책결정, 정책평가 등의 과정이 포함되므로 문제의 인지와 관련 문제가 사회적 이슈가 되는 과정 그리고 정책의제로 형성되기까지는 민간단체나 기관, 지역주민, 이익단체 등의 역할이 크다고 볼 수 있다. 그러나 정책의제가 형성된 후의 정책결정 과정에서 권위가 부여된 정부 역할이 강화된다.

사회복지정책의 객체는 정책이나 프로그램이 적용되고 혜택을 받아야 할 대상(target group)이다. 정책대상을 일률적으로 규정하기는 어렵고 일반적으로 각각의 정책이나 프로그램의 성격과 목적에 따라 대상이 정해지는 경향이 있으나 정책 영역과 대상의 범위에 대해서는 다양한 견해가 있다. 적용 범위에 따라 규정하면 좁은 의미로는 기본생활능력이 없는 아동, 노인, 장애인, 실업자 등이 포함되지만, 넓은 의미로는 현재 기본생활능력이 없는 대상뿐 아니라 미래의 생활이 위협을 받을 가능성이 있는 경우까지 포함하므로 모든 국민이 객체가 된다. 그러나 넓은 의미에서 정책의 객체를 규정하는 것이 정책 범위를 확대하므로 정책의 특성이나 지향하는 바가 퇴색될 수 있고, 각각의 정책이 어떤 집단을 대상으로 하는가에 따라 정책 내용과 이를 뒷받침하는 논리적 근거가 달라야 하므로 정책형성 과정에 정책대상을 명확히 규정할 필요가 있다.

2) 사회복지정책의 범위

사회복지정책의 본질을 알기 위해 정책의 영역별 내용과 범위를 살펴볼 필요가 있다. 정책의 범위는 치료적 차원과 예방적 차원으로 구분할 수 있다. 치료적 차원은 현재 도움이 필요하고 기본생계 능력이 없는 대상에게 제공하는 기초생활 보장이나 의료보호 등과 같은 공적부조(public assistance)를 포함한다. 반면 발달이나 예방적 차원은 앞으로 도움이 필요하게 될 개연성이 있는 대상에게 제공하는 고용보험, 국민연금, 건강보험 등과 같은 사회보험을 의미한다.

최근에는 전반적 소득상승과 더불어 삶의 질 향상을 위한 분야나 생활환경과 관련된 분야도 사회복지정책 영역으로 간주한다. 복지를 논함에 있어서 초기에는 일반적으로 국가나 지역주민의 경제생활을 양적 방법으로 평가하는 경향이 있었으나 산업의 고도화에 따른 물질적 풍요로 인하여, 소득이나 국민총생산 등과 같은 양적, 경제지표도 중요하지만, 질적 측면에서의 삶의 질을 더 중시하는 방향으로 나아가고 있다. 삶의 질은 물질적 · 심리적 욕구를 충족하는 생활환경이나 조건이 수반되어야 하므로 삶의 질을 가치체계와 결부된 만족감 또는 행복감의 맥락에서 보게 되면서 삶의 객관적 조건뿐 아니라 생활환경까지도 복지영역으로 간주하고 있다. 삶의 질이나 행복에 대한 추구로 인해 국가의 정책 방향도 그에 맞추고 있다.

4. 사회복지정책의 기능

1) 사회문제의 해결

사회복지정책은 빈곤과 같은 사회문제 해결의 기능이 있다. 특히 과거에는 빈곤, 질병, 실업, 사망과 같은 노동력의 손실과 같은 구사회적 위험(old social risks)에 대한 개입을 해결하고자 하였다면, 오늘날에는 출산, 양육과 같은 새로운 사회적 위험(new social risks)에 대응하고자 한다.

2) 사회통합

자본주의 경제체제에서는 불평등과 같은 문제가 발생할 수밖에 없다. 사회복지정책은 이러한 불평등과 같은 사회갈등요인을 해소, 예방, 관리함으로써 약자들의 어려움을 해결하고, 경제사회적 격차와 불평등을 해소함으로써 사회통합을 추구한다. 즉, 공적연금이나 실업급여와 같은 정책 제도를 통하여 계층 간의 집단 격차를 완화함으로써 사회통합을 향상시키고, 사회적 안정을 증진할 수 있다.

3) 소득재분배

사회복지정책은 소득재분배를 추구한다. 기본적으로 시장에서는 일차적으로 능력의 원칙에 따라 자원이 배분되게 되는데, 이 경우 사회적 불평등이 심화될 수 있으므로, 사회적 약자의 보호 차원에서 필요의 원칙에 입각하여 소득의 재분배를 실시한다. 소득의 재분배는 세대 내 재분배인 수직적 재분배와 수평적 재분배로 구분할 수 있다. 수직적 재분배는 소득이 높은 사람에게서 낮은 사람에게 재분배하는 것으로 대표적으로 공공부조가 있다. 수평적 재분배는 위험이 발생하지 않은 사람에게서 위험이 발생한 사람에게로 재분배하는 것으로 대표적으로 산업재해보상보험이나 건강보험 등이 있다. 세대 내 재분배 외에 세대 간 재분배가 있다. 이는 재분배가 세대에 걸쳐 이루어지는 것으로, 대표적으로 국민연금제도가 있다. 국민연금제도는 자신이 적립한 자금에 기반하기도 하지만, 일정 부분 현 노동세대에게서 노인세대로의 소득 이전을 포함하기 때문이다. 마지막으로 시간적 재분배가 있다. 시간적 재분배는 동일한 사람의 생애 어느 한 시점의 소득이 다른 시점으로 재분배되는 것으로, 국민연금도 일부 이런 성격을 가지고 있으며 개인연금이 대표적이라 할 수 있다.

4) 경제안정

사회복지정책은 경제안정에 영향을 미칠 수 있다. 정부는 경제 호황기에는 정부의 지출을 감소시키고, 불황기에는 재정지출을 증가시킴으로써 경제적 안정을 도모한다. 따라서 사회복지정책은 불경기에는 실업급여나 공공부조(생계급여 등)를 통해 재정 지출을 증가시키며, 이는 구매력(유효수요) 증가로 이어져 소비가 증가하게 되고, 그에 따라 생산이 증가하고 투자와 고용이 유지 혹은 증가하게 된다. 반대로, 경제 성장기에는 정부가 일반적으로 이러한 프로그램에 대한 지출을 줄여 경제 과열을 방지한다. 실업급여나 공공부조와 같은 복지정책은 경기순환을 안정시키는 역할을 하며, 추가적인 정부의 조치 없이 자동적으로 실행되기 때문에 자동안정장치라고 한다. 따라서 사회복지정책은 경제와 관련하여 자동안정장치(built-in stabilizers or Automatic Stabilizer)로서의 기능이 있다.

5) 인적자본 투자

사회복지정책은 교육과 훈련을 통해 인적자본을 향상시키는 데 기여한다. 기본적으로 인적자본에 대한 투자를 통해 계층 간 이동을 가능하게 하는 장치로 기능함으로써 사회적 평등을 달성할 수도 있다. 또한 아동과 관련하여 각종 사회복지지원 프로그램을 통해 인적자본을 향상시키는 것은 장기적 관점에서는 질 높은 노동력을 생산함으로써, 경제성장에도 긍정적 영향을 미친다.

제 2 절 | 사회복지정책과 정치

1. 정치적 메커니즘

정책은 정치체제의 산물이라 볼 수 있으므로 정책과 정치는 밀접한 관련이 있다. 시장문제의 해결방법은 시장과정(market process)을 거치지만 사회문제의 해결방법을 대신할 수 있는 기구는 정치과정(political process)과 사회화 과정(social process)이다. 사회화 과정은 일반적으로 전통과 관습을 통해 문제를 해결하려 하므로 적용 범위가 지역적이거나 제한성을 띠기 때문에 보편적으로 고려되는 수단은 정치이다. 민주주의에서 정치과정은 정치적 의사결정에 근거하여 사회에서 발생하는 제반 문제를 해결하는 메커니즘(mechanism)이다. 메커니즘이란 민주사회에서 논란의 대상이 되거나 사회적 이슈가 되는 문제의 해결방안을 주로 협상이나 다수결 의사결정 방식(예를 들면, 투표)을 거쳐 사회구성원의 의견을 수렴하고, 수렴된 내용을 사회적 선택(social choice)으로 전환하는 기구를 의미한다.

정치과정에는 로비, 협상, 투표, 캠페인, 공청회, 소셜네트워킹(social networking) 등 다양한 활동이 수반되며 이런 과정을 통해 형성된 집단적 의사결정이 사회적 선택이다. 정치과정을 통해 사회적 선택으로 연결되는 경우를 예로 들면,

정부가 의료서비스의 적정 수준을 정하기 위해 의료에 대한 국민의 선호를 알아야 한다. 국민의 선호를 파악할 방법은 다양하다. 민주주의 제도에서 의료서비스에 대한 사회적 선호를 알 수 있는 직접적인 방법은 투표방식이다. 간접적인 방법은 선출된 국민의 대변자, 즉 정치인을 통해 의견을 수렴하는 것이다. 직접투표방식과 달리 간접 수렴방식에는 정부 관료나 이해관계를 가진 압력단체의 정치 활동이 개입될 가능성이 크다. 즉, 의료서비스를 위한 재정예산을 편성하고 심의하는 과정에 압력단체의 로비활동이 영향을 줄 수 있다. 그리고 정치인 다수는 자신의 지역구 주민의 선호와 욕구를 반영한 최종예산안이 결정되도록 할 것이다.

민주주의에서 소득재분배나 조세 부담 등의 법체제 개편과 관련된 복지정책은 종종 정치과정을 거쳐 결정된다. 이러한 정치과정은 소득이나 자원 이전을 비롯하여 자원 규모 및 재원조달을 위해 국민이 부담해야 할 정도를 결정하는 기구의 역할을 한다. 정치과정은 상호영향을 미치며 작용한다. 다시 말하면, 정치가 소득재분배를 통해 국민의 삶에 영향을 주지만 국민이 정부의 예산 규모나 조정정책을 결정하는 정치과정에 참여해 자원 배분이나 소득재분배에도 영향을 미친다.

2. 정부의 실패와 합리적 무시

사회문제를 해결하는 데 있어서 정치가 만병통치약은 아니며 때에 따라 정치가 논리적 모순에 빠져 국민의 선호를 왜곡함으로 인해 정부의 실패를 초래할 수 있다. 정부의 실패(government failure)란 정부 정책이나 정치과정을 거친 집단적 선택이 소득재분배 기능을 하지 못하는 현상으로, 시장실패와 대칭되는 개념이다. 이러한 정부의 실패는 여러 가지 요인에 의해 발생한다. 이해관계를 지닌 압력단체의 로비, 정치인들의 계산된 언행, 비효율적 정부 규모 등이다. 정부는 실업 문제를 해결하기 위해 고용 창출, 직업교육, 공공근로사업, 공공재 확대 등의 복지사업을 한다.

정부 사업 및 정책이 지닌 긍정적 측면도 있으나 실제 너무 많은 사업이 필요 이상으로 장기간 시행되는 사례도 적지 않다. 일반적으로 정부에 의한 공공사업의 과잉투자 및 확장은 합리성보다 이념이나 이해관계로 인해 경제성이 떨어지고, 이윤 동기에 대한 추구가 부족하여 효용보다 손실이 크며 그로 인해 다양한 문제가 발생할 수 있다. 또한 복지사업이 진행되는 과정에 관련 정치인과 민간단체의 이해관계가 형성되면 자원 배분의 왜곡을 가져오기도 한다.

때로는 정부가 정책을 합리적으로 집행할 의지가 있다 할지라도 특수 이익집단의 정치적 압력을 받으면서 경제 논리에 부합되는 정책을 추진하기가 쉽다. 따라서 정치인들은 정부의 재정적자에 대해 우려를 표하면서도 재정적자를 심화시키는 비효율적 정책이나 미래투자보다 현재 소비를 증가시키는 데에 찬성하는 경우가 종종 있다. 이유는 본질적으로 정치인은 국민이 현재 원하는 바를 제공함으로써 재선확률을 높이고자 하기 때문이다. 이러한 경향은 특히 선거가 임박한 시기에 장기투자 목적을 지닌 정책보다 단기적, 표면적 성과가 기대되는 소비 지향적 또는 현금 수혜적 차원의 복지사업을 확대하는 데 많은 재원을 투자하는 사례에서 잘 나타난다. 이런 투자는 결국 국민의 조세 부담을 가중하는 결과를 초래하게 된다.

그러면 국민은 이러한 것을 인식하지 못할 정도로 어리석은가? 그렇지 않다. 국민 대부분은 정부의 재정적자가 사회에 부정적인 영향을 준다는 것을 알고 있으나 주어지는 혜택은 직접적인 데 비해 수반되는 고통은 간접적이고 분산적이므로 합리적 무시를 하는 것이다. 합리적 무시(rational ignorance)란 최소 비용으로 최대 이익을 얻고자 하는 개인의 합리적 행위가 사회 전체에 불이익을 주고 부정적인 영향을 미치는 경우를 의미한다. 이런 경우는 공동의 이익을 추구하는 특수이익 집단에 의해 주로 발생한다.

최소의 비용으로 최대의 이득을 얻고자 노력하는 것은 합리적 행위이다. 그러나 이러한 합리적 행위가 공동의 이익 추구나 방어를 위한 집단행동으로 나타나는 경우 합리적 무시 현상이 나타날 수 있다. 이익집단은 집단활동을 통해 보조금 수혜 등 각종 특혜를 받는 경우가 있다. 이런 상황에서 개별 단위의 합리적 행동은 합리적 무시로 나타난다. 예를 들어, 특정 집단이 단체활동 및 정당과의 로비나 타협 등을 통해 보조금을 적정 수준 이상 많이 받아간다고 가정하자. 이에 대한 불공평함을 인지하는 다수의 개개인은 특정 집단에 맞서기보다 보조금 손해를 감수하는 것이 오히려 합리적이다. 왜냐하면, 개개인이 특정 집단에 맞서려면 시간과 엄청난 심리적 고통을 받아야 하고 그로 인한 혜택은 다수와 나누어야 하므로 개인에게 돌아오는 혜택이 너무 적기 때문에 합리적 무시를 하게 된다.

그러나 사회에서 합리적 무시 현상이 만연하면 상대적 박탈감이 커지고 사회통합에도 부정적인 영향을 미치게 되므로 경계해야 한다. 최근에는 민간단체나 비정부조직의 활동과 소셜네트워킹 등을 통해 정부의 비효율적 정책이나 재정적자, 정당과 이익집단 간의 담합이나 타협을 견제하는 경향이 강화되고 있다.

제3절 | 사회복지정책과 경제

종종 정책결정 과정에 다양한 문제에 직면하게 될 때 문제의 본질이 무엇인지를 제대로 파악하지 못하고 간과해 버리는 경우가 있다. 경제이론은 정책결정 과정에 발생하는 비용과 편익이 무엇인지, 어느 것이 더 큰지를 알려줌으로써 문제에 대한 올바른 해결책을 찾도록 도와준다. 우리는 다수의 사회문제가 본질적 의미는 무시된 채 정치적 해결이 이루어지는 것을 보기도 하고, 충분한 경제적 분석 없이 정책을 결정함으로써 비용과 편익의 전형적 대응이 일어나 엄청난 사회적 비용을 치르는 것을 보기도 한다. 따라서 문제의 본질을 파악하여 가능한 최적의 대안을 찾고자 하는 노력은 사회와 개인의 복지 향상을 위해 필수적이다.

1. 정책결정과 기회비용

어떤 정책이든 실행과정에 음양이 나타나기 마련이다. 즉, 국민복지를 위해 긍정적으로 작용하는 부분이 있는가 하면 반드시 그 이면에 사회적 비용을 수반하는 부정적인 부분 또한 있기 마련이다. 따라서 어떤 정책을 결정하든 그 정책이 국민복지에 미치는 편익이 실행과정에서 발생하는 비용보다 커야 하며 이러한 정책을 우리는 합리적 정책이라고 부른다. 정책결정을 할 때 기회비용의 개념은 매우 중요한 역할을 한다. 왜냐하면 정책결정에 기회비용이 적용되지 않는 부분은 없기 때문이다.

그러면 기회비용(opportunity cost)이란 무엇인가? 기회비용은 우리가 무엇을 선택하기 위해 포기해야 하는 대안에 대한 가치이다. 자원의 희소성으로 인해 어떤 정책을 결정하고 실행하기 위해서는 그에 상응하는 대가를 치러야 한다. '세상에 공짜는 없다(There is no free service in the world)'라는 격언은 동서양을 막론하고 있다. 이건 기회비용이 무엇인지를 보여주는 말이다. 국가는 국민복지를 증진하기 위해 다양한 정책과 프로그램을 개발한다. 그러나 국가가 활용할 수 있는 자원은 한정되어 있으므로 선택이 불가피하고, 선택한다는 것은 무언가를 포기해야 한다는 것을 의미하므로 어떤 정책을 선택하든 기회비용은 생기게 마련이다.

일반적으로 우리는 개인의 이익과 관련된 것에 관해 결정할 때는 기회비용을 고려한다. 그러나 그 결정이 개인과 직접적인 관계가 없고 다수와 관련이 있으면 고려하지 않는 경향이 있다. 정책결정자는 복지정책을 만들 때 기회비용을 반드시 고려해야 한다. 이유는 정책이란 여러 대안 중에서 하나를 택하는 것이기 때문이다. 기회비용을 고려하지 않으면 정책의 우선순위를 결정하기도, 정책의 남발을 통한 낭비도 막기 어렵다.

예를 들어, 한부모가족을 보호하기 위한 생활보호 정책을 선택함으로써 국민이 부담해야 하는 기회비용을 생각해 보자. 이러한 정책이 발표되면 일반인의 관심은 주로 이 정책이 가져오는 긍정적인 면, 즉 한부모가족의 경제 사정이 좋아지는 것에만 집중한다. 그러나 이러한 정책을 적용함으로 인해 상대적으로 더 열악한 가족에게 지원할 예산이 줄거나, 국민의 세금부담이 늘어나거나, 한부모가족의 자활 의지를 약화하는 것과 같은 기회비용에 관해서는 별반 관심을 가지지 않는다.

2. 자원의 희소성과 기회비용

자원이 풍부하면 기회비용 문제는 애초에 대두되지 않을 것이다. 그러나 자원은 제한되어 있으므로 정책을 결정할 때 기회비용은 반드시 고려해야 할 중요한 변수이다. 물론 한부모가족을 보호하기 위한 복지정책이 가지는 긍정적인 면도 있다. 그러나 긍정적인 면뿐 아니라 한부모가족 보호정책이 사회 전체에 미칠 영향도 예측할 수 있어야 한다. 흔히 우리 머릿속에는 정책의 직접적인 결과인 한부모가족의 사정이 좋아지는 부분만 연상되기 때문에 그러한 측면만을 긍정적으로 평가할 뿐 그것을 위하여 부담해야 할 기회비용은 고려하지 않고 있다.

다른 예로 최저임금제의 논점에 대해 생각해 보자. 최저임금제는 미국에서 빈곤계층에 속한 여성 근로자와 열악한 환경 속에서 일하는 근로자 그리고 기업이 낮은 임금으로 근로자를 착취하는 것을 반대하는 노동운동에서 시작하였고 그러한 운동이 발전하여 우리나라도 제도권 내에서 법안이 통과되어 실행되고 있다. 그러나 최저임금제가 지니는 긍정적인 취지에도 불구하고 그 법이 사회 전반에 미칠 영향에 대해 숙고해야 한다. 최저임금이 노동시장에서 수요·공급에 의해 결정된 균형임금보다 높게 책정된 경우 고용주에게는 임금인상과 같은 의미를 지니게 된다. 따라서 고용주는 근로자의 생산성만큼만 임금을 지급하려 하므로, 임금인상은 기업이 근로자를 더 고용할 수 없게 만든다.

다시 말하면, 근로자에 대한 수요가 일정한 경우 최저임금제는 근로자가 생산성에 이바지한 시장가치보다 임금을 더 높이는 것이므로 고용주는 한계근로자를 더는 고용할 수 없게 만드는 것이다. 균형임금 수준을 벗어난 최저임금 인상에 대한 불이익은 주로 취업하지 못한 청년층과 영세상공인이 피해를 보게 된다. 최저임금은 인상되었지만, 청년층에게는 그만큼 일할 수 있는 시간이 줄어들거나 사정이 좋지 않은 환경에서 일해야 하고 그나마도 일자리를 잃을 수 있는 위험이 발생할 수 있다. 그리고 경력이 없는 청년층은 사실상 단순 일자리도 구하기 어려운 상황에 직면하게 된다.

결론적으로 이 제도는 근로자의 복지를 높이고자 한 원래의 의도와는 반대로 오히려 일부 여성이나 노인, 청년층과 같이 상대적으로 생산성이 낮거나, 경력이 부족한 저숙련 근로자의 실업을 가져옴으로 인해 그들에게 더 큰 피해를 주게 되는 결과를 초래한다(North & Miller, 1994). 이러한 현상은 정책결정 과정에서 자원의 희소성과 그로 인한 기회비용을 자세히 분석한 뒤 비용보다 혜택이 큰 쪽을 선택해야 한다는 것과 그러한 합리적 선택이 국민복지를 증진한다는 점을 시사하고 있다.

CHAPTER

03 사회복지정책발달과 이론

제 1 절 | 사회복지정책발달

사회복지정책의 역사는 다양하게 정의되고 있으나, 본 장에서는 퍼지(Ferge, 1989)의 분류기준에 근거하여 빈민법 시기, 사회보험 시기, 복지국가 시기, 그리고 복지국가 후퇴의 시기로 구분하고자 한다.

1. 빈민법 시기

1) 엘리자베스 빈민법

1601년 엘리자베스의 빈민법(Elizabeth's poor law)의 출현배경은 16세기 영국의 엔클로저운동(enclosure movement)과 1594~1597년의 흉작 등으로 인한 부랑민의 증가이다. 엔클로저운동은 양모사업의 발달과 더불어 양모를 많이 획득하기 위하여 지주계급이 공동경작지에 울타리를 치고 개인 소유화하는 것이다. 그 결과 봉건제도의 붕괴를 가속화시키고 자본주의 산업화를 촉진하는 역할을 하게 되었다. 양모산업이 발달하기 이전에 공동경작지는 지주계급이 아닌 자들에게도 일정한 생산을 보장해 주는 환경이었는데, 공공경작지의 사유화로 인하여 수많은 사람이 자원을 잃게 되고 부랑민으로 전락하는 현상이 나타나게 되었다. 부랑민들은 먹고 살기 위해서 조금이라도 먹을 것을 더 얻을 수 있는 지역으로 이동하게 되었는데, 이로 인해 더 많은 구제가 이루어지는 교구로 몰림으로써 교구중심의 생활이 흔들리게 되며, 교구 내의 자선에 의한 구빈에는 한계가 있다고 판단하기에 이른다.

엘리자베스 빈민법의 주요 내용은 빈민을 노동능력이 있는 빈민, 노동능력이 없는 빈민(노령자, 만성질환자, 시각장애인, 정신병자 등), 그리고 빈민 아동으로 구분하고 그에 따른 대책을 제시하였다. 노동능력이 있는 빈민은 노동을 할 수 있는 작업장을 만들어서 강제노역을 시켰으며, 노동능력이 없는 빈민은 구빈원에서 생활하도록 하였다. 빈민 아동에 대해서는 수공업자에게 보내어 도제교육을 시켰는데, 도제교육을 통하여 의식주를 일단 해결하고, 수공업자에게 기술을 배움으로써 성인이 되어 독립할 수 있도록 하였다.

엘리자베스 빈민법은 빈민문제와 그 책임이 교회가 아닌 정부에 있음을 인정했다는 점에서 의의가 있다. 또한 노동능력을 기준으로 빈민에 대한 대책을 세웠다는 점에서도 합리적이라고 할 수 있으며 구빈원의 운영을 위해서는 교구별로 구빈세를 거두게 하였고 이를 지도감독하는 감독관을 임명함으로써 빈민행정기구가 수립되기에 이르렀다. 결국, 엘리자베스 빈민법은 세계 최초의 공공부조로서 사회복지의 시작이라 할 수 있다.

2) 정주법(1662)

산업화가 진행되면서 빈민들은 더 나은 일자리를 찾아 이동하기를 원하여 농촌빈민들이 도시로 유입되었으나 당시 빈민책임이 교구에 있는 상태에서는 유입되는 빈민들의 문제를 해결할 수가 없었다. 귀족과 교회는 교구사회를 안정적으로 유지하기를 원했고, 농업자본가들은 값싼 임금의 노동자들이 이동하는 것이 달갑지 않았다. 그리하여 농업자본가들이 귀족과 교회에 압박을 가하여 제정된 법이 정주법이다. 1662년에 제정된 정주법(Settlement Act)은 부랑민들의 이주를 제한하고 정해진 교구에 정착하게 하는 법으로 노동자들이 더 나은 일자리를 찾아다닐 수 없게 하는 일종의 탄압법이라고도 할 수 있다.

3) 작업장법(1722)

1722년에 제정된 작업장법은 당시 18세기 상업, 특히 무역을 통하여 국부를 축적하고자 하는 중상주의의 영향으로 작업장을 통한 빈민노동력을 활용할 필요성이 제기되었다. 작업장을 활용하여 구빈원으로 들어가는 자들이 작업장에서 일을 하게 함으로써 구빈세 납부자들의 재정부담이 감소하는 효과를 거둘 수 있었고, 이로 인해 납세자들이 좋아할 수 있는 법이었다. 작업장을 만들 수 있는 권한을 구빈감독관이나 교회 집사들에게 부여해 주었고, 작업장에 빈민을 고용하고 수용할 수 있는 권한과 작업장에 참여하지 않는 빈민에 대해서는 구제를 제공하지 않을 수 있는 권한까지 부여하였다. 이렇게 빈민의 노동력 활용을 위해 교구 연합으로 공동작업장도 설치할 수 있게 하였다. 결국 빈민법과 같이 작업장을 활용하는 법으로 노동의 장을 제공한다는 점에서는 긍정적이었으나, 실질적으로는 작업장의 생산물은 사기업과 경쟁에서 뒤떨어지고 경영면에서도 큰 이득이 없었다. 오히려 교구민의 세 부담만 증가하였고, 빈민의 강제노동, 노동력 착취 등과 같은 부정적 문제들이 나타났다. 이러한 작업장의 환경은 매우 열악할 수밖에 없었다.

4) 길버트법(1782)

1782년에 제정된 길버트법은 작업장 내에서의 강제노동, 노동력 착취와 같은 문제를 개선하기 위해 길버트가 제안한 법이다. 원내구제 원칙(작업장, 구빈원)에서 원외구제가 가능하도록 함으로써 작업장에서 노동을 하지 않고 직업을 얻을 때까지 자신의 집에 거주하면서 일자리를 제공받는 등의 구호를 받을 수 있도록 하였다. 이를 위해 유급 구빈사무관을 두고 운영하였는데, 이는 오늘날의 사회복지사의 시초가 된다. 길버트법은 작업장 내에서의 인권유린을 막기 위한 인도주의적 처우의 법이었다. 그러나 교구민의 구빈세가 다시 가중되기도 하여 일부 불만이 쌓이기도 하였다.

5) 스핀햄랜드법(1795)

1795년 버커셔주 스핀햄랜드 지역의 치안판사 회의에서 제정된 스핀햄랜드법은 길버트법의 인도주의적 처우에 이어 구빈세를 재원으로 저임금을 받고 있는 노동자들에게 최저선의 생활을 지켜주기 위한 일종의 임금보조제도이다. 즉, 근로능력이 없는 빈민에게는 최저한의 생활을 보장해 주고, 최저소득에 미치지 못한 빈민에게는 부족한 부분을 국가가 보충해 주었다. 최저 생계비의 기준을 빵 가격으로 하여 '버크셔 빵법'이라고 불리기도 한다. 이 법은 임금의 최저선을 맞추고자 하는 법이었고, 그 최저선의 삶을 보장하는 데 부양가족의 수를 기준으로 하였다는 점에서 가족수당이나 최저생활보장의 시작이라고 할 수 있다. 하지만 이 법을 악용하여 고용주들이 노동자에게 적절한 임금을 주지 않았으며, 구빈세 부담이 증가하고, 노동자들이 게으르고 나태해지는 부작용도 있었다.

6) 공장법(1802)

1802년 처음 제정된 공장법은 공장에서의 비인도적인 처우를 받는 아동을 위해 만들어진 법으로 아동의 노동조건과 작업환경을 개선의 내용이 담겨있다. 구체적으로는 아동의 야간 노동 금지, 9세 이하 아동의 고용 금지, 공장 감독관의 파견, 노동아동에 대한 교육권, 위생환경의 개선의 내용이다. 이는 최초의 아동복지법으로서 의의를 지닌다고 볼 수 있으며, 이후 다른 국가들도 유사한

법을 제정하게 된다. 우리나라의 경우는 노동법인 근로기준법이 이에 해당된다고 볼 수 있다.

7) 신빈민법(1834)

1834년에 개정된 빈민법은 길버트법과 스핀햄랜드법의 인도주의적 법제가 만들어지면서 누구나 정부의 구제를 받으려고 하는 경향이 팽배해짐으로써 구빈세의 증가라는 부담이 나타났다. 이러한 구빈비용을 억제하고자 하였고, 정부의 구제를 어렵게 만들기 위한 규정이 만들어졌는데 이것이 1834년에 제정된 신빈민법이다.

이는 엘리자베스의 빈민법 이후 시행되었던 길버트법의 원외구조, 스핀햄랜드법의 생계비와 가족 수에 따른 최저생계비 지원 등의 인도주의적 경향이 사라지고, 다시 엘리자베스의 빈민법 수준으로 복귀하는 억압적 제도를 마련한 것이다. 이러한 신빈민법은 세 가지 주요 원칙을 고수하였다.

첫째, 균일처우의 원칙이다. 이는 빈민들이 유형과 거주지에 상관없이 전국 어디에서나 균일한 행정서비스를 받을 수 있도록 구빈행정이 동일해야 한다는 것이다. 둘째, 열등처우의 원칙은 급여나 구제를 받는 사람은 정상적인 노동자보다 열등하게 처우를 받아야 한다는 원칙이다. 그렇지 않을 경우에는 나태함과 같은 부작용이 나타날 수 있기 때문이다. 셋째, 작업장 활용의 원칙이다. 이는 역시 노동을 할 수 있는 사람에게는 노동을 할 수 있도록 작업장을 활용하는 것을 원칙으로 하였다.

2. 사회보험 시기

사회보험 시기는 크게 독일의 사회입법, 미국의 사회보장법으로 살펴볼 수 있다. 자본주의체제가 발전하면서 기존 농촌의 노동력을 공장으로 대거 흡수하여 빈곤문제는 해소되었지만, 산재, 직업병, 실업, 고용불안정, 저임금 등의 새로운 사회문제를 발생시켰다. 이러한 문제에 대한 대응이 사회보험이었다.

1) 독일의 사회보험입법

독일의 사회입법은 비스마르크(O. E. L. Bismarck)에 의해 제정된 사회입법들을 말한다. 1880년대 독일은 노동자 계급과 사회주의자들의 세력확대와 정치적 진출이 두드러지는 시기였고 이에 비스마르크는 독일 통일에 이어 민족의 내부적 통일, 즉 사회통합의 필요성을 느끼고 노동운동을 선동하는 사회주의자들에 대하여는 직접적인 탄압책인 사회주의자 진압법으로 채찍정책을 펼쳤으며, 노동자를 국가 내로 통합시키기 위한 당근정책으로 사회입법을 추진하였다. 이러한 사회입법들은 세계 최초의 건강보험(의료보험), 산재보험 그리고 노령 및 폐질연금으로 구체화된다.

비스마르크의 사회입법은 다음의 네 가지 원칙을 세웠다.

<표 3-1> 비스마르크 사회입법의 네 가지 원칙

원 칙	내 용
강제보험의 원칙	광산업, 조선소, 건축업 등에 종사하는 저소득 임금노동자를 의무적으로 가입시키는 것
중앙통제의 원칙	정부가 보험을 독점하고 엄격한 행정통제를 가하는 것
사보험회사 배제의 원칙	보험을 국가의 책임영역으로 간주하고 이윤동기 등이 침투하지 않도록 차단시키는 것
정부보조금 지급의 원칙	비용은 고용주가 부담하나 정부의 원조도 요구되도록 한 것

비스마르크가 네 가지 원칙을 세워 관철시키고자 하였던 것은 자본가가 아닌 국가가 산업재해의 보상책임을 지고, 국가의 직접적인 보조가 필요하다는 점이다. 또한 이윤을 목적으로 하는 민간보험회사가 국가의 책임영역에 들어오는 것을 막겠다는 의지는 노동자들이 자본가가 아닌 국가에 대한 고마움을 느낄 수 있도록 하여 진정한 국가의 통합을 이루고자 한 것이었다.

즉, 영국의 기존 사회복지정책이 봉건적인 성격이었다면 독일의 사회보험은 자본주의적 성격을 가진다고 할 수 있다. 또한 비스마르크의 사회보험은 국가 주도하에 당시 확대되던 노동운동에 대응하여 체제 내 통합을 위한 당근정책으로 평가되며, 육체노동자를 주 대상으로 하여 노동자 계급의 복지가 실질적으로 증대되게 된다.

사회입법에 근거한 사회보험을 살펴보면 1883년에 건강보험(의료보험)이 먼저 도입되었는데 새로운 국가기구를 만들지 않았고, 기존의 길드, 공장, 기업 및 상호부조조직(공제조합)을 중심으로 건강보험조합인 질병금고(sickness funds)를 만들었으며, 그 밖에 지역 질병금고(local sickness funds)와 어느 곳에도 가입할 수 없는 사람들을 위해 교구금고(parochial funds)를 만들었다. 보험료는 노동자가 3분의 2를 부담하였고, 고용주가 3분의 1을 분담하도록 하였다(원석조, 2006).

1884년에는 산재보험이 도입되었다. 사회민주주의 세력의 노동운동을 억제하려는 정치적 의도를 배경으로 산재발생의 귀책사유에 상관없이 모든 재해노동자에게 적절한 수준의 보상을 제공할 수 있도록 하여 보상을 받지 못했던 많은 재해노동자들의 불만을 완화시키고자 하였다. 한편 산재보험의 기본 원칙으로는 무과실책임주의를 적용하여 산재사고에 대해 사업주의 과실이 없어도 재해노동자가 보험급여를 청구할 수 있는 권한이 주어졌다.

그리고 1889년에는 노령 및 폐질연금이 도입되었다. 가입대상으로는 국가의 관리나 도제를 제외한 연간 총소득 2천 마르크 미만인 노동자는 강제가입대상으로 하였고, 70세에 이른 노령 노동자에게는 노령연금을 제공하였다. 또한 자신의 과오가 아닌 사유로 노동이 불가능하게 된 노동자에게는 폐질연금을 지급하도록 하였다. 보험금은 노사 양측이 각각 절반씩 부담하였는데 이는 노동자의 불만을 감소시키고 이들을 기존 질서에 편입시켜 국가에 대한 충성심을 끌어내고자 하는 목적이 있었다.

이러한 비스마르크의 사회보험은 음모론적인 성격에도 불구하고 독일 사회정책의 초석을 다졌으며, 선진 자본국가들에게도 일정 부분 영향을 미쳐 사회복지정책의 기반을 이루게 했다는 점에서 의의가 있다고 할 수 있다.

2) 미국의 사회보장법

미국은 개인주의와 자유에 대한 강한 가치를 가지고 있으므로 국가가 개인의 삶에 개입하거나 시장에 개입하는 것에는 관심이 없었다. 그러나 1929년 시작된 경제 대공황(Great Depression)의 위기 속에서 1933년 당선된 루스벨트(Roosevelt)는 뉴딜정책으로 3R, 즉 구제(Relief), 부흥(Recovery), 개혁(Reform)을 슬로건으로 내세워 적극적인 구제정책을 전개하였다. 1929년 시작된 경제 대공황은 1933년 실업률이 최고 29%까지 이르는 등 엄청난 규모였으며, 시민의 경제적 생존권을 위협하는 미국 사회의 총체적 위기를 가져왔다. 시장자유주의 원칙은 무기력할 수밖에 없었고 뉴딜정책으로 인한 국가의 개입을 통하여 경제 대공황이 어느 정도 극복되는 시점인 1935년에 사회보장법이 제정되기에 이른다. 그리하여 경제 대공황이 어느 정도 극복되는 시점인 1935년 사회보장법이 제정되었고 세부적으로 노령연금, 실업보험, 공공부조와 사회서비스의 내용을 담고 있다.

먼저 노령연금은 연방정부가 관장을 하였으며, 보험료 납부는 사용자와 노동자가 각각 임금의 2.5%에 해당하는 보험료를 부담하면서 충당하였고, 급여지급은 가입자가 65세가 되면 퇴직자의 퇴직 전 소득에 비례하여 지불하였다.

실업보험은 주정부가 관장을 하고 연방정부가 재정을 보조하는 형태였으며, 보험료 납부는 4인 이상의 노동자를 둔 사업자에게 임금총액의 3%에 해당하는 보험료를 부과하여 충당하였고, 1936~1939년에 한하여 경기회복의 정도에 따라 1~2%를 부과하기로 하였다. 그 밖에 고용안정을 유도하기 위해 해고율이 낮은 고용주에게 보험료를 감면해 주는 특별감면제도를 마련하였다.

그리고 공공부조 및 사회복지서비스 또한 주정부가 관장하고 연방정부가 재정을 보조하는 형태였으며, 65세 이상의 노령빈민, 맹인, 요보호아동을 대상으로 하고, 각 주가 공공부조제도를 수립하면 재정의 3분의 1에서 2분의 1을 연방정부가 보조했다. 또한 신체장애아동, 고아, 신생아 및 산모를 위한 주정부의 공공부조에 대해서도 연방정부가 주정부에 보조금을 교부하도록 하였다. 이는 빈민에 대한 지방책임의 원칙이 폐지되고 주정부에 대한 연방정부의 지원정책이 제도화되는 중요한 의미를 갖는 것이었다.

미국의 사회보장을 전반적으로 평가하자면, 실질적 소득의 재분배의 역할보다는 경제 회복에 더 큰 무게를 두었다는 점이다. 구체적으로 노령연금을 도입하여 노인들을 조기에 퇴직시킴으로써 실업자도 줄이고, 직장을 찾는 사람들도 줄이는 역할을 했다는 점이다. 이러한 미국의 사회보장은 미국의 사회복지정책 역사에 큰 변화의 계기를 마련하였다(양승일, 2015).

제 2 절 | 복지국가와 사회복지정책

1. 복지국가의 역사적 전개

사회보험 시기에 이어 도래한 시기는 복지국가 시기이다. 이 시기에는 제1차, 제2차 세계대전을 거치면서 노동자 계급뿐만 아니라 시민계급의 세력이 강해짐으로써 이들의 다양한 요구를 국가가 해결해야 하는 상황이 복지국가를 만들어 낸 것이다. 복지국가는 사회민주주의 이념에 입각하여 시장의 불안정을 무마시키기 위한 사회연대, 소득과 부의 재분배, 사회적 위험에 대한 공동체적 노력 등을 추구하였다. 또한 단순한 자비나 온정의 관점이 아닌 시민권으로서의 복지를 제공하였다.

복지국가(welfare−state)라는 용어는 영국 템플(Temple) 주교가 1941년에 간행한 『시민과 성직자(Citizen and Churchman)』라는 팸플릿에서 독일 나치 시대의 '권력국가(power−state)' 또는 '전쟁국가(war−state)'와 대비하여 사용하였다. 그러나 보편적인 사용은 베버리지 보고서가 발간된 이후이다.[1]

제2차 세계대전 직후 영국에서 처음 등장한 복지국가는 사회민주주의[2] 이념에 입각하여 시장의 불평등과 불안전성에 대항하여 사회적 연대와 소득과 부의 평등, 사회적 위험에 대한 공동체의 보장을 추구했고, 이런 복지국가는 점점 서유럽 전체로 확산되었다. 이는 복지를 자비나 은전이 아닌 시민의 권리로 인정하면서 사회문제의 해결보다는 욕구의 충족을 중시하여 사회복지 대상을 전국민으로 확대하였기 때문이다. 이로 인해 소득보장에서 한 걸음 더 나아가 보

1 복지국가라는 용어는 실제 템플이 훨씬 더 이전인 1928년 『기독교와 국가(Christianity and the State)』라는 책에서 사용했다는 주장도 있다.

2 사회민주주의 복지국가는 보편주의적 원칙과 사회권을 통한 탈상품화 효과가 가장 크고, 복지의 분배적 기능이 가장 강하다. 스웨덴이 전형적인 예이다.

건의료, 주택, 교육에 이르기까지 프로그램이 다양화되었다. 특히 제2차 세계대전 이후 세계적인 호황으로 자본이 축적되고, 또 시민계급의 정치적 성장으로 욕구의 증가에 힘입어 유례가 없을 정도로 많은 재정이 투입되면서 복지국가는 1970년대 오일쇼크까지 세계경제의 호황과 시민계급의 성장에 따라 지속적으로 확대되었다.

한편 복지국가가 성립된 이후에도 사회보험이 복지국가의 핵심제도로 존재하고 있어 사회보험과 복지국가는 중첩된다고 볼 수도 있다. 그러나 양자는 분명한 차이점이 있다. 사회보험의 대상자가 노동자에서 화이트칼라와 자영업자까지 확대되면서 노동자를 위한 정책이라는 본래의 취지는 퇴색되고, 전 국민을 대상으로 하는 사회복지정책으로 그 성격이 변화되었다(원석조, 2006).

1) 복지국가의 정착기(1920~1945년)

복지국가의 정착기는 많은 유럽 국가들이 국민총생산의 3% 정도를 복지 분야를 위해 지출하기 시작한 1920년대부터 1945년까지로, 대규모의 세계대전과 경제공황으로 국민 상호 간의 헌신과 차별 없는 상부상조의 정신이 싹트게 되어 복지국가 발전의 가장 중요한 요인이 되었다.

(1) 영국의 베버리지 보고서

영국은 제1차 세계대전 이후부터 만성적인 실업문제가 사회문제로 대두되어 1921년에는 실업보험이 국민보험으로부터 독립하여 제정되었다. 그러나 1930년대의 세계 불황에 따라 생긴 대량실업과 생산의 폭락으로 지금까지의 사회보험에 의존한 방법으로는 사회문제를 해결할 수 없다는 것이 드러나자 자본주의 경제가 최대의 시련을 겪으면서 복지국가로 가는 계기가 되었다.

제2차 세계대전을 통해 영국 국민은 국가자원의 총동원과 위험의 공동부담이라는 경험에서 종래의 구빈제도나 시장을 통한 사회보험제도가 더 이상 작동할 수 없음을 인식하게 되었다. 이런 상황 속에서 실시된 총선은 전쟁 영웅 처칠의 보수당이 패배하고 애틀리가 이끈 노동당이 승리하였다. 정권을 잡은 노동당은 전쟁으로 인한 사회재건에 있어서 병사들과 시민들의 사기 제고를 위한 프로그램이 필요하였으며, 이를 위해 기존 국민보험을 재검토하기 위한 사회보험 및 연합국 전시 근로위원회(베버리지위원회)가 조직되었다. 베버리지 위원회는 당시의 사회적 서비스의 구조와 그 효율성을 조사하고 필요한 개혁을 실시하기 위해 '사회보험 및 관련사업에 관한 각 부처 연락위원회'를 구성하고, 기존의 사회보험과 복지 프로그램에 대한 전면적 재검토 작업에 착수했다. 이를 바탕으로 1942년 11월 포괄적인 사회보장의 내용을 담은 「사회보험 및 관련 서비스(Social Insurance and Allied Services)」 보고서(베버리지 보고서)가 탄생하였다. 이 새로운 사회보장 프로그램 보고서는 발간되자마자 영국 국민들의 폭발적인 관심과 지지를 받았다.

베버리지 보고서는 국가재건을 위해 5악(결핍, 질병, 불결, 무지, 나태)을 극복해야 하며, 사회보장에 있어서 개인은 국가가 보장하는 최저생활 이상의 수준을 자발적으로 준비하여야 하고, 국가의 사회보장은 이러한 자발적 준비를 위한 여지를 남겨두는 선에서 이루어져야 한다는 정부와 개인의 역할분담을 강조하였다. 구체적으로 6대 원칙 및 3대 전제조건 등을 통하여 그 내용을 살펴볼 수 있다.

먼저, 베버지리 보고서의 6대 원칙은 다음과 같다.

① **포괄성의 원칙** : 보편주의에 근거하여 모든 국민이 의무적으로 가입하는 보장 특성에 걸맞게 적용대상, 욕구해결에 있어서 포괄적으로 모든 대상과 모든 욕구를 포함해야 한다는 원칙

② **급여적절성의 원칙** : 급여수준은 일상생활을 영위하는 데 충분할 정도가 되도록 적절해야 한다는 원칙
③ **정액갹출의 원칙** : 갹출은 소득에 관계없이 동일해야 한다는 원칙
④ **정액급여의 원칙** : 급여도 소득에 관계없이 동일해야 한다는 원칙
⑤ **행정통일의 원칙** : 효율성 차원에서 지방사무소를 둔 하나의 사회보험금고가 관리운영하고 개인은 한번에 통합된 갹출료를 납부한다는 원칙
⑥ **피보험자분류의 원칙** : 사회보장의 대상인구를 고용노동자, 자영업자, 실업자, 전업주부, 아동, 노인 등 6개 분류로 나누었고 이들 모든 인구층의 욕구를 보장한다는 원칙

한편 사회보장이 성공하기 위해서는 세 가지 기본 전제조건이 필요하였는데, 가족수당, 포괄적인 보건서비스, 완전고용이 필요하다고 보았다.

가족수당은 가족의 크기와 가족의 소득을 고려하여 결정되어야 하고 포괄적인 보건서비스는 치료뿐만 아니라 예방적인 장치도 있어야 한다는 것이다. 마지막으로 완전고용은 정부가 직접적으로 개입하여 실업을 막아 실업으로 인한 임금손실 등을 지양해야 한다는 것이다.

이러한 베버리지 보고서는 광범위하고 과학적인 조사를 바탕으로 한 보고서였으며, 포괄적인 사회보장제도를 확립시켰다는 점에서 의의가 있다. 또한 각종 사회보장정책으로 입법화됨으로써 영국의 복지국가를 탄생시켰을 뿐만 아니라 유럽 국가들에게도 복지국가의 청사진을 마련하는 등의 영향을 끼쳤다.

(2) 미국의 사회보장법

1920년대 말과 1930년대 경제 대공황은 전 세계에 걸쳐 광범위한 생산력 저하를 가져왔고 동시에 수많은 실업자를 양산했다. 이런 시대의 변화에 힘입어 각국의 진보적인 정당들은 자본과 노동 사이에 '뉴딜', '사회계약' 등으로 불린

사회협약을 체결하여 적극적으로 시장에 개입하고 사회복지를 확대하는 정책을 펼쳤다. 그 이론적 뿌리는 가난한 사람들에게 소득을 제공함으로써 경제를 활성화시킨다는 케인즈의 경제이론이다. 이는 가난한 사람들의 직업 창출과 복지급여로 대량실업에 의한 정치적 위기를 극복할 수 있다는 것이다.

미국은 자유주의와 개인주의를 강조하는 국가로서 국가가 국민 개개인의 삶에 관여한다는 것은 있을 수 없는 일이었다. 그러나 1929년 경제 대공황은 미국 국민들의 생존권을 뒤흔들었고 결국 국가개입이 전면적으로 실시되었다. 경제 대공황이 일어나고 경제불황이 극에 이르자 루스벨트 대통령은 1935년 8월 사회보장법을 제정・공포한다. 이 법은 미국 최초의 연방정부 차원의 복지프로그램으로 미국 사회보장제도의 역사적 근간이 되었다.

사회보장법은 첫째, 연방정부가 재정 보조와 운영을 직접 맡은 사회보험 프로그램이다. 둘째, 연방정부가 재정을 보조하고 주 정부가 관장하는 공공부조 프로그램과 사회복지서비스이다. 사회보장법은 미국의 자유주의를 고려할 때 상당한 진전으로 파악될 수 있지만, 실제 입법내용은 다른 국가들에 비해 상당한 제한점을 가진다. 제한점으로 질병보험, 실업보험, 노령연금을 들 수 있다.

질병보험의 경우 의사들의 반대로 좌절되었다가 오바마 정부에 의해 도입되기는 했으나, 각 주별로 찬성과 반대가 나누어져 실제로는 오바마 대통령이 생각한 질병보험과는 다르게 일부 시행되었다.

실업보험의 경우는 연방정부의 통일된 제도를 도입하기보다 주 정부마다 독립적 실업보험제도를 운영하여 결과적으로 실제 운영과정에서 주 정부 내 기업의 경쟁력을 확보시키려는 주 정부의 노력으로 급여수준이 하향되었다. 노령연금의 경우도 고용주와 피고용자 모두 임금총액의 3%를 기여하되 처음 1%에서 12년간 단계적으로 인상하는 방안으로 결정되었다(임봉호 외, 2010).

2) 복지국가의 확대기(1945~1975년)

1945년부터 1975년까지는 사회복지가 가장 발전한 '복지국가 황금기'로, 이전 시기에 제도적, 재정적, 수혜자 측면에서 확고하게 정착된 복지국가가 제2차 세계대전이 종결된 이후 약 30년간 지속된 경제적 활성화에 힘입어 그 발전이 최고조에 달했다.

영국은 1950년대 이후 사회적 위험의 정도가 급격히 증가하면서 주요 사회보험들이 그 대상을 전 국민으로 확대하였다. 그러나 1950년대 말부터는 페이비언 소사이어티 회원들이 중심이 되어 사회보험이 중산층 이상을 위한 정책이라고 비난하면서 저소득층을 위한 사회복지정책의 확대를 주장하였다. 이것을 받아들여져 1960년대 중반부터는 가족수당의 확대, 저소득층에 대한 임금보충, 최저임금제 등의 정책이 법제화되기 시작하였다.

OECD 국가들도 1950년대에 연평균 4.4%와 1960년에 연평균 5%의 높은 경제성장률을 달성하였으며, 이 기간 동안 대부분의 선진국들은 낮은 인플레와 실업률을 경험했다. 이는 구미 선진국들이 복지비의 지출을 증가시킬 수 있는 아주 좋은 기회임을 의미한다. 이런 환경에서 일본과 미국을 제외한 대부분의 선진국들이 1960년대에는 GDP 대비 약 10% 내의 복지비를 지출하다가 1970년 중반에는 GDP 대비 약 20% 내의 복지비를 지출했다. 특히 스웨덴은 34.8%를 복지비에 지출했다.

이 시기에 다른 국가들도 산재보험, 질병보험, 노령연금, 실업보험, 가족수당, 그리고 개인적 사회서비스와 공공부조를 위한 제반 복지제도를 확충하였다. 이로 인해 복지수혜자의 수는 1970년에 이르러 거의 100% 확대되었다. 그 결과 사회복지제도의 핵심이라 할 수 있는 복지제도의 포괄성, 수혜자의 보편성, 혜택의 적절성이 실현되어 복지국가의 절정기에 이르렀다. 이 시기는 구미 각국의 복지국가의 제도적 완성이 확보된 황금의 시기였다고 할 수 있다.

3) 복지국가의 위기와 재편기(1975년 이후)

복지국가가 성립된 이후 세계적인 경제호황 속에서 안정적인 경제성장이 이루어진 복지국가에 대한 국민의 합의가 유지되었으며, 정치적으로는 보수당과 노동당의 양당 정치하에서 경쟁적으로 사회복지를 확대시켜 사회민주주의의 중도이념에 기초한 영국 복지국가는 지속적으로 발전하였다(장인협 외, 1999).

그러나 제2차 세계대전 이후 확대되었던 복지국가는 1970년대 오일쇼크에 따른 경기침체(스태그플레이션)로 지속적인 복지재정의 지출이 축소되는 현상이 나타났다. 이러한 배경 속에 복지국가 확대를 주장하는 정치세력들에 대하여 일반 대중들도 정치적 지지를 철회하는 분위기였다.

이러한 상황에서 등장한 것이 신자유주의이다. 신자유주의는 국가의 시장 입을 비판하고 시장의 기능과 민간의 자유로운 활동을 중시하는 사상으로 영국의 대처리즘과 미국의 레이거노믹스 등이 이에 해당한다. 대처리즘(Thatcherism)은 1979년 총선에 승리한 보수당의 대처(M. H. Thatcher)가 수상으로 집권함에 따라 기존의 복지정책을 포기하고 민간의 자율적인 경제 활동을 중시하는 높은 수준의 경제개혁을 의미한다. 핵심은 '시장은 좋고 정부는 나쁘다'라는 관점으로서, 시장의 보이지 않는 손에 수요와 공급을 조절하므로 국가의 개입은 필요가 없다는 것이다. 더 나아가 과거 노동당의 정부는 개혁과 청산의 대상이 되어 반사회민주주의, 반노조주의, 반복지국가주의를 바탕으로 민영화정책, 공영주택의 매각, 보충급여의 축소 등 복지정책을 축소하였다.

영국의 대처 정부는 자유경제와 강한 국가의 구축이며, 이를 실현하는 데 걸림돌이 되는 케인스 이론과 베버리지적 내용으로부터 탈피하고자 하였다. 공공지출을 대폭적으로 증가시키는 케인스 이론에 대한 탈피로 실업수당, 공공부조 및 연금 등 공공지출을 대대적으로 삭감하였으며, 민영화를 실시하고 규제완화를 하였다. 전 국민의 복지에 대한 국가의 책임이라는 베버리지 시절의 내용에 대한 탈피로 보편주의 원칙을 포기하고 선별주의 정책을 선택함으로써 제도적 복지에서 선별적 복지로 회귀하였다.

또한 영국의 대처 정부는 사회 전반에 걸쳐 개혁을 단행하였다. 여섯 가지 주요 정책의 내용을 보면, 첫째, 경제 전반의 탈사회화를 진행하여 국영기업의 주식 매각과 민영화를 단행하였다. 둘째, 연금부문에서는 국가 소득비례 연금 체계를 수정하여 급여의 수준을 저하시키고 민간금융기관을 통한 개인연금을 장려하였다. 셋째, 아동수당과 주택수당의 급여수준을 동결하거나 실질적 급여를 삭감하였다. 넷째, 국민보건서비스는 민간병원의 설립을 장려하고 의료부문에서 시장 원리를 강화하였다. 다섯째, 주택부문에서는 지방정부 소유의 공공주택을 매각하여 민영화 조치하였다. 여섯째, 대인서비스 부문은 지역사회 보호를 강조하고, 지방정부 사회적 서비스의 전달체계에서 공공부문의 역할을 축소하고 민간부문의 역할을 강화하는 조치를 단행하였다(장인협 외, 1999).

한편 1990년대 중반에 다시 집권한 블레어 정권도 복지축소 경향을 다시 역전시키지 못하였다. 영국의 블레어 정부는 대처 정부의 복지정책과 근로를 통한 새로운 복지 정책을 제시하였다. 다만, 대처 정부 시절의 연금개혁 등으로 인해 노인 빈곤율 등이 높아진 상황에 대해 저소득층에 대한 보장은 좀 더 강화하였다. 이 시기의 영국의 블레어 정부는 전통적 사민주의로부터 벗어나서 새로운 자본주의에 좀 더 유연하게 적응하고자 하였다는 점에서 '제3의 길'을 추구하였다.

제3의 길에서 내세우는 복지전략은 다음과 같이 세 가지이다(원석조, 2006).

첫째, 국민들에게 경제적 급여를 직접 제공하기보다는 인적자원에 투자해 복지국가, 즉 사회투자국가로 개편하자는 것이다.

둘째, 복지다원주의이다.

셋째, 의식전환이다.

위와 같이 블레어(Blair)의 제3의 길에서 복지개혁의 핵심은 '일하는 복지'이다.

미국의 레이거노믹스(Reaganomics)는 1980년 미국 대통령인 레이건(R. W. Reagano)이 인플레이션, 생산성의 정체, 국가경쟁력의 상실이라는 미국경제를 회복시키기 위하여 규제완화, 감세, 노동의 유연화 등의 신자유주의 정책을 펼치는데, 영국과 마찬가지로 재정위기를 타개하기 위해서 사회복지예산을 대폭 삭감하였다.

이러한 대처리즘과 레이거노믹스 정책은 경제 활성화에는 도움을 주었으나 복지가 축소되고, 빈부의 양극화 현상을 초래했다는 비판을 받고 있다. 한편 복지와 노동을 연계하여 시장의 효율성과 사회연대의 조화를 주장한 제3의 길이 등장하게 된다. 이는 생산적 복지, 적극적 복지의 내용으로 사회보장과 재분배 등 사회복지정책에 관심을 기울임과 동시에 부를 만들어 내는 복지수혜 계층의 역할과 책임, 즉 노동담보 복지를 강조하는 사상으로 영국의 토니 블레어 정부, 독일의 슈뢰더 정부, 미국의 클린턴 정부 등이 이에 해당된다.

4) 재편기에 따른 재편방식

복지국가의 위기에 대한 국가별 재편방식은 크게 다음의 세 가지로 나누어 볼 수 있다.

첫째, 이미 성공적으로 달성한 소득유지 프로그램을 밑바탕으로 하여 적극적 노동시장정책, 사회서비스의 확대, 남녀평등을 중심으로 하는 생산주의적, 사회투자전략을 통한 '스칸디나비아의 길'(스웨덴, 노르웨이 등 스칸디나비아 국가들)

둘째, 시장원칙에 대한 강조와 긴축재정, 국가복지의 축소, 노동시장의 유연성(flexibility)과 탈규제화(dereguлation)의 활성화를 통한 '신자유주의의 길'(미국, 영국, 뉴질랜드 등)

셋째, 사회보장수준을 유지하면서 노동공급의 감축을 유도하는 '노동 감축의 길'(독일, 프랑스, 이탈리아 등 유럽대륙 국가들)

<표 3-2> 우파와 좌파의 복지국가 재편 방향

우파 주도의 복지국가 재편	좌파 주도의 복지국가 재편 : 제3의 길
• 신자유주의 : 자유로운 시장과 개인의 사적 소유권을 절대적 가치로 파악, 작은 정부	• 새로운 중도 : 사회민주주의와 신자유주의 사이에서 새로운 복지 패러다임 모색
• 국가의 공공부채 축소를 증세가 아닌 지출 축소, 즉 사회복지의 축소와 공공부문의 민영화를 통해 추진	• 사민주의의 비효율성과 신자유주의의 야수성 지양, 인간 중심적 자본주의 추구
• 복지국가 위기의 원인 : 정부 재정적자 누적, 성장둔화, 자본 이동 자유화로 인한 정책기반 축소 • 비판 : 복지제공으로 인해 경제성장 저해, 근로동기 약화, 가족구조 해체 등이 발생했다고 봄 • 자유시장 옹호, 노조탄압, 복지국가 축소, 세금인하 추진 • 노동시장 유연화(규제 완화) • 실제 대처 시기 영국의 복지지출은 축소되지 않고, 실업자, 빈곤층 증가 등 부작용 커짐	• 생산적 복지, 사회투자국가 등 : 경제성장과 사회복지의 동시 유지 발전추구 • workfare : 국민들을 복지 수급자에서 노동시장에서의 생산적 활동 참여자가 되도록 적극적으로 유도(노동의 질 책임지지 않음) • 대처 시기에 급증한 빈곤층에 대한 국가지원 확대. 단, 교육, 훈련, 노동을 조건으로 하는 공공부조, 일자리 제공 강조 • 많은 국가재정에 소요되는 노령연금 축소 • 한국 : 자활지원, 근로장려세제 등의 근로 유인 제공 프로그램
• 미국의 레이건, 영국의 대처	• 1990년대 영국의 블레어, 독일의 슈뢰더

2. 복지국가의 유형화

1) 티트머스의 유형

티트머스(R. Titmuss)는 복지국가의 유형을 첫째, '잔여적' 유형, 둘째, '산업상 업적과 수행능력(industrial achievement performance)' 유형, 셋째, '제도적 재분배(institutional redistribution)' 유형으로 구분했다.

잔여적 모형은 사회복지에서 국가보다는 시장과 가족의 역할을 강조한다. 산업상 업적 및 수행능력 모형은 사회복지의 제공이 시장에서의 성취와 밀접한 관계가 있다. 즉, 일을 얼마나 많이 했는가 하는 근로실적(work record)을 사회복지 급여 제공의 기준으로 보고 일을 많이 오래 할수록 건강보호, 주택, 소득보조 등과 같은 사회복지급여를 더 많이 받게 된다.

마지막으로 제도적 재분배 모형은 보편적 복지제공을 강조했다. 사회에서 사회복지를 중요한 통합 기제로 간주하고 욕구의 원리에 입각하여 시장 외부에서의 보편적 서비스를 제공하는 것이다. 따라서 국가에서 근로실적 등의 기준보다는 국민의 욕구에 따라 권리로서 급여를 받을 수 있다.

2) 퍼니스와 틸톤의 유형

퍼니스와 틸톤(Furniss & Tilton)은 복지국가를 적극적 국가(positive state), 사회보장국가(social security state)와 사회복지국가(social welfare state)의 세 가지 유형으로 구분하였으며, 이 중 사회보장국가와 사회복지국가가 복지국가의 범주에 해당한다고 보았다.

(1) 적극적 국가

적극적 국가는 복지국가 유형 중 가장 초보 단계로서, 정부의 일차적인 역할이 경제적 안정과 재산 소유 및 이익을 보장하는 것이다. 빈곤층에 대한 정부 지원은 대체로 경제성장에 대한 장애요소로 인식되며 사회복지제도 중에서 사회보험 제도가 선호된다. 사회브험제도는 본인의 기여를 바탕으로 하는 제도이므로 정부의 지출이 최대한 억제될 수 있으며, 부자와 가난한 사람의 수직적 재분재가 아닌 수평적 재분배여서 정책 시행에 부담이 덜하다는 것이다. 또한 사회보험의 가입조건인 보험료 지불을 위해서는 일을 해야 하는 근로유인을 높일 수 있다는 것이다.

(2) 사회보장국가

사회보장국가는 사회복지정책을 통해 국민생활에 대한 최저수준(national minimum)의 복지를 보장하는 국가를 말하며, 대표적인 국가로는 영국이 있다. 사회보험제도만으로는 국민들에게 최저수준의 복지를 보장해 줄 수 없기 때문에 부족분을 공공부조나 사회서비스를 통해 보충한다. 따라서 누구에게나 생존권을 보장해 준다는 점에서 적극적 복지국가 모형보다 진보된 형태로 평가된다.

(3) 사회복지국가

사회복지국가는 최저수준의 생활만을 보장하고 그 이상은 경쟁 원리에 맡기는 사회보장국가를 비판하면서, 모든 국민들의 평등한 삶의 질을 추구하는 국가이다. 이를 위해 광범위한 사회복지서비스를 제공할 뿐만 아니라 평등과 정치활동 참여를 촉진한다. 정부는 노동조합과 긴밀히 협조하여 고용정책이나 임금정책을 실시하고, 사회복지제도는 최하계층의 요구를 우선적으로 수용하도록 고안되어 있다. 가장 대표적인 사회복지국가로 스웨덴이 있다.

3) 미쉬라의 유형

미쉬라(R. Mishra)는 복지국가 유형을 '분화된 복지국가(differentiated welfare state)'와 '통합된 복지국가(integrated welfare state)'로 구분한다. 그는 영국과 미국을 서로 다른 복지국가 유형으로 구분한 티트머스의 주장을 반박하면서 영국과 미국 모두 '분화된 복지국가'로 보았다. 즉, 양국 모두 자유시장경제의 지배를 받고 있고, 이익집단들이 정치적 의사결정과정에 영향을 미치기 위해 서로 경쟁하는 다원주의 정치체제를 지니고 있으며 이들 국가에서는 경제와 복지는 구분되어 있다고 보았다. 그리고 영국 외의 유럽 국가들은 조합주의라고 알려져 있는 정치 · 경제체제를 지니고 있다고 보았고, 이러한 국가에서는 정부, 사용자, 노동자가 상호 협력하여 경제를 규제하고 사회복지를 종합적인 경제 및 사회정책의 일부로 통합적으로 운영하고 있다. 오스트리아와 스웨덴 등이 가장 대표적인 통합된 복지국가로 볼 수 있다.

4) 에스핑-앤더슨의 복지국가 유형

에스핑-앤더슨(Esping-Andersen)은 그가 개념화한 탈상품화(decommodification) 정도, 계층화(stratification) 정도를 기준으로 복지국가를 '자유주의 복지국가(liberal welfare state)', '보수주의 복지국가(conservative welfare state)', 그리고 '사회민주주의 복지국가(social democratic welfare state)'의 세 가지로 구분한다.

'탈상품화'란 노동자가 자신의 노동력을 상품으로 시장에 내다 팔지 않고서도 일정 수준의 삶의 질을 유지할 수 있는 정도이다. 탈상품화 지수는 연금, 건강보장, 실업보장 제도들에 대하여 ① 평균임금 대비 최저 급여액의 비율, ② 평균임금 대비 평균급여액의 비율(소득대체율을 의미), ③ 급여 수급자격 요건(요구 가입기간), ④ 전체 재정 중 수급자 부담의 비중, ⑤ 전체 인구 중 실제 수급자 비율 등으로 구성된다.

'계층화'란 '복지제도는 사회관계를 배열하는 힘이 있다'라고 전제하고 복지제도 이후의 재배열된 사회관계를 의미한다.

<표 3-3> 복지국가 유형

사회민주주의 복지국가	보수주의 복지국가	자유주의 복지국가
• 보편적 사회서비스 중심 • 탈상품화 정도 높음 • 계층화 효과 낮음 • 고용률 높이는 정책 • 여성고용률·공공부문 높음 • 스웨덴, 노르웨이, 핀란드, 덴마크	• 사회보험 중심 • 탈상품화 정도 중간 수준 • 계층화 중간 수준 • 직업집단별 분화, 온정주의, 여성 노동시장 참여 낮음 • 프랑스, 벨기에, 독일, 이탈리아	• 공공부조 중심 • 탈상품화 정도 낮음 • 계층화 효과 높음 • 납세자 수급자 사이 분할 • 노동시장 개입 적음 • 미국, 영국, 호주

(1) 자유주의 복지국가

자유주의 복지국가는 탈상품화의 효과가 최소화된 국가로서 미국, 영국, 캐나다, 호주 등이 있다. 자유주의 복지국가는 고전적인 자본주의의 모습에 가장 부합하는데, 시장의 역할이 중심적이고 사회복지서비스는 제한되어 있어 탈상품화와 복지재분배의 효과가 미약하다.

(2) 보수주의 복지국가

보수주의 복지국가는 가족주의적 요소가 강하여 사회적 연대의 진원지는 가족이고, 국가는 이런 가족의 특성을 지원하고 보완하는 역할이다. 보수주의 국가에는 프랑스, 독일, 이탈리아 등이 있다.

(3) 사회민주주의 복지국가

사회민주주의 복지국가는 보편주의적 원칙과 사회권을 통한 탈상품화 효과가 가장 크고, 복지의 재분배적 기능이 가장 강하며 스웨덴, 노르웨이, 핀란드 등을 예로 들 수 있다.

제3절 | 사회복지정책 이론

사회복지 정책의 발달은 곧 복지국가의 발달을 의미하며, 복지국가의 발달에 따른 사회복지정책의 발달 원인을 다양한 측면에서 고찰해 볼 수 있다. 파월과 헤위트(Powell & Hewitt, 2002)의 경우 정치적 측면에 주목하는 관점, 경제적 측면에 주목하는 관점, 사회적 측면에 주목하는 관점, 조직적 측면에 주목하는 관점 등으로 구분하여 사회복지정책의 발달을 설명하고 있으며, 남세진과 조홍식(1998)은 기능주의와 갈등주의, 다원주의와 마르크스주의의 교차모형을 제시하며 사회복지정책을 분류하였다. 김태성과 성경륭(2000)은 산업화, 독점자본의 기능적 필요성, 노동자계급의 발달, 이익집단의 요구, 국가 구조 특성을 중심으로 사회복지정책의 발달을 설명하였으며, 강희갑 등(2016)은 복지정책을 인과적 이론과 기능주의 이론으로 나누어 사회복지정책의 발달을 설명하고 있다. 사회복지정책의 이론을 분류하는 체계는 학자들 사이에 다양한 시각과 관점이 존재하며, 의견이 통일되어 있지 않은 편이다.

본 책에서는 사회복지정책 관련 저서에서 공통적으로 제시하고 있는 산업화 이론, 확산 이론, 사회양심 이론, 음모 이론, 시민권론, 정치경제학적 이론, 이익집단론, 사회민주주의 이론, 국가중심 이론 등을 다루고자 한다. 물론 본 책에서 제시한 이론 외에도 사회복지정책발달을 설명하는 다양한 발달이론이 있다. 본 장에서는 사회복지정책의 형성과 변화를 설명하고 있는 이론들을 중심으로 살펴봄으로써 사회복지정책의 발달에 대해 살펴보고자 한다.

1. 산업화 이론

산업화 이론(industrialization theory)은 흔히 수렴 이론(convergency theory)으로 부르기도 하며, 대표적인 학자로 윌렌스키와 르보(Wilensky & Lebeaux), 커 외(Kerr, et al., 1964), 플로라와 엘버(Flora & Alber, 1981) 등이 있다. 산업화 이론은 복지국가의 발전을 설명하는 이론들 가운데 가장 먼저 등장하였고, 가장 많이 논의되었으며 또한 가장 많은 비판을 받는 이론이다. 산업화 이론의 핵심적 요소는 산업화, 즉 기술발전이다. 산업화 이론은 기술발전 등의 산업화는 경제성장을 가져오는 동시에 새로운 문제와 욕구를 수반하게 되고, 경제성장은 새로운 문제와 욕구해결을 위한 자원을 제공하여 사회복지정책이 등장하게 되었다고 보는 이론이다. 산업화 이론은 크게 사회적인 관점과 경제적인 관점에서 설명이 이루어진다.

사회적 관점에서, 산업화는 산업화 이전에 없었던 새로운 사회문제를 야기하였다고 보는 관점이다. 기존의 농경사회에서는 은퇴의 개념이 없고 또한 산업이 발달하지 않았기에 산업재해도 없었던 것이다. 또한 어떠한 문제가 있다고 하더라도 사회적 관계망을 통한 원만한 해결이 가능했다. 그러나 산업사회로 변화하면서 기존의 농경사회에서의 비공식적인 사회적 관계망은 산업화로 인하여 도시화, 핵가족화되어 그 기능을 상실하였을 뿐만 아니라, 기존의 사회적 관계망을 통한 가족과 사회문제의 해결이 어려워짐에 따라 사회복지의 대상을 증가시켰다. 또한 산업화의 발달에 따라 소득격차나 상대적 빈곤 등의 다양한 사회적 문제 외에도 복지정책에 대한 수요 자체도 유발함에 따라, 복지욕구와 사회문제의 해결책이 사회복지정책이며, 복지정책에 대한 국가의 역할을 더욱 증가시켰다고 보는 관점이다. 복지욕구와 사회문제에 대한 대응이 인간의 합리성에 기반하였기 때문에 합리 이론이라고 부르기도 한다.

다음으로 경제적 관점에서, 산업화는 노동인구의 속성에 이전과 다른 큰 변화를 가져와 이전과 달리 노동력을 팔아야만 생계를 유지할 수 있는 사람들의 수를 크게 증가시켰다. 노동력을 팔아야만 생계를 유지하는 사람들의 소득이 질병, 노령, 실업, 산업재해 등으로 중단될 때, 그들의 삶은 크게 위협받게 되어 국가가 이러한 문제들의 해결에 적극적으로 나설 수밖에 없다. 그리고 산업 사회에서는 새롭고 전문적인 기술이 중시되고, 숙련되고 건강한 노동력의 지속적인 공급이 필요해지는데, 산업화된 사회에서 분열된 가족이 이러한 기능을 맡기에는 한계가 있기 때문에 국가가 적극적으로 개입하게 된다(오세영, 2018).

산업화 이론에 따르면 서로 다른 정치이념과 정치문화를 가진 국가들도 산업화에 따른 경제성장에 따라 유사한 사회복지정책 체계를 가지게 되며, 경제발전이 상당한 수준에 도달하면 자본주의 국가의 복지와 사회주의 국가의 복지가 비슷해진다고 보았다. 윌렌스키와 르보(Wilensky & Lebeaux)에 따르면 복지국가가 처음 등장하고 복지정책이 발달하는 것을 설명하는 데 있어, 사회주의 경제나 자본주의 경제의 관점에서 따지거나, 집합주의적 이데올로기나 개인주의적 이데올로기의 관점에서 따지는 것은 거의 도움이 되지 않는다(Powell & Hewitt, 2002). 자본주의 체제는 시민의 기본적인 사회적 욕구충족을 위하여 국가가 개입하는 사회복지정책을 만들고, 사회주의는 국가정책을 근본으로 하면서 시장경제 원리를 도입하는 복지정책을 마련해 나가며, 이렇게 되면 결국 자본주의와 사회주의 복지정책은 유사해지고 양 체제의 중간쯤 되는 정책이 마련된다고 보는 것이다(강희갑 외, 2016). 결국 산업화 이론은 복지정책의 확충에 필요한 자원을 제공하고, 이는 곧 복지국가로 발전되어 유사한 사회복지체계를 갖게 된다고 보며, 이런 점에서 산업화 이론을 수렴 이론이라 부르기도 한다.

이처럼 산업화 이론은 그 설명 대상이 자본주의 사회에만 국한된 것이 아니라, 사회주의 정책도 언급하여 탈이데올로기적으로 광범위하게 자리잡고 있으며, 사회변동과 사회구조적 시각을 사회복지정책에 연결시켜 거시적이고 폭넓은 배경을 파악할 수 있는 틀을 제시함으로써 보편적인 제도의 이해가 가능하게 한다. 또한 산업화 단계와 경제발전 과정에서 어떠한 사회복지정칙을 설정할 것인지 제시하여 준다(강희갑 외, 2016). 그러나 산업화 이론은 많은 한계를 가지고 있는데, 그에 대한 비판을 정리하면 다음과 같다(강희갑 외, 2016; 오세영, 2018; 노병일, 2016).

첫째, 산업화 이론은 산업화로 인하여 사회복지에 대한 욕구가 왜 증가하는가에 대해 설명하였으나, 이러한 욕구가 사회복지제도로 나타나는 구체적인 과정을 설명하지 못한다. 즉, 욕구와 사회복지제도와의 인과관계에 대한 설명이 부족하다.

둘째, 산업화 이론의 가정은 복지욕구가 복지제도로 나타나는 것을 사회적 합의에 의한 것으로 보는데, 이는 사회구성원 모두가 사회복지의 확대를 원한다고 단순화시킨다.

셋째, 결정론적 관점을 너무 많이 가지고 있으며, 너무 일반적이다(노병일, 2016). 즉, 복지국가의 발달을 너무 일반적인 수준에서 설명하고 있다. 또한 사회복지정책에 영향을 미칠 수 있는 산업화 이외의 다른 변수, 정치적, 규범적, 이념적인 여러 요소를 배제하고 있다는 점에서 그 한계를 스스로 내포하고 있다(강희갑 외, 2016). 일정한 수준의 산업화가 이루어진 후에는 산업화 변수보다 정치적, 규범적, 이념적 변수가 더 중요할 수 있다. 따라서 산업화가 복지국가 발전을 비교적 잘 설명할 수 있는 것도 국가들의 경제적 수준이 일정 이하까지의 단계이며 그 이상의 수준에서는 다른 변수들이 복지국가 발전현상을 더 잘 설명한다(오세영, 2018).

2. 확산 이론

확산/전파 이론(diffusion theory)은 사회복지를 국제적 모방과정으로 본다. 1880년대에 독일에서 비스마르크에 의해 사회보험제도 도입된 이후, 인접한 영국으로 전파되어 1900년 초 영국의 보험제도가 나타난 것처럼, 한 나라의 사회복지정책이 다른 나라에 영향을 미친다는 것이다. 확산 이론의 핵심은 사회복지정책의 발달을 모방과정의 결과로 인식하며, 각 나라들은 선진국의 복지정책들을 복사한다는 것이다. 확산 이론의 대표적인 학자로는 킬비(Kilby), 콜리어와 메식(Collier & Messick) 등을 들 수 있다.

콜리어와 메식(Collier & Messick, 1975)은 사회복지정책은 가장 발전한 곳에서 서서히 덜 발전된 곳으로 전파되고 이전되어 감을 주장하였다. 즉, 근대 국가들이 발전하면서 그 발전이 확산, 주변 국가들에게 영향을 미친다고 본 것으로, 서구사회의 발전모형을 기반으로 근대화를 사회발전의 핵심적 요소로 강조하며 진화론적 입장을 취한다. 확산 이론의 핵심은 사회복지정책의 도입과 발달을 모방의 결과로 본다는 점이다.

콜리어와 메식(Collier & Messick)은 확산을 크게 위계적 확산과 공간적 확산의 두 가지 유형으로 구분하였다. 위계적 확산(hierarchical diffusion)은 어떤 국가에서 만들어진 기술이나 제도가 우선 인접 주변국을 중심으로 하여 점차적으로 확산되는 경우를 말한다. 즉, 기술혁신이나 새로운 제도가 선진국에서 후진으로 확산되는 경우를 말한다. 공간적 확산(spatial diffusion)은 주장하는 학자들은 사회복지정책의 발전과 국가의 지리적 위치가 밀접한 관계에 있다고 주장한다. 즉, 서로 지리상으로 인접한 국가나 긴밀한 관계에 있는 국가 간에 정책이 확산되어 간다는 것이다.

확산 이론은 기존의 사회복지정책 발달 이론이 국내적 요인을 가지고 설명하려던 것에서 벗어나 국제적인 관계와 범위로 그 영역을 넓혀 설명했다는 점에서 큰 의의가 있으나, 다음과 같은 문제점들이 제시되고 있다(강희갑 외, 2016; 오세영, 2018; 노병일, 2016). 첫째, 영국과 같은 사회복지정책이 처음 도입된 국가에 대해서는 확산 이론으로 설명이 불가능하다. 둘째, 국제적 관계나 영향보다 사회복지정책 발달에 국가의 내부적인 사회경제적 요인을 비롯한 정치적 요인이 더 중요한 경우가 있다. 셋째, 확산 이론은 사회복지정책이 선진 국가에서 후진 국가로 확대되어 간다고 하지만, 실제로 그렇지 않은 경우도 많다. 즉, 후진 국가에서 선진 국가로의 역확산(up a hierarchy)도 존재한다. 넷째, 확산 이론은 국제관계나 영향이 사회복지정책으로 전환되는 역동적인 과정을 설명하지 못하며, 마지막으로 사회복지정책의 발달이 국가 간 확산 여부를 떠나 복지의 원인이 복지가 된다는 논리적 취약점이 있다.

3. 사회양심 이론

칸트(Kant)는 선의 개념이 이미 우리의 자연적인 건전한 오성에 내재하여 있다고 보았으며 건전한 오성은 일반 사람이 갖추고 있는 일반적인 지식, 곧 자연스러운 상식을 말한다. 칸트가 말하는 선의지는 우리가 양심이라 할 수 있다(이호연, 1999). 사회양심은 사회 내 개인이 공유하는 의식으로, 마르크스(Marx)에 따르면 사회양심은 생산품, 경제적 산물이나 관계 등의 한 형태로 연결된다고 보는 것이다.

사회양심론(social conscience theory)은 1950년대 영국 사회복지정책학의 통설로서 사회적 양심의 증대가 사회복지의 발전을 가져오는 원동력이 되었다고 본다. 김영화 등(2016)은 이같은 사회양심론에 비추어 복지정책의 발달을 가져온 예로 영국 찰스부스(Charles Booth)의 런던 생활 및 노동에 관한 조사나 라운

트리(Rowntree)가 실시한 요크시의 빈곤조사 등을 제시하고 있다. 대부호였던 두 사람이 영국의 빈민 상태를 심각하게 여기어 자신의 재산을 투자하여 빈민 실태를 조사하였으며, 그 결과 빈곤상태가 대단히 심각하다는 것을 밝혀냄으로써 빈민대책을 위한 영국 국민들의 여론을 형성하였을 뿐만 아니라, 영국 사회복지정책 수립의 기반을 형성하였다고 보았다. 즉, 개인적 양심과 소명감이 런던 시민들을 빈곤에서 벗어나게 하려는 공명심으로 연결되었고, 빈민의 연구조사 실태를 통하여 빈곤상황을 사회에 알림으로써 사회적 책임감을 일깨우는 역할을 하였다고 볼 수 있다는 것이다.

영국의 사회복지학자 존 베이커(John Barker, 1979)는 사회양심론을 다섯 가지로 요약하고 있다. 첫째, 사회정책이란 인간이면 누구나 지니고 있는 타인에 대한 사랑을 국가를 통해서 실현시키는 것이다. 즉, 사회복지정책의 혜택은 전체 공동체를 위해 제공된다. 둘째, 사회복지정책은 사회적 의무감의 확대, 심화와 사회적 욕구에 대한 과학적 지식의 증대, 이 두 가지 요인에 의해서 변화된다. 셋째, 변화는 누적적이며 사회복지정책은 균일하게 변화하지는 않으나, 계속해서 발전한다. 넷째, 현재 사회복지정책 수준은 지금까지의 것 중 가장 최선의 것이다. 다섯째, 역사적으로 볼 때 현행 정책은 완전한 것은 아니며 불완전한 부분이 발견되지만 사회복지의 주된 문제들은 앞으로 해결될 것이며, 지속적으로 발전할 것이다.

사회양심론은 국민들의 사회적 양심이 성장하여 사회복지제도가 발전했다고 가정한다. 즉, 일반 국민들의 집단적 양심은 자비스러우며 누적적이어서 정부로 하여금 도덕적인 반응을 보이도록 하고 그 결과 사회복지제도의 발전이 이루어진다고 보는 견해이다.

사회양심 이론은 복지국가를 전통적으로 설명하는 이론으로, 사회복지정책의 발달을 낙관적이고 이상적으로 보고 있다. 그러나 사회양심 이론은 사회복지정책의 형성과 변화에 영향을 미치는 압력과 영향에 관한 분석이 협소하며, 사회복지정책의 자비적 성격을 강조한 나머지 국가의 역할에 대한 왜곡된 견해를 갖게 하여 사회복지정책의 발달과정에 대한 정확한 이해를 방해한다. 그뿐만 아니라 공공정책들이 실패하는 사례가 증가하고 사회문제가 나타남에 따라 사회양심 이론이 사회복지정책의 발달을 설명하는 힘은 크게 줄어들고 있다(노병일, 2016).

4. 음모 이론

음모 이론(conspiracy theory)은 사회복지정책의 목적이나 변화과정은 인도주의나 양심의 실현에 의해 좌우되는 것이 아니고, 사회안정 및 사회질서의 유지와 사회통제라는 목적 달성을 위해 좌우된다고 보는 관점이다. 음모 이론은 피븐과 클로워드(Piven & Cloward, 1971)의 『빈곤층 규제하기(Regulating the Poor)』라는 저서에서 제시하였으며, 따라서 혹자들은 음모 이론을 빈민규제 이론으로 부르기도 한다.

또한 국가는 기본적으로 계급사회이며, 사회정책의 변화 시기를 지배계층이 기존의 사회질서가 위협을 받고 있다고 느끼는 때라고 주장하면서, 사회양심론에 대해 정면으로 도전하는 반대 입장을 취하고 있다. 피븐과 클로워드(Piven & Cloward)는 미국의 사회복지정책 발달을 분석한 결과 대량실업에서 파생되는 시민들의 소요사태가 발생하면 사회복지정책이나 서비스가 시작되거나 발달되지만, 반대로 정치적 안정이 회복되면 사회복지정책이나 서비스가 폐지되거나 감축된다는 사실을 발견하였다. 비스마르크 사회보험입법을 보면 당시의 사회운동을 저지시켜 사회질서를 유지하기 위한 속셈이라 볼 수 있다. 이처럼 음모 이론은 사회복지정책은 빈민에 대한 억압, 통제책이며 지배층의 이익을 유지함으로써 사회적 불평등을 유지시킨다는 점에서 사회통제 이론(social control theory)이라고도 한다.

김영화 등(2016)은 음모론으로 복지 발달사를 분석해 보면 대표적인 예로 1601년 엘리자베스 빈민법을 들 수 있다고 하였다. 이 법 자체가 빈민을 구하기 위한 구빈법의 성격보다는 사회질서를 어지럽히지 않도록 빈민들을 통제하고 다스리는 빈민규제적 기능이 주된 역할이었기 때문이다.

결국 음모 이론은 국가나 중상층계급의 자비심에 의한 사회복지정책의 발달이 아닌, 사회안정과 질서유지와 같은 특정 목적을 달성하기 위해서 빈민구제와 같은 사회복지정책을 수단으로 활용한다고 보는 것이다. 따라서 음모 이론은 사회복지정책으로부터 진짜 이익을 보는 층은 빈곤계층이 아닌 지배계급이라고 보고 있다.

음모 이론은 다음과 같은 문제점들이 제시되고 있다. 첫째, 음모 이론은 정책결정자의 의도를 너무 중요시하며, 나머지 정치적 현실을 상당히 과소평가하고 있다. 둘째, 사회안전에 대한 위협을 조장하지 않는 집단이면서 사회복지정책의 발달로 인한 사회적 서비스의 확충으로 인해 혜택을 입고 있는 사례를 설명할 수 없다. 특히 오늘날 사회복지정책은 빈민계층에게만 한정된 것이 아니라 중산층을 넘어서 일반 국민에게까지 광범위하게 적용되고 있는데 음모 이론은 이에 대한 설명이 불가능하다. 셋째, 국가의 통제는 사회복지정책 등을 통한 노동 통제보다는 경찰이나 군인을 통해 효율적으로 이루어질 수 있다. 마지막으로, 음모의 발생사례가 잦은 것도 아니며 또한 반드시 성공하는 것도 아니다(오세영, 2018).

5. 시민권론

시민권론(citizenship theory)은 사회복지정책의 발달을 시민권의 변천이라는 측면에서 진화론적으로 설명하는 이론으로, 사회복지정책이 발달하는 것은 시민권의 수준이 높아지기 때문이라고 보는 이론이다. 대표적인 학자로는 마샬(Marshall)이 있다. 마샬(Marshall, 1963)은 시민권(citizenship)이란 공동체의 완전한 사회구성원에게 부여된 여러 가지의 권리와 권력을 향유할 수 있는 지위로 보았으며, 시민권의 요소를 공민권, 정치권, 사회권으로 분류하면서 시민권의 변천을 진화론적 입장에서 분석하고 있다.

공민권(civil right)은 산업혁명을 통해 봉권주의 체제가 붕괴되고 자본주의가 도래하던 18세기에 형성되었으며, 인간의 기본권적인 자유권을 비롯, 평등권을 보장받는 권리 및 이와 관련된 권리이다. 개인의 자유와 법 앞에서의 평등을 보장받을 권리를 말한다. 그리고 정치권(political right)은 19세기에 발달한 권리로서 한 사람의 성원으로서 투표할 수 있는 권리뿐만 아니라 대의기구에 선출될 수 있는 권리이며 국가의 정치에 적극적으로 참여할 수 있는 권리이다. 사회권(social right)은 20세기에 확립된 권리로 적정 수준의 경제적 복지로부터 사회적 유산을 공유하고 그 사회의 보편적 기준에 따라 문명화된 삶을 살 수 있는 권리이며, 생존권적 기본권이라 부르기도 한다. 사회권은 자본주의 및 시민사회 성장의 토대였던 공민권과 민주주의의 확대를 가능하게 했던 정치권의 변증법적 상호작용의 결과물이다(박순우, 2004). 시민권 중 첫 번째인 공민권은 기본적으로 법률제도를 통해 구현되고, 두 번째의 정치권은 정치제도에 의해 구현되며, 세 번째인 사회권은 사회서비스를 통해 구현된다.

시민권론은 주로 보편적이고 포괄적이며 '권리로서 주어지는' 사회복지정책과 정책서비스의 원리를 정당화하는 데 적절한 개념으로, 사회복지정책과 정책서비스의 정당성을 부여하는 데 큰 의의가 있다. 그러나 다음과 같은 문제점들이 제시되고 있다(강희갑 외, 2016; 오세영, 2018). 첫째, 법률적 복지에 한정되므로 사회봉사 등의 복지형태를 포괄하기 어렵다. 둘째, 시민권 이론의 적용범위는 서구민주사회에만 제한된다. 사회주의 국가에서의 국가복지는 시민권적 견해에서는 이해가 될 수 없다. 셋째, 시민권론은 공민권과 정치권, 사회권을 사회구조의 변화와 연결시켜 설명하지 못하고 있다. 사회변동에 대한 전체적이고 진화론적 접근을 취함으로써 집단의 행위와 집단갈등이 초래할 수 있는 영향, 산업화의 영향 등은 고려되지 못하고 있다.

6. 정치경제학적 이론

정치경제학적 이론(political and economic theory)은 마르크스적 통찰력으로, 자본주의 사회의 속성을 분석하여 복지국가의 발달을 설명하고 있다. 마르크스는 국가를 지배적인 자본가 계급의 도구로 보았으며, 국가는 자본주의경제가 사회주의로 나아감에 따라 궁극적으로 소멸하게 될 것이라 하였다. 그러나 국가의 역할이 점점 소멸되어 가는 것이 아니라 오히려 증대되고 있으며, 이에 대해 국가는 지배적인 자본가 계급의 수동적 도구 이상의 것이라고 생각하는 인식들이 나타나게 되었다. 이에 고전적 마르크스주의의 경제 결정론에 근거한 사회접근의 한계를 지적하며, 인간소외 비인간적 문화에 관심을 가지며 다양한 학파가 발전되어 오고 있다. 정치경제학 이론의 대표적인 학자로 고프(Gough), 오코너(O'Connor), 오페(Offe) 등을 제시할 수 있다.

정치경제학적 이론은 도구주의(instrumentalism) 관점과 구조주의(structuralism) 관점 그리고 기능주의 혹은 계급투쟁(class struggle)(Gough, 1979)의 관점으로 나누어 설명할 수 있다. 도구주의 관점은 자본논리론으로 불리기도 하며, 대표적인 학자로 밀리반드(Miliband)가 있다. 도구주의 관점은 전통적인 마르크스주의 국가역할에 가장 근접한 관점으로, 국가의 역할은 지배계급, 자본가들의 이익을 보호, 유지하기 위한 수단이나 도구에 지나지 않는다고 본다. 따라서 국가의 사회복지정책 역시 국가의 자율적 활동이 아닌 지배계급의 이익이 반영된 것으로 볼 수 있다. 자본주의 사회에서는 자본가들이 경제적 조직들을 독점하며, 이러한 경제부문의 독점에 힘입어 정치조직에도 강력한 영향을 미치기 때문에, 국가는 자본가들의 요구에 피동적으로 따를 수밖에 없게 되는 것이다.

구조주의 관점은 흔히 복지국가모순론으로 불리기도 하며, 이는 독점자본주의 단계에서 국가는 이윤의 극대화를 지향하는 자본축적(accumulation)의 기능과 사회적 조화를 추구하는 정당화(legitimation)의 기본적이고 모순적인 기능을 함께 수행해야 하기 때문이다(Ginsburg, 1973). 즉, 국가는 자본주의 체제의 유지와 재생산을 위해 자본축적의 조건들을 유지해야 하며, 자본축적의 과정에서 나타나는 피지배계급의 다양한 요구를 충족시켜 국가체제의 정당성을 유지하여야 하는 것을 의미한다. 정당화는 정치적 안정과 사회적인 조화 그리고 통제유지를 말한다. 정당화 기능의 좋은 예가 복지정책 및 제도이며, 그것은 실업자들과 같은 위험한 계급을 통제함으로써 사회적 안정에 기여한다(O'Connor, 1973). 긴즈버그(Ginsburg) 또한 이러한 양면성을 강조하면서, 사회복지정책은 노동계급을 자본주의 가치관과 병합하는 것으로 보았다. 이를 통하여 자본주의의 약탈, 실업, 질병, 소득 상실과 대립하면서 노동자들에게 혜택을 부여하는 것이라 하였다. 구조주의 관점은 국가와 자본가와의 객관적 관계를 강조한다. 국가는 자본가 계급의 단기적인 이익을 희생하더라도 자본주의 경제의 장기적인 안정과 강화를 위하여 어느 정도의 자율성을 갖고 자본가 계급에 반하는 복지정책을 추진하며 또한 자본축적의 역할을 적극적으로 수행한다고 본다. 따라서 자본가들이 국가에 영향력을 행사하는 것과 상관없이 자본주의 경제구조상 국가는 필연적으로 자본주의 사회의 경제체제를 유지하고 강화해야 한다는 것이다.

계급투쟁의 관점은 자본가들은 근본적으로 사회복지정책의 도입이나 팽창을 반대한다고 본다. 따라서 복지정책은 노동자 계급의 정치적 투쟁의 성과물이며, 복지국가는 취약계층에서 서서 브편적, 평등주의적 사회복지정책을 도입시킨 좌파의 기여에 대한 증거라 볼 수 있다.

정치경제학적 이론은 자본주의 문제를 분석하여 복지국가의 발전을 설명함으로써, 사회복지정책의 발달에 다양한 시각을 제시해 주고 있다. 그러나 복지국가와 사회복지정책의 발달을 지나치게 자본주의 경제적 구조결정론에 의지하고 있으며, 여러 행위자들의 역할을 무시하였다는 문제점이 있다(오세영, 2018). 또한 다른 이론과 달리 실제적인 방법론을 언급하기보다는 추상적이며 이론적인 접근방법이다(Pinker, 1979). 더불어 정치경제학적 이론은 노동운동이 주도하기 전에는 노동자계급의 역할이 상당히 제한적이었을 뿐만 아니라, 실제 강력한 노동운동이 그대로 사회복지정책의 발달로 연결되는 것은 아니라는 점에서는 비판을 받고 있다.

7. 이익집단론

이익집단론(interest group theory)은 사회복지정책을 공통의 목적을 가지고 복지정책에 영향을 미치기 위해 노력하는 개인들의 조직체인 이익집단들 간의 갈등과 타협의 산물로 본다. 산업화 초기에는 전통적인 계급, 자본가와 노동자 간의 정치적 대립이 심하였으나 오늘날에 들어와서는 다양한 이익집단이 등장하게 되고, 사회복지정책의 발달은 이러한 이익 집단들의 요구를 수용한 데서 나온 결과라 볼 수 있다(Pampel & Williamson, 1989).

슘페터(Schumpeter, 1975)는 자유민주주의를 국민들의 표를 얻기 위한 정치적 경쟁에 의해 어떠한 결정에 이르는 제도적 장치로 정의 내리는데, 선거에 이기는 것을 목적으로 하는 정당의 입장에서 이익집단의 힘은 곧 표로 연결되어 자신들이 추구하는 복지정책을 실현시킬 수 있게 된다. 이러한 이익집단을 뒷받침하는 근거로 김태성(2013)은 복잡한 산업사회에서는 계급구조도 복잡해져 전통적인 계급인 자본과 노동계급 간의 정치적 지지 세력이 명확히 구분되지 않으며, 인종적, 종교적, 언어적, 성적 그리고 연령 등의 귀속적 차이에 따른 집단들의 정치적 행위가 커질 뿐만 아니라 복잡한 산업사회에서 자본과 노동계급 내에서도 다양하고 이질적인 이익집단들이 분리된다고 주장하였다.

이익집단 이론은 다른 이론과 비교하여 사회복지정책의 발전을 설명함에 있어 자본가와 노동자를 넘어서 다양한 집단의 정치적 경쟁, 압력집단의 정치적 영향력에 초점을 맞추었다는 데 그 의의가 있다. 그뿐만 아니라 이익집단들의 영향력 행사 양상을 생동감 있게 포착할 수 있게 해주는 장점이 있다(원석조, 2010). 그러나 이익집단 이론은 민주주의제도가 발전이 안 된 국가들 혹은 민주주의제도에서도 이익집단의 정치적 힘이 상대적으로 약하거나 중요하지 않은 국가들의 사회복지정책발달 현상을 설명하는 데 어려움이 있다. 또한 이익집단 정치 이론은 사회복지정책의 발달이 선거에서의 득표를 위한 경쟁에서 결정된다고 주장하는데 이러한 선거정치(electoral politics)에 의한 복지국가 설명에도 한계가 있다(오세영, 2018; 김영화 외, 2016).

8. 사회민주주의 이론

사회민주주의 이론(social democracy theory)은 자본주의가 발전하면서 계급구조가 분산 혹은 다양화되는 면을 중시하는데, 사회복지정책의 발달에 있어 마르크스주의와 같이 자본주의에서의 계급갈등에 초점을 두지만, 사회복지정책의 확대와 발달을 노동의 정치적 세력 확대의 결과로 설명하기 때문이다. 사회민주주의 이론의 대표적 학자로 코르피(Korpi, 1983)가 있다. 코르피(Korpi)는 사회복지정책의 발달은 사회민주당과 강력한 노조와의 보다 강한 연대를 통해 발전되었다고 본다.

고도로 발전된 자본주의 사회에서 자본의 법적 소유와 자본의 효과적 통제 사이의 차이가 점차 커져 하나의 계급으로서의 자본의 힘이 약화된다. 즉, 자본주의 초기 단계에는 자본의 소유자와 자본의 경영자가 동일하거나 소유자의 절대적 우위였으나, 고도로 발전된 자본주의 사회에서는 경영자의 세력이 커져 경영자가 더 이상 자본가의 단순한 순응자가 아니게 되어 결과적으로 자본과 자본가의 세력은 약화된다. 따라서 계급구조의 변화로 인해 자본의 힘은 상대적으로 약화되며, 이러한 환경 속에서 의회민주주의를 통해 무산자들의 정치적 힘은 반대로 커질 수 있다. 따라서 사회민주주의 이론은 정치를 중요시한다(김태성 · 성경륭, 2000).

따라서 사회민주주의 이론에 의하면 사회복지정책이 발전하기 위해서는 ① 선거권의 노동계급으로의 확대, ② 노동계급을 대변하는 사회민주당의 발전, ③ 강한 그리고 중앙집권화된 노동조합운동, ④ 우익정당의 약화, ⑤ 지속적인 사회민주당의 집권, ⑥ 지속적인 경제성장, ⑦ 노동자의 강한 계급의식과 종교, 언어, 인종적 분열의 약화의 7가지 요인이 충족되어야 한다.

사회민주주의 이론은 산업사회에서 제도화된 권력투쟁은 자본의 논리와 정치논리 사이의 투쟁이며, 이러한 투쟁에서 사회권의 확대를 통해 사회복지정책은 발달한다고 본다. 에스핑－앤더슨(Esping－Andersen)은 복지정책의 발달은 노동자계급의 선거권 확대와 이를 바탕으로 계급의 이익을 대변하는 노동조합과 정당이 민주제도를 통해 권력을 행사할 수 있어야 한다고 하였다. 역사적으로 보아도 19세기 말과 20세기 초, 선거권이 확대된 시점과 사회민주세력의 확대는 일치하고 또한 이 시기가 복지국가 태동의 시기이다(김태성 · 성경륭, 2000).

사회민주주의는 사회복지정책의 발달에 있어 경제적 변수에만 지나치게 의존하는 것에서 탈피하여 설명의 폭을 넓혔다는 장점이 있다. 그러나 많은 복지국가 프로그램들은 사회민주주의 세력에 의해서 이루어지기보다는 그 반대세력에 의해 시작되었다는 점, 그리고 노동자 계급의 계급의식이 강해서 그들의 조직력이 강하고 그들의 이익을 대변하는 정당이 있어야 사회복지정책이 발달한다고 보았으나, 노동자 계급의 동질성은 약하고 순수 노동자 계급을 위한 정당은 지지세력이 많지 않다는 점 등은 상당히 문제점으로 제시되고 있다(김태성 · 성경륭, 2000).

9. 국가중심 이론

지금까지 살펴본 여타의 사회복지정책발달 이론들이 사회복지에 대한 수요(demand)의 증대에 초점이 맞추어진 것이라면 국가중심 이론(state-centered theory)은 사회복지정책을 제공하는 공급(supply)의 측면에서 사회복지정책의 발달을 설명한다. 국가중심 이론은 흔히 국가론이라고 하는데, 사회복지정책의 발전에 관한 국가중심적 접근은 국가를 사회의 세력으로부터 독립된 실체이자 권력의 주체로 보는 베버의 시각에 입각하여 논의하는 네오-베버리안 관점에 그 이론적 발달을 두고 있다. 베버는 국가란 사회의 공공선과 국가 본연의 이익을 능동적으로 추구하는 행위자로, 절대적인 지배권을 가지는 초계급적 실체로 본다. 그러나 네오-베버리안은 국가의 독립적 성격을 강조하며 국가는 사회계급과 무관한 내재적 자율성을 가지고 있다는 점을 강조한다(김호진, 1995). 국가중심론의 대표적인 학자로 스카치폴(Skocpol)이 있다.

국가중심 이론은 사회복지정책의 발달은 국가관료기구를 맡고 있는 개혁적인 정치가나 전문 관료들에 의해 국가발전의 장기적 안목을 가진 전문화된 관료기구의 바탕에서 이루어졌다고 보며, 국가가 복지 수요를 반영하여 형성된 정책의 전달자라는 소극적인 역할이 아닌 정책 내용의 형성에도 영향을 미치는 적극적인 역할을 강조한다. 또한 국가중심 이론은 국가조직의 형태에 초점을 맞추어서 국가의 조직이 중앙집권적이고 조합주의적인 국가조직의 형태가 사회복지 발전을 설명하는 데 있어 중요하다고 보며, 복지국가의 확대를 설명하는 데 있어 사회복지정책을 담당하는 관리기구의 속성을 중요시한다(김태성 · 성경륭, 2000). 애쉬포드(Ashford, 1986)는 서구의 복지국가 발전에 있어 사회적 타협을 가능하게 한 결정적인 원인은 노동자계급의 조직적인 힘이나 자본가계급의 의식적인 조작화가 아니라 오히려 정치지도자들과 행정관료의 지속적인 노력이었다고 주장한다. 위어와 스카치폴(Weir & Skocpol, 1985)은 영국과 스웨덴의 경우 노동자의 조직화 수준이나 정치적 영향력이 매우 유사함에도 불구하고 두 나라의 복지정책이 차이가 나는 결정적 원인은 국가의 구조와 능력의 차이에 있다고 주장하였다.

국가중심 이론은 사회복지정책의 발달을 사회복지정책을 제공하는 공급자로서 국가의 역할을 강조함으로써 사회복지정책의 발달에 대한 설명의 폭을 넓혔다는 데 그 의의가 있다. 그럼에도 불구하고, 국가의 독립변수성을 강조하는 동시에 정치과정에서 사회적 변수의 영향력을 과소평가하는 경향이 있으며, 사회복지정책의 수요 측면보다 공급 측면을 강조함으로써 복지욕구가 어떻게 발생하는가에 대한 설명, 즉 복지국가 발전에 대한 본질적인 원인규명에 소홀하다는 비판이 제기되고 있다(김태성 · 성경륭, 2000).

10. 기타 이론

앞서 설명한 이론들 외에도 사회복지정책의 발달을 설명하는 문화영향이론, 환경결정 이론, 합리 이론, 페미니즘 이론, 종속 이론 등의 다양한 이론들이 있다.

문화영향 이론(environmentalism theory)은 환경결정론으로 불리기도 하며, 오늘날 사회복지정책발달에 있어, 경제, 사회, 정치적 요인의 중요성을 인정한다 하더라도 문화적 변수를 고려하지 않고서는 발전 배경을 설명할 수 없다고 본다. 즉, 산업화와 그에 따른 경제발전, 사회변화 등이 사회복지 서비스 출현의 가능성을 만들어 낸다면, 그러한 전통적 가치나 문화적 배경이 사회복지발달의 요구와 가능성에 구체적인 형상을 부여한다고 보는 관점이다(박병현, 2003).

합리 이론(rationality theory)은 산업화 과정에서 발생하는 다양한 문제들은 가족이나 이웃 또는 지역사회의 단체들의 힘만으로 해결할 수 없으며, 국가가 사회복지정책을 통해서만 해결 가능하다고 본다. 즉, 합리 이론은 산업사회에서 발생하는 사회문제를 해결하기 위하여 사회복지정책이 필요하다고 보는 이론을 말한다.

페미니즘 이론(feminism theory)은 사회복지정책의 발달을 남성의 여성에 대한 지배를 강화하기 위한 것으로 보는 입장이다. 긴스버그(Ginsburg, 1973)에 따르면 사회복지정책은 여성의 남성에 대한 의존을 강화하고, 낮은 임금의 임시노동자와 예비노동집단의 계층으로서의 위치를 유지하게 한다고 하였다. 따라서 페미니스트들은 사회복지정책의 발달에 있어 이러한 여성에 대한 시각을 바로 잡아야 한다고 주장한다.

종속 이론(dependency theory)은 개발도상국가나 제3세계의 사회복지정책을 종주국의 지배체계와 연결하여 설명하는 이론이다. 식민지배가 종식되었음에도 불구하고, 선진국들은 과거 식민국가들에 대한 경제적 지배를 유지하면서 종속관계를 유지하고 있으며, 사회적으로 경제적 지배와 종속관계를 위한 수단으로 사회복지를 활용하여, 사회복지정책이 발달한다고 본다(김영종, 2014).

CHAPTER 04

사회적 이슈와 정책의제설정

제 1 절 | 사회적 이슈

이슈(issue)란 정치적 논점이 된 문제를 의미하며 정책결정 과정의 첫 단계이자 사회복지정책의 본질과 관련된 중요한 개념이다. 이슈의 본질은 어떤 문제를 고려할 것인가에 있는 것이 아니라 고려하고자 하는 문제를 어떻게 정의하는가에 달려 있다. 즉, 문제 자체가 아니라 그것에 관한 의견이나 해석이다. 어떤 문제에 직면했을 때 관점에 따라 여러 측면에서 다양한 정의를 내릴 수 있다. 이슈에 대해 각자의 관점에서 보고, 지각하고, 이해하고, 해석하기 때문에 사람마다 생각이 다를 수 있다.

일반적으로 사람들은 자신은 객관적이며 사물을 정확하게 본다고 인지하는 경향이 있으나 실상 그렇지 않고 세상을 주관적 입장에서 판단하는 경우가 많다. 따라서 자신이 인지한 것에 관해 말한다면 그것은 자신의 지각과 관점을 말하는 것이다. 만약 다른 사람이 자신의 의견에 동의하지 않는다면 그들이 뭔가 잘못 생각하고 있다고 간주하고 그 결과 갈등이 형성된다.

이슈는 어느 시대 어느 사회를 막론하고 늘 존재해 왔다. 그러나 같은 문제에 대해 보는 관점이 시간과 공간에 따라 다르기 때문에 이슈는 정부의 정책의제 항목으로 채택되고 복지정책으로 전환하기 위해 논의과정을 거친다. 여기서 정책의제란 사회문제 중에서 정책문제로 채택된 것을 말한다.

1. 이슈의 조건

어떤 문제가 사회적 이슈로 주목받기 위해서는 두 가지 조건을 갖추어야 한다. 첫째, 문제가 일반 대중의 관심 대상이 되고 정책상의 논점으로 제시될 수 있어야 한다. 예를 들어, 매춘문제는 일반 대중에게 관심의 대상이기는 하지만 정책상의 논점은 아닐 수 있다. 그러나 이러한 문제도 규범적 측면에서 본다면 성의 상품화와 관련된 이슈로 대두될 수 있다. 둘째는 그러한 논점이 사회적으로 이해갈등을 수반해야 한다. 이슈의 본질은 이해갈등에 있다고 주장하는 학자도 있다(Cobb & Elder, 1983). 즉, 문제해결을 위한 논점에 반론이 없다면 그 문제는 사회적 이슈로 발전되지 못한다. 존스(Jones, 1997)는 이슈의 본질은 논쟁에 있으며, 문제에 대한 개념규정 간의 갈등이라고 정의하였다.

사회란 다양한 이해관계를 가진 집단으로 구성되어 있으므로 이해관계자들에 의해 문제가 정의되고, 정의된 문제를 다시 논의하는 과정에서 문제에 대한 시각이나 논점이 변화되기도 한다. 왜냐하면, 이슈는 본질적으로 정의되는 것이므로 논의되는 문제에 이해관계자의 의도가 내포되어 있기 때문에 이해관계에 있는 사람들은 자신들에게 유리한 입장으로 문제를 정의하고, 그러한 과정에 이해관계 집단 내 또는 집단 간에 갈등이 유발된다.

예를 들어, 한때 유흥업소의 심야영업 허용 여부라는 이슈를 두고 찬반논란이 있었다. 소비자, 언론, 학계, 부모단체, 여성단체 등과 같은 이해관계자가 모여 공청회를 하고, 다양한 매체를 통해 여론을 수렴하였다. 심야영업을 반대하는 측의 주장은 심야영업을 제한하는 것이 청소년을 보호하고 정상적인 사회로 가는 요건이라는 것이다. 반면 심야영업을 허용하자는 측의 주장은 현실적으로 심야영업에 대한 수요가 적지 않은 데도 불구하고 그러한 수요를 불법화하게 되면 수요와 공급의 전형적 더응이 발생하여 부작용이 더 커지므로 불법

영업은 성격상 막을 수 없는 것이 된다는 것이다. 그리고 심야영업이 불법화된 상황에서 영업한다는 것은 여러 가지 위험을 수반하게 되므로 신변안전과 벌금, 구금 등을 피하기 위한 뇌물상납 행위가 성행할 것이고 그 외에도 세금포탈, 불법적인 성의 상품화 등과 같은 사회적 비용을 수반하게 될 개연성이 크다고 본다. 여기서 특히 찬반논점의 대상이 된 것은 음주를 개인 생활의 일부로 볼 것인가 하는 점이다. 이 점에 대해 음주라는 개인 생활에까지 국가가 간섭하고 행정 규제를 가하는 것은 옳지 않다는 주장과 심야영업으로 인해 청소년의 출입과 불법 고용이 사회문제가 될 수 있다는 주장이 대두되었다.

이슈를 둘러싼 이러한 이해집단 간 갈등은 타협과 조정의 과정을 거치게 되는데 이 과정에 해결방안을 두고 집단 간 갈등이 세력 양상으로 나타나기도 한다. 그리고 타협과 조정을 거쳐 이슈가 재정의되는 과정에서 원래의 의미가 약화되어 다른 이슈로 대치되거나, 좀 더 구체적이고 다양성을 띤 것으로 통합되기도 하고, 민감한 부분은 상징적 특성을 내포한 추상적 개념으로 자리 잡기도 한다. 사회문제가 이슈로 전환되어 일반 대중이 이에 관심을 가지고 해결을 위해 공공정책의 논점이 되면 문제나 이슈가 정책의제로 채택되고 정의되는 과정에서 다양한 정책대안이 제시되고, 대안 중 하나가 채택되어 정책결정이 이루어진다.

정책대안이나 의제는 이슈가 어떻게 정의되는가에 따라 다르게 나타난다. 예를 들어, 빈곤이라는 이슈를 '기초생계비' 문제로 정의할 경우 정책 방향은 소득불균형 해소와 소득재분배 쪽으로 수립될 것이다. 반면 빈곤을 '실업' 문제로 정의하는 경우 정책은 고용 창출을 통한 실업 감소에 중점을 둘 것이다. 심야영업이라는 이슈도 '청소년 보호'와 연결할 것인지 아니면 '개인 생활에 대한 국가의 행정 규제'라고 보는지에 따라 문제해결을 위한 정책대안은 달라진다.

2. 이슈의 유형

이슈는 그 자체의 속성과 반응양식에 따라 가치 이슈와 명제 이슈로 구분한다(Nelson, 1984). 가치 이슈는 긍정적 드는 부정적 가치가 내포된 이슈로 일반 대중으로부터 하나의 공감된 정서적 반응을 모을 수 있고 반대의견은 허용되지 않는 것을 말한다. 예를 들어, 청소년 보호라는 이슈는 절대적 가치를 지닌 이슈이므로 단일 정서로 결집될 수 있다. 폭력 및 빈곤퇴치도 절대적 가치를 지닌 이슈라 볼 수 있다. 명제 이슈는 찬반양론이 존재하고 집단 간 의견 차이가 뚜렷하여 갈등 관계에 있는 이슈이므로 집단 정서에 따라 선택적 반응을 보이게 된다. 정책결정자는 명제 이슈를 정책의제로 상정하고 통과시키기 위해 절대적 의미가 부여된 가치 이슈와 관련시키는 경향이 있다.

이슈가 어떤 과정을 통해 정치적 의미를 지니는가를 살펴볼 때 사회적 이슈와 정치적 이슈로 구분할 수 있다(Caldwell, 1990). 사회적 이슈란 크고 작은 집단으로 구성된 사회에서 다수와 관련되어 관심을 끌고 있고 사회적 결정이 요구되며 정치적 해결책을 모색할 필요가 있는 이슈를 말한다. 이러한 이슈는 특성상 개인적으로 해결할 수 없으므로 집단적 방법이나 사회적 행동이 요구된다. 민주주의 사회에서 부각된 사회적 이슈는 거의 모든 경우 정치적 이슈로 전환된다. 그 이유는 정치는 궁극적으로 사회적 결정 과정을 거치기 때문이다. 사회적 이슈도 여론에 의해 결정되므로 사람들이 문제를 이슈로 인식하지 않으면 관련 문제는 사회적 이슈로 부각되지 않지만, 문제가 사회적 이슈로 부각될 때는 대부분 정치적 이슈로 발전한다. 정치적 이슈로 발전한다는 것은 해결책을 모색하기 위해 관련 문제가 정치체제로 이송된다는 것을 의미한다.

제 2 절 | 정책의제설정

정책의제설정(agenda setting)이란 정부가 사회적 이슈를 정책문제로 채택하는 과정과 행동을 나타낸다. 사회문제가 정책의제에서 정책으로 채택되고 적용되기까지 여러 단계가 있는데 일반적으로 정책결정은 정책의제설정, 정책결정, 정책집행, 정책평가 등의 단계를 거쳐서 이루어진다. 정책결정의 첫 단계인 정책의제설정은 다음 단계에서 이루어질 정책결정에 영향을 미칠 뿐 아니라 정책의 우선순위를 정하는 데도 중요한 의미가 있다.

정책의제는 이슈가 다수와 관련되어 있고 영향력의 범위가 넓어 일반 대중의 관심을 끄는 문제로 정치적 논점을 내포하고 있다. 정책의제에 대한 정의는 학자마다 다소 차이가 있다. 존스(Jones)는 정책의제가 공적 행동(public action)이 필요하다고 판단되는 이슈라고 정의하였고, 에드워드(Edward)와 샤칸스키(Sharkansky)는 정책결정자가 현실적으로 신중하게 고려하는 이슈라고 정의하였다. 학자에 따라 개념적 정의에 차이가 있으나 공통점은 사회적 이슈로 부각되었거나 정책적 해결이 필요한 문제를 정부가 효율적으로 해결하기 위해 정책문제로 채택하는 과정 및 행위를 의미한다는 것이다.

1. 정책의제설정과 고려해야 할 요인

정책의제를 설정하기 위해 우선 정책에서 다루고자 하는 문제를 어떻게 규정하며, 영향을 미치는 요인에는 어떤 것들이 있는지, 관련 요인을 어떻게 다루어야 할 것인지에 대한 밑그림이 그려져야 한다. 또한 정책의제를 설정할 때 누가 참여할 것인지, 정책 범위는 어느 정도인지에 대한 사항도 분명히 정해야 한다. 정책의제설정 시 추구하는 목표는 무엇이며, 자원을 배분할 때 나타날 수 있는 문제에는 어떤 것이 있을지도 분석해야 한다. 정부가 정책의제를 설정하고 그 의제가 정책으로 실행될 때 다수의 관심은 주로 이 정책을 통해 정책적용 대상자의 복지가 좋아지리라는 것만 생각한다. 그러나 관련 정책으로 인해 상대적으로 다른 집단의 복지 사정이 안 좋아지거나 자원이 비효율적으로 배분됨으로 인해 발생할 수 있는 사회적 비용에 관해서는 관심을 가지지 않는 경향이 있다. 정책의제설정 시 정책적용으로 인해 발생할 수 있는 사회적 비용도 정책효과만큼 중요한 요인이다.

고려해야 할 또 다른 요인은 정책적용 단위와 규모, 정책적용 대상의 특성과 해결범위 등이다. 정책적용 단위가 개인에게 국한되거나 가족과 같은 미시적 단위인지 아니면 지역사회 전체를 포괄하는 거시적 단위인지를 정해야 한다. 정책의제설정 시 정책적용 단위를 명확히 하는 것은 중요한 의미가 있다. 왜냐하면, 같은 이슈를 해결하기 위한 정책이라 할지라도 적용단위에 따라 서비스 및 프로그램의 성격이나 규모가 달라지기 때문이다. 그리고 정책적용 대상의 사회경제적 특성은 어떠한지 이들이 직면한 문제의 규모는 어느 정도인지 그리고 정책실행으로 인해 적용대상이 직면하고 있는 문제를 어느 정도 해결할 것인지에 대한 목표를 정할 필요가 있다. 따라서 정책의제를 설정할 때 이러한 제반 문제에 대한 면밀한 검토가 이루어져야 한다.

정책목표를 설정할 때도 다양한 측면을 분석해야 한다. 같은 이슈에 관한 정책일지라도 이슈가 되는 문제에 노출된 대상의 사회경제적 특성과 문제의 심각성 및 범위에 따라 정책목표의 지향 및 강도가 달라질 수 있으므로 이러한 요인에 대한 분석이 우선되어야 한다. 정책적용 기간을 기준으로 정책이 지향하는 단기 목표는 무엇이며, 장기에 걸쳐 수행할 목표는 무엇인지 그리고 관련 정책이 지향하는 공식 목표와 표명하지 못한 비공식 목표가 있다면 그러한 목표에 대한 분석도 병행해야 한다. 정책이 의도하는 개입수준도 주요 분석대상이다. 즉, 정책목표가 문제가 발생한 원인이나 실태를 파악하는 수준인지, 문제 발생 요인을 사전에 차단하는 예방적 수준인지, 아니면 이미 발생한 문제를 해결하기 위한 수준인지를 분명히 해야 한다. 이러한 정책개입 수준은 정책목표의 인과론적 기반에 영향을 미치게 되고 지향하는 정책목표가 어느 정도 현실성을 띤 것인가에 관한 판단을 가능하게 한다.

2. 정책의제설정 과정

사회문제가 정책의제로 채택되기까지는 여러 단계를 거친다. 코브(Cobb)와 엘더(Elder)가 제시한 정책의제설정 과정을 살펴보면 다음과 같다.

1) 일반적 과정

(1) 사회문제 ⇒ 사회적 이슈

정책의제설정의 첫 단계는 사회문제가 사회적 이슈로 확산하는 것이다. 어떤 문제가 발생했거나, 발생할 개연성이 있으면 그 문제를 해결하는 방법에 대해 집단 간에 의견일치가 어려운 문제가 사회적 이슈로 부각된다. 물론 모든 문제가 사회적 이슈가 되는 것은 아니고 관련 문제가 일반인의 정서에 어느 정도 부합되어야 하며 사회가 지향하는 가치와도 맞아야 한다. 그러나 무엇보다 사회문제를 이슈화하려는 집단과 문제의 심각성을 일반 대중에게 확산시키는 점화장치가 있어야 한다.

(2) 사회적 이슈 ⇒ 공중의제

문제가 사회적 이슈가 되어 일반인의 주목을 받게 되고 정부가 나서서 문제를 해결하는 것이 합당한 것으로 인정될 때 관련 문제는 공중의제로 채택된다. 공중의제가 되기 위해서는 세 가지 전제조건이 충족되어야 한다. 첫째, 많은 사람이 관심을 가지는 문제여야 하고, 둘째, 문제를 해결하기 위해 정부 조치가 필요하다고 생각하는 사람이 다수여야 하며, 셋째, 문제가 정책의 고려대상이 될 뿐 아니라 문제해결이 정부의 권한에 속하는 것이어야 한다.

(3) 공중의제 ⇒ 정부의제

공중의제가 되는 데 필요한 세 가지 전제조건이 충족되고 정부의 공식적인 의사결정에 의하여 문제해결을 고려하기로 한 문제는 정부의제로 채택된다. 채택된 정부의제는 정책의제설정 활등의 산출물로서 좁은 의미의 정책문제이며, 정부의제가 채택되는 과정이 정책의제설정 과정이다.

2) 예외적 과정

모든 문제가 정해진 과정을 거쳐 정부의제가 되는 것은 아니며, 사회 내의 의사결정 구도, 개방화 및 민주화 정도, 문제의 븐질, 사회적 가치관 등에 따라 예외적 과정을 거치기도 한다. 이러한 예외를 유형에 따라 분류하면 다음과 같다.

(1) 제1유형 : 사회문제 ⇒ 정부의제

사회문제가 사회적 이슈나 공중의제 과정을 거치지 않고 바로 정부의제로 채택되어 정책결정을 하게 되는 유형이다. 이러한 유형은 일반적으로 사회나 조직의 최고 결정자가 문제 의식을 가지고 관심을 갖는 경우에 나타나는 유형으로 주로 후진국에서 많이 발생한다.

(2) 제2유형 : 사회문제 ⇒ 사회적 이슈 ⇒ 정부의제

두 번째 유형은 사회문제가 사회적 이슈로 부각되어 많은 사람에 의하여 논란이 되고 있으나 정부가 이를 해결하는 것이 바람직하다는 의견이 제시되어 공중의제로 채택되기 전에 정부의 정책결정자가 먼저 이를 정부의제로 채택하여 검토하는 것이다. 이 유형도 주로 후진국에서 많이 나타난다.

(3) 제3유형 : 사회문제 ⇒ 공중의제 ⇒ 정부의제

세 번째 유형은 문제가 사회적 이슈로 부각되기 전에 일반 대중에게 급속히 알려지고 관련 문제를 해결하기 위해 정부의 조치가 필요하다는 의견이 광범위하게 확산함에 따라 정부의제로 채택되는 경우에 나타난다. 이러한 유형은 문제의 본질상 부정적인 파급효과가 크고 문제의 심각성에 대한 인식이 일반인에게 급속하고 광범위하게 퍼질 때 나타난다.

(4) 제4유형 : 사회문제 ⇒ 사회적 이슈 ⇒ 공중의제 ⇒ 정부의제

네 번째 유형은 주로 선진국에서 많이 나타나는 의사결정 유형으로 네 가지 단계를 모두 다 거친다.

3. 정책의제설정 유형

정책의제설정 유형은 학자에 따라 다양한 관점에서 분류하고 있다. 코브와 엘더는 정책의제 성격이 토론 의제인지 아니면 구체적 행동의 수반이 요구되는 의제인지에 따라 유형을 체제적 의제와 제도적 의제로 구분한 반면 게스턴(Gerston, 1983)은 의제를 실질적 의제와 상징적 의제로 분류하였다. 존스는 코브와 엘더에 의해 제안된 제도적 의제를 문제정의의제, 제안의제, 협상의제, 지속의제 등으로 분류하였다.

1) 체제적 의제와 제도적 의제

(1) 체제적 의제

체제적 의제(systemic agenda)는 관련 이슈에 대해 일반 대중뿐 아니라 정치체제 구성원도 공통으로 관심을 가지고 중요성을 인식하는 의제이다. 중앙정부와 지방자치단체를 포함한 모든 정치체제는 체제적 의제를 지닌다. 이러한 의제는 문제의 유형을 파악하고 관련 문제를 해결할 수 있는 대안을 제시하는 것이 목적이며, 의제 내용은 상징적 의미를 지니거나 일반적인 항목들로 구성된다.

관련 문제가 체제적 의제가 되기 위해서는 몇 가지 조건이 갖추어져야 한다. 첫째 조건은 일반 대중의 관심이 있어야 하고, 둘째는 관심이 있는 문제를 해결하기 위해 적절한 대처방안이 마련되어야 한다는 점에 대해 사회구성원의 공유된 정서가 형성되어야 한다. 세 번째 조건은 일반 대중의 공통적 관심에 대해 정부 차원에서도 공감된 인식이 형성되어야 한다. 이러한 체제적 의제는 다수의 공통된 인식 및 정서와 관련이 깊은 만큼 그 사회의 규범적 가치나 이데올로기에 영향을 받는다.

(2) 제도적 의제

정부의제 또는 공식의제라 불리는 제도적 의제(institutional agenda)도 체제적 의제와 마찬가지로 정부의 각 부처나 지방자치단체에서 고려하는 모든 이슈나 쟁점을 포함한다. 체제적 의제와의 차이점은 제도적 의제의 경우 정책결정자가 상징적이고 추상적인 의제를 다루는 것이 아니라 현실적이고 명백한 이슈를 다루며 문제해결을 위한 방안을 실질적 차원에서 적극적으로 고려한다는 것이다.

2) 실질적 의제와 상징적 의제

(1) 실질적 의제

실질적 의제(substantive agenda)는 광범위하고 강도 높은 공공정책 이슈로 상당 기간에 걸쳐 집중적인 토론이 필요한 쟁점이다. 실질적 의제에서 중요한 점은 이슈가 지니는 시의성이나 긴급성이 즉각적인 대응방안을 촉구한다는 점이다. 시의성이나 긴급성이 요구되는 실질적 의제는 다음의 세 가지 요건을 충족해야 한다. 첫째, 공공문제를 해결하기 위한 자원 배분 문제가 제기되어야 한다. 둘째, 실질적 의제가 될 이슈는 일반 대중과 정책결정자의 관심을 유발하는 것이어야 한다. 셋째, 관련 이슈의 해결은 변화에 대한 잠재성을 내포한 것이어야 한다.

(2) 상징적 의제

상징적 의제(symbolic agenda)는 관련 이슈가 집단 간 갈등을 초래할 가능성이 있을 때 실질적 처방 없이 문제를 인지하고 알리는 방법으로 상징적 의미에서 채택하는 정책의제이다. 이러한 상징적 의제는 복합성을 지닌 다원화된 사회에서 더 보편적이다. 공공정책 결정자가 상징적 의제를 채택하게 되는 경우를 살펴보면 다음과 같다.

첫째, 이슈 범위는 좁으나 강도가 큰 경우이다. 그 이유는 정책결정자가 채택하기를 원하는 의제는 일반 대중의 요구에 부응하는 것이나 소수 강경집단의 요구도 무시할 수 없으므로 상징적 의미를 지닌 정책의제를 채택함으로써 소수집단의 요구에 부응할 뿐 아니라, 말 없는 다수에게도 직접적인 영향을 주지 않게 된다.

둘째, 정책 이슈가 다양한 특성을 내포할 경우 정책결정자는 여러 집단으로부터 정치적 · 경제적 압력을 받게 되므로 상징적 의제를 채택하게 된다. 예를 들어, 각국의 인권문제는 국가가 지향하는 규범적 가치나 이데올로기에 따라 관점이 다르므로 민감한 문제라 볼 수 있으며, 따라서 이와 관련된 문제는 상징적 의제로 채택될 가능성이 크다.

셋째, 관련 이슈가 여러 집단 간에 이해관계로 인해 복잡할 경우 큰 폭의 변화나 개혁 없이 최소한의 대응책을 마련한다는 취지에서 상징적 의제로 채택할 수 있다.

넷째, 실질적으로 개선을 목적으로 한 행동은 취하지 않으나 개선에 대한 기대와 긍정적 정서를 심어줌으로써 집단의 요구를 어느 정도 충족시킬 수 있고, 그로 인해 시너지 효과가 있을 것으로 예상하는 경우 상징적 의제를 채택하게 된다.

3) 기능적 · 단계적 측면의 제도적 의제

존스(Jones)는 제도적 의제를 기능적 측면에서 확대하여 의제 자체가 문제의 본질을 규명하거나 해법을 찾으려는 것인지 아니면 대중의 정서적 지지를 얻으려는 목적인지에 따라 단계적인 측면에서 네 가지로 분류하였다.

(1) 문제정의 의제

정책결정자가 문제에 관해 관심을 가지고 관련 문제에 대해 정의를 내리는 의제를 말한다. 예를 들어, 보건복지부 장관이 국민연금제도가 지닌 문제점이 무엇인지에 대해 관심을 가지는 경우이다.

(2) 제안 의제

문제에 대한 이해와 정의가 이루어지고 나면 관련 문제를 해결하는 방안을 모색하기 위하여 제안하는 의제를 말한다. 보건복지부 장관이 국민연금제도가 지닌 문제점을 해결하기 위해 관련 부처나 위원회에 의뢰하여 구체적인 대안을 마련하는 경우는 제안 의제 단계에 속한다.

(3) 교섭 의제

제안 의제 단계에서 관련 부처나 위원회에서 제안한 의제에 대해 국민적 지지를 얻기 위하여 이해관계를 가진 집단과 교섭하는 의제이다. 예를 들어, 국민연금제도의 개선안을 제도권 내에서 실행하기 이전에 시민단체를 비롯한 관련 민간단체와 공청회를 가지는 경우이다.

(4) 지속 의제

위의 단계를 거친 정책의제를 지속적으로 분석하고 평가하여 정책실행 과정에서 문제가 있으면 수정・보완을 거칠 수 있는 의제를 의미한다.

위의 의제들은 공공문제의 특성에 따라 순서대로 단계적 과정을 거치는 경우도 있으나 그렇지 않은 경우도 적지 않으며 모든 순서를 다 거치는 것도 아니다. 즉, 제안 의제에서 교섭 의제를 거치지 않고 바로 지속 의제로 연결되는 수도 있고, 경우에 따라 지속 의제가 생략되는 수도 있다.

제 3 절 | 정책의제설정 모형

1. 앤더슨 모형

앤더슨(Anderson)은 정책의제가 형성되는 과정에서 어떻게 사적인 문제가 공적 문제가 되고 제도적 의제로 연결되는지를 다음과 같이 설명하였다.

사적 문제 → 공적 문제 → 이슈 → 체제적 의제 → 제도적 의제

사적 문제가 점차 저변이 확대되어 공적 문제가 되었다는 것은 이미 사회적 이슈와 논점을 내포하고 있다는 것을 시사하며, 이러한 이슈가 체제적 의제를 거쳐 제도적 의제로 자리 잡으면 정책의제를 형성하는 과정은 일단 마무리된다. 여기서 사적 문제와 공적 문제의 관계를 분명히 할 필요가 있다. 사적 문제는 그야말로 개인적 차원에서 시작된 문제를 말하고 공적 문제는 많은 사람이 직접 관련되지는 않으나 간접적인 영향을 받을 수 있는 개연성이 있는 문제이다. 예를 들어, 한 가정의 아동학대에 대한 문제는 그 아동에게는 사적 문제일 수 있으나 전체 아동의 복지와 미래사회의 인적자원에 부정적 영향을 미칠 수 있다는 측면에서 중요한 공적 문제로 발전되어 사회적 이슈로 부각될 수 있다.

과거에 아동학대나 가정폭력은 한 가정의 사적 문제로 시작되었고 관련 문제가 공적으로 논의되어야 함에도 이러한 사회문제가 공식적으로 논의되지 못했다. 이는 정책의제 채택과정에 집단적 영향력이 행사되지 못했기 때문이다. 즉, 어떤 집단이 문제를 제기하더라도 다수가 공감하여 형성된 집단의 영향력이 부족하면 체제적 의제를 거쳐 제드적 의제 채택의 과정에 진입하지 못하고, 정책의제로 채택되지 못하면 정책으로 형성되어 집행될 수 없다. 이는 정책을 만드는 데 있어서 정책의제 형성과정이 매우 중요하다는 것을 나타낸다.

2. 존스 모형

존스(Jones)는 정책의제 형성과정을 어떤 문제가 발생하여 이슈로 등장하고 정부 의제로 채택되는 과정에서 발생하는 네 가지 기능적 측면을 종합적으로 고려한 모형을 제시하였다.

1) 인식과 정의

인식은 관련 문제의 실태를 보고 느끼는 것을 말한다. 정책의제설정 단계에서 인식은 문제에 대한 정의와 방향과 범위를 결정하기 때문에 매우 중요하다. 다시 말하면, 문제에 대한 정의를 내리는 사람이나 집단구성원의 가치관과 경험 그리고 관련 문제를 보는 시각 등에 따라 인식 차원이 달라질 수 있다. 정책의제를 제안하는 주체는 개인이나 민간단체이기도 하고 또 많은 경우 정부가 정책을 집행하는 과정에서 정책의제가 되는 문제를 인식하여 정의하기도 한다. 특히 정부 규모가 큰 국가가 작은 국가보다 정부가 정책의제를 제안하는 역할을 더 많이 하는 경향이 있다.

예를 들어, 최저임금제를 처음 실행할 때의 취지는 소득분배의 최저층에 있는 대상자의 경제상태를 임금 상승을 통해 개선하는 것이었다. 그러나 최근의 실태조사 결과는 오히려 최저임금제가 소득분배 최저층의 경제생활을 더 약화시키는 것으로 나타났다. 즉, 숙련된 저임금 노동자집단은 최저임금이 상승하더라도 일자리를 잃지 않고 임금 상승효과를 볼 수 있는 데 비해 생산성이 낮은 노동자집단은 최저임금이 상승함에 따라 실업자가 될 개연성이 커진다. 이처럼 정부가 관련 문제에 대해 어떤 인식으로 정의하는지에 따라 정부 활동이 다수에게 부정적인 영향을 미치게 됨으로써 새로운 문제가 발생할 수 있으며, 정부 정책이 새로운 문제의 원인으로 대두되는 경우도 종종 있다.

2) 결합과 조직

결합이란 사회 내에서 관련 이슈에 의해 직접 또는 간접적으로 영향을 받는 다수가 결집하여 구성된 집단을 말한다. 그러나 공감대가 형성된 다수가 모였다고 해서 이들 집단이 모두 조직화된 양상을 띠는 것은 아니다. 오늘날 우리 사회에는 다양한 결합이 있다. 노인, 장애인, 여성, 학부모, 다문화, 노동자 등으로 구성된 결합이 있는가 하면 노동자집단 내에서도 1·2차 산업, 지하철, 금융노조 등으로 분화되어 있다. 이들 집단의 결합목적 역시 다양하다. 일부 집단은 여론을 형성하여 이슈를 사회화하는 데 목적이 있는가 하면 시위나 파업 등과 같이 구체적 행동이 결합목적인 경우도 있다. 그리고 어떤 집단은 상당히 조직화된 양상을 띠고 있으나 일부는 조직적이지 못하여 조직화된 집단에 비해 요구를 표현하고 관철하는 데 효과적인 활동을 하지 못하는 경우도 있다.

집단의 조직화 정도는 집단구성원이 집단을 구성함으로 인해 부담해야 하는 비용이나 편익 그리고 집단의 영속성에 대한 기대에 따라 응집 정도가 달라지고, 집단의 구조적 특성이나 관련 이슈에 대한 사회적 가치관에 의해 조직의 존립이 영향을 받는다. 관련 이슈의 영향권 내에 있다는 인식을 같이하는 사람의 수, 이들이 결합하는 정도, 조직의 유형 등은 정책과정과 자원의 배분, 정책집행 결과에 따라 상당한 영향을 받게 된다.

3) 대 표

대표는 집단구성원을 대신하여 각종 활동에 참여하고 구성원이 원하는 바를 위임받은 대로 처리하는 사람이다. 존스(Jones)는 대표가 집단구성원을 위해 항상 수동적이고 중립적인 위치에서 행동하지는 않는다고 지적한다. 대표가 집단 의도에 따라 충실하게 행동하는 경우는 대표 자신이 위임받은 문제에 대해 집단구성원과 인식을 공유할 때이다. 그러나 양자 간에 인식에 차이가 있는 경우 갈등이 초래되고 대표가 구성원 의지와 요구를 정부에 전달하지 않아 정책의제로 발전되지 않을 수도 있으므로, 무엇보다 대표의 인식이나 관점이 중요한 변수가 된다. 따라서 구성원을 대표하는 사람은 인식하고 정의한 문제의 내용을 정확하게 이해하고 전달할 수 있어야 한다. 만약 정확하게 전달되지 않을 경우 관련 문제는 해결되지 못할 뿐 아니라 새로운 갈등 양상으로 번질 수 있다.

4) 의제설정

관련 문제가 사회적 이슈가 되어 정부에 의해 정책의제로 설정되는 최종단계이다. 즉, 문제를 인식하여 정의하고 관련 이슈에 영향을 받는 사람들이 결합하여 조직이 형성되면 조직의 대표를 선임한 후 정부에 상정하여 관련 이슈가 정책의제로 채택되는 것이다. 일단 의제로 채택이 되면 관련 이슈와 문제를 해결할 수 있는 정책을 모색하는 단계로 진입하게 된다.

3. 코브와 로스 모형

코브와 로스(Cobb, Ross & Ross, 1976)에 의하면 정책의제설정 과정은 이슈 발생에서부터 시작된다. 여기서 이슈는 관련 문제를 둘러싼 이해관계로 인해 집단 간 갈등이 내포될 소지가 있는 논점을 의미한다. 제기된 이슈가 구체화하면 정부는 관심을 가지고 문제를 해결하려는 의지를 표명하게 되고, 이 과정에서 이슈 제기집단은 정부나 일반 대중에게 제기된 이슈가 어떤 특정 집단에 한정된 문제가 아니라 사회 내 여러 집단에 영향을 미친다는 것을 알림으로써 관련 이슈가 공중에게 확산되도록 한다. 관련 이슈에 대해 다수가 공감하고 여론이 형성되어 확산과정이 순조로운 이슈는 공공문제가 되어 정책의제로 채택된다.

정책의제설정 과정에 따라 제기, 구체화, 확산, 진입의 과정을 차례로 거치고, 각 과정에 논제나 정책대안의 성격 및 공식 의제로 채택되는 양상에 따라 세 가지 유형으로 구분된다. 선진화·다원화된 정치체제에서 주로 나타나는 외부주도형, 후진국에서 나타나는 동원형, 양자의 성격이 혼합된 내부접근형 등이다.

1) 외부주도형

외부주도형(outside initiative model)이란 정부 밖 집단이나 조직에 의해 이슈가 제기되고, 그 이슈가 일반 대중에게 확산하는 과정을 거쳐 공공의제가 되어 정부에 의해 공식 의제로 채택되는 유형이다. 일반적으로 이러한 외부주도형은 다원화된 민주정치 체제를 지닌 선진사회에서 주로 나타나며, 정부에 대하여 압력단체의 역할을 할 수 있는 이익집단이 발달하고 정부가 이러한 민간단체의 요구에 민감한 반응을 보이는 경우 적합한 유형이다. 외부주도형에서 민간단체가 제기한 이슈가 정부 의제로 채택되는 과정에서 언론이나 정당이 주요한 역할을 하게 된다. 민간단체나 조직이 제기한 문제를 정부가 정책 활동을 통해 해결해 달라고 요구하며 이를 여론화하여 정부 의제로 채택되도록 한다.

2) 동원형

동원형(mobilization model)은 외부주도형과 반대되는 과정을 거치는 유형으로, 이슈 자체가 정부 내부에서 제기되어 정부의 홍보 활동으로 공공의제로 확산하고 전반적인 흐름이 정책결정자에 의해 주도되는 형이다. 동원형은 정부가 상당한 권력을 가지고 있고 민간부문의 이익집단이 취약한 후진국에서 나타나는 정치체제 유형이다. 이 유형은 관련 이슈가 먼저 정부 의제로 채택되고 정책결정이 이루어지고 난 후 공공의제가 되기도 한다. 예를 들어, 우리나라의 국민연금제도는 정부에서 먼저 국민연금을 제도적 의제로 채택하여 정책으로 입안하고 난 다음, 제도의 성공적인 집행과 정착을 위해 일반 대중의 지지와 협조가 필요함에 따라 이를 공공의제로 확산시키는 노력을 하였다. 이러한 정책의제 결정 과정은 전형적인 동원형의 모습으로 볼 수 있다. 이 과정에 정부가 국민적 지지를 필요로 하는 이유는 정책집행 과정에서 국민이 소득신고를 하지 않거나 일부 소득원을 누락시키는 등 불성실한 신고를 할 경우 효과적인 정책집행을 할 수 없기 때문이다.

때로는 정책집행에 필요한 일반 대중의 이해와 지지를 얻고 정부 의제가 된 이슈가 역으로 공공의제가 되는 경우도 있다. 이러한 경우는 1970년대의 새마을 운동과 같이 성공적인 정책집행을 위해 일반 대중의 광범위한 호응이 필요하거나 공직사회 부패방지법 등과 같이 정부 산하에 소속된 구성원의 협조와 노력이 수반되어야 할 필요가 있을 때 거치는 과정이다.

3) 내부접근형

내부접근형(inside access model)은 가장 후진적 유형으로 정부 내 조직에 의해 이슈가 제기되고, 제기된 이슈가 공식 의제가 되도록 직접 또는 간접적인 방법으로 압력을 가하는 유형이다. 내부접근형은 후진적 정치체제를 지닌 사회에서 나타나기도 하지만 때로는 선진사회의 일부 권력층에서 나타나기도 한다. 콥(Cobb)은 부와 권력이 집중된 집단일수록 내부접근형을 활용할 개연성이 크다는 점을 지적하였다. 즉, 부와 사회적 지위가 높은 소수의 외부집단이 정부기관 내 관료단체나 정책결정자에게 접근하여 정보를 획득하고 정책문제를 주도하며, 최고 정책결정자에게 관련 문제를 정부의제화하도록 한다. 부와 권력이 집중된 사회에서 주로 나타나는 이러한 유형은 관련 문제를 일반 대중에게 알리지 않으려는 경향이 있다.

동원형과 내부접근형과의 차이점을 비교하면 동원형은 주도세력이 정부 내의 최고통치자 또는 정책결정자인 데 비해 내부접근형은 부나 권력이 집중된 체제에서 고위관료나 사회적 지위가 높은 외부집단인 경우가 많다. 그리고 동원형은 관련 이슈가 정부 의제가 되고 난 다음 정부가 일반 대중에게 알려 공공의제화하는 반면 내부접근형은 일반 대중에게 정보를 차단하고 공공의제가 되는 것을 막으려는 경향이 있다. 다시 말하면, 정책 주도집단이 사전에 정책 내용을 내부적으로 정해 놓고 결정된 내용을 그대로 집행하거나, 주도집단이 유도한 정책의 혜택을 받을 수 있는 소수 집단에게만 내용을 알리고 반대할 가능성이 있는 집단에게는 관련 내용을 숨긴다. 이러한 경향으로 인해 내부접근형을 음모형이라고도 한다.

4. 켄더릭 모형

켄더릭(Kendrick, 1974)은 특정 사회문제가 정책의제로 채택되기 위해서는 관련 문제의 진술, 의사전달, 조직화 등의 과정을 거친다고 보았으며, 이 과정에 개인의 참여가 중요한 역할을 한다는 점을 강조하였다. 그리고 정치란 궁극적으로 희소한 자원을 어떻게 분배하는가에 관한 문제이므로 정치에 참여한다는 것이 선거를 통해서만 이루어지는 것이 아니라 정치적 이슈가 되는 논점에 관심을 가지고 참여하는 것이라고 하였다.

1) 문제진술

정책의제 형성과정의 첫 단계는 관련 문제를 진술하는 것이다. 즉, 사회문제로 부각된 이슈를 정책의제로 채택하기 위해 가장 먼저 해야 할 일은 문제의 본질을 규명하여 객관적으로 명확히 진술하는 것이다. 문제를 명확히 진술하지 않으면 정책대안의 방향도 설정할 수 없을 뿐 아니라 문제의 중요성과 심각성, 파급효과 등을 일반 대중에게 전달하여 지지를 얻기가 어렵다. 그리고 문제를 해결하기 위해 필요한 정책이 무엇인지를 규정할 수 없으므로 문제 진술을 명확히 할 필요가 있고 이때 고려해야 할 점은 관련 문제의 인과관계가 무엇인지, 어떤 집단에게 영향을 미치는지, 문제와 관련된 집단의 특성은 어떠한지, 관련 문제가 정책의제로 선택될 경우 다른 집단에게 미치는 영향은 무엇인지 등이다.

어떤 정책이든 사회구성원 모두의 동의를 얻을 수는 없고, 찬성하는 집단이 있으면 반대하는 집단도 있으므로 문제의 본질에 대해 명확히 진술하지 않으면 관련 정책의제에 대해 반대하는 집단이 있을 때 이들을 객관적으로 설득할 수 없게 된다.

2) 의사전달

의사전달은 정책의제 형성과정의 두 번째 단계이며, 이 단계에서는 이슈를 제기한 집단이 문제의 중요성과 심각성을 다수에게 전달하여 확산함으로써 정부가 문제에 관심을 두게 하고 또 정책결정자에게 나름의 영향력을 행사한다. 이때 영향력의 정도와 방향은 압력행사자의 지위나 관여도 등에 따라 달라질 수 있다. 의사전달 과정에서 유의해야 할 점은 이슈 제기집단이 그들에게 유리하게 작용할 정보만을 유포시켜 더 많은 지지자를 확보하거나 조직화된 집단을 끌어들일 수 있다는 것이다. 그리고 조직화된 집단의 목표나 이해관계가 이슈 제기집단과 맞으면 그들과 연합할 수도 있다는 점을 고려해야 한다.

3) 조직화

이슈 제기집단이 문제를 진술하고 문제의 심각성과 중요성을 관련 집단과 정부의 정책결정자에게 전달하고 난 다음 이들 집단이 문제에 관해 관심을 가지도록 하기 위해서는 그 집단을 조직화할 필요가 있다. 왜냐하면, 정부는 다수의 산발적인 주장보다는 조직된 집단의 요구에 더 많은 관심을 보이는 경향이 있기 때문이다. 이런 경향으로 인해 이슈를 정책의제화할 경우 이슈를 제기한 집단이 관련 집단의 문제에 관해 일치된 견해를 도출할 수 있어야 한다. 또 구성원 각자가 조직에 관여하는 정도가 달라 같은 문제에 대해서도 다양한 견해가 있을 수 있으므로 그러한 견해를 조정할 필요가 있다. 그리고 이슈 제기집단에 소속된 구성원 수가 절대적으로 적거나 조직의 결속이 강하지 않을 경우 세력을 키우기 위해 응집력 있는 조직을 찾을 수 있다. 만약 그러한 조직이 없는 경우 새로운 조직을 만들기도 한다.

5. 아이스톤 모형

아이스톤(Eyestone, 1978)은 사회문제가 공식화되는 정책의제 형성과정을 여섯 단계로 제시하였으며, 사회문제의 특성에 따라 모든 단계를 거치지 않고 일부 단계만 거쳐 공식화되는 상황도 있다고 하였다.

1) 사회문제의 인지

정책의제 형성과정의 첫 단계는 사회문제가 될 소지가 있는 논점을 인지하는 것이다. 여기서 사회문제란 사회구성원이 관련 문제에 대해 가지는 전반적인 결핍감이나 불균형 상태를 의미한다. 사회문제에 대한 인지는 시대적 관점 및 문화적 속성에 따라 다르다. 같은 상황도 과거에는 수용되었으나 현재에는 문제라고 인지하는가 하면 또 문화적 전통이나 관습에 따라 특정 문제를 개방적인 태도로 수용할 수도 있고 그렇지 않을 수도 있다. 정책의제설정 단계에서의 사회문제에 대한 인지는 보편적으로 사회구성원 다수가 문제라고 인지하는 논점이어야 한다.

2) 관점이 다른 집단과의 관계

같은 문제라 할지라도 집단이 추구하는 목적과 가치관에 따라 사회문제의 본질에 대한 이해와 인지 방향이 다를 수 있다. 정책의제 형성과정의 두 번째 단계에서는 견해가 다른 이해집단 간에 갈등이 있다면 그 갈등이 표면화된다. 여기서 집단 간에 논의를 통해 문제해결을 위한 합리적 의견을 도출할 수도 있고 협상과 타협을 통해 절충안을 모색할 수도 있다. 그러나 집단 간 갈등이 첨예할 때는 절충안이 원래의 이슈 본질에서 벗어나 있을 수도 있다. 따라서 관점이 다른 집단 간 관계가 정책의제설정에서 중요한 변수로 작용한다는 것을 고려해야 한다.

3) 문제의 사회 이슈화

사회적 이슈란 사회문제 중 그 해결방법에 대한 의견이 찬반양론으로 나누어지고 관련 이슈가 사회구성원에게 직접 또는 간접적으로 영향을 미칠 수 있는 문제를 말한다. 사회적 이슈는 범위나 영향력이 크면 클수록 정책의제가 되기

쉬우므로, 이슈화한다는 것은 이슈를 확대하는 과정이라 볼 수 있다. 이슈화를 결정하는 요소는 이슈에 관여한 사람이나 집단의 수, 이슈를 둘러싼 이해당사자의 관여도, 일반 대중의 인식 정도 등이다. 이슈화 과정에 고려해야 할 점은 문제가 사회적 이슈로 확산하는 과정에 말 없는 다수의 의견보다 말 많은 소수의 의견이 힘을 발휘할 때도 있다는 것이다. 따라서 이슈 제기집단은 중요한 정보를 폭넓게 공유해야 하고 이슈화 과정에 말 없는 다수의 의견도 의사결정에 반영되도록 해야 한다.

4) 공공의제

사회문제가 이슈로 부각이 되면 많은 사람이 알게 되고, 관련 문제를 해결하기 위해 정부의 정책적 노력이 필요하다는 여론이 형성되면 정부는 관련 문제를 공공의제로 채택한다. 그리고 문제에 대한 정보를 수집하고 분석하여 어떤 정책이나 프로그램이 문제를 해결할 수 있는지를 규명하는 작업을 한다.

5) 이슈 제기자와 중개자의 역할

집단구성원의 활동은 성격에 따라 이슈 제기자와 이슈 중개자로 구분된다. 이슈 제기자는 문제를 해결하기 위해 관련 문제를 제기하고 일반 대중에게 널리 알리는 역할을 한다. 사회복지 문제에 대한 이슈 제기자는 클라이언트나 사회복지사이다. 이슈 중개자는 제기된 이슈가 공공의제가 되어 정부의 관심과 행동이 관련 문제에 집중될 수 있도록 활동을 하는 사람이다. 그리고 문제가 이슈로 전환되는 과정에 예기치 못한 사건이 도움을 주는 것을 이슈 유발장치(triggering mechanism)라 한다. 이슈 중개자는 이슈 유발장치가 발생할 수 있도록 돕는 역할도 한다.

6) 공공의제의 공식화

공공의제의 공식화란 관련 이슈가 정부의제로 채택되었다는 것을 말한다. 여기서 한 가지 알아야 할 점은 공공의제가 되었다고 해서 모든 의제가 정책결정의 대상이 되는 것은 아니다. 즉, 공공의제의 중요성과 파급효과보다 그 의제를 해결하기 위한 정책실행 비용이 만만치 않거나 정책의 파급효과가 크지 않을 것으로 예상하면 관련 의제가 공식화되지 않을 수도 있다. 공식화 여부는 정부에서 관련 문제에 관한 중요성과 파급력을 분석한 결과, 그 문제에 대한 정책적 노력의 필요성과 효율성이 인정되는지에 달려 있다. 공식화 여부를 판단하는 과정에 이슈 중개자의 활동이 중요한 의미를 지니게 된다.

6. 스탈링 모형

스탈링(Starling, 1988)은 정책의제 형성과정을 문제에 관한 인식에서 비롯하여 정책결정이 이루어지기 전까지의 활동을 포함한 포괄적 모형을 제시하였다. 스탈링 모형은 체제적 의제와 제도적 의제, 편견의 개입과 유형, 대항적 요소, 이슈 성숙과 이슈 소멸 등의 개념을 포함한다. 체제적 의제가 된 사회문제가 일부 집단의 편견으로 인해 방해를 받을 수 있고 이를 극복하기 위해서는 대항적 요소의 도움이 필요하며 대항적 요소가 역할을 충분히 하면 체제적 의제는 제도적 의제로 발전한다. 스탈링에 의하면 모든 체제적 의제가 제도적 의제로 발전되는 것은 아니며 이슈 소멸을 통해 사라질 수도 있고 일단 제도적 의제로 발전된 이슈는 성숙과정을 거쳐 정책결정 단계로 진입한다.

1) 체제적 의제와 제도적 의제

체제적 의제(systemic agenda)는 일반 대중이 관심을 가지고 관련 문제에 대해 인식하고 있으며 정부의 권한 내에서 해결되어야 하는 이슈를 의미한다. 제도적 의제(institutional agenda)란 정부 내에 있는 관련 부처의 정책결정자가 체제적 의제를 객관적으로 검토하는 이슈를 말한다. 체제적 의제가 제도적 의제로 넘어가면 본격적으로 관련 문제의 실태와 해결방안을 모색하고 합리적 정책 대안을 검토하게 된다.

2) 편견의 개입과 유형

일반 대중에 의해 사회문제로 인식된 이슈는 체제적 의제가 되어 제도적 의제로 되는 과정에서 여러 유형의 편견이 개입되어 정책 이슈 개발과정에서 걸림돌로 작용할 수 있다. 체제적 의제와 관련된 편견의 예는 우리 사회의 모든 방면에 존재하나 가장 전형적인 예는 종교적 이슈나 가족 문제와 관련된 것이다. 즉, 지구종말론이나 종파의 세력다툼과 관련된 문제가 사회적으로 상당한 물의를 일으키는 경우가 종종 있다. 그러나 정부는 어떤 부정적인 상황이 가시화될 때까지 개입하지 않으려는 경향이 있는데 이는 각 사회에 존재하는 종교적 편견 때문이다.

배우자 구타나 아동학대에 대해서도 과거에는 우리 사회가 관련 문제의 심각성에도 불구하고 그러한 문제는 한 가정의 문제에 국한된다는 편견으로 공식적으로 개입하는 것을 꺼렸으며, 그로 인해 치른 사회적 비용이 적지 않았다. 그러나 이러한 편견도 시간이 지나면서 점차 변하여 관련법이 제정되기에 이르렀다. 제도적 의제에 대한 편견으로는 정책결정자가 특정 이슈를 선호함으로써 이슈선정에 대한 편견을 가질 수 있다. 예를 들면, 의제 형성에 참여하는 정책결정자가 빈곤에 대한 이슈를 생계비 부족과 연결한다면 그와 관련된 이슈가 제도적 의제로 채택될 가능성이 크고, 실업과 인적자원 부족으로 인한 문제를 해결하는 고용 창출이나 직업교육과 관련된 프로그램에 대한 인식은 부족할 것이다.

3) 대항적 요소

정책의제 형성과정에서 집단이 가지는 다양한 편견이 정책 이슈 개발과정에서 걸림돌로 작용하는 면도 있으나 그러한 편견을 극복하려는 대항적 요소도 있기 마련이다. 특히 이러한 대항적 요소는 정치체제가 선진화되고 정보관련 인프라가 발달한 사회에서 더욱 활발하다. 여기서 대항적 요소란 각종 편견을 극복하려는 요소로 역할에 따라 개인적 요소와 집단적 요소로 구분된다. 그러나 개인적 요소도 시간이 지나 정서적 결집이 이루어지면 집단적 요소로 작용한다. 대항적 요소로 기능하는 매체로는 언론과 소셜 네트워크 등의 인터넷 매체가 있으며 이들 매체는 관련 이슈가 체제적 의제를 거쳐 제도적 의제가 될 가능성을 높이는 역할을 한다.

4) 이슈 성숙과 이슈 소멸

이슈 성숙은 관련 문제가 이슈로 점화되어 점진적으로 확산하는 것을 말한다. 이슈 성숙이라는 측면에서 볼 때 체제적 의제가 제도적 의제로 전환되는 것이 단기간에 걸쳐 일어나기도 하지만 때로는 상당한 기간에 걸쳐 성숙된 다음 표면화되기도 한다. 이슈가 성숙하기 위해서는 성숙에 필요한 기간에 관련 기관에서 강연회, 청문회, 공청회 등을 개최하여 이슈의 중요성과 사회에 미치는 심각성을 홍보할 필요도 있다. 이슈 소멸은 정책의제 형성과정에 각종 이슈가 활성화되지 않고 서서히 힘을 잃어가는 것을 말한다. 특정 이슈가 초기에는 일반 대중의 관심사로 주목받았으나 자연스럽게 대중의 관심의 감소에 따라 소멸할 수 있다. 특히 새로운 큰 이슈가 등장할 때 기존의 이슈는 힘을 일게 된다. 또한 실태를 파악하는 과정에서, 실제 실태가 알려진 만큼 심각하지 않을 때는 소멸한다. 이러한 이슈 소멸은 정책의제 형성과정의 초기 단계인 체제적 의제에서 나타나기도 하지만 마지막 과정인 제도적 의제 단계에서도 발생할 수 있다.

CHAPTER 05

사회복지정책의 결정

제 1 절 | 정책결정의 의의

트롭맨(Tropman)은 '정책결정은 사회의 기본 방향에 부합해야 하고 이러한 방향은 사회 철학이나 이념으로 표현된다'고 보았다. 즉, 정책결정은 사회가 지향하는 이상과 목적을 달성하기 위한 구체적인 공공사업이나 활동에 대한 행동지침을 선택하는 것이다. 물론 이러한 지침은 국민의 복지가 향상되기 위한 공익 목적을 달성하는 데 필요하다. 캐이던(Caiden, 1982)에 의하면 정책결정이란 사회문제를 공적으로 해결하기 위해 설정한 기본 방향을 의미하며, 마그라비(Magrabi)는 정책결정이란 대중으로부터 권위를 부여받은 공공기관이 문제해결을 위해 제시된 다양한 대안 중 최적의 대안을 선택하고 집행하는 일련의 과정이라 정의하였다. 정책결정의 개념적 정의에서 나타난 바와 같이 일련의 과정을 거쳐 정책결정을 하는 목적이 사회의 공유된 철학이나 이념이 반영되어 있고 공익을 목적으로 한 것인 만큼 정책결정을 하는 데 있어 다양한 요인을 고려해야 한다. 김형렬(2000)은 정책결정의 의의를 정책과정의 연계성, 정책결정의 포괄성, 정책결정의 합리성으로 제시하고 있다.

1. 정책과정의 연계성

정책을 어떤 측면에 초점을 두는가에 따라 다양하게 분류된다. 기능적으로는 복지정책, 환경정책, 교육정책, 경제정책, 노동정책 등으로 분류할 수 있고, 간결하게 이분화된 논리로 공공정책과 민간정책으로 나눌 수 있다. 서비스 정책의 중요성은 현대에 들어 점차 부각되고 있으며 이러한 현상은 공공분야에서 뚜렷이 나타나고 있다. 리플리와 프랭클린(Ripley & Franklin, 1986)은 공공정책을 분배정책, 규제정책, 재분배정책, 외교·국방정책 등으로 나누고 규제정책을 다시 경쟁적·보호적 규제정책으로 분류하고 있다. 로위(Lowi, 1972)는 공공정책을 분배정책, 규제정책, 재분배정책, 구성정책으로 나누었다.

정책은 내용과 추구하는 바에 따라 다양하게 분류되는데 각각의 정책은 독립적으로 작용하기보다 상호연계성을 가지고 있다. 예를 들어, 분배정책과 규제정책은 분리되어 완전히 특성이 다른 정책처럼 보이지만 상호연계성을 지니고 있다. 즉, 정부가 시장 또는 기업을 규제하는 것도 거시적 차원에서 희소한 자원을 분배하기 위해서이다. 현대에 들어 정부조직이 점차 분화되면서 부서 간 정책이 특성상 연계되어야 하나 부처 이기주의로 정책의 연계성을 간과함으로 인해 국민이 세금 부과 등으로 적지 않은 사회적 비용을 치르게 하는 경우를 종종 보게 된다.

이러한 연계성은 정책 유형에 따른 측면에서도 중요한 역할을 할 뿐 아니라 정책과정을 이해하는 데 도움을 준다. 라스웰(Lasswell, 1975)은 정책과정을 정보단계, 지지획득단계, 처방단계, 발동단계, 적용단계, 종결단계 등으로 구분하고 각 단계가 그다음 단계로 이어지는 맥락으로 이어진다고 보았다. 드레이(Drey, 1984)의 정책 유형은 라스웰과 유사하나, 다른 점이 있다면 종결단계를 평가단계 뒤에 두고 있다는 것이다. 존스(Jones, 1977)는 정책문제를 정부로 귀속시키는 단계, 행정부의 행정단계, 정부가 문제를 해결하는 단계, 추진된 사업을 정부가 재검토하여 필요한 조치를 하는 단계로 나누었다.

앤더슨(Anderson, 1975)은 정책과정을 정책의제설정, 정책형성, 정책채택, 정책집행, 정책평가로 구분하였다. 디니토(Dinitto, 1991)는 문제규정, 대안설정, 합법화, 실행, 평가로 구분하였고, 스키드모어(Skidmore, 1995)는 정책과정이 목적선택, 자원검토・평가, 대안 탐색, 대안별 결과예측, 최적 대안의 선택, 실행계획 수립, 융통성 있는 집행단계로 구분하고 있다. 헤퍼넌(Heffernan, 1992)은 정책과정을 문제규정, 정책형성, 정책선택, 실행, 평가, 정책조정 등 6단계로 구분하였으며 다른 학자와 달리 정책조정단계를 마지막 단계에 두었다.

이렇게 학자마다 정책집행의 단계별 과정에 차이가 있으나 이러한 과정이 과연 현실적으로 타당한가에 대한 논의는 나카무라(Nakamura)와 스몰우드(Smallwood, 1980)의 순환 개념 속에 반영되어 있다. 즉, 그들은 정책집행단계가 독립적으로 수행되는 것이 아니라 상호연계성을 가진다고 주장하였다. 스키드모어도 같은 주장을 하였는데, 그는 정책결정이 반드시 그리고 항상 단계별 과정을 모두 거치는 것은 아니며 때에 따라 어떤 단계는 건너뛰고 또 어떤 경우에는 앞 단계로 회귀할 수 있으며 단계별 과정은 상호 영향을 준다고 지적하고 있다. 따라서 정책과정의 연계성을 고려할 때 집행자의 융통성은 기본적 요인이고 지나친 경직성은 경계해야 한다.

정책형성과 집행은 피드백을 거쳐 결과와 과정에 대한 평가를 받게 되고 평가결과는 수정 방향을 제시하므로 이에 대처해야 한다. 따라서 정책이 형성되고 집행되며 평가하는 이 모든 과정이 한 맥락 속에서 순환적으로 이루어진다.

2. 정책결정의 포괄성

정책결정은 정책집행 과정에서 서비스나 프로그램의 전반적인 구조뿐 아니라 정책형성 및 채택과정에서 나타난 구체적 지침에 대한 부분까지 포함하여 결정되므로 정책형성·정책채택·정책집행 과정이 모두 연관된 포괄성을 지닌다.

1) 정책형성

정책형성은 정책의 기본 방향을 정하는 과정이므로 정책을 채택하고 집행하는 데 지침이 된다. 복지정책을 채택할 때 입법부는 정책의 기본 방향을 정하고 행정부는 입법부의 방향을 토대로 하위영역의 정책이나 프로그램을 채택하고 집행하게 된다. 입법부와 행정부는 독자적으로 활동하고 결정하기보다 상호연계성을 유지하면서 정책을 형성한다. 즉, 입법부가 정책형성을 주도하기 위해 행정부에게 재량권을 부여하면 행정부는 입법부가 필요로 하는 정보와 지식을 제공한다. 이러한 부서 간 연계성은 민간영역에서도 같은 양상을 보이는데, 공공부문에서의 입법부는 이사회에 해당하고 행정부는 집행부와 같은 성격을 지닌다. 이사회에서는 공공부문과 마찬가지로 조직의 기본 정책을 형성하고 예산 규모를 정하며, 집행부는 이사회의 기본 방침에 따라 정책을 채택하고 집행하게 된다.

2) 정책채택

정책채택은 행정부 및 집행부의 정책결정 역할에 따라 상위층, 중위층, 하위층으로 구분할 수 있다. 상위층은 조직의 주요 정책과 사업을 채택하므로 상위층에 속하는 사람을 정책채택자(policy adopter)라고 한다. 이들 정책채택자는 규정, 법률, 위임사항을 비롯하여 위임받은 재량권(discretionary authority)의 범위 내에서 정책을 입안하거나 채택하게 된다. 정책채택자에게 위임된 재량권은 공익을 위해 창의적이고 객관적이며 효율적으로 행사되어야 한다. 그러기 위해 행정 수반의 창의적인 지도력이 따라야 하며 창의적인 지도력은 다양한 조직과 구성원의 특성, 정책의 본질과 부합되는 정보와 지식을 소유하고 적용할 수 있을 때 극대화될 수 있다.

상위층의 역할과 기능은 공공부문뿐 아니라 비공공부문에도 적용된다. 비공공부문의 상위층은 집행부 또는 경영관리자이며 이들의 주요 역할은 정책채택과정에 참여하여 조직의 중추적인 사업을 결정한다. 기업의 중역 회의나 대학의 이사회 등은 비공공부문의 상위층에 속하는 집단이라 볼 수 있다. 이들 집행부의 상위층에 속하는 조직원은 위임받은 재량권 범주 내에서 정책을 채택하고, 중위층에 속하는 사람은 정책집행 임무를 수행하며, 하위층에 속하는 사람은 채택이 원활하게 집행될 수 있도록 제반 문제를 관리하게 된다.

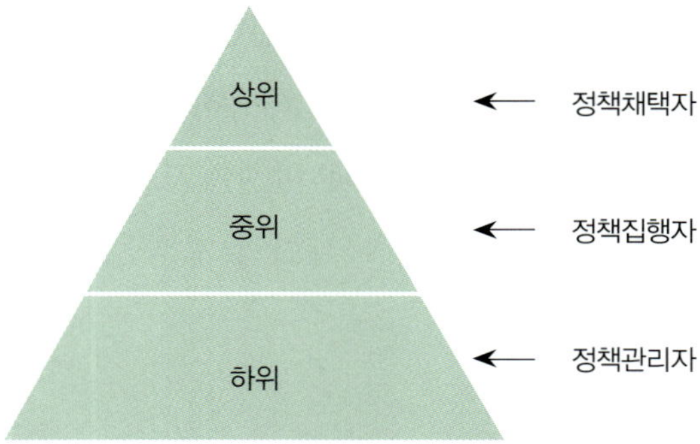

|그림 5-1| 조직구조와 정책결정자

출처 : 김형렬(1997). 정책결정론, p. 19.

3) 정책집행

정책집행은 정책형성 및 채택과 상호연계하에 이루어진다. 그 이유는 정책집행자의 전문지식이나 정보는 정책이 형성되고 채택되는 과정에 직접 또는 간접적인 영향을 미치기 때문이다. 만약 정책집행자가 정책대안에 대해 부정적인 관점을 가지고 있다면 관련 대안이 정책으로 채택되는 데 어려움이 따를 수 있으나, 긍정적인 관점을 가지고 있다면 정책채택이 쉬워진다. 정책집행은 조직의 중위층에 의해 추진되는데 일반적으로 중위층 집행자는 관련 분야에 장기간 종사한 경험을 토대로 전문지식과 정보를 가지고 있다. 정책형성과 채택과정에 이들의 지식과 정보가 피드백 자료로 투입되어 정책 방향에 영향을 미치게 된다.

정책집행 과정에서 집행자가 가장 먼저 해야 할 일은 정책목표, 사업의 우선순위, 예상되는 효과 등의 정책 취지를 정확히 파악하는 것이다. 정책집행과 관련된 법이나 규정이 난해하거나 정책 자체가 추상적이면 집행자가 정책 취지를 이해하는 데 어려움을 겪을 수 있다. 그리고 정책 취지나 지향하는 바를 정확히 이해하지 못하면 정책집행이 예기치 못한 방향으로 흘러갈 수 있고 그로 인해 예측하지 못한 문제에 직면하게 된다. 따라서 정책집행 과정에 정책에 대한 이해와 해석이 매우 중요하며 이러한 중요성은 공공부문뿐 아니라 민간부문도 마찬가지이다.

예를 들어, 성폭력 방지를 위한 정책 방안이 법률적 절차를 거쳐 실행된다고 가정하자. 이 경우 성폭력 또는 성희롱에 대한 명확한 기준이 정립되어야 한다. 만약 기준이 명확하지 않으면 집행자에 따라 각기 다른 해석을 하게 되고 그로 인해 정책집행에 혼선이 초래될 수 있다. 대학의 재단이사회가 교수의 품위를 임용규정에 넣었다고 가정하자. 이런 경우, 교수의 품위를 어떻게 측정할 것인지에 대한 부분이 문제가 된다. 이처럼 정책의 취지를 정확하게 이해하고 해석하는 것은 정책의 바른 적용을 위해 필수적이다.

정책 취지를 파악한 다음 집행자가 해야 할 일은 정책집행 과정과 관련된 정보를 수집·분석한 다음 그 정보를 전파하는 정보집행 체계를 구축하는 것이다. 정보집행 체계를 구축할 때 우선 결정해야 할 사항은 예산을 어떻게 배정하는가이다. 다시 말하면, 제한된 예산으로 우선적으로 분석할 정보는 무엇이며, 어떤 방법을 적용하고, 정보처리가 된 자료를 누구에게 어느 정도 전파할 것인지를 결정해야 한다.

정보집행 체계가 구체화하면 집행계획을 세우게 되는데 집행계획에는 사업의 우선순위와 진행 일정, 인적·물적 자원의 수급계획 등이 포함되어야 한다. 계획은 신축적으로 세우는 것이 좋은데, 그 이유는 정책의 취지를 파악하고 정보집행 체계를 구축하여 필요한 정보를 수집했더라도 집행과정에서 예기치 못한 변수가 작용하여 효율적인 집행을 방해할 수 있기 때문이다. 계획이 신축성을 띠기 위해 요구되는 것은 전략적 계획이다. 전략적 계획(김형렬, 1997)이란 어떤 정책을 만들거나 채택하였을 때 가정했던 전제조건이 전반적인 집행과정에서 타당한가를 지속해서 검토하는 것을 의미한다. 만약 최초의 전제조건이 환경적 변화에 따라 현실적으로 수정하기 어렵다면 정책집행자는 최초의 전제조건을 수정·보완해야 한다.

집행계획이 완료되면 정책집행을 위한 조직화 작업을 하게 된다. 조직화는 집행구조와 자원에 대한 것을 의미하는데, 집행구조는 부처편성, 통솔범위, 권한배분 등에 관한 것이고, 자원의 조직화는 집행 관료의 채용, 훈련, 동기부여 등에 관한 인적자원의 조직화와 예산확보, 비축, 활용 등에 관한 물적자원의 조직화로 구분된다. 조직화가 어느 정도 이루어지면 정책수혜자에게 제공할 물품이나 서비스를 결정하고 이를 전달할 대상과 시기 및 방법을 정한다. 이 과정에 물품 및 서비스의 질과 양을 검토하여 적정 수준을 정한 다음 원래의 집행계획과 일치하지 않을 경우, 집행과정에서 이를 적절히 통제할 수 있어야 한다.

3. 정책결정의 합리성

정책결정이 합리적이어야 한다는 전제에 대해서는 모두 공감하면서도 무엇이 합리적인 정책인지, 어떤 방법으로 접근해야 하는지는 학자마다 보는 관점에 차이가 있다. 관점에 따른 다양한 접근법은 각기 나름의 유용성과 한계성을 가지고 있으므로 어느 접근법이 효율적인지 단적으로 정의할 수는 없으나 정책의 본질, 상황적 요인, 사회구조 등에 따라 효율적이라고 판단되는 방안을 선택해야 한다.

1) 베버의 합리성 유형

막스 베버(Max Weber, 1964)는 합리성을 사회조직과 연관하여 목표를 최대한 달성하게 하는 올바른 행동이라 정의하였다. 베버의 합리성 개념은 다음의 네 가지 측면을 가지고 있다(Kalberg, 1980; 김형렬, 1997).

(1) 실제적 합리성

실제적 합리성은 자신의 이익을 증진하기 위해 실용적 관점에서 자신의 행동을 판단할 때 적용하는 개념이다. 따라서 실제적 합리성은 절대적인 가치체계에 의하기보다 직면하고 있는 문제를 해결하는 방안과 그 문제를 해결하는 데 적절한 실용적 활동(pragmatic action)을 추구하는 데 초점을 두고 있다.

(2) 이론적 합리성

이론적 합리성은 추상적 개념을 바탕으로 현실 문제를 해결해 나가는 특성이 있다. 이러한 합리성은 개인적 경험과 추상적 인지 간의 차이, 즉 이론과 현실 간의 차이로 인해 갈등이 생기므로 귀납이나 연역, 인과성, 상징 등과 같은 사고과정을 중시한다.

(3) 본질적 합리성

본질적 합리성도 행동에 초점을 두지만, 실제적 합리성처럼 일상적인 문제해결에 목적을 두기보다 과거와 현재, 미래 지향적 가치에 따라 움직인다. 따라서 본질적 합리성은 인간에게는 가치 지향적 합리성을 추구할 능력이 있다는 것을 전제한 개념이다. 이러한 합리성이 적용되는 범위는 포괄적이어서 시대와 문명을 초월하여 모든 인생관이 본질적 합리성의 가치와 관련이 있고 그러한 가치는 무한성을 지닌다고 본다. 그리고 합리화 과정은 개인의 궁극적인 가치 선호체계에 의존하므로 주관적 합리성을 지닌다.

(4) 형식적 합리성

형식적 합리성은 경제적・법률적・과학적 영역과 관료제에 적용된다. 즉, 가치 지향성을 띤 실질적 합리성과는 달리 형식적 합리성은 법과 제도의 범위 내에서 수단과 목적을 합리화하는 데 있어 사회적 정당성을 부여한다. 따라서 개개인의 행동은 소속된 조직이나 사회가 규정하는 법과 제도에 영향을 받는다. 이러한 특성을 고려할 때 구성원이 규정과 규칙을 준수하고 이에 적합한 이익을 제공하는 관료제도는 형식적 합리성을 지닌 조직이라 볼 수 있다.

합리성 유형 중 실제적 합리성과 본질적 합리성은 주관적 목적인 가치를 달성하는 데 역점을 둔 것이라면 이론적 합리성과 형식적 합리성은 목적달성을 위한 수단이라는 객관적인 과정에 역점을 둔 것이다. 정책결정이 사회적 가치를 권위적으로 배분하며 조직의 목적을 달성하는 방안을 파악하는 데 초점을 두고 있으므로 베버의 합리성 유형이 정책결정 과정에 적절히 반영되어야 한다.

2) 사이먼의 합리성 유형

사이먼(Simon)은 합리성을 특성에 따라 본질적 합리성과 절차적 합리성으로 구분하였다(Simon, 1976; 김형렬, 1997).

(1) 본질적 합리성

본질적 합리성은 기본적으로 두 가지 조건을 전제하고 있다. 첫째, 개인의 활동은 목표 지향적이며 효용 극대화를 추구한다. 둘째, 개인은 합리적 존재이다. 이러한 전제하에 본질적 합리성은 목표 달성에 도움이 되는 활동에 초점을 두고 있다. 따라서 어떤 활동이 본질적 합리성을 지니는지의 여부는 그 활동이 목표 달성에 얼마나 도움을 주는가에 달려 있다. 목표 달성은 경제 개념에 근거한 효용 극대화[1]를 의미한다. 베버의 본질적 합리성은 목표를 과거, 현재, 미래의 가치에 두는 데 비해, 사이먼의 실질적 합리성은 효용 극대화에 목표를 두고 있다. 이러한 목표는 이미 주어진 것으로 간주하고 있어 베버와 사이먼

1 우리는 인간이 왜 자원을 소유하기를 원하는지에 대한 근본적인 의문을 제기할 수 있다. 그것은 자원을 소유함으로써 얻는 효용, 즉 행복 대문일 것이다. 효용(utility)이란 인간이 자원을 사용함으로써 얻는 주관적인 만족도의 단위를 말한다. 만약 인간의 생활에 필요한 자원이 풍부하고 그 자원을 획득하기 위해 어떤 비용이나 희생도 치르지 않는다면 인간의 행위 그 자체는 매우 단순하고 사회문제도 발생하지 않을 것이다. 그러나 현실적으로 인간의 욕망은 무한한 데 비해 그 욕망을 충족시킬 수 있는 자원은 제한되어 있으므로 제한된 자원으로 최대의 만족을 얻기 위해 희소가치가 있는 각 자원에 분배하지 않으면 안 된다. 효용이론은 근본적으로 인간은 합리적이라는 전제조건을 수반한다. 여기서 합리적이라고 하는 것은 주어진 예산으로 자원을 선택할 때 효용을 극대화하는 방향으로 결정한다는 것을 의미한다.

간의 시각 차이를 알 수 있다. 사이먼은 효용을 극대화할 수 있는 대안을 선정하면 실질적 합리성은 이루어진다고 보았다.

(2) 절차적 합리성

사이먼은 베버의 실질적 합리성이 경제적 측면에만 초점을 두고 심리적 측면을 간과하고 있다는 점을 고려하여 절차적 합리성을 제안하였다. 인간행동은 사고과정을 거쳐 인지적인 면과 부합될 때 절차적 합리성을 적용한다. 이러한 합리성은 인간이 당면 문제를 해결하기 위해 가능한 대안에 대한 정보를 수집하고 분석하는 과정에서 나타난다. 완전한 합리성을 추구하지만 쉽지 않으므로 제한된 합리성에 직면하게 된다. 왜냐하면, 인간은 정보, 지식, 환경적 요인 등 여러 제약요건으로 인해 합리적인 면뿐 아니라 불합리한 면도 있으므로 의사결정은 제한된 합리성에 의존할 수밖에 없다. 따라서 극대화 또는 최적화보다 만족화를 선호하고 최적 대안을 찾기보다 만족할 만한 대안을 찾게 된다.

사이먼은 현실적으로 불확실한 요인이 존재한다는 점을 고려하여 제한적 합리성을 근간으로 정책이론을 정립하였다. 그러나 근본적으로 경제적 합리성에 초점을 둔 객관적 합리성을 강조함으로써 주관적 합리성을 간과하고 있다는 지적을 받고 있다. 즉, 사이먼은 목표를 주어진 것으로 보았으나 실제로 목표는 개인이나 조직의 가치관과 맥락을 같이하므로 주관적 특성이 내포되어 있다. 따라서 정책결정 과정에 개인이나 조직의 가치관, 즉 주관적 합리성이 개입될 소지가 많다.

3) 다이싱의 합리성 유형

다이싱(Diesing)(Dunn, 1981)은 정책결정의 기반이 되는 합리성을 이성적, 인지적 사고 판단을 통합 합리성(정치적, 사회적 합리성)과 수단이 목표 달성에 이바지한 정도에 따른 합리성(기술적, 경제적, 법적 합리성)으로 분류하였다. 다이싱

(Diesing)이 제시하는 합리성 개념은 정책 활동에서 제기되는 다양한 문제를 해결하기 위한 기준이 객관적 합리성 및 주관적 합리성에 근거하여 정책목표 선정이나 선택에 적용될 수 있다.

(1) 기술적 합리성

기술적 합리성은 주어진 목표를 가장 잘 달성할 수 있는 효과적이고 적합한 수단을 찾는 것을 의미한다. 수단과 목표의 계층 구조는 기술적 합리성의 기본 골격을 이룬다.

(2) 경제적 합리성

경제적 합리성은 문제해결의 효율적인 방안을 찾기 위해 비용과 효과를 비교・분석하는 과정에 적용된다. 어떤 정책을 실행함으로 인해 발생하는 비용과 효과를 고려하는 것은 경제적 합리성에 기초한 것이다.

(3) 법적 합리성

법률, 규정, 제도 등에 따라 정책 대안을 모색하는 것은 법적 합리성을 고려하기 때문이다. 예를 들어, 아동수당 지급 기준이 아동수당 제도에 따라 이루어진다면 이는 법적 합리성에 해당한다. 이러한 합리성은 보편성과 공식적 질서를 통하여 예측 가능성을 높이는 측면이 있다.

(4) 사회적 합리성

사회적 합리성은 사회구성원 간의 조화된 통합성을 확보하는 것을 의미한다. 사회제도의 유지와 개선을 위한 대안을 모색하는 것은 사회적 합리성에 기초한 작업이라 볼 수 있다. 예를 들어, 호주제 폐지에 대한 논란 및 결정은 사회적 합리성에 근거한 것이다.

(5) 정치적 합리성

정치적 합리성은 정책결정 구조와 관련하여 집단적 의사결정에서의 절차적 합리성, 이해관계자의 참여 보장과 선택과정의 개방성, 공개적이고 자유로운 논의를 통한 공동 이익 창출 등을 의미한다. 정치적 합리성의 판단기준으로는 의사결정을 저해하는 상호 모순된 요소를 조화시킬 수 있는 능력, 다양한 집단의 신념과 가치를 포용할 수 있는 능력, 상호 반대되는 세력 간의 형평을 이룰 수 있는 능력, 위협적 요소를 반대 또는 억압하거나 제거할 수 있는 능력 등이 포함된다.

다이싱은 유형별 합리성이 서로 갈등을 일으키면 어느 것을 우선하여 고려해야 하는지는 구체적으로 밝히지 않고 있다. 그리고 문화적 다양성이 뚜렷하고 정치적・경제적・사회적 구조가 다원화되는 현실을 고려한다면 문화적 합리성을 고려해야 한다는 점도 간과하고 있다. 따라서 복잡하고 다양한 문제의 해결을 요구하는 정책과정의 효율성을 높이기 위해 문화적 합리성을 추가할 필요가 있다(김형렬, 1997).

4. 집행계획의 중요성

정책결정이 과정을 포함하는 개념이므로 사전에 집행계획을 세워야 한다. 여기서 집행계획이란 선택된 정책이 구체화되어 실현되는 정책 활동을 위한 계획을 말한다. 정책결정을 위한 집행계획의 중요성을 살펴보면 다음과 같다(Skidmore, 1995).

1) 효율성

효율성(efficiency)은 투입된 인적·물적 자원으로 최대 효과를 거두는 것을 나타내는 개념이다. 효율성은 모든 정책의 실행과정에서 나타나야 하지만 임의적이고 무작위적인 정책결정이나 집행과정에서는 나타나지 않으며 철저한 계획에 따라 이루어졌을 때만 가능하다. 사회는 인적·물적 자원이 제한되어 있으므로 효율적인 서비스 제공을 위해 정책집행이 사전에 계획되어야 한다.

2) 효과성

효과성(effectiveness) 역시 효율성과 더불어 정책집행에서 중요하게 대두되는 개념이다. 효율성이 비용과 효용의 개념이라면 효과성은 정책이나 서비스의 만족도를 반영한다. 정책 결과가 효과가 있으려면 관련 집행계획이 사전에 정해져 있어야 시행착오를 줄일 수 있다. 그렇지 않으면 바람직한 결과를 기대할 수 없게 된다. 정책집행의 주목적이 욕구가 있는 대상에게 인적·물적 서비스를 제공하고 도와주기 위한 것인 만큼 정책집행을 위한 계획과 노력이 통합되어야 정책결정으로 인한 효과성이 높아질 것이다.

3) 평 가

정책집행 계획은 정책결과를 평가하는 데도 필수적이다. 오늘날 복지국가를 지향하는 시민이나 지방공동체의 관심사는 사회복지서비스나 사회복지정책의 결과가 무엇인지, 과연 정책을 수행할 자원은 있는지, 복지 수준을 높이기 위해 어느 정도의 자원이 필요한지를 평가하는 데 있다. 이러한 평가는 정책집행이 어느 정도 계획성 있게 구성되어 있는가에 따라 결과가 달라질 수 있다.

4) 구성원의 의욕

세심하게 짜인 계획은 정책을 집행하는 사람들의 의욕을 향상시킨다. 조직이나 집단에 소속된 구성원은 그들이 최선을 다할 수 있는 풍토와 그로 인한 성취감을 느끼기를 원한다. 그러나 성취감은 조직의 책임자나 구성원이 공동으로 정책 전반에 대해 같이 계획하고 개개의 구성원이 관련 업무를 수행하는 데 필요한 사람이라는 점을 인식하게 할 때 비로소 발생한다. 만약 조직이 각각의 구성원이 무엇을 어떻게 해야 하는지에 대해 정확히 이해시킬 수 있다면, 그 조직은 정서적인 면뿐 아니라 실질적으로 일을 수행하는 데 도의적 의욕을 고취할 수 있다. 조직의 구성원들이 자신에 대해 어떻게 느끼는가에 따라 복지서비스의 전달체계는 확연히 달라질 수 있다.

제 2 절 | 정책결정 과정

정책결정은 학자들의 관점에 따라 다양하며, 정책결정 과정에 대한 단계별 구분은 문제인지 및 목표설정, 정보수집 및 분석, 대안 탐색 및 평가, 최적 대안의 선택 등과 같이 일련의 과정으로 연결된다.

1. 디니토의 과정

디니토(Dinitto, 1991)는 정책결정이 다음과 같이 일련의 과정이 조합된 것이지만 이러한 과정이 반드시 구분되어야 하는 것은 아니라고 주장하였다.

1) 문제규정 및 확인

다수에 의해 정부가 공적 차원에서 문제를 해결하기 위해 특정 행동을 취해야 한다는 공공의 요구가 확산되고, 관련 문제의 본질을 확인하면 그 문제를 정책문제로 채택한다.

2) 대안설정

관련 문제가 정책대안이 되고 이러한 대안이 정책계획기관, 이해관계를 가진 집단과 민간단체, 정부 관료조직, 국회 등의 정치적 경로를 거쳐 공식화되면 가능한 대안을 탐색한다.

3) 정책 합법화

정책은 대통령이나 국회 또는 입법부 등의 공식적인 발표나 공적인 활동으로 합법화된다. 여기서 공적인 발표나 활동은 행정적 요구나 예산, 법률 및 규정, 의사결정 등 정책방향에 영향을 미치는 모든 요인을 포함한다.

4) 정책실행

정책 내용을 구체화하여 실행하는 과정이다. 정책은 공적 자금이 투입되고 정부 및 관련 기관의 활동을 통해 집행된다. 이 단계에서 정책실행으로 인해 발생하는 비용과 효용은 이해관계 집단에 직접 또는 간접적인 영향을 미치게 된다는 점을 고려해야 한다.

5) 정책평가 및 피드백

정책은 정부나 외부기관, 이해관계를 가진 집단, 민간단체, 대중매체, 일반대중 등과 같은 공식 또는 비공식 채널을 통해 평가된다. 그리고 정책평가로 인한 피드백을 검토하여 관련 정책에 반영한다.

2. 스키드모어의 과정

스키드모어(Skidmore, 1995)는 정책결정 과정은 경영관리 과정과 유사하나 중점을 두거나 강조하는 측면에 근본적인 차이가 있다고 주장한다. 사회복지정책은 다음과 같이 7단계를 거쳐 결정된다.

1) 정책 목적 채택

정책집행 기관과 밀접한 관련이 있는 정책목적은 정책의 도착지이자 목표이다. 정책은 목적에 따라 전반적·장기적 정책과 구체적·단기적 정책으로 구분된다. 전반적·장기적 정책이 추구하는 목적은 사회에서 정책 집행기관이나 복지서비스 관련 기관이 왜 필요한지 그리고 왜 존재해야 하는지의 당위적인 측면과 관련이 있다. 예를 들어, 아동양육시설은 집이 없거나 부모가 없는 보호대상 아동을 입소시켜 보호하고, 양육 및 취업훈련을 지원하는 기관이며 정신건강복지센터는 정신건강에 문제가 있는 사람에게 건강을 유지할 수 있는 서비스를 제공하는 데 필요하다. 단기적·구체적 목적은 현재나 가까운 미래에 발생할 문제와 관련이 있다. 따라서 정책 목적은 대상 집단이 구체화되고 정책 내용이 단순하며 목적에 도달할 가능성이 클 때 효과적이다. 대부분의 정책 목적은 단기성을 가지기 때문에 짧은 기간 내에 정책결과가 나타날 수 있는 것에 초점을 둔다. 그러나 정책 목적이 장기적일 경우 창의성이나 미래사회를 위한 계획이 중요한 요인으로 작용한다.

2) 자원검토 및 평가

두 번째 단계에서는 정책집행 기관이나 조직이 보유하고 있는 인적·물적 자원을 검토하고 평가한다. 그리고 정책 목적을 실행하는 데 필요한 가용예산과 재정 규모, 지역사회나 민간단체의 지원 등에 대해서도 검토해야 한다. 특히 정책집행에 필요한 인적자원이 어느 정도 투입될 수 있는지 또 그들이 보유하고 있는 인적자원의 질적 수준, 예를 들어 정책 목적에 대한 이해와 태도, 동기와 가치관 등에 대한 부분이 객관적으로 평가되어야 한다. 자원에 대한 전반적인 평가결과가 긍정적이면 정책집행을 하게 되고, 부정적이면 다른 자원을 찾아야 한다.

3) 대안 탐색

정책대상과 자원에 대한 검토가 끝난 다음 정책 목적을 달성할 수 있는 가능한 대안을 탐색해야 한다. 만약 대안 탐색이 충분히 이루어지지 않고 처음 인지한 대안을 정책으로 채택할 경우 비효율적 정책으로 인해 엄청난 사회적 비용을 치를 수도 있다. 좋은 정책결정자라면 가능한 대안을 찾아보고 대안별로 분석하여 우선순위를 정하고 각 대안의 결과에 대해 예측할 것이다. 대안을 탐색하고 분석하는 과정에 정책결정자의 창의성이 중요한 역할을 한다. 자유로운 토론이나 다양한 사람과의 의견교환은 정책결정자가 새로운 대안을 모색할 기회를 얻게 되고 그로 인해 의미 있는 최적 대안을 찾게 된다.

4) 대안별 결과예측

복지정책을 계획할 때 관련 정책이 실행될 경우 어떤 결과가 발생할지에 대해서 평가해야 한다. 미래를 예측할 수 있다면 문제 발생 요인을 사전에 해결할 수 있으나 현실은 그렇지 못하기 때문에 정책이 초래할 다양한 득실에 대해 평가하는 것은 다음 단계에 이루어질 활동계획을 구체화하는 데 도움을 준다. 그리고 대안별 결과를 예측함으로써 각 대안이 가져다줄 기대 편익을 기준으로 선택의 순위를 정할 수도 있고 그중 최적 대안이 무엇인지도 파악할 수 있다. 정책 사안이 민감하거나 다수가 영향을 받을 개연성이 있는 경우에는 정책 대안이 미래사회에 경제적, 정치적, 문화적으로 어떤 영향을 미칠 것인지에 대해서도 예측해야 한다.

5) 최적 대안의 선택

각 대안에 대한 기대 편익을 구체적으로 평가하고 난 후 대안 중 가장 바람직한 결과를 가져올 수 있는 최적 대안을 선택해야 한다. 최적 대안을 선택할 때는 대안별 기대 편익을 기준으로 각 대안의 효과와 실현 가능성을 면밀히 검토해야 한다. 이러한 검토과정에서 상대적으로 더 중요한 대안이 부각될 수도 있고, 어떤 대안은 즉시 실행으로 옮겨야 하는 것도 있을 것이며, 또 어떤 대안은 특성상 다음 기회로 미루어야 할 것도 있다는 것을 파악하게 된다.

6) 실행계획 수립

최적 대안이 선택되면 이제는 정책실행을 위한 상세한 계획을 수립하는 단계이다. 단계별 행동지침 및 방향을 정하여 기록하고 정책목표를 달성하기 위해 실행계획을 우선순위에 맞게 시간대별로 정하는 것은 필수적이다. 시간표를 짤 때는 현실적으로 단계별 실행내용이나 실행하는 사람의 특성에 맞게 다양성을 부여하는 것이 합리적이다.

7) 융통성 있는 집행단계

정책실행을 계획할 때 융통성을 부여하는 것은 필수적이다. 물론 처음의 계획대로 실행에 옮기는 것이 좋으나 실행과정에 예견하지 못한 사건이나 사고가 발생할 수도 있고 또 기대했던 것보다 더 큰 편익을 제공할 요인이 나타날 수 있으므로 계획이 불가피하게 수정되거나 새로운 정책이 생성되는 경우가 종종 있다. 유능한 정책전문가나 행정가는 실행과정에 변화가 필요하다고 판단되면 즉시 그에 부합되는 조치를 할 것이다. 그러나 융통성이 없는 정치가나 행정가는 환경이 변하여 처음의 계획이 비현실적이고 시대에 뒤떨어지는 부분이 보이더라도 그 계획을 고수하고자 할 것이다. 정책집행 과정에서 탄력성 있는 대처는 정책의 성공 여부를 좌우하는 중요한 요인이다.

3. 헤퍼넌의 과정

헤퍼넌(Heffernan, 1992)은 정책결정 과정을 문제규정, 정책형성, 정책선택, 정책실행, 정책평가, 정책조정 등 여섯 단계로 구분하고 있다.

<표 5-1> 정책단계별 고려요인

정책단계	단계별 고려요인
1. 문제규정	필요 측정 : 목표 명료화
2. 정책형성	문제 상황을 개선하기 위한 실행전략 기획
3. 정책선택	관련자 및 정책결정자 규정
4. 정책실행	정책계획문제 : 프로그램 계획문제
5. 정책평가	실증적 평가 : 규범적 평가
6. 정책조정	정책유지, 정책조정, 정책종결 등에 대한 제안

출처 : Heffernan(1992), p. 36.

1) 문제규정

정책결정 과정은 문제의 본질을 파악하고 규명함으로써 정책목표를 명료화하는 단계이다. 이 단계에서 문제의 본질이 명확히 파악되지 않고 그로 인해 문제 규명에 오류가 개입된다면 정책결정의 전 과정에 영향을 미치게 되므로 가장 중요한 단계이다. 정치적 관점에서 문제란 많은 사람과 관련되어 있고 정부가 어떤 행동을 취할 경우, 상태가 개선될 수 있다면 그 문제는 정책문제로 부각될 수 있다. 문제에 대한 인식이나 규정 여부는 사회가 처한 조건이나 환경에 의해 영향을 받으며 조건이나 환경을 통제할 필요가 없다면 정책을 만들 필요가 없다. 예를 들어, 태풍에 대한 피해나 문제가 없는 사회에서는 태풍 경고와 관련된 정책에 대한 수요가 없을 것이다. 따라서 하나의 문제가 정치적·정책적 문제로 부각되기 위해서는 관련 문제가 생활에 직접 또는 간접적으로 영향을 미치고, 그에 대해 일반 대중이 관심을 가지며 정부 활동이 그러한 상황을 개선할 수 있다는 신념이 형성되어야 한다.

정책문제는 새로운 환경이나 기술발달로 초래되기도 한다. 아동복지 문제로 부각된 유전자 감식과 친자확인 문제는 새로운 정책적 이슈로 대두되고 있다. 현대의 기술은 부모와 자녀의 유전자를 거의 완벽하게 해독하고 있고 그러한 의학기술은 유전자 감식에 대한 수요를 증가시키면서 새로운 사회문제로 논의되고 있다. 만약 DNA 해독이나 유전자 감식에 대한 기술이 발달하지 않았다면 친자확인 문제는 정책문제로 인식되지 않았을 것이다. 장기이식과 관련된 도의적·규범적 문제도 같은 맥락으로 볼 수 있다.

정책결정 과정의 첫 단계인 문제 정의 단계에서는 다양한 집단이 제시하는 필요나 욕구에 대해 평가하고 목표에 대해 명확히 규정해야 한다. 여기서 한 가지 언급해야 할 사항은 필요와 목표는 같지 않다는 것이다. 예를 들면, 사람들은 경제력을 가지기 위해서뿐 아니라 사회적 지위, 자아실현, 성취감 등 사회심리적 측면에서도 일자리가 필요하며, 정부는 주어진 예산으로 사람들의 필요를 충족시킬 수 있는 정책을 만들어야 한다. 만약 정부의 목표가 완전고용을 지향한다면 정부 예산은 직업훈련이나 교육 등을 위해 지출되어야 한다. 그러나 정책목표가 단순히 일자리를 배분하는 것이라면 정부 정책은 누구에게 어떤 기준에 의해 일자리를 배분할 것인지에 초점을 맞추게 될 것이다. 따라서 필요에 대해 어떻게 정의하는가에 따라서 목표는 달라진다.

때로는 목표를 달성하지 못하는 정책도 있다. 그 이유는 문제에 대한 정의를 명확히 규정하지 않았기 때문이다. 예를 들어, 발달장애아동 문제를 교육시스템이 제 기능을 다하지 못했기 때문이라고 규정한다면 정책목표는 교육제도를 점검하거나 개편하는 것이다. 그러나 발달장애아동 문제가 교육시스템에 문제가 있어서라기보다 보건의료체계에 문제가 있다고 규정한다면 정책 방향은 완전히 달라질 것이다. 따라서 문제규정이 신뢰성과 타당성이 있어야 그 다음 단계인 정책형성과 정책선택이 바로 이루어질 수 있다.

2) 정책형성

하나의 문제가 사회문제로 부각되고 그 문제를 해결하기 위한 정책이 만들어지기까지 상당한 기간이 필요하다. 성폭력이나 가정폭력에 대한 문제도 현재는 사전에 방지할 수 있는 법률 제정과 제도 정착을 위한 노력을 긍정적으로 평가하고 있다. 그러나 과거에는 배우자 구타와 같은 문제는 가정문제에 불과할 뿐이지 사회문제라고 보지 않았다. 아동학대 문제도 마찬가지이다. 자녀를 독립된 인격체로 보기보다 부모에게 예속된 것으로 인식했기 때문에 아동학대가 심각한 사회문제라는 점을 인식하고 그에 관한 법률이 제정되는 데 적지 않은 시간이 걸렸다. 정치인은 종종 다른 사람이 미처 생각하지 못한 새로운 문제를 제안하고 그에 관한 법률을 제정하는 것처럼 주장하고 있으나, 그들이 제안하는 대부분의 문제는 이미 오랫동안 사회에 노출된 것들이다.

정책이 성공적으로 형성되기 위해서는 새로운 대안을 규정하는 데 영향을 미치는 환경과 상황에 대해 이해하고 문제를 바라보는 다양한 시각이나 관점에 대해 분석할 필요가 있다. 기본적으로 정책에 대한 아이디어는 사회가 합리적이고 개인이나 집단이 무엇을 원하는지 알고 있으며, 창의적인 방법으로 문제해결을 하고, 문제에 대해 완전한 정보를 가진 상태에서 선택기준을 세운다고 전제한다. 이러한 합리적 관점을 정리하면 다음과 같다.

- 문제의 본질과 중요도에 따라 우선순위를 정한다.
- 선택 가능한 대안들을 구체화한다.
- 구체화된 대안들을 합리적 기준으로 평가한다.

이러한 과정을 거치는 가운데 기준에 미달된 대안은 제외하고 기준에 부합되는 대안들만 제한적으로 선별한다. 이렇게 선별된 대안들은 중요도의 우선순위에 따라 재평가를 거치는 가운데 가장 적합하다고 판단되는 대안이 정책으로 선택된다. 그다음 정책결정자 및 관련자는 정책의제 일정과 절차에 맞추어 정책선택을 한다. 정책을 형성하는 일련의 과정에서 정치적 갈등이 야기될 수 있으며 그러한 정치적 갈등은 경우에 따라 심각한 수준에서 복잡한 양상을 띌 수 있다. 특히 중요도에 따라 우선순위를 정하거나, 대안 기준을 구체화하고, 어떤 한 대안을 선택할 경우 예측되는 결과를 평가할 때 갈등의 소지가 많다. 그리고 갈등이 심화될 수 있는 부분은 정책대안의 선택기준을 만들 때 다양한 집단이 각기 다른 패러다임으로 대안을 제시할 경우이다. 패러다임이 다르다는 것은 정책에 대한 관점과 추구하는 방향이 다르다는 것을 의미하기 때문이다.

다양한 집단이 요구하는 정책문제가 부각되는 데 있어서 결정적인 영향을 미치는 요인은 어느 집단의 요구가 상대적으로 더 심도 있게 고려되는가에 달려 있다. 문제의 본질에 따라 다소 차이는 있으나 실질적으로 신중하게 고려되는 대안은 많지 않다. 어떤 경우에는 하나의 대안만을 가지고 집단 간에 적합성 여부에 대한 논란이 제기되는데, 이런 상황에 영향을 미칠 수 있는 집단은 정치적 압력을 행사할 수 있을 정도로 많은 사람으로 구성된 대규모 집단이거나 정치 권력의 중심으로 이어지는 정계 및 관계기관의 상부계층으로 구성된 집단이다.

일반적으로 집단의 조직력이 취약하고 사회적 관계망이 부실하여 권력과 연계되어 있지 않은 집단의 요구는 이들 집단의 조직력이 공고해지거나 세력이 확장될 때까지 정책문제로 고려되지 않는 경향이 있다. 비록 빈곤계층이나 사회적 취약집단이 제안하는 것이 바람직하고 좋은 제안이라 할지라도 사회가 이들의 제안을 받아들일 수 있는 메커니즘이 형성되어 있지 않은 이상 이들의 주장은 정책결정자의 관심을 제대로 끌지 못한다. 클라이언트를 지원하는 개별 사회복지사는 정치적 권력에 접근할 기회가 제한되어 있다. 따라서 이들의 문제나 제안이 정책의제로 채택되기 위해서는 조직화된 단체의 지원이 필요하다.

예를 들어, 미국의 경우 아동학대 문제는 지금은 중요한 사회문제로 간주되고 있고 아동복지 차원에서 법률적으로 개입하여 아동을 제도권 내에서 보호하고 있다. 그러나 이러한 변화가 짧은 시간에 이루어진 것은 아니다. 과거 수십 년 동안 부모에 의해 자행된 아동학대 문제는 장막에 가려져 있었다. 미국은 아동부(Children's Bureau)가 생긴 1912년부터 아동학대에 관심을 가지고 개념을 정립하기 시작했으나 본격적인 논의는 1970년대 들어서 시작되었으며, 그 결과 1973년에 아동학대보호법인 먼데일-브란던 법령(Mandale-Brandon Act)이 제정되었다. 이 법이 제정되기까지 60여 년이 걸린 셈이다. 현재는 아동학대가 복지정책의 주요 대상일 뿐 아니라 아동보호 관련 법령을 제정하는 것을 가장 우선시하고 있다. 이러한 법령도 대상이 힘없고 조직력 없는 아동이 아니고 성인이었다면 이렇게 오랜 시간이 필요하지 않았을 것이다.

우리나라 아동학대 문제는 실제로 매우 심각한 수준이고 최근 들어 사회적 이슈로 부각되고 있으나 미국에 비하면 아직도 아동복지 수준이 매우 열악한 상황이다. 이처럼 어떤 문제가 정책으로 형성되기까지 많은 시간이 걸리며, 특히 이러한 경향은 정책적용 대상이 조직력과 힘이 취약한 집단일 경우 더 오래 걸린다.

3) 정책선택

선택은 모든 정책적 체계에서 가장 핵심적인 부분이다. 정책을 선택한다는 것은 문제를 파악하고, 문제해결을 위한 대안을 형성하며, 다양한 대안 속에 내포된 갈등을 조정하고, 그리고 정책적용 대상에게 자원을 제공하는 일련의 과정과 연결된다. 정책선택은 합의된 규칙과 정치적 합리성에 의해 이루어져야 한다. 정책을 선택하는 데 합리성에 대한 기회는 다음과 같은 전제조건이 형성된 사회에서 가능하다.

- 일반 대중이 자신의 필요에 대해 인지하고 있는 다원화된 사회
- 대안들이 규명되고 평가되는 의사결정 과정이 체계화된 사회
- 경쟁력 있는 다양한 집단이 다수로 구성된 연합체를 구축할 수 있고 그러한 연합체가 활성화될 수 있는 조건이 갖추어진 사회
- 선의의 경쟁에 대한 규칙이 존재하고 그러한 규칙에 대해 기본적 동의가 이루어진 사회
- 일반 대중이 정기적으로 치르는 선거를 통해 사회문제나 정부 활동에 대해 자신의 의견을 표명할 기회가 부여된 사회

이러한 전제조건은 경제적 상황이나 정치적 환경에 따라 다소 차이는 있으나 국민복지를 지향하는 대부분의 사회에서 갖추고 있는 조건이며, 이러한 전제조건이 충족된 상태에서 선택된 정책의 효과가 극대화될 수 있다.

4) 정책실행

정책이 선택되고 나면 법률적 결정이 정부 활동으로 연결되는 실행단계에 접어들게 된다. 실행단계에서 정책관리자는 정책목표와 실행규칙을 이해해야 한다. 정책실행이 비효율적으로 흘러가는 주된 이유는 정책목표와 그 목표를 추

진하는 도구가 서로 맞지 않기 때문이다. 정책을 성공적으로 실행하려는 의지가 있더라도 목표와 실행 도구가 맞지 않는다면 그 정책은 실패하고 만다. 그리고 이러한 실패는 정책목표와 관련된 상황에 변화가 있어도 나타날 수 있다.

실행계획을 세울 때 정책과 프로그램에 대해 기획해야 한다. 여기서 정책기획(policy planning)이란 정책실행에 필요한 업무들을 통합하고, 정책목표를 명확히 기술하며, 실행기준이나 정책실행에 요구되는 기간 등에 대한 부분을 설계하는 것이다. 프로그램기획은 실행에 필요한 인적·물적 자원을 동원하는 데 필요한 요건과 업무의 실행결과를 보고하는 방법에 대해 계획하는 것이다. 정책기획과 프로그램기획에는 조직과 해석이라는 두 가지 요소가 포함되어 있다. 조직은 정책기획에 포함된 요소로서 정책을 효과적으로 수행하기 위해 자원을 확보하고 분배한다. 해석은 프로그램기획의 요소이며 프로그램을 구성하는 전문용어를 이해하기 쉬운 형태로 바꾸는 것을 의미한다.

효과적인 실행을 위한 조건은 정책실행자가 정책을 실행에 옮기기 위해 그들에게 요구되는 조건이 무엇인지를 알아야 하고 또 실행에 옮기는 데 필요한 인적·물적 자원을 보유하고 있어야 한다.

5) 정책평가

정책평가는 연속적이고 다양한 형태로 어디에서나 이루어진다. 공식적으로 재원을 들여 평가단을 구성하고 그 평가단이 체계적 기준에 의해 평가하는 것도 정책평가일 뿐 아니라 두 사람 이상의 클라이언트나 사회복지사가 모여 각자의 문제나 조직에 대해 자신의 경험담을 나누는 것도 정책평가가 이루어지는 것이다. 정책평가는 융통성과 신축성을 토대로 한 개념이다. 평가는 일반적으로 관련 자료 및 정보를 수집하고, 명백한 또는 함축적인 기준에 의해 수집된 자료와 정보에 항목별 가중치를 부여하는 이원적 개념에 기초한 작업이다.

여기서 관련 자료를 수집하는 것은 정책이 적용되는 현실 세계에 영향을 미치는 요인 간의 관계를 실증적·경험적인 방법으로 파악하고 규명하는 것을 의미한다. 그리고 가중치를 부여하는 작업은 수집된 정보를 평가하는 데 적용되는 적합한 규범적 판단에 근거하여 이루어진다.

정책평가자는 정책을 적용한 다음 나타난 결과와 정책 부재 시의 현실적 상황 간의 차이를 관찰하고 판단하게 된다. 따라서 정책적용의 정당성 및 효과성은 정책적용 이전에 발생한 문제 상황과 정책적용 이후 나타난 상황이 긍정적인지 부정적인지에 달려있다. 그리고 정책을 적용하는 데 윤리적·규범적 노력을 했는지에 대한 부분도 정책의 정당성과 효과성을 평가하는 데 영향을 미친다.

경험적 평가(empirical evaluation)는 어떤 문제가 발생했는지에 대한 정보를 제공하는 반면 규범적 평가(normative evaluation)는 무엇이 어떻게 되어야 하는지에 대한 정보를 제공한다. 이 두 가지 평가방법은 상호의존적인 특성이 있다. 생산적 복지 차원에서 한부모에게 일자리를 제공하는 것과 관련된 정책적 노력이 현실적으로 노동시장 상황을 반영하지 못한다면 그 정책은 실패하고 만다. 만약 우리가 정책을 평가할 때 직업훈련 비용, 복지연금 규모, 한부모 고용정책의 사회적 가치 등에 기준을 둔다면 정책이 지녀야 하는 사회적 책임이나 윤리적 측면은 충분히 고려되지 않았다고 볼 수 있다. 그러면 어떤 기준에 의해 정책을 평가해야 윤리적 측면까지 포함할 수 있는지에 대해 의문을 제기할 수 있다. 이 의문은 다음의 두 요소와 관련이 있다. 첫째는 경험적 요소로 정책이 고용에 어떤 영향을 미치는지에 대한 것이고, 둘째는 규범적 요소로 고용정책이 무엇을 지향해야 하는지와 관련된 것이다.

낙태에 관한 정책의 경험적인 면과 규범적인 면의 상호작용도 고용정책과 같은 맥락에서 생각해 볼 수 있다. 낙태 관련 정책은 낙태에 대한 선택권을 여성에게 부여하고 그로 인해 여성이 자유의지로 선택할 수 있는 환경이 조성된다면 그 정책은 성공적이라고 평가할 수 있다. 그러나 같은 현상에 대해 일부 집단은 규범적 차원에서 생명존중과 관련하여 부정적인 평가를 할 수 있다. 이런 경우 경험적 관점과 규범적 관점은 갈등을 일으키게 되고 사회적 논란을 불러온다. 그러나 비록 경험적 관점과 규범적 관점 간에 차이는 있으나 정책에 경험적 관점을 반영하는 요인은 명백하게 또는 함축적으로 규범적 관점을 내포하고 있으므로 이들 두 관점이 상호연계성을 가진다는 것을 시사한다.

실용적 시각(pragmatic perspective)에서 볼 때 정책평가의 기본 목적은 정책목표가 어느 정도 달성되었는지와 정책의 성패 여부를 파악하는 것이다. 보건복지부에서는 고용훈련 프로그램이 실행됨으로 인해 어느 정도 효과가 있는지 그리고 프로그램을 어떻게 보완하면 좀 더 정책효과를 올릴 수 있는지를 알고자 한다. 만약 정책실행 결과에 대한 평가에 부정적인 요소가 더 많다면 정책을 집행하는 측은 정책이 왜 실패로 끝났는지를 구체적으로 파악하고자 할 것이다.

6) 정책조정

정책조정(policy adjustment)에는 두 가지 연관된 문제가 있다. 첫째, 낡은 정책이나 프로그램을 새로운 상황이나 조건에 맞추어 조정하는 문제이고, 둘째, 정책과 관련된 문제가 더는 발생하지 않는데도 관련 정책이 오랫동안 유지되는 것이다. 미국의 한부모가족 지원정책인 AFDC(Aid to Families with Dependent Children)를 예로 들면, 원래 이 정책은 아버지가 없는 아동을 국가가 보호・지원하는 것이 목적이었다. 그런데 시간이 지나면서 이 정책의 본래 취지를 넘어 별거했거나 이혼한 부모 또는 미혼모 가족을 지원하는 형태로 바뀌었다. 원래의 정책이나 변화된 정책 모두 한부모가족 체제하에 있는 아동에게 기본적으로 필요한 것을 지원하기 위한 것이다. 그러나 아버지가 없는 모자가족과 별거나 이혼으로 인한 한부모가족의 사회인구학적 특성이 매우 다르다는 점을 고려한다면 이들 한부모가족을 지원하는 정책환경도 달라야 한다. 그래서 한부모가족 지원정책은 그들의 사회인구학적 특성에 맞게 몇 차례 조정이 이루어졌다.

정책결정 과정의 마지막 단계인 정책채택은 현실적으로 정책의 종결을 의미하지는 않는다. 진정한 의미에서의 정책종결은 새로운 사회문제가 발생할 때이다. 그리고 기존 정책이 목표로 한 사회문제를 새로운 시각으로 본 관점이나 새로운 현상과의 관련성을 이해하는 것은 매우 중요하다. 모든 정책은 다음과 같은 실질적인 이유로 정책결정 과정 중에 방향을 조정할 필요가 있다는 것을 인지하고 있어야 한다.

- 문제에 대한 인식이나 현실적 상황이 변화될 수 있다.
- 새로운 기술은 시대착오적 반응을 초래할 개연성이 크다.
- 기관이나 조직은 잘 없어지지 않고 영속적으로 존재하려고 한다.

정책을 실행하기 위해서는 관련 조직이 필요하므로 부서를 만든다. 그리고 정책이 실행되고 난 후 부서 자체가 필요하지 않으나 부서가 가진 기능은 존재하므로 그 부서는 잘 없어지지 않는다.

정책에는 다양한 저항적 요소가 내포되어 있으므로 정책 방향이나 구조를 바꾸거나 정책을 종결하기가 쉽지 않다. 그리고 한 정책이 운영되고 난 다음 그 정책을 바꾸는 데는 많은 비용이 든다. 앞서 살펴본 바와 같이 문제가 이슈로 부각되고 정책으로 연결되는 데 많은 시간이 걸리듯이 정책을 조정하거나 종결하는 데도 그에 못지않은 시간이 필요한 것이 일반적인 현상이다. 정책을 종결하거나 조정하는 것은 문제해결을 위해 관련법을 제정하고 실행하는 것만큼 어려운 일이므로 정책조정은 구체적인 분석하에 이루어져야 한다.

제3절 | 정책결정모형

1. 순수합리모형

순수합리모형에서는 인간은 이성과 합리성에 근거하여 계획하고 결정하며 행동하며, 정책결정자는 객관적 합리성을 가지고 정책결정을 한다고 가정한다. 정책결정자는 문제를 인식하고 목표를 설정하며 대안의 비용과 이익을 비교·평가하여 정책을 선택하는 과정에 완전히 합리적이다는 점을 강조한다는 점에서 순수합리모형(pure rational model)이라고 한다. 이 이론은 경제학의 의사결정 모형 또는 비용·이익 분석이론이 토대가 된 것으로 다른 이론과 달리 상당 부분 경제학 개념을 도입하고 있다.

1) 모형의 특징 및 내용

정책결정자가 합리성을 추구한다고 가정하는 것에 두 가지 의미가 있다.

첫째, 정책결정자는 자신이 경험한 세계나 사회화 과정에서 습득된 정보와 지식을 적절히 활용하는 의사결정 메커니즘을 가지고 있다. 그리고 그러한 메커니즘을 지닌 정책결정자는 객관적 합리성에 근거하며 효용 극대화를 추구하는 합리적 의사결정자로 간주하는 것이다. 합리모형은 의사결정 상황으로부터 이상적으로 문제를 해결하기 위해서는 어떻게 해야 합리적인지에 초점을 두고 있으므로 정책결정자는 다음과 같은 조건을 갖추어야 한다(오석홍·김영평, 2006).

- 문제에 대한 명백한 정의
- 가능한 모든 대안에 대한 인식

- 문제에 대한 정보와 지식
- 각 대안의 결과에 대한 정보와 지식
- 사회구성원의 가치나 선호체계에 대한 정보와 지식
- 인적자원과 물적자원의 확보 및 관리

둘째, 합리적 정책이란 경제적인 측면에서 정책을 시행하는 데 드는 물질적·심리적 비용보다 정책을 실행한 결과 발생한 사회적 이익(social benefit)이 큰 정책을 말한다. 비용과 이익을 고려하여 여러 대안 중 하나를 선택할 때 보편적으로 고려하는 두 가지 기준이 있다. ① 정책결정 상황에서 한계비용(marginal cost)의 개념을 적용해야 한다. 즉, 정책 수요를 결정하는 중요한 요인은 정책의 기회비용과 정책실행 후의 기대이익이며, 정책에서 오는 추가적인 기대이익과 추가적인 기회비용이 같아질 때까지 자원을 투입할 수 있다. 만약 추가적 기대이익이 추가적 기회비용보다 작다면 그 정책은 채택대상에서 제외해야 한다. ② 채택 가능성이 있는 여러 정책대안이 있다면 사회적 비용보다 이익이 가장 큰 대안을 선택해야 한다.

비용과 이익은 금전적인 것뿐 아니라 공유된 정서, 가치체계, 선호 등과 같은 심리적 측면도 포함되므로 의사결정 과정에 다음 요인을 고려해야 한다.

- 사회적 정서나 가치체계 및 선호에 대한 인식과 각 요인의 상대적 비중
- 가능한 모든 대안의 설정 및 탐색
- 각 대안의 비용과 이익 추정
- 대안별로 추정된 비용과 이익을 기준으로 효율적인 정책대안의 선택

2) 합리모형의 단계적 과정

앤더슨(Anderson)에 의하면 목표를 효과적으로 달성할 수 있는 합리적 정책 결정은 다음의 과정을 거친다.

(1) 문제의 본질과 나타난 현상 인식

의사결정의 첫 단계는 바로 사회적 이슈가 되는 문제의 본질을 인식하는 것이다. 문제의 본질은 보는 사람의 관점이나 시각, 가치관 등에 따라 차이가 날 수 있으므로 의사결정자는 이러한 점을 염두에 두어야 한다.

(2) 의사결정자의 목표, 가치, 문제의 심각성에 따라 우선순위 결정

우선순위를 정하는 이유는 제한된 자원에 비해 추구하는 목표는 다양하므로 목표가 지니는 중요도에 따라 순위를 정해야 하기 때문이다. 우선순위를 정할 때는 정책목표와 가치, 관련 문제의 심각성 정도를 고려해야 한다.

(3) 문제해결을 위한 대안 검토

관련 문제를 해결하기 위해 다양한 정책 대안이나 접근방법이 있다. 각 대안은 특성과 지향하는 바가 다르므로 대안별로 예측되는 결과를 분석해서 충분히 고려해야 한다.

(4) 문제해결을 위한 대안들의 사회적 비용과 이익 측정

정책을 결정할 때 대안별 기회비용과 이익을 측정하는 것은 필수적이다. 흔히 정책결정 과정에서 일부 집단의 이해관계가 우선적으로 작용하여 효율적이지 못한 정책을 선택함으로 인해 파생되는 문제와 그로 인한 재정자원의 손실을 초래하는 경우가 종종 있다.

(5) 비용과 이익을 비교하여 비용보다 이익이 큰 효율적인 대안 선택

모든 정책결정자는 선택된 정책이 국민복지를 향상하는 효율적 대안이기를 기대한다. 그러나 의사결정 과정에서 관련 문제와 그로 인해 파생되는 문제에 대한 인식이 충분히 되어 있지 않을 경우, 정책의 비용과 이익을 정확히 예측하지 못하게 되므로 효율성에 문제가 생긴다.

라인베리(Lineberry)에 의하면 합리적 정책결정자는 목표를 구체화하고 구체화한 목표의 중요도 및 시의성에 따라 우선순위를 부여하며 목표 달성을 위한 정책대안을 설정한다. 그리고 각 대안의 비용과 이익을 비교한다. 라인베리의 합리모형 단계는 다음과 같다.

① 문제에 대한 인식 및 목표의 서열화

문제의 본질을 인식하고 문제해결에 필요한 목표를 세운 뒤 우선순위를 정한다. 우선순위는 대안별로 예측되는 비용과 이익을 기준으로 정해야 한다.

② 정책대안의 인식

문제해결을 위한 정책대안을 인식한다. 정책대안을 인식하고 설정하기 위해서는 문제와 관련된 다양한 지식과 정보가 필요한데 이러한 지식과 정보를 얻기 위해 다양한 탐색 과정을 거친다.

③ 대안별 비용과 이익의 산출

대안별로 목표달성 가능성을 타진하고 비용을 산출하여 효용성을 평가한다. 비용과 이익을 산출할 때 중요한 점은 정책의 비용과 이익은 현재가치의 화폐형태로 산출해야 한다는 것이다. 이러한 산출과정을 통해 대안별 정책에 투입될 비용과 그 대안의 이익을 현재가치로 산출한 정책별 효과에 대한 객관적 정보를 얻을 수 있다.

④ 대안별 비용과 이익의 비교

대안별 비용과 이익이 산출되면 이를 비교하여 최소의 비용으로 최대의 이익을 거둘 수 있는 효율적이고 합리적 대안을 선택한다.

3) 합리모형에 대한 평가

정책결정자가 완전한 합리성을 갖추고 있다는 가정하에서 출발한 합리모형은 정책결정자의 현실적 능력, 주관적 가치판단, 정보의 비대칭성[2] 등으로 인해 객관성이 결여되거나 불합리한 요소를 지닐 수 있으므로 현실적용에 한계가 있다. 그런데도 모든 정책결정은 근원적으로 경제적 측면을 내포하므로 정책결정 과정에 이러한 면을 고려해야 한다는 점을 시사하고 있어 의미하는 바가 크다. 그리고 이 이론은 실질적으로 정책결정과 실행과정에서 직면할 수 있는 현실적 문제를 해결하는 데 도움을 주고 있다. 이 이론의 공과에 대한 논의에서 지적되는 부분은 이론의 현실성 부족으로 인해 이상주의를 추구하고 있다는 점이다. 이러한 점을 수정·보완한 이론이 바로 제한적 합리모형이다.

2. 제한적 합리모형

순수합리모형의 한계점과 제약조건을 수정·보완한 것이 제한적 합리모형이다. 이 모형을 제한적 합리모형이라 부르는 이유는 인간은 여러 제약요건으로 인해 완전한 합리성은 갖출 수 없고 합리적인 면과 불합리한 면을 모두 가지고 있다고 보기 때문이다. 따라서 의사결정은 제한된 합리성에 의해 이루어지므

2 정보의 비대칭성이란 정책결정에 참여하는 모든 사람이 동일한 수준의 정보를 가지고 있지 않고 참여자나 구성원에 따라 알고 있는 정보수준이 다른 것을 의미한다. 따라서 정보의 비대칭성은 상대적으로 불완전한 정보를 가지고 있는 쪽에서 손실을 입게 된다는 것을 시사한다.

로 최적화보다는 만족화를 선호하며, 최적 대안을 찾기보다 가장 만족할 만한 대안을 찾고자 한다.

1) 제한적 합리모형의 특징 및 내용

이 모형은 기존 이론에서 언급한 제약요인, 즉 현실적용 가능성, 비용과 시간 등의 인적·물적 자원의 희소성, 정보처리기술 과정에 직면하는 제약, 선호성, 습관적 행동성향 등의 요인을 복합적으로 고려하여 제한된 합리성(bounded rationality)에 초점을 맞추고 있다. 여기서 제한된 합리성이란 정책결정자는 인지능력이나 기타 여러 요인에 의해 제약을 받기 때문에 각 대안의 결과에 대한 예측을 정확하게 하기 어려우므로 정책결정자 자신의 경험이나 인지 범위 내에서 관련 문제의 본질 및 특성에 관심을 두게 된다는 것을 의미한다.

따라서 정책목표도 제한된 범위 내에서 분류하게 되는데, 분류는 정책을 실행하기 위한 수단과 목표를 분석하여 영역별로 상위목표와 하위목표로 구분한다. 그리고 대안 탐색이나 선택도 가능한 모든 것을 고려하는 것이 아니라 주변적인 것에서부터 우선적으로 탐색하여 관련 대안이 당면한 문제를 해결하는 데 만족할 만한 수준이면 그 대안을 정책으로 채택하게 된다.

사이먼(Simon)은 의사결정 과정에서 최적 대안을 선택하는지 아니면 인간의 인지능력과 범위 내에서 최적 대안이 아닌 심리적으로 만족할 만한 대안을 찾는지에 따라 전자를 경제인, 후자를 행정가로 구분하였다. 여기서 경제인은 합리모형의 가정에 근거한 의사결정자이며 행정가는 만족모형의 가정에 근거한 정책결정자이다. 사이먼은 의사결정 과정에서 정책결정자가 추구하는 바에 따라 경제인과 행정가로 구분하고 있는데, 그 차이를 좀 더 구체적으로 살펴보면 경제인은 모든 대안의 비용과 이익을 고려하여 비용보다 이익이 큰 대안을 선택함으로써 효용 극대화를 추구한다. 반면 행정가는 최적 대안을 탐색하기보다 전반적으로 만족할 만한 수준의 대안을 찾는다.

따라서 경제인은 모든 가능한 대안을 탐색하고 분석하는 데 비해 행정가는 선별적인 대안만을 검토하여 그중 만족할 만한 대안이 무엇인지를 찾는다. 선별적 대안의 선택은 무작위로 이루어지며 정책결정자가 고려하고 있는 대안들의 결과를 차례로 예측하게 되는데 이러한 예측작업은 만족할 만한 결과를 줄 수 있는 대안을 찾을 때까지 계속된다. 대안의 결과에 대한 예측도 경제인은 문제의 본질과 부합되는 상황을 실증적으로 분석한 자료에 의하지만, 행정가는 상황의 불확실성이나 관련 정보의 부재로 인해 대안의 결과를 정확히 예측할 수 없다는 가정을 전제로 하고 있다. 이러한 전제로 인해 만족모형에서는 문제 상황을 단순화시킨 가운데 정책결정자가 적절하다고 판단되는 요인을 중심으로 대안의 결과를 예측하게 된다.

제한적 합리모형은 현실이 단순하지 않고 복잡하다는 가정에 기초하여 의사결정은 현실적 여건을 고려한 가운데 해결책이 모색되어야 한다고 본다. 그런 의미에서 이 모형은 추상적이기보다 행태적 측면을 적용하고 있으며, 정책결정자가 어떤 기준과 방침에 의해 행동하는지를 파악한다. 순수합리모형이 이상세계에 초점을 둔 것에 비해 제한적 합리모형은 의사결정이 실제 상황을 반영하는 특성을 가진다는 점을 강조한다. 따라서 제한적 합리모형은 실제 정책결정자의 의사결정 상황이 다음과 같은 제한적 조건에서 이루어진다고 본다(오석홍 · 김영평, 2006).

- 문제의 본질이나 특성에 대한 불완전한 정의
- 대안에 대한 불완전한 정보
- 대안의 결과예측에 대한 불완전한 정보
- 가치체계 및 선호 내용과 범위에 대한 불완전한 정보
- 제한된 인적 · 물적 자원

이러한 조건에서 사회는 합리적 이상주의자가 보는 것과는 구조적으로 다른 모습을 보일 수밖에 없다. 사이먼은 제한적 합리모형 이론에서 정책결정은 여러 가지 제약조건에서 이루어진다는 점과 특히 인식의 제한이 정책결정의 주된 제약요인이라는 논리를 펴고 있다.

사이먼과 더불어 린드블럼(Lindblom)과 하버마스(Habermas)는 개인의 인식적 한계뿐 아니라 정치경제 제도가 지닌 구조적 왜곡이나 다원화된 사회에서 빚어지는 갈등이 제약요인으로 작용하므로 정책결정 과정에 이러한 요인도 고려해야 한다고 주장하였다.

2) 제한적 합리유형

정책결정에 영향을 미치는 요인들의 특성에 따라 제한적 합리모형은 다음과 같이 네 가지 유형으로 분류된다.

(1) 제한적 합리유형 I

사이먼이 주장한 인식적 한계로 인해 나타나는 유형으로, 의사전달 과정에서 개인의 특수성이나 예측하지 못한 문제로 인해 필요한 정보가 왜곡되어 발생하는 제한성이다.

(2) 제한적 합리유형 II

사회적 분화로 인한 제한적 모형으로, 왜곡은 개인의 인식적 한계로 인해 발생하기도 하지만 정치나 경제 제도의 구조적 한계로 인해 나타나기도 한다. 정책결정자는 자신의 의지대로 추진하려 하나 정치체제나 경제체제 등을 포함한 사회구조에 의해 영향을 받기 때문에 자신의 의지대로 할 수 없고 그로 인해 정보 활용이 불평등하게 이루어지거나 조직 간의 정보전달 과정에 내용상의 손실이 발생할 수 있다. 이 유형은 사회적 분화가 다양화됨에 따라 정책결정자는 상호 관련을 맺고 협조해야 하며 정책결정 과정에 가변적 요소가 개입할 수 있다는 현실적 문제를 감안해야 된다는 점과 정책결정이 효율성으로 이루어지기 위해서는 조직 간에 관계망을 형성할 필요가 있다는 점을 시사한다.

(3) 제한적 합리유형Ⅲ

린드블럼(Lindblom)이 제시한 다원주의적 갈등에 의해 발생하는 제한적 모형이다. 이 유형은 왜곡 자체가 불가피하게 발생하는 것이 아니라 고의로 불응하거나 상호 간 기만, 이해관계를 지닌 집단 간 협상 등과 같이 의도적으로 왜곡을 유도해서 발생한다. 사회가 다원화된 경우 정책결정자는 경쟁적 이익집단 안에서 의사결정을 해야 하므로 의사결정 환경은 개방적 성향을 띠게 되고 이해관계를 가진 집단 간 협상과 타협을 할 수 있다. 이 유형은 문제의 본질에 대해 다양한 해석을 내릴 수 있고 경쟁적으로 정보를 수집하며, 수집된 정보를 조작할 수 있다는 것을 가정한다.

(4) 제한적 합리유형Ⅳ

하버마스(Habermas)에 의해 제시된 이 유형은 정치적 · 사회적 구조 왜곡으로 인한 제한을 말하며 왜곡의 주된 원인은 사회구조의 체계적 압력에 의해서이다. 타협과 협상이 편재된 다원화된 사회에서 주로 나타나는 이 유형은 정책결정자나 조직 그 자체보다 조직의 외부환경이 의도적이고 불필요한 왜곡을 초래한다. 왜곡은 자원 이전이나 교환, 이념을 합리화시키기 위한 권력 구조 등의 형태로 나타난다. 따라서 문제의 본질은 이념적 성향과 관계가 있고 정책결정자는 구조적 왜곡 속에서 어느 정도의 불평등은 감수하고 주어진 권력 구조 내에서 힘의 균형을 고려하게 된다.

<표 5-2> 정책결정에 영향을 미치는 제한요인과 제한적 합리유형

임기응변적	구조적 · 체계적
제한적 합리유형 I : 불가피한 왜곡 (인식의 한계로 인한 제한성) •개인의 특수성 •예상하지 못한 문제 → 정책결정에 필요한 정보 왜곡	제한적 합리유형 II : 불가피한 왜곡 (사회적 분화로 인한 제한성) •분업원칙으로 인한 정보 활용의 불평등 •조직경계 간에 발생하는 정보의 손실 → 조직 간에 상호협력하는 관계망이 필요
제한적 합리유형III : 의도된 왜곡 (대인관계로 인한 제한성) •의도적 불응 •상호 간 기만이나 사기행위 •협상 → 정책결정자도 이익집단 내에서 생존 → 다원화된 개방체제의 조직환경 → 협상과 타협을 전제로 한 점증적 방법	제한적 합리유형IV : 의도된 왜곡 (정치사회적 구조왜곡으로 인한 제한성) •사회구조의 체계적인 압력 •거래 및 교환의 독점 •국민의 수요 욕구 창출의 독점 •계급과 권력 구조의 이념적 합리화 → 기술적 정보보다 이념적 정보의 선호 → 의사결정은 권력자가 중심으로 조정

출처 : 황윤원(1993), p. 288.

3) 제한적 합리모형에 대한 평가

사이먼의 제한적 합리모형은 인간이 지닌 인식적 한계가 정책결정 과정에 영향을 미치므로 완전한 합리성을 지닐 수 없다는 점을 주장하여 순수합리모형이 지닌 비현실적 문제를 보완하였다. 그러나 이러한 사이먼의 주장은 합리성에 대한 또 다른 제한으로 작용하여 문제를 야기할 수 있다(오석홍 · 김영평, 2006). 그는 정치구조의 상대적 독립성과 변화를 거부하는 인간의 본성이 순수합리모형에 제약요건으로 작용한다고 하였으나, 실제로는 다수의 정책결정자가 정치구조에 깊이 연관되어 있으며, 변화를 거부하는 인간의 본성도 정책결정 상황에서 유입되는 정보의 특성이나 종류, 정보전달과정에서 발생하는 오류 등으로 인해 수정하게 되는 경우가 종종 있다.

이러한 문제로 인해 제한적 합리성을 설명하는 그 자체에 또 다른 제한점이 개입될 소지가 있다. 정책결정에 영향을 미치는 제한요인에 따라 분류된 제한적 합리유형 중 Ⅲ모형과 Ⅳ모형은 사이먼의 모형이 지닌 한계점을 린드블럼과 하버마스가 개인의 인식적 한계와 정치경제 제도가 지닌 구조적 왜곡, 다원화된 사회에서 빚어지는 갈등 등이 제약요인으로 작용한다는 점을 고려하여 수정·보완한 모형이다. 정책결정이 현실성과 합리성을 지니기 위해서는 제한적 합리성이 인간의 인식적 한계만이 원인이기보다 사회구조나 정치경제 체제가 제한요인으로 작용한다는 점을 고려하여 분석할 필요가 있다.

3. 점증모형

린드블럼이 개발한 점증모형(incrementalism)은 정책결정자의 인식능력에 한계가 있다는 점을 전제하고 있다. 즉, 다원화된 사회에서 정책결정자가 의사결정 과정에 가치체계나 정책결정 상황의 복잡성, 정치적 영향 등과 같은 여러 유형의 한계에 직면할 수 있다는 점을 인정하고 이에 맞게 의사결정 전략을 수립함으로써 효율적 정책을 세울 수 있다는 것이다. 린드블럼은 실제로 정책이 점증적으로 결정되는데 그러한 현상은 바람직하다고 주장함으로써 실증적 차원과 규범적 차원에서의 점증주의를 강조하고 있다.

1) 점증모형의 내용

점증모형에 의하면, 정책결정자는 어떤 문제를 해결하기 위해 완전히 새로운 정책을 모색하는 것이 아니라 기존 정책에서 변화된 상황을 중심으로 조사를 한다. 그리고 점진적으로 적용할 수 있는 정책에만 관심을 두고 소수의 대안만을 고려하며, 이들 대안 중 핵심적인 것만 제한적으로 평가한다. 왜냐하면, 정책결정자는 희소한 자원과 부족한 정보 및 지식으로 인해 분석능력에 한계가 있고 관련 문제에 대한 가치 기준도 불분명한 경향이 있으므로 기존 정책에서 소폭의 변화만을 시도한 정책을 채택하고 정책적용과 평가과정에서 나타나는 문제점을 중심으로 지속해서 수정·보완해 나가기 때문이다.

따라서 정책결정자는 문제해결을 위한 목적과 수단을 조율함으로써 관련 문제를 다룰 수 있는 방식으로 만들고 문제에 대한 분석과 평가를 지속적으로 수행하게 된다. 점증모형에서 정책이란 다원화된 사회체제 내에서 사회집단 간에 발생하는 다양한 갈등을 상호 조절하고 조율한 결과이다. 따라서 채택된 정책이 효율적인지 그렇지 않은지에 대한 평가는 정책 내용보다 정책결정자 간의 합의 정도에 따라 평가할 수 있다.

2) 점증모형의 주요 개념

점증모형에서는 정책결정자가 정보 및 지식의 제약으로 인해 분석능력이 떨어질 뿐 아니라 시간을 비롯한 자원도 희소하다는 것을 가정한다. 따라서 어떤 문제를 해결하기 위한 정책은 기존 정책에서 소폭의 변화만을 고려하여 정책을 결정하고 시간의 흐름에 따라 정책집행의 결과에 대한 피드백으로 정책의 취약점을 점진적으로 수정·보완하는 방식으로 개선하는 것이 바람직하다고 보는데, 이러한 경향은 부분적 점증주의, 연속적 제한비교, 집단 간 상호 조절의 개념에서 잘 나타난다.

(1) 부분적 점증주의

부분적 점증주의는 정책결정자가 가능한 모든 대안을 고려하기보다 관련 문제에 대한 기존 정책의 프레임에서 크게 벗어나지 않는 범위 내에서 소수의 대안만을 고려한다.

(2) 연속적 제한비교

일단 고려대상으로 선택한 정책대안들을 포괄적 차원에서 검토하는 것이 아니라 대안 간에 차이가 나는 내용을 중심으로 제한적으로 분석하여 비교한다. 여기서 연속적이란 정책형성 과정이 한 번에 그치는 것이 아니라 정책집행 후에도 피드백을 통해 지속해서 검토한다는 것을 나타낸다.

(3) 집단 간 상호 조절

집단 간 상호 조절이란 정책결정자들이 활동을 상호 조절하는 것을 말한다. 린드블럼은 실질적으로 집단 간 또는 정당 간 상호 조절 정도와 정책개혁의 범위 간에는 밀접한 관련이 있다고 보고 있다.

3) 점증모형의 특징

점증모형에는 다음과 같은 특징적 요소가 있다.

① 이 모형은 다원화된 사회체제 내에서 이루어지는 정책결정 과정을 반영하는 것이므로 정책목표를 정하고 그 목표를 수행하는 데 필요한 자료 분석과 평가는 상호연관성이 있다.

② 관련 문제를 해결할 수 있는 대안이나 정책을 고려하고 선택할 때 정책결정자는 기존 대안이나 정책의 제한적 변화에만 관심을 두고 근본적이고 전반적인 개선은 고려하지 않는다.

③ 대안이나 정책을 탐색할 때 정책결정자는 가능한 모든 대안을 고려하고 평가하는 것이 아니라, 적용 가능한 소수 대안만을 고려하며 이들 대안 중 핵심적인 것만 제한적으로 평가한다.

④ 목표 간의 상호조정 및 조율이 가능하므로 수단을 목표에 맞추기도 하고 또 목표를 수단에 맞추기도 한다. 정책결정자는 이러한 상호 조율 과정을

통해 문제해결을 위한 목표와 수단을 재조정하면서 점진적으로 문제해결에 접근한다.

⑤ 정책분석과 평가는 지속해서 이루어지며 분석 및 평가대상 자료는 원래의 모습을 그대로 유지하기보다 새로운 정보나 지식이 투입되면서 변화하므로 채택 가능한 정책대안은 변형된 자료를 기준으로 삼는다.

⑥ 점증모형은 장기적 관점에서 전략을 짜기보다 단기적 관점에서 직면한 현실적 문제를 해결하는 데 초점을 맞춘다.

⑦ 점증모형에서 지속적으로 이루어지는 정책분석과 평가는 주로 공공 관료 및 기관에서 이루어지는 경향이 있다.

⑧ 점증모형에서는 어떤 정책도 문제를 완벽하게 해결할 수 없다는 전제하에 좋은 정책에 대한 평가 기준은 정책이 합의된 목적의 적합성 여부보다 정책결정자들이 관련 정책을 채택하는 데 어느 정도 합의가 이루어졌는가에 달려있다.

4) 점증모형에 대한 평가

점증모형은 합리모형이 내포하고 있는 문제점을 얼마간 해결해 주고 다원화된 사회에서 현실적 상황을 반영하고 있다는 점에서 평가를 받고 있다. 그러나 점증모형 역시 다음과 같은 한계점을 지니고 있다.

첫째, 점증주의는 기존 정책은 그대로 유지하되 부분적인 조정만을 추구하며 부분에서의 최적을 모두 합하면 전체의 최적이 된다고 주장한다. 그러나 이러한 주장에 대한 평가는 부정적이다. 왜냐하면, 전체적으로 보면 부분 간에 충돌이 있을 수 있고 이러한 충돌은 바람직하지 못한 결과를 초래하기 때문이다. 일반적으로 학자들은 정책결정이 점증적인 과정을 통해 이루어져야 한다는 점에 대해서는 동의하나 그러한 과정이 반드시 최적 상태를 보장하지 않는다고 본다.

정책이 최적이 되기 위해서는 정책결정 과정이 합리적이어야 하며, 정책이 다양한 사회집단의 이익을 고루 반영해야 하나 현실은 그렇지 못한 경우가 많다.

둘째, 점증주의 모형은 빈부격차와 권력의 집중화 현상이 나타나는 사회에서 힘없는 자의 의견이 무시된다는 점을 간과하고 있다. 집단 간에는 소유한 권력의 크기와 유형이 다른데 이 모형을 통해 달성된 정책결정은 권력층의 이해만이 대변되고 정치적으로 조직화되지 못한 힘없는 집단의 요구는 반영되지 않을 개연성이 있다.

셋째, 점증모형이 타당성을 갖추기 위해서는 사회적 변화가 점진적이고 정부 체제의 규모와 역할이 커야 한다. 그러나 사회가 정보화의 물결을 타고 급진적인 변화가 있는 시점에는 기존 정책을 중심으로 점진적으로 변화하는 정책보다 새로운 조직형성과 정책을 채택해야 하므로 이론의 적용 가능성이 떨어진다고 볼 수 있다.

넷째, 점증주의 모형은 합리모형를 거부하는 관점에 있다. 물론 합리모형에서 정책결정자가 완전한 합리성을 가진다는 전제는 다른 이론에서 지적된 바와 같이 정책결정자의 인식적 한계나 정보 부재, 환경적 요인 등으로 인해 객관성이 부족한 전제이다. 그러나 효율적 정책대안의 비용과 이익에 대한 개념은 정보처리기술이나 분석기법의 발달로 오히려 더 부각되고 있어 합리모형이 가진 한계점에도 불구하고 이론의 적용 가능성에 대한 논의가 증가하고 있다.

4. 혼합주사모형

에치오니(Etzioni)는 합리모형과 점증모형의 공과를 고려하여 두 이론의 한계점을 보완하고 적절한 혼합을 시도한 혼합주사모형(mixed－scanning model)을 제시하여 의사결정에서 상황적 접근법의 필요성을 강조하였다. 여기서 두 이론이 지닌 한계점이란 합리모형의 경우, 정책결정자의 정책결정 상황이 완전히 합리적이라는 가정을 전제하고 있는 것과 점증모형에서 정책환경을 통제하지 못한 보수적 상황을 전제한다는 것을 나타낸다. 에치오니(Etzioni)는 인간은 비합리적 행동성향과 현실적 제약에 직면할 수 있다는 점을 염두에 두고, 이 두 모형이 지닌 이상적 또는 보수적 관점을 수정·보완하고 현실적인 측면을 고려한 모형을 제시하였다(Etzioni, 1986).

1) 혼합주사모형의 특징

혼합주사모형은 의사결정 과정에 두 가지 메커니즘이 작용한다는 것을 전제한다. 첫째, 기본 방향을 설정하고 목표를 강조하며 대안을 탐색하는 근본적인 면에 초점을 둔다. 둘째, 근본적인 면에 초점을 두고 결정한 정책의 맥락에서 정책목표를 달성하는 점증적인 과정을 거친다. 혼합주사모형은 두 가지 메커니즘을 모두 포함할 뿐 아니라 합리모형의 한계점을 부분적으로 보완하였다. 즉, 장기적 관점에서 대안을 탐색하는 합리모형의 특성을 포함하고 있다.

노인 문제를 예로 들면, 합리모형은 노인 문제 전반을 장기적으로 상세히 분석하고 검토하여 관련 대안의 비용과 이익을 측정한다. 반면 점증모형에서는 같은 노인 문제라도 과거와 유사한 현상을 띤 것을 중심으로 조사하되 전보다 범위를 조금 더 넓히는 데 초점을 둔다. 혼합주사모형에서는 합리모형과 점증모형의 특성을 고려하여 중요한 대안을 빠뜨리지 않는 근본적인 면과 선택된 대안을 가능한 한 완벽하게 조사하는 점증적 과정에서 일차적으로 노인 문제 전반을 조사한 다음, 문제가 심각하거나 심각할 개연성이 있는 문제를 중심으로 세부적으로 분석한다.

근본적인 조사와 점증적인 조사수준은 활용 가능한 자원, 정책결정자의 가치관, 정보입수 능력, 권력 관계 등에 의해 결정되며 각 조사수준에 어느 정도

가중치를 둘 것인지는 정책결정의 전략적인 면과 관련이 있다. 근본적인 조사는 잠재적 위험요인을 파악할 수 있고 그에 따른 전략을 모색할 수 있다는 점에서 정책의 효율성과 관련이 있다. 특히 사회변화가 심하여 점증적 조사만으로 문제의 본질을 충분히 파악하지 못할 경우, 근본적인 조사를 하게 된다. 그리고 같은 문제나 상황도 근본적인 관점과 점증적인 관점에서 볼 때 시사점이 다를 수 있다. 즉, 점증적인 관점에서는 부정적으로 비치는 상황도 근본적인 관점에서 볼 때는 긍정적인 면을 지닐 수 있다. 따라서 근본적인 조사와 점증적인 조사를 병행하여 실시하는 것이 더 효과적인 접근법이라 볼 수 있다.

현대사회는 가치체계나 정치적 이념에 따라 정책결정 과정에서 합의하여 대안을 선택하는 기준이 다를 수 있다. 만약 어떤 사회나 집단이 민주체제를 지니고 있다면 그 체제에 속한 정책결정자는 점증주의를 수용할 것이다. 왜냐하면, 민주사회에서는 이해관계에 의해 형성된 다양한 집단이 존재하므로 어떤 정책을 채택할 때 이들 집단으로부터 정책에 대한 지지를 받아야 하기 때문이다. 반대로 어떤 사회가 전제주의 체지에 의해 움직인다면 집단 간 합의나 조정보다 중앙집권방식으로 결정되므로 점증주의를 채택하지는 않을 것이다.

에치오니(Etzioni)는 효율적인 합의 능력을 갖추고 관련 정보를 분석하여 현재 직면한 문제나 가까운 미래에 나타날 수 있는 문제를 처리할 수 있는 사회를 능동적 사회(active society)라고 부른다. 이러한 능동적 사회는 정책결정 과정이 합리주의나 점증주의 중 어느 한 시스템에 의하기보다 두 시스템을 절충한 혼합주사모형 방식을 채택할 필요가 있다.

2) 혼합주사모형의 단계적 과정

정책결정 과정에서 혼합주사모형은 다음과 같이 전략적 단계, 정책집행 전단계, 정책집행 단계, 자원배분규칙의 설정 단계 등의 과정을 거친다.

(1) 전략적 단계

정책결정자는 모든 가능한 대안을 찾아서 각 대안이 가지고 있는 특성을 분석하여 사회적 가치나 집단 정서에 위반되는 대안들을 배제한다. 이렇게 대안을 걸러내는 과정을 지속해서 반복하면서 최적의 대안만을 남긴다.

(2) 정책집행 전단계

정책집행에 필요한 세부 수행사항과 지침을 여러 단계로 세분화한 다음 적은 비용으로 집행할 수 있고 정책집행 과정에서 융통성이 발휘될 수 있는 정책들을 우선적으로 실행하도록 집행과정을 편성한다. 이때 정책의 효율성을 기하기 위해 관련 문제에 대한 전반적 재조사를 시행하여 누락된 정보가 없는지를 검토한다.

(3) 정책집행 단계

점증적으로 정책을 집행하면서도 전반적 수준에서 조사를 지속해야 한다. 왜냐하면 현재는 집행에 문제가 없더라도 미처 인지하지 못한 요인에 의해 문제가 발생할 수 있을 뿐 아니라, 상황에 변화가 생길 경우 정책이 지닌 이익구조가 달라질 수 있기 때문이다. 정책목표가 달성되면 점증적 정책결정을 종료하거나 새로운 목표를 설정한다.

(4) 자원배분규칙의 설정 단계

자원배분규칙은 상황에 따라 차이가 날 수 있지만, 일반적으로 관례에 따른다. 만약 관례가 없을 때는 다음의 단계에 따라 규칙을 정한다.

관 려

↓

전반적 조사결과

↓

새로운 문제나 전략이 고려될 경우, 초기의 조사결과

↓

문제가 발생할 경우, 문제 발생 전에 실시된 전반적 조사결과

↓

초기조사와 전반적 조사 시에 수립된 기준

3) 혼합주사모형에 대한 평가

혼합주사모형은 합리적 모형과 점증모형을 절충하고 각 이론이 지닌 단점을 수정하여 정책결정 과정에서 발생할 수 있는 현실적 문제를 보완했다는 점과 근본적 조사와 점증적 조사의 혼합비율을 조정함으로써 정책결정 과정에 융통성을 두었다는 점에서 두 모형보다 진일보한 체계를 제시했다고 볼 수 있다. 합리적 모형처럼 이상주의를 추구하거나 점증모형처럼 보수적 성향을 지니지도 않은 이 혼합주사모형은 정책결정의 범위와 영향은 문제의 본질에 따라 다르므로 정책결정의 특성에 맞는 정책과정 및 조사의 혼합비율이 요구된다는 점을 강조하고 있다.

이러한 장점에도 불구하고 혼합주사모형 역시 제한점이 있다. 정책결정에 대한 가치판단의 객관적 기준을 마련하기도 쉽지 않고 그러한 가치판단 기준에 의해 근본적 조사와 점증적 조사의 혼합 정도를 결정하는 문제도 그리 간단하지 않다. 또한 두 유형의 조사 중 어느 조사를 더 강조할 것인지 그리고 합리적 모형에서 점증모형으로 넘어갈 시기가 언제인지가 정책결정자가 소속된 조직의 구조적 요인에 의해 영향을 받는다고 볼 때 이 모형을 적용하는 데도 현실

적 한계가 있다.

또 다른 제한점은 혼합주사모형이 합리적 모형과 점증모형을 통합하여 기존 모형보다 현실적 측면을 보완하는 데 그쳤을 뿐 새로운 정책결정 프레임을 제시하지 못했다는 것이다. 그리고 정책결정 과정에서 혼합모형이 제시한 단계대로 발생하는지도 회의적이다. 만약 단계적 과정대로 제시하는 것이 이론의 핵심이라면 이 모형은 점증주의 성격은 약하고, 합리모형의 틀을 벗어나지도 못했다고 볼 수 있다(오석홍 · 김영평, 2006). 혼합주사모형에 대한 논의가 계속된다면 이 모형이 지닌 제한점을 극복하고 이론의 검증 가능성을 높일 수 있을 것이다.

5. 최적모형

드로어(Dror, 1983)은 현실적 여건을 고려한 가운데 가장 합리적인 의사결정 방안을 찾고자 최적모형을 제시하였다. 최적모형(optimal model)은 정책 결정을 체계론적 관점에서 파악하고 정책 성과를 최적화하는 것에 목적을 둔 모형이다.

1) 최적모형의 충족조건

최적모형은 세 가지 조건이 충족되어야 한다.

첫째, 현실적 기준을 제시할 수 있어야 한다. 정책결정 모형이 최적이 되려면 정책결정을 분석하고 평가하는 데 필요한 실현 가능한 기준을 제시해야 하고 그러한 기준에 의해 현실 적합성이 높은 대안을 도출할 수 있어야 한다.

둘째, 정책을 분석하는 데 체계적이고 포괄적이어야 한다. 사회문제는 어느 한 요인에 의해 나타나는 것이 아니라 다른 문제와 복합적으로 연계되어 일어난다. 다시 말하면, 어느 한 체계로부터 초래되는 문제는 다른 체계에서 발생하는 문제에 의해 일어나고 그 문제는 또 다른 제3의 체계에 영향을 주어 새로운 문제를 유발하는 경향이 있으므로 어느 한 조직이나 집단의 문제는 체계적으로 분석해야 한다. 이때 필요한 모든 지식과 정보를 활용하여 조직이나 집단이 당면한 문제뿐 아니라 가까운 미래에 직면할 수 있는 문제까지 예측할 필요가 있으므로 포괄적 관점에서 문제를 인지해야 한다.

셋째, 정책결정의 최종 목적에 도달하는 과정이나 처방이 규범적이어야 한다. 여기서 규범적이란 가치판단이 개입된 것으로 정책목표가 무엇을 지향해야 하는지, 소득은 어떤 기준에 의해 분배되어야 바람직한지를 나타낸다. 따라서 최적모형은 바람직한 목표나 가치판단이 극대화될 수 있는 과정과 구조가 전제되어야 한다.

2) 최적모형의 특징

최적모형의 특징으로는 경제적 합리성(합리모형)과 초합리성(extra-rationality)이 바탕이 된 질적 모형이며 정책결정 상위단계(meta-policymaking stage)와 피드백을 통해 정책 재결정 과정을 중요시한다는 것이다. 드로어(Dror)는 정책결정 과정의 문제를 합리모형이나 점증모형만으로 설명할 수 없다고 보았고 경제적 합리성과 초합리성을 고려한 규범적 접근으로 최적모형을 제안하였다.

경제적 합리성은 정책실행에 드는 비용보다 정책효과가 큰 것을 의미한다. 정책을 만들 때 관련 문제에 대해 완전한 정보를 수집할 수 있다면 순수합리모형을 적용하고 정책비용과 효과를 분석할 수 있다. 그러나 현실적으로 관련 문제나 현상에 대한 완전한 정보수집은 불가능하므로 순수합리성을 지향할 수는 없고 제한된 정보를 토대로 비용과 효과를 분석하는 최적모형이 바람직하다.

최적모형이 말하는 초합리성이란 직관 및 영감, 판단, 통찰력 등과 같이 잠재의식(sub-conscious)과 관련된 요소를 의미하며 이러한 요소가 부분적으로 정책결정에 영향을 미친다는 것이다. 드로어는 정책결정 과정에서의 초합리성의 중요성에 대해 강조하고 합리성과 초합리성이 함께 작용할 수 있는 최적 배합을 찾아야 한다고 주장하였다. 드로어가 제시한 최적모형의 특징을 구체적으로 살펴보면 다음과 같다.

첫째, 최적모형은 양적인 것이 아니라 질적 모형이다. 정책결정 과정에 관련 문제를 해결하기 위한 정책결정자의 직관과 통찰력 등의 초합리성이 작용한다. 그래서 최적모형은 부분적으로 경제적 합리성이 토대가 되고 있는데도 불구하고 질적 모형의 특성이 내포되어 있다.

둘째, 정책결정 과정에는 합리적 요소뿐 아니라 초합리적 요소도 중요한 역할을 한다. 정책결정은 제한된 자원과 정보 부족으로 불확실한 조건에서 이루어지므로 정책결정이 합리성을 가지는 데 한계가 있다. 정책결정을 할 때 미래에 나타날 결과에 대해 어느 정도 지식과 정보를 가지고 있는가에 따라 상황을 확실성과 불확실성으로 구분한다. 확실성이란 미래결과에 대해 완전한 지식과 정보를 가지고 정확히 예측할 수 있는 경우를 의미하고, 불확실성은 미래결과에 대해 부분적인 지식과 정보만을 가지고 있으므로 정책결과를 정확히 예측할 수 없는 상태를 말한다.

현실적으로 미래에 대해 완전한 지식과 정보를 가지기도 어려울 뿐 아니라 그러한 지식과 정보를 활용하여 정확히 예측하는 것 또한 쉽지 않다. 따라서 정책결정자는 과거의 지식이나 통계적 정보에 의존하지 않고 초합리적 요소인 직관, 영감, 통찰력을 활용하여 문제를 해결할 필요가 있다. 예를 들어, 완전히 새로운 대안을 찾아야 할 경우, 관련 지식과 정보가 전혀 없으므로 정책결정자의 초합리적 요소에 의존할 수밖에 없으며, 때에 따라 초합리적 과정이 합리적 과정보다 문제해결을 더 잘할 수 있다. 그러나 초합리적 요소가 영향을 미친다고 하더라도 초합리적 과정이 합리적 과정을 대체할 수는 없으며 어디까지나 합리적 과정의 역할을 보완하는 정도이다.

셋째, 정책결정 과정에서 희소자원을 배분할 때 경제적 합리성의 원칙에 따라야 한다. 경제적 합리성에 입각한 자원 배분의 원칙은 최적모형의 기본 원리이다. 최적모형은 정책결정 과정의 각 단계에서 최소의 비용으로 최대의 효과를 거둘 수 있도록 자원 배분을 해야 한다고 제안한다.

3) 최적모형의 단계

최적모형은 의사 전달 및 피드백과 관련이 있는 세 단계, 즉 상위정책결정, 정책결정, 정책결정 후단계를 포함한다. 그리고 세 단계는 다시 16개 하위 국면으로 분류된다.

(1) 상위정책결정 단계

첫 단계는 상위정책결정 단계(meta-policymaking stage)이며, 정책결정을 위한 정책 결정을 의미한다. 즉, 정책결정을 어떻게 해야 할 것인가에 관한 결정인데, 이 단계에서는 정책이 지향하는 가치, 현실적 문제, 자원 조사 및 배분, 정책결정 체제 구성과 평가, 재설계, 정책결정 전략 등에 대한 사항을 결정한다. 상위정책이 결정된 후에 하위정책과 각종 사업이 추진될 수 있으므로 상위정책을 분명히 정함으로써 정책의 효율성을 유지할 수 있다. 상위정책결정은 하위 7단계를 포함한다.

① 가치 정립

문제의 본질을 파악하고 정책결정을 위한 목표를 정하는 데 필요한 사회적 가치가 반영될 수 있도록 시의성에 따라 순위를 정한다.

② 현실적 관념 정립

정책결정 단계에서는 객관적 현실도 중요하지만, 객관적 현실로부터 사실을 도출한 관념과 그에 대한 주관적 이미지가 더 중요한 의미를 지닌다. 따라서 정책결정이 최적이 되기 위해서는 현실에 대한 주관적 이미지를 정립해야 한다.

③ 문제처리

문제란 정책결정자의 가치와 현실에 대한 주관적 이미지와의 격차를 말한다. 이러한 격차가 클수록 정책결정 과정에서 나타날 수 있는 문제가 심각해지므로 현실과 주관적 이미지를 분석하여 현실성이 높은 주관적 문제를 중심으로 우선순위를 정하고 구체화한다.

④ 자원 조사 · 처리 · 개발

정책을 추진하는 데 있어서 자원은 필수 요소이므로 보유하고 있는 자원과 확보 가능한 자원에 대한 출처와 규모를 조사하고, 관련 자원을 어떻게 무슨 기준으로 조달할 것인지 그리고 새로운 자원을 개발하기 위해 어떤 방법을 적용할 것인지에 대해 결정한다.

⑤ 정책결정 체계의 정립 · 평가 · 재정립

정책결정 체계를 정립하고 이를 지속해서 평가하여 정립된 정책체계가 목적에 부합하는지를 검토한 후 필요한 부분을 수정 · 보완하여 재정립한다.

⑥ 문제 · 가치 · 자원의 배정

문제를 특성별로 분류하여 정책결정 단위를 정한다. 이때 문제해결에 기반이 될 사회적 가치와 필요한 인적 · 물적 자원도 배정한다.

⑦ 정책결정 전략의 선택

위 과정을 거쳐 정책결정에 필요한 전반적인 윤곽과 기준, 방침 등을 정하고 이에 부합되는 전략을 선택하여 정책 활동을 한다.

(2) 정책결정 단계

두 번째는 정책결정 단계(policymaking stage)이며, 상위정책결정 단계에서 정한 기준과 전략에 따라 구체적인 정책목표 및 가치 설정, 대안 마련 및 평가, 정책효과 예측 등이 이루어진다. 정책결정 단계는 6개 하위단계를 거친다.

① 자원의 재배정

정책결정 단위에 배정된 자원을 정책결정의 여러 국면에 다시 배정한다. 즉, 처음 배정된 전체 자원을 정책 단위별로 재배정하는 단계이다.

② 목표의 조작적 정의와 우선순위 결정

상위 정책결정 단계에서 정립된 문제와 그 문제에 대한 가치를 구체화하고 정책목표를 조작적으로 정의하여 문제의 중요도에 따라 우선순위를 정한다. 만약 정책목표에 대한 조작적 정의가 명료하지 않으면 정책해석의 문제가 발생할 수 있고 정책결정 단위 간에 정책 내용을 다르게 숙지할 수 있으며 그로 인해 정책 집행의 효율성이 떨어지게 된다.

③ 기타 요인에 대한 가치 정립

주목표 외에 정책결정에 간접적으로 영향을 미칠 수 있는 요인들의 가치를 정립하고 순위를 정한다. 주목표가 있으면 그 목표를 달성하기 위해 부수적으로 수반되는 목표가 있다. 이러한 목표에 대한 가치도 정립되어야 주목표 달성과 자연스럽게 연결된다.

④ 정책대안 탐색

최적 대안을 찾을 때까지 지속해서 탐색한다. 만약 지속적인 탐색에도 불구하고 최적 대안을 찾을 수 없을 때는 최적 대안이 될 조건을 완화하거나 수준을 낮추는 방법도 있고 경제적 여건이 허락한다면 자원을 더 투입하는 방안을 고려할 수 있다.

⑤ 정책대안의 효율성 비교와 최적 대안의 결정

대안들의 비용과 이익을 비교하여 최적 대안을 결정한다. 효율적 정책대안이란 투입된 비용보다 이익이 큰 대안이며 여러 대안 중 이익이 가장 큰 대안이 최적 대안이 된다.

⑥ 최적 대안의 효율성 평가

최적 대안의 비용과 이익을 비교하여 이 대안이 관련 문제를 해결할 수 있고 또 문제에 내포된 가치체계와 부합되는지를 평가한다. 만약 선택한 최적 대안이 최적이 될 수 없으면, 대안의 효율성이 떨어지므로 다른 대안을 모색하거나 최적의 기준을 수정한다.

(3) 정책결정 후단계

세 번째는 정책결정 후단계(post-policymaking stage)이며 정책 집행을 위한 동기 부여, 집행 후의 평가, 의사 전달 및 피드백에 따른 새로운 정책결정이 이루어진다.

① 정책집행의 동기유발

정책집행에 있어서 동기유발은 필수적 요소이다. 동기유발에 영향을 미치는 요인은 동기를 부여하는 방법, 집행에 필요한 자원 배분의 합리성, 정치적 힘과 추진력 등이다.

② 정책집행

문제해결을 위해 정책을 집행하는데 이때 정책의 실질적 내용은 집행과정에 결정되는 부분이 많다. 정책집행 단계에서 예상하지 못한 상황이나 가치충돌 및 갈등 등의 문제가 발생하면 정책결정 후 단계에서 검토한다.

③ 정책평가

정책평가는 정책집행 단계에서부터 정책집행이 종료될 때까지 계속된다. 평가내용은 정책집행 결과, 목표 및 기대와 실제와의 차이, 자원배분의 적합성 등이다. 이때 목표 가치에 적합한 평가 기준을 마련하는 것이 좋으며 관련 평가 기준은 정책결정 후단계에서 지침의 역할을 한다. 정책평가에서 문제가 발생할 경우, 정책 내용을 수정해야 한다.

4) 의사 전달과 피드백

의사 전달과 피드백은 상위정책결정 단계에서 정책의 효율성을 고려하기 위해 정책결정체계를 구성하고 정해진 방침과 기준에 의해 정책을 집행한 후 피드백이 형성되는 단계이다. 즉, 전 과정에 걸쳐 결과를 총평가하는 단계라고 볼 수 있다. 정책결과를 피드백을 통해 평가하면 정책결정과 집행과정에서 발생한 긍정적·부정적인 면을 파악할 수 있다. 이러한 피드백 결과는 정책결정체계, 정책 내용, 정책집행 방침과 기준 등을 합리적인 방향으로 수정하는 데 유용한 자료가 된다. 정책결정이 최적화되려면 피드백 과정이 내외부의 장애나 압력을 받지 않고 자유롭게 의사가 개진될 수 있도록 해야 하며 피드백 과정에 수렴된 의견은 정책결정이나 집행에 반영되어야 한다. 그러기 위해 의사 전달 채널이 열려 있어야 할 뿐 아니라 능률적이고 기능적인 것이 될 수 있도록 관리할 필요가 있다.

5) 최적모형의 구조적 틀

정책결정의 구조적 틀은 문제의 본질이나 상황에 따라 다른 경향이 있으므로 구조적 틀이 지녀야 하는 유용성이나 적합성도 달라야 한다. 따라서 모든 문제나 상황에 적용될 수 있는 획일화된 구조적 틀을 제시하는 것은 실질적으로 불가능하다고 볼 수 있다. 그런데도 정책결정의 구조적 틀이 정립될 필요가 있는데, 그 이유는 그러한 틀이 정립되어 있지 않으면 정책결정 과정이 최적 상태에 도달하기 어렵기 때문이다. 정책결정이 최적이 되기 위한 구체적 지침이나 조건을 만들기가 쉽지 않으나 기본 방침이나 조건은 문제의 본질이나 상황과 관계없이 설정할 수 있다. 다만, 기본 방침이나 조건이 완벽성을 띠기에는 지식과 정보의 제한, 정책결정자의 가치관 차이, 미래에 대한 불확실성 등으로 인해 제한적일 수밖에 없다는 점은 인지해야 한다. 다음은 최적모형의 구조적 틀이 지녀야 하는 기본적 요건이다.

- 정책결정은 다원화된 구조 내에서 이루어져야 한다. 특수한 목적을 지닌 경우를 제외하고 일반적으로 정책은 다수 집단에게 영향을 주기 때문에 정책결정이 단일화된 구조 내에서 이루어지면 다양한 집단의 선호와 욕구를 반영할 수 없어 예상하지 못한 문제에 직면하게 된다. 따라서 정책결정 과정에는 다양한 집단과 행동단위가 참여하는 것이 바람직하다.
- 상위단계와 하위단계에서 결정되고 집행된 정책에 대해 책임질 행동단위를 정해야 한다. 행동단위를 공식적으로 정하지 않으면 정책집행 과정에 효율성이 떨어질 수 있다.
- 일반적으로 정책결정에 참여하는 행동단위별 활동이 단계별로 완전히 분리되기보다 중복 구조를 지니는 것이 좋다. 그러나 행동단위 중에 구조적으로 일정 거리를 유지해야 할 경우, 이들 단위를 분리해야 한다. 예를 들

어, 정책을 결정하는 부서와 정책을 평가하는 부서는 일정한 사회적 거리를 유지하는 것이 합리적이다.

- 정책집행에 동기를 부여할 부서나 단체는 정책결정 구조에 포함해야 한다. 만약 정책결정 구조에 포함되지 않으면 구조적 특성을 모르기 때문에 효과적인 동기부여가 어렵게 된다.
- 정책집행단위는 정책집행의 왜곡을 막기 위해 정책결정 구조와 긴밀한 연관을 가져야 한다.
- 각 행동단위의 활동 결과 나타난 산출물은 분리하기보다 통합하는 것이 정책집행 결과를 최적화하는 방법이다.
- 정책결정 구조는 주기적으로 피드백을 거쳐 재검토하고 수정·보완하는 과정을 거쳐야 한다. 왜냐하면, 문제의 본질과 증상은 가변적이므로 사회와 일반 대중의 인식변화에 따라 끊임없는 변동과정을 거치기 때문이다.

6. 쓰레기통모형

1) 모형의 특징 및 내용

조직 및 집단구성원 간에 응집력이 약하고 복잡하며 모호한 환경에서 이루어지는 정책결정의 특징적인 측면을 강조하는 쓰레기통모형(garbage can model)은 코헨(Cohen), 마치(March), 올슨(Olsen)에 의해 제시된 이론이다(Cohen, March & Olsen, 1972). 이들은 의사결정의 기회, 해결책, 참여자, 문제점 등의 요인이 합류되는 점에서 의사결정이 이루어진다고 주장한다. 여기서 합류되는 점은 의도적인 특성을 띠기보다 운이나 타이밍에 달려 있다고 봄으로써 의사결정 과정에서 우연이나 기회의 중요성이 중요한 역할을 한다는 것을 강조하는 모형이다. 이 모형의 이름은 의사결정이 무질서한 상태에서 이루어질 경우, 불합리한 요소들이 작용하게 되는데, 이러한 불합리성을 강조하기 위해 정책결정이 일정한 규칙에 따라 움직이는 것이 아니라 마치 쓰레기통의 쓰레기들과 같이 움직인다고 하여 붙여진 것이다. 이 모형은 합리성을 제약하는 세 가지 전제조건에서 의사결정의 네 가지 요소가 우연히 결합하여 정책결정이 이루어진다는 것을 제시한다.

2) 모형의 전제조건

쓰레기통모형에는 문제에 대한 선호, 불명확한 기술, 불특정 참여자와 같은 세 가지 전제조건이 있으며 이러한 전제조건은 의사결정이 불합리한 상황에서 이루어질 수 있다는 것을 나타낸다.

(1) 문제에 대한 선호

의사결정에 참여하는 사람들은 각기 독특한 선호체계를 가지고 있을 뿐 아니라 경우에 따라 자신이 무엇을 선호하는지 의식하지 못한 가운데 의사결정에 참여했다가 의사결정이 진행되는 과정에 자신의 행동과 느낌을 통해 선호체계를 인지하게 된다. 따라서 선호가 불분명하므로 문제에 대한 선호가 일관성 있게 채택되지 못하고 무엇을 선택하는 것이 바람직한지에 대한 합의를 할 수 없다. 이러한 조직에서는 논리적이고 일관된 선택이론이 적용되기 어렵다.

(2) 불명확한 기술

기술이란 문제해결을 위한 대안과 각 대안이 가져올 결과에 대한 예측을 의미한다. 의사결정 참여자들이 정책대안에 대해 불명확한 기술(unclear technology)을 가지고 있다는 것은 무질서한 조직의 특성을 반영하므로 목표달성을 위해 무엇을 수단으로 선택해야 할지를 잘 모르고 그로 인해 많은 시행착오를 거치게 되며 그러한 시행착오 과정에서 의사결정과 관련된 문제를 효율적으로 해결하는 방안을 터득하게 된다. 조직이 불명확한 기술을 가지고 있으면 조직 자체는 생산적 활동을 추구하더라도 구성원이 조직을 이해하지 못할 수 있고 그로 인해 조직은 시행착오나 과거의 경험, 실용적 사고 등에 의해 활동하게 된다.

(3) 불특정 참여자

의사결정 과정에 참여하는 사람들은 처음부터 끝까지 계속 참여하는 것이 아니라 각자가 직면한 인적·물적 자원의 제약으로 인해 유동적으로 참여한다. 그로 인해 시간과 영역에 따라 참여자가 달라질 뿐 아니라 참여수준도 다르다. 의사결정 과정에서 예측하지 못한 문제가 발생하면 또다시 새로운 참여자가 관여하게 되면서 최종적으로 어떤 결정이 내려지기까지 문제의 본질에 따라 참여자가 계속해서 바뀌게 되어 정책결정에 객관성과 일관성이 없게 된다. 이러한 이유로 인해 조직 간의 경계선이 명확히 구분되지 않고 조직에서 결정해야 할 내용에 따라 참여자는 수시로 바뀐다.

3) 의사결정 방식과 기본 요소

(1) 의사결정 방식

쓰레기통모형에서는 극단적으로 나타나는 두 가지 의사결정 방식이 있다.

첫째는 진빼기 방식(choice of flight)으로 문제에 대한 결정을 지속적으로 연기시키거나 다른 문제에 대한 결정이 이루어질 때까지 관련 문제에 대한 결정을 유보함으로 인해 관련 문제가 스스로 다른 의사결정 기회를 찾을 시기를 기다린 다음 결정하는 것이다.

둘째는 날치기 통과방식(choice by oversight)으로 어떤 대안이 상정되어 관련 문제에 대해 충분한 논의도 거치기 전에 재빨리 의사결정을 하는 것을 의미한다. 날치기 방식은 주로 참여자 중 강한 반대를 할 가능성이 많거나 다른 문제에 대한 해결도 동시에 요구할 거라고 예상되는 경우 이러한 집단이 참여하기 전에 신속하게 결정을 하는 경우 나타난다.

쓰레기통모형에서 제시한 두 가지 의사결정 방식은 민주체제를 유지한 사회 및 다당제로 구성된 체제에서 이루어지는 결정이나 의회, 입법부, 사법부, 행정부 등 모든 부가 관련되는 결정 또는 각 부에 소속된 하부부처가 관련되는 정책결정 과정에서 주로 나타난다.

(2) 의사결정의 기본 요소

쓰레기통모형에서는 네 가지 기본 요소가 갖추어져 합류되는 점에서 의사결정이 이루어지며, 요인들의 합류는 의사결정 과정에서 우연이나 기회의 중요성이 좌우한다.

- 문제점 : 사회적 이슈로 부각되어 해결책이 요구되는 정책문제
- 해결책 : 사회적 쟁점으로 부각된 문제를 해결할 수 있는 정책대안
- 참여자 : 의사결정 과정에 참여하는 사람들
- 의사결정 기회 : 정책결정권자가 의사결정을 할 기회의 선택

4) 쓰레기통모형에 대한 평가

사회나 집단에서의 무질서와 혼란 상태는 일시적·부분적으로 나타날 수 있는데 이러한 현상은 주로 공공조직이나 정당성이 부족한 조직에서 발견되는 경향이 있다. 쓰레기통모형은 조직 활동의 모든 내용을 설명하지는 못하지만, 조직 활동의 일부를 설명하고 있으며, 조직에서 수시로 나타나는 제반 변수를

바탕으로 의사결정 과정을 설명하는 데 설득력이 있다는 평가를 받고 있다. 특히 조직목표가 지향하는 가치가 정확히 정립되어 있지 않은 조직에서 다양한 선호를 가진 구성원이 의사결정 과정에 참여함으로써 정책목표를 합의적으로 도출하는 데 적용하고 있다. 그리고 정책결정 과정에 시간이라는 변수가 영향을 줄 수 있다는 점을 고려하여 시간적 차원의 중요성을 부각함으로써 정책결정 환경이 혼란한 상황에서 조직의 안정과 정책의 일관성을 유지하는 방안을 모색하는 데 도움을 주고 있다(김형렬, 1997).

7. 공공선택론

애로우(Arrow), 뷰캐넌(Buchanan), 털럭(Tullock) 등이 정립한 공공선택론(public choice theory)은 정책결정에 경제학 방법을 적용하며, 민주적 의사결정의 본질에 대한 통찰력을 제공한다(Butler, 2012). 개인의 이익이 사적 선택과 동기에 영향을 미치고 이런 개인의 선택은 공동사회 결정에도 영향을 미친다. 사람들은 최소의 노력으로 최대의 이익을 얻고자 한다. 따라서 선택에 따르는 비용과 이익을 평가하기 위해 잘 개발된 경제학 도구가 필요하고 관련 도구를 사용하여 정책의 효율성을 측정한다.

공공선택론은 공공부문에서의 자원배분에 대한 문제를 주로 다룬다. 민간 영역에서의 의사결정은 민간 또는 시장 기구를 통해 이루어진다. 그러나 공공부문에서의 의사결정은 시장 기구에만 의존할 수 없고 정치적 의사결정 과정을 통하여 이루어지는 경우가 대부분이다. 공공선택론에서는 이러한 정치적 의사결정 과정에 경제학 방법을 적용한다.

1) 공공선택의 유형

공공선택론은 두 가지 접근 방법을 제시한다. 하나는 실증적 접근법이고 다른 하나는 규범적 접근법이다.

(1) 실증적 접근론

실증적 접근론은 정부를 하나의 정치과정으로 간주하고 정책에 대한 결정은 구성원의 공동참여에 의해 이루어지며, 구성원 각자는 자신의 효용을 극대화하고자 한다는 가정에서 출발한다. 정책에 대한 사회적 선택은 구성원의 선호에 의해 결정되며 각자의 선호는 다양한 방법(예를 들면, 투표)을 통한 정치적 과정에 나타난다. 따라서 실증적 접근론은 공공선택에 대한 가치판단을 중시하기보다 구성원 다수의 선택이 사회적 선택이라는 것을 전제하고 있다.

따라서 실증적 접근론은 인간은 이기성(자신의 효용을 우선시)과 합리성을 가지고 효용 극대화를 추구한다는 가정에 토대를 두고 있다. 이러한 효용 극대화 추구는 투표행위를 통해 나타나고, 투표결과는 집단적 선택이 반영된 것이라고 본다. 그리고 의사결정 과정에서 개인이나 집단이 어떤 기준에 의해 선택하는지, 그러한 선택과 관련 있는 사회 제도적 여건(예를 들어, 전통이나 관습, 법률, 관행 등)은 어느 정도 영향을 미치는지에 대해서 분석한다.

(2) 규범적 접근론

규범적 접근론은 특정 사회나 집단이 공유하고 있는 가치체계나 규범을 정치과정을 통해 어떻게 반영할 수 있는가를 설명한다. 이 접근법의 첫 번째 과제는 과연 사회복지정책이 특정 사회나 집단이 공유하는 가치체계나 규범을 나타내는 집단적 선택의 결과나 목표가 반영되었는가 하는 점이다. 두 번째 과제는 집단적 선택의 기준이 도의적·윤리적으로 수용 가능한 것이 되기 위해 어떤 조건이 갖추어져야 하는가에 대한 문제이다. 여기서 도의적·윤리적 수용 가능성은 집단적 선택의 기준이 바람직하다고 기대되는 규범과 윤리적 규준을 어느 정도 충족시키는가에 대한 것이다. 세 번째 과제는 공평과 정의에 대한 문제이다. 집단적 선택이 공평성을 따를 것인지 효율성을 따를 것인지를 두고 갈등을 겪게 된다. 이때 선택의 기준을 공평성에 둘 경우에는 제한된 자원을 모든 국민에게 고루 분배해야 한다. 그러나 효율성이 공평성보다 더 중요하다고 판단될 경우에는 집단 중 상대적으르 생산력이 있는 집단에게 집중적으로 분배하게 될 것이다.

공평하고 정의로운 사회복지정책은 어떻게 구성되어야 하는가에 대한 논란은 언제나 있어왔다. 이러한 논란에 대해 학자마다 견해가 다른데 롤즈(Rawls)는 사회계약 이론에서 사회복지를 위한 공평과 정의에 대해 언급하였다. 애로우(Arrow)는 불가능성 정리(impossibility theorem)에서 사회복지정책을 집단적 선택의 기준과 연관시켰다. 왜냐하면 그는 사회복지정책이 사회구성원의 선호에서 도출될 때만이 공평하고 정의로운 개념이라고 보았기 때문이다. 여기서 사회구성원의 선호에 의한 집단적 선택기준은 윤리적 규준에 입각한 합리성, 선택의 독립성, 파레토의 최적성, 비제한적 범위, 비독재성 등 다섯 가지이다. 그러나 애로우는 현실적으로 이러한 기준을 충족시키는 집단적 선택은 존재하지 않는다고 보고 이를 불가능성 정리라고 명명하였다.

2) 공공선택과 합리적 무시

의사결정 과정에 나타날 수 있는 모순은 개인이 각자의 이익을 합리적으로 추구하는 경우에도 이 결과로 나타난 집단적 선택은 합리적이지 않고 모든 참여자에게 불합리한 선택이 될 수 있다. 왜냐하면 집단적 선택이 논리적으로 모순되거나 의사결정 과정에 개인의 선호가 충분히 반영되지 않을 수 있기 때문이다. 의사결정 과정에 나타나는 다양한 유형의 모순은 민주사회에서 볼 수 있는 공통적인 현상이다.

이해관계로 얽힌 소수의 이익집단은 직접적인 이해관계가 없고 조직화되어 있지 않은 다수의 의견을 무시하는 경향이 있으며, 이러한 경향은 궁극적으로 국가경제와 국민복지에 비효율을 초래할 수 있다. 이러한 결과가 누구의 책임인지를 분명하게 밝히기는 쉽지 않다. 왜냐하면 이해관계로 얽힌 소수 집단들은 직접적인 이해관계를 가지지 않은 다수로부터 적은 양의 이익만을 획득할 수 있기 때문이다. 그러나 다수의 측면에서 볼 때 적은 양의 이익이라도 그것을 가져가는 소수에게는 많은 양의 이익이 될 수 있다.

그러면 직접적인 이해관계를 가지지 않은 다수가 어리석은가 하는 점에 대해 의문을 가질 수 있다. 그 의문에 대한 대답은 그렇지는 않다는 것이다. 그 이유는 다수가 방관이나 무시로 인해 치르는 비용이 아주 작기 때문에 합리적 무시(rational ignorance)를 하는 것이다.

예를 들어, 정치인들이 경제논리와 정책의 효용성은 따져보지도 않고 선심성 정책을 편다고 가정하자. 그 정책을 펴는 데 드는 총 비용이 2백억 원이 들고 전체 인구가 5천 만 명이라면 국민 1인당 부담해야 하는 비용은 불과 4백 원이다. 다수 국민이 볼 때 그 정책은 경제적 분석 없이 선거 때 표를 의식한 불합리한 정책이고 자원의 효율이라는 측면에서 입을 피해와 국민이 입을 총 피해가 심각할 것이라는 점을 충분히 인식하고 있다. 그러나 개인의 경우 그 정책결정 과정에 참여하거나 정책실행을 중단시키기 위해 드는 노력과 비용에 비해 4백원이라는 돈은 아주 작은 이익에 불과하기 때문에 합리적 무시를 하게 된다. 즉, 무시하는 것이 개인적으로 4백 원이라는 비용보다 손실이 적기 때문에 합리적이라고 보는 것이다. 경제학자들이 말하는 '합리적 무시'는 왜 조직화되어 있지 않은 다수보다 이해관계로 뭉친 소수 집단이 의사결정 과정에서 훨씬 더 힘을 발휘하는가를 설명해 준다.

부크홀츠(Buchholz)는 왜 사회적 효율과 국부를 증대시키려고 로비하는 애국적 특수 이익집단은 없는가에 대해 한 마디로 그것은 손해 보는 일이기 때문이라고 말한다. 예를 들어, 국민보건증진을 위한 연합회가 있고 이 연합회의 회원수는 총 인구의 1%라고 가정하자. 이들이 국회의원을 설득하여 국민보건을 증진시킬 수 있는 법안을 성공적으로 통과시킨다 해도 온 국민이 그 혜택을 나누어 가질 것이므로 이들에게 돌아갈 몫은 1%에 불과하고 연합회의 회원이 누릴 혜택도 1%에 그치는 것이다. 어느 누가 100원을 들여 1원을 건지려 할 것인가. 이러한 예는 투자한 돈 이상의 수익을 올릴 수 있을 경우에만 애국적 특수 이익집단이 생겨난다는 것을 시사한다.

국회의사당에 있는 모든 의원은 정부의 재정적자를 비판하거나 맹렬히 공격한다. 그러나 이들 의원도 실제로 경제적 분석 없이 재정적자를 초래하는 비효율적 정책을 만드는 데는 찬성하는 경우가 대부분이다. 뷰캐넌(Buchanan)을 비롯한 공공선택학파는 무엇이 정치인의 말과 행동을 모순되게 만드는지에 대해 근원적인 분석을 하였다. 정치인은 국민이 좋아하는 것을 주고 싶어 한다. 그래야만 재선확률을 높이고 국회의사당에 자신의 자리를 보전할 수 있기 때문이다. 일반 대중도 이익은 좋아하나 손실이나 고통은 싫어한다. 생활보조금 제도와 같은 정부 프로그램은 국민에게 이익을 주지만 세금인상은 고통을 수반한다. 결국 정부지출과 세금인상을 동시에 단행하지 않는 한 재정적자는 불가피하다.

뷰캐넌(Buchanan)에 의하면, 정부의 재정적자가 경제에 부정적인 영향을 주기는 하나 주어지는 혜택은 직접적이고 개인적인 반면, 받는 고통은 간접적이고 분산적이기 때문에 합리적 무시를 하게 된다는 것이다. 뷰캐넌은 재정적자에 대해 도덕적 문제를 제기한다. 즉, 정부의 재정적자는 국민에게는 보이지 않는 세금과 같다는 것이다. 따라서 국회의원은 현재의 국민에게 혜택을 주기 위해 미래 세대의 자원을 무작정 쓰게 된다. 다수 경제학자는 공공선택학파가 주장하는 바를 비판하면서도 한 가지 사실만은 옳다고 본다. 그것은 정부가 특수 이익집단의 정치적 압력을 받아가면서 경제논리에 부합되는 정책을 시행하리라고 기대하기 어렵다는 점이다(Buchholz, 1989).

3) 공공선택론에 대한 평가

정책과 의사결정 과정 그리고 정책결정에 수반되는 정치활동은 조금만 주의를 기울이면 경제활동과 밀접한 관련이 있다는 것을 알 수 있다. 경제학자들은 지난 2백여 년간 인간행동을 연구해 왔으나 정부를 주된 연구대상으로 삼지 않았다. 그러나 제2차 세계대전 이후 정부의 역할과 규모는 커졌고, 정부는 정책결정 과정에서 중심 역할을 하고 있으며, 정부의 결정은 국민의 일상적 삶에 직접적인 영향을 미치고 있다. 공공선택론은 정부의 재정적자가 사라지지 않는 이유, 사회에서 특수 이익집단들이 갈수록 커지는 경향, 왜 관료들과 입법자들이 종종 합리적 정책을 무시한 채 비효율적인 정책을 택하는지에 대해 개인적, 집단적, 정치적, 사회적 차원의 의사결정에서 경제적 합리성이 어떻게 응용될 수 있는가를 보여준다는 점에서 평가받고 있다(Buchholz, 1989).

CHAPTER 06

사회복지정책의 평가

제 1 절 | 정책평가의 의의와 유형

정책평가란 정책집행 전반에 대한 피드백을 통해 검토하고 수정·보완하여 보다 바람직한 집행전략을 세울 수 있는 작업을 말한다. 정책평가는 정책의 지속 여부, 수정 방향, 종결 여부 등에 대한 정보와 지식을 제공하여 정책결정에 기여하게 된다.

1. 정책평가의 의의

최근 정책평가에 대한 관심이 높아지고 있다. 정부는 매년 얼마의 예산이 들었는지, 얼마나 많은 대상에게 필요한 프로그램이나 서비스를 제공했는지, 그리고 관련 프로그램이나 서비스를 제공하기 위해 소요된 비용 규모는 어느 정도인지에 대해 정기적으로 보고한다. 국회는 정책으로 인해 영향을 받은 사람이나 집단으로부터 정부가 제공한 프로그램이나 서비스의 효과에 대한 보고를 받는다. 그러나 정책 및 프로그램이 잘 구성되었고, 효율적으로 운영되었다는 평가를 받더라도 여전히 다음의 질문에 대해 정부는 대답할 수 있어야 한다 (DiNitto, 1991).

- 과연 정책이 사회 전반에 긍정적인 영향을 미치는가?
- 정책혜택을 받지 못한 대상 집단은 누구인가?
- 정책을 실행하는 데 드는 비용과 사회적 이익은 어떤 관계가 있는가?
- 정책을 실행하는 데 투입되는 인적·물적 자원으로 사회에 더 큰 이익을 주는 다른 대안이 있는 것은 아닌가?

일반적으로 정부는 국민에게 정부 정책이 정책목표를 충분히 달성했고, 정책을 실행함으로써 많은 사람이 혜택을 보고 있으며, 정책실행에 드는 비용보다 사회적 효과가 더 크고, 정책실행에 드는 비용을 세금으로 충당하는 데 있어 국민은 별로 부담을 느끼지 않는다고 대답할 것이다. 그러나 실제로 정책평가 보고서를 살펴보면 다수의 정책이 수행할 만한 가치가 있는지에 대한 회의적인 사례가 종종 있다. 이런 사례들로 인해 정책평가의 필요성이 강하게 대두되었고, 정책평가를 하는 데 있어서 저항 요소로 작용하는 장벽이 많다는 것도 지적되었다.

정책평가 개념은 학자들의 관점에 따라 다소 차이가 있다. 나크미아스(Nachmias, 1979)는 정책평가는 현재 실행 중인 정책이 달성하고자 하는 목표와 관련하여 그것이 대상 집단에 미치는 효과를 객관적, 체계적, 실증적으로 검토하는 것이라 규정하였다. 던(Dunn, 1981)은 정책평가는 정책결정자나 프로그램 관리자에 의해 공식적으로 표명된 정책목표가 어느 정도 달성되었는지를 분석하고, 정책 결과에 대해 신뢰성 있는 정보를 제공하기 위해 과학적 방법을 적용하는 것이라 하였다. 던(Dunn)은 공식평가(formal evaluation)를 강조하였는데, 그 이유는 공식적으로 표명된 목적이나 목표가 정책이나 프로그램의 가치를 나타내기 때문이다. 헤퍼넌(Heffernan, 1992)은 정책평가를 정책과정에서 그리고 집행이 완료된 후 초기에 설정한 정책목표를 성공적으로 달성하였는지를 평가하는 활동이라고 정의하였다.

정책평가에 대한 개념적 정의는 정책 및 프로그램의 목표가 분명하고, 실행목표를 평가하는 방법을 알고 있으며, 정책을 실행하는 데 드는 비용과 효과를 어떻게 측정하는지를 알고 있다는 것을 전제한다. 이러한 전제는 정책평가가 합리적으로 이루어진다는 점과 정책평가란 복지정책의 결과가 제시하는 것 이상을 포함한다는 것을 시사한다.

복지정책에서 적용대상 집단을 명확히 규정하는 것은 정책이 지향하는 효과와 밀접한 관계가 있다. 즉, 프로그램이 지향하는 목표가 집단의 신체적 건강을 증진하기 위한 것인지 아니면 경제적 도움을 주고자 하는 것인지, 주거공간을 제공하고자 하는 것인지를 명확히 할 필요가 있다. 또는 정책 목표가 단순히 물적자원을 보조하는 데 있기보다 교육을 통해 집단의 동기를 강화하고 행동에 변화를 주며 직업훈련의 기회를 제공하여 사회활동에 참여할 수 있도록 하는 데 있을 수 있다. 만약 프로그램이 지향하는 목표가 하나가 아니고 다수일 경우 순위를 정하여 우선 달성해야 할 목표는 무엇인지, 프로그램이 의도하지 않은 효과나 영향은 없는지, 만약 있다면 그러한 효과가 긍정적인지, 부정적인지를 예측할 수 있어야 한다.

복지정책 적용대상 집단을 규명하고 프로그램의 효과 방향과 범위를 파악하는 데 있어서 정책평가자는 정부 역할과 정책효과를 분명히 구분해야 한다. 만약 정부 역할과 정책효과를 구분하지 않거나, 정책효과를 정부 활동에만 초점을 두고 평가한다면 여러 가지 모순을 남기게 되므로 주의해야 한다. 다시 말하면, 정책적용 대상 집단에게 제공한 복지연금 액수 자체만을 가지고 정부 활동에 대해 평가할 수는 없다. 정책효과를 평가하는 데 있어서 단순히 저소득층에게 얼마의 생계비를 보조했는지, 노숙자들에게 몇 개의 주거공간을 제공했는지가 중요한 것이 아니라 그들이 정부 지원을 받은 결과 자립 의지와 동기가 부여되었는지, 생활에 어떤 변화가 있었는지, 그로 인해 사회문제가 다소 경감되었는지 등이 더 중요한 평가요소이다.

2. 정책평가의 목적

정책평가 결과는 정책결정자나 관리자에게 피드백 정보로 활용될 수 있을 때 진가가 발휘된다. 만약 정책평가가 이루어지지 않으면 정책이 목표를 달성했는지와 새로운 정책대안을 모색하거나 정책집행 과정을 수정하는 데 필요한 정보를 획득할 수 없게 된다. 따라서 정책평가는 정책의 시행 및 관리의 효율성을 높이고, 정책 활동의 책임성을 확보하며, 정책의 정당성을 파악하는 데 필요한 작업이다. 따라서 정책 및 프로그램 평가에는 관련 요인들이 모두 포함되어야 한다. 정책평가에서 이루어져야 할 작업을 살펴보면 다음과 같다(DiNitto, 1991).

- 정책 및 프로그램의 모든 목표를 정하고 우선순위를 매긴다.
- 목표 수행 과정을 기술하고 측정하는 방법을 개발한다.
- 정책이나 프로그램이 적용되는 상황이나 집단을 파악한다.
- 정책적용 대상이 아닌 집단에게 미칠 수 있는 간접적인 영향을 분석한다.
- 정책적용 대상 집단과 비적용 집단에게 미치는 효과를 장기간에 걸쳐 조사한다.
- 정책 및 프로그램 실행에 투입되는 비용을 측정한다.
- 기회비용 또는 포기비용과 같이 정책실행으로 발생할 수 있는 간접적인 비용을 측정한다.

정책을 평가할 때 기회비용 개념을 이해하는 것은 매우 중요하다. 왜냐하면, 정책이란 대안 중에서 하나를 택하는 것이기 때문이다. 한 정책의 기회비용은 그 정책을 선택함으로 인해 포기하는 다른 대안의 가치를 의미한다. 기회비용을 고려하지 않으면 정책의 우선순위를 결정하기도 정책 남발을 통한 낭비도 막기 어렵다.

로시와 프리먼(Rossi & Freeman, 1989)은 앞서 제시한 평가작업이 합리적으로 이루어지기 위해 다음의 세 가지 요인을 고려할 필요가 있다고 주장한다.

(1) 정책 프로그램의 개념화

- 정책적용 대상이 직면하고 있는 문제가 적절하게 개념화되었는가?
- 문제 범위와 문제 상황에 있는 집단 분포는 어느 정도인가?
- 프로그램 내용이 정책목표와 부합되는가?
- 정책목표에 일관된 합리성이 존재하는가?
- 현재와 미래에 발생할 수 있는 사회적 비용은 무엇인가?
- 비용과 효용은 어떤 관계가 있는가?

(2) 정책 프로그램의 통제

- 프로그램이 정책적용 대상에게 적합한 영향을 미치는가?
- 프로그램이 적용되는 과정에 합당한 중재 노력이 이루어지고 있는가?
- 프로그램 적용과 상관없이 지속적인 통제 불가능 요인은 없는가?

(3) 정책 프로그램의 효용성

- 정책목표를 달성하는 데 있어서 프로그램이 효과적인가?
- 프로그램 적용결과가 다른 대안적 과정에 의해 설명될 수 있는가?
- 프로그램 실행에 투입되는 비용과 대상에게 주는 혜택은 무엇인가?
- 비용이 효율적으로 사용되고 있는가?

위의 요인과 질문을 고려해 봄으로써 단계별 정책과정에서 평가해야 하는 대상과 평가 기준에 대해 명확히 이해할 수 있게 된다.

3. 정책평가의 필요성

정책평가가 필요한 이유를 특성별로 나누면 정책결정을 위한 평가, 정책관리를 위한 평가, 정책감독 및 통제를 위한 평가로 구분할 수 있다.

1) 정책결정을 위한 평가

정책평가가 필요한 첫 번째 이유는 정책평가 결과가 정책결정에 참고가 되는 정보를 제공하기 때문이다. 즉, 정책결정을 하기 위해 사회문제가 어느 정도 심각한지, 문제의 영향을 받는 집단은 어떤 특성이 있으며 이들 집단의 분포는 어느 정도인지, 문제해결을 위한 정책과정이 과연 효율적인지에 대한 정보가 필요하다. 또한 정책평가는 기존 정책을 계속 유지할 것인지 아니면 종료할 것인지, 정책 적용대상을 축소할 것인지 확대할 것인지, 정책 프로그램을 수정 · 보완한다면 어떤 부분에 초점을 두고 작업을 할 것인지에 대한 전반적인 정보를 제공하므로 정책결정 기준으로 활용할 수 있다.

2) 정책관리를 위한 평가

정책을 효율적으로 관리하는 데 있어서 정책평가 자료는 매우 유용한 역할을 한다. 정책결정을 할 때 관리상의 문제를 여러 각도로 분석하고 대비하지만, 사회환경이 예측을 불허하는 요소들이 많고, 때로는 정보 부족으로 인해 사전에 예견할 수 있는 문제를 간과하는 경우 정책관리의 효율성에 문제가 생겨 불필요한 비용이 발생한다. 정책평가는 정책과정 전반에 대한 자료와 정보를 제공하므로 정책관리에 필요한 인적 · 물적 자원과 관리절차, 관리조직의 구조, 정책 서비스의 전달체계 등이 원활하게 수행되도록 하는 데 도움을 준다.

3) 정책감독 및 통제를 위한 평가

정책감독 및 통제를 위한 평가는 정책 활동에 대한 책임을 부여하고 정책 프로그램의 합법성 또는 정당성을 확보하는 데 필요하다. 정책감독 및 통제를 위한 평가자료가 없으면 정책이 비효율적인 방향으로 흐르는 것을 막을 수 없을 뿐 아니라 정책 활동에 대한 책임을 물을 수 없게 된다(Rossi & Freeman, 1989).

제2절 | 정책평가의 유형과 요인

1. 정책평가의 유형

정책평가는 평가체계, 평가범위, 평가시점, 평가자, 정책단계 등에 따라 유형의 본질도 다르고 영향을 미치는 관련 요인도 다양하다.

1) 평가체계에 따른 유형

평가체계에 따른 정책평가 유형은 총괄평가, 과정평가, 통합평가, 메타평가로 구분된다. 총괄평가는 정책 결과를 본래의 목적에 비추어 비교·분석하는 것을 말한다. 과정평가는 정책집행이 성공적으로 추진되고 있는지를 파악하고 정책 결과가 정책집행에 의한 것인지 그 인과관계를 규명한다. 통합평가는 정책평가의 방법론적 측면에서 총괄평가와 과정평가를 통합하여 평가하는 것이다. 메타평가는 평가설계부터 평가결과에 이르기까지 모든 과정이 정상적으로 이루어졌는지를 점검하는 것이다. 메타(meta)란 기존 문헌을 분석하여 평가하는 방법이다. 평가는 정량평가와 정성평가로 나눌 수 있는데, 메타분석은 문헌에 포함된 자료를 수집하고 분석하여 효과의 크기를 알아보는 것이다.

2) 평가범위에 따른 유형

평가범위에 따라 단일평가와 포괄적 평가로 구분된다. 단일평가는 한 측면이나 부분만을 평가하는 것이고, 포괄적 평가는 여러 측면을 모두 포함하는 것을 말한다. 평가범위는 평가목적에 따라 결정되는데, 평가목적이 기존의 정책 프로그램을 수정·보완하는 것인지, 아니면 혁신적으로 바꾸는 것인지에 따라 정책 프로그램의 개념화, 정책 프로그램의 통제, 정책 프로그램의 효용성으로 나눌 수 있다. 만약 평가자가 단일평가를 한다면 각각의 평가 활동이 분리되어 평가되지만, 포괄적 평가를 한다면 개념화, 통제, 효용성의 세 가지 평가가 모두 포함된다(Rossi & Freeman, 1989).

3) 평가시점에 따른 유형

정책평가가 어느 시점에 이루어지는지에 따라 사전평가와 사후평가로 분류된다. 사전평가란 정책평가가 정책형성 이전에 이루어지는 것을 말하는 데 비해 사후평가란 정책종료 이후 평가가 이루어지는 것을 의미한다. 평가시점에 따라 형성평가와 총괄평가로 구분하기도 한다(Scriven, 1991). 형성평가란 문제의 본질이나 문제해결을 위한 대안개발 등과 같이 정책형성을 목적으로 하는 평가를 말하므로 사전평가와 같은 맥락에 있다고 볼 수 있다. 총괄평가는 사후평가처럼 정책종료 이후 정책이 의도한 목표를 성공적으로 수행하였는지를 평가하는 것이다.

4) 평가주체에 따른 유형

정책평가 주체가 누구인지에 따라 자체평가, 내부평가, 외부평가로 구분된다(송근원, 1994). 자체평가는 정책 프로그램 담당자가 직접 자신의 활동 전반에 대해 평가하는 것을 말한다. 자체평가는 정책 프로그램에 대해 실질적인 정보를 많이 가지고 있고 평가비용이 절약된다는 장점이 있으나 정책에 대해 누구보다 많이 알고 있고 자신들이 직접 정책을 담당했기 때문에 정책실패에 대한 책임회피와 정책종료를 막기 위해 정책의 비효율적 부분을 의도적으로 왜곡시킬 가능성이 있다.

내부평가는 기관 내부의 책임자나 동료에 의해 이루어지는 평가이고, 외부평가는 정책담당 기관 외부의 평가자에 의해 이루어지는 평가를 의미한다. 외부평가의 장점은 자체평가나 내부평가보다 평가의 공정성과 일관성을 유지할 수 있고 평가자의 개인적 의도가 개입되어 평가결과를 왜곡할 여지가 없어 객관성을 유지할 수 있다. 반면 단점은 평가비용이 많이 들고 자체평가처럼 정책 프로그램에 대한 실질적 정보를 많이 가지고 있지 못하다는 점이다.

5) 정책단계에 따른 유형

정책단계에 따라 평가내용이나 초점이 다른데, 정책평가를 목적으로 한 정책단계는 정책문제, 정책의제, 정책결정, 정책집행, 정책효과로 분류할 수 있다.

(1) 정책문제 평가단계

정책문제 평가단계에서는 정책대안을 설정하기 위해 평가가 이루어진다. 주된 평가대상은 정책에서 다루어야 할 문제의 본질은 무엇이며, 어느 정도 심각한지, 정책적용 대상의 규모와 분포는 어느 정도인지, 적용대상 집단의 사회경제적 특성은 어떠한지 등이다. 평가결과는 정책 수립을 위한 기초자료로 활용된다.

(2) 정책의제 평가단계

정책의제 평가단계에서는 다양한 문제 중 어떤 문제가 정책의제로 채택되는지, 채택된 의제는 문제에 직면한 집단 요구나 필요를 제대로 반영하고 있는지, 정책의제 형성과정에 영향을 미치는 집단과 요인이 있는지를 평가하게 된다.

(3) 정책결정 평가단계

정책결정 평가단계에서는 정책결정 내용에 대한 평가와 정책결정 과정에 대한 평가를 모두 포함한다. 정책결정 내용에 대한 평가는 집단의 요구 및 필요의 반영 정도, 정책을 통한 사회적 형평성 실현 여부, 정책의 효율성 등에 초점을 둔다. 정책결정 과정에 대한 평가는 정책결정이 이루어지는 과정 및 절차가 공정했는지에 대해 평가한다.

(4) 정책집행 평가단계

정책집행 평가단계에서는 정책집행이 계획대로 진행되고 있는가를 평가한다. 즉, 정책 프로그램이 의도한 대로 추진되고 있는지, 정책을 통한 혜택이 적용 대상에게 고루 전달되고 있는지, 그 과정에 예측하지 못한 문제는 없는지 등을 평가함으로써 정책 서비스 전달체계를 포함한 정책집행의 효율성을 높일 수 있다.

(5) 정책효과 평가단계

정책효과 평가단계에서는 정책집행이 완료된 후 정책의 효과에 대해 분석한다. 이 단계는 다른 단계보다 포괄적 차원에서 평가가 이루어진다. 즉, 정책이 원래 의도한 목표를 달성했는지와 정책적용 대상의 삶의 조건이나 상황이 바람직한 방향으로 변화되었는지에 대해 평가한다. 또한 정책실행에 투입된 비용은 어느 정도이며 비용 규모가 사회적으로 합당한 수준인지, 투입된 비용에 비해 대상에게 제공된 이익은 어느 정도인지, 그리고 정책이 의도하지 않은 측면효과(side effect)가 있는지에 대한 평가도 이루어진다.

2. 정책평가 요인

정책평가 요인은 다양하나 특성에 따라 인적자원, 물적자원, 이익집단 및 외부관계, 정책 프로그램의 수혜대상 및 내용 등으로 분류할 수 있다.

1) 인적자원

인적자원에 대한 평가대상은 인적자원의 양, 종류, 활용방법 등이다. 인적자원의 양에 대한 평가는 정책집행에 있어서 현재의 인적자원을 활용하는 것으로 충분한지, 만약 부족하다면 어느 정도의 인적자원이 더 필요한지에 초점을 둔다. 인적자원의 종류에 대한 평가는 기존의 인적자원을 활용할 것인지 아니면 새로운 인적자원으로 구성할 것인지, 만약 새로운 인적자원이 필요하다면 어떤 기준에 의해 선별할 것인지를 포함한다. 인적자원의 활용방법과 관련해서는 효과적인 방법은 무엇이며, 전문가적 소양이 부족한 인적자원을 투입할 경우 문제 발생 소지는 없는지, 만약 그럴 개연성이 있다면 어떤 부분에서 발생할 수 있으며 관련 문제를 해결할 방법은 무엇인지에 대해 평가한다.

2) 물적자원

물적자원에 대한 평가는 자금의 비중 및 조건, 정부의 지원 여부, 자금 변동 등을 포함한다. 정책 프로그램에 투입될 자금의 비중과 자금출처가 다양할 경우 각 출처가 전체 자산에서 차지하는 비율은 어느 정도인지 그리고 자금원의 요구조건은 무엇이며, 프로그램의 운영 및 목표달성에 호의적인가를 평가할 필요가 있다. 그리고 정부의 재정자원이 필요한 활동이나 기능이 있는지와 만약 있다면 그러한 활동이나 기능이 정부의 재정지원을 정당화할 수 있을 만큼 사회적 이익과의 관련성은 충분한지에 대해서도 평가해야 한다. 자금 변동에 대해서는 정책 프로그램을 운영하는 과정에 예산상의 변동이 발생하지 않았는지, 만약 그렇다면 왜 그런 변동이 발생했는지, 그러한 변동이 다른 프로그램에 미치는 영향은 무엇인지에 대해 평가해야 한다.

3) 이익집단 및 외부관계

평가가 외부집단에 의해 수행된다면 외부집단은 프로그램의 효과를 측정하기 위해 어떤 부분에 중점을 두는지 알아야 한다. 만약 평가가 내부집단에 의해 이루어진다면 프로그램 담당자는 프로그램이 지향하는 목표달성 여부를 평가하기 위해 어떤 기준을 적용하며 그 기준은 합리적이고 타당성이 있는지가 중요한 요인으로 작용한다. 지원기관 및 의존기관의 존재와 적대기관의 존재도 평가에서 고려해야 할 요인이다. 여기서 지원기관이란 정책 프로그램이 합법화되고 실행되기 위해 특별한 서비스가 필요하거나 인적자원을 조달하기 위한 외부기관을 의미한다.

반대로 의존기관은 외부기관이 필요한 서비스나 인적·물적 자원을 획득하기 위하여 관련 프로그램에 의존하는 기관을 의미한다. 적대기관은 정책 프로그램의 합법화나 실행을 반대하는 기관을 말한다. 예를 들어, 프로그램을 부정적으로 평가하고 적대적인 감정을 보이는 개인이나 집단이 있을 수 있는데, 이런 경우 적대적 감정을 보이는 사람이나 집단을 다양한 방법을 통해 조직에 흡수하는 시도를 해볼 필요가 있는지, 그러한 시도가 어느 정도 효과가 있는지에 대한 것도 중요한 평가요인이다.

4) 정책 프로그램의 수혜대상 및 내용

정책 프로그램의 수혜대상은 어떤 집단이며 내용은 무엇인지에 대한 것도 평가할 필요가 있다. 정책적용 대상 집단 가운데 어느 정도가 혜택을 받았는지, 그들이 받은 혜택의 본질은 무엇인지를 평가해야 한다. 실질적으로 정책을 결정하고 실행하는 목적은 대상에게 필요한 서비스를 제공하기 위함이므로 이 부분에 대한 평가는 정책효과에 대한 평가와 같은 성격을 띤다고 볼 수 있다. 프로그램의 내용에 대한 평가는 첫째, 제공된 서비스와 정책목표에 규정한 서비스가 일치하는지, 만약 일치하지 않고 차이가 있다면 왜 그런 차이가 발생했는지를 밝혀야 한다. 둘째, 제공된 서비스가 대상의 욕구나 특성이 반영된 것인지, 그러한 서비스가 시의적절하게 제공되었는지를 파악해야 한다.

제3절 | 정책분석의 틀

1. 사회복지정책의 분석

사회복지정책의 결정과정은 일반적인 정책 결정 과정과 같은 과정으로 이루어지는데, 이는 |그림 6-1|의 모형과 같다. 정책 결정 과정은 어젠다(agenda) 설정, 정책 수립, 정책 채택, 정책 시행, 정책 평가의 5단계로 구분할 수 있으며, 정책분석은 정책을 채택하는 한 부분이자 과정이다.

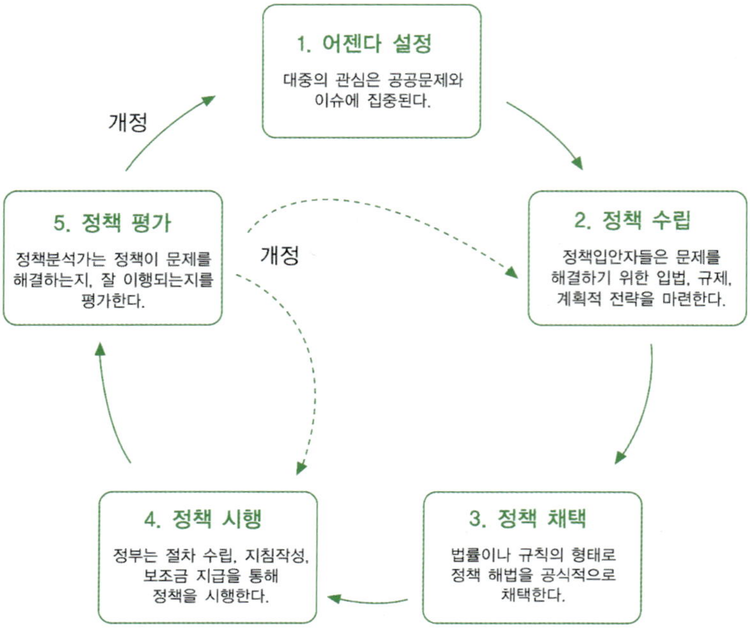

|그림 6-1| 정책 결정 과정

정책 채택은 여러 정책대안 중의 선택으로, 사회복지정책 분석은 정책문제를 해결하기 위해 고안된 각종 대안들을 비교, 검토하여 최선의 대안을 선택하기 위한 정보를 제공하기 위한 작업이라 할 수 있다. 한정된 자원으로 문제를 해결하기 위한 최적의 선택을 해야 한다.

정책 분석은 여러 정책대안이 실현되었을 경우에 예상되는 결과를 비교하고 평가함으로써 최선의 대안을 선택하는 것이다. 예컨대 저출생의 문제를 해결하기 위해 출산수당을 마련하거나 여성의 경력단절을 해소하는 노동시장 구조를 개혁하는 등 여러 정책을 마련한다고 하자. 정책분석가는 정책대안이 이루어졌을 때 발생할 수 있는 여러 결과들—지방자치단체 재원 마련의 문제, 지속성 여부, 다른 정책과의 이해관계 충돌 등—을 고려하여 하나의 정책만을 채택하거나 모든 정책을 채택할 수도 있다.

이처럼 사회복지정책 분석은 정책대안들로부터 예상되는 결과를 어떠한 기준에서 비교하고 평가할 것인지에 대한 것이며, 합리적인 과정을 통해 정책의 효과성을 판단함으로써 문제를 해결하기 위한 최적의 정책을 결정할 수 있게 될 것이다.

길버트와 스펙트는 사회복지정책을 분석함에 있어 고려해야 할 세 가지를 제시하였는데 바로 과정(Process), 산물(Product), 성과(Performance)이며, 앞머리 글자를 따서 3P라고 한다.

과정분석은 말 그대로 정책의 형성 및 제정과정의 역동성을 사회정치적 변수, 이익집단 등의 집단 간 상호작용이 정책형성에 어떤 영향을 미쳤는지, 그리고 기술적, 방법적 변수가 어떻게 영향을 주었는지를 중심으로 하여 분석하는 것이다. 대표적으로 국민기초생활보장제도의 형성과정 분석이 과정분석의 예이다.

산물분석은 흔히 산출분석이라고도 하며, 정책선택을 선택의 차원, 즉 할당, 급여, 전달 및 재원과 세 가지 축인 가치, 이론, 대안으로 분석하는 것이다. 대표적으로 기초연금과 국민연금의 대상자 선정기준 분석이 산물분석의 예이다.

성과분석은 사회복지정책을 선택함으로써 실행된 프로그램에 대한 결과를 기술하고 평가하는 것이다. 쉽게 말하면 정책의 영향이나 효과성, 즉 결과에 대한 평가를 말한다. 다른 분석방법에 비해 객관적이며 체계적 과정을 거칠 수 있고 또한 상대적으로 관찰이 용이한 특성이 있다. 대표적으로 자활사업 참여자와 비참여자의 공공부조 탈수급률 비교 분석이나 근로장려세제(EITC)의 저소득층 근로유인효과 분석 등이 성과분석의 예이다.

2. 사회적 할당의 원리

1) 사회적 할당의 기준

사회문제를 해결하기 위한 자원은 한정적이므로, 어떠한 문제를 가진 대상에게 자원을 배분할 것인지에 관한 할당이 요구된다. 즉, 어떠한 자격을 가진 사람이 정책의 수혜대상이 되는지 선택하는 기준이라고 할 수 있으며, 그 대상이 사회복지서비스를 받는 것이 적절하다고 사회적으로 정당화할 수 있어야 한다. 바람직한 재분배를 위해 사회적 할당의 기준, 즉 정책 대상의 선정 기준으로 보편주의(Universalism)와 선별주의(Selectivism)를 살펴보면 다음과 같다.

보편주의는 특정 대상이 아닌 사회구성원 누구나 빈곤, 실업, 장애, 질병 등으로 사회복지급여가 필요할 때 해당 급여를 제공하는 것이다. 사회구성원 모두가 경험할 수 있는 문제에 대해 사회적으로 대응하는 것이므로 공적 제도의 혜택을 받는 것은 당연한 사회적 권리로 여긴다. 보편주의에 근거한 정책은 건강보험이 가장 대표적이다.

가장 순수한 의미의 보편주의는 모든 사회구성원에게 어떤 조건도 붙이지 않고 동일하게 제공하는 것이지만 실제로는 이러한 정책을 찾기 어렵다. 기존 정책 중에서는 인구집단의 일부 범주 전체를 정책대상으로 지정하여 급여를 제공하는 것으로, 노인, 실업자, 아동 등 특정 인구집단이 할당 대상이 된다(윤희숙·고영선, 2011). 보편주의는 사회구성원에게 권리로서 혜택을 부여하고 기여자와 수혜자를 구분하지 않기 때문에 포괄성 원칙을 따른다.

그러나 자격을 가진 자를 선별하지 않기 때문에 행정비용은 적게 들지만 수혜자가 많아 전체 비용이 많이 들고 자원이 필요하지 않은 집단에게도 제공되므로 재분배효과가 적다는 단점 등이 있다.

선별주의는 조건에 부합하는 경우에 선택적으로 사회복지급여를 제공하는 것으로, 급여를 필요로 하는 집단에 더 많은 자원을 제공한다. 자산, 소득, 교육 수준 등 급여의 필요에 대한 증명이 필요하며 이를 충족한 경우 급여대상에 포함될 수 있다. 선별주의는 급여가 필요한 사람에게 자원을 집중하므로 효율적이지만 특정 집단에게만 혜택이 집중되어 수급자에게 낙인효과를 가져올 수 있다. 또한 제도를 남용하거나 행정적으로 복잡하다는 단점이 있다.

2) 할당의 원칙

- **귀속적 욕구** : 사회, 경제체제에 의해 충족되지 않는 욕구를 공통적으로 가진 집단에 속한 경우 급여를 제공하는 것이다. 이때 귀속적 욕구는 규범적 기준에 의해 정해진다. 즉, 사회의 가치와 규칙이 반영되는 경향이 있다. 일반적으로 인구학적 기준에 해당하며, 노령연금이나 아동수당이 대표적인 예라 할 수 있다.
- **기여 또는 보상** : 퇴직 군인, 의사상자, 독립유공자 등 국가·사회적으로 기여를 한 집단이나 혹은 그 외에 기여(보험료 갹출)나, 사회적으로 부당하게 차별받거나 희생당한 집단의 사회적 기여와 희생에 대한 보상을 말한다. 대표적으로 사회보험이 있으며, 그 외에 여성할당제, 한부모가족 등에 대한 공공임대주택 우선순위, 다자녀 혜택 등이 그 예라 할 수 있다.
- **진단적 구분** : 신체적·정신적 장애와 같이 특정 재화나 서비스를 필요로 하는 개별적 욕구에 대한 전문가의 판단에 근거하는 것이다. 대표적으로 의료급여에서의 부양의무자 기준이나 장기요양보험제도의 기준 등이 대표적인 예라 할 수 있다.
- **자산조사** : 소득이나 자산조사를 통해 정책 대상의 범주를 정하는 경우를 말한다. 보통 국민기초생활보장제도와 같은 공공부조, 즉 빈곤층의 범위 설정이 대표적이라 할 수 있다.

3. 급여형태

1) 현물급여와 현금급여

급여형태는 사회복지정책을 수혜자에게 제공할 때 어떠한 형태로 제공하는지에 관한 것으로 사회구성원이 직접적으로 인식하는 정책의 최종산출물이라고 할 수 있다. 전통적으로 급여형태는 크게 현물급여와 현금급여로 구분된다.

현물급여(In-Kind benefits)는 재화나 서비스로 급여를 제공하는 것을 말한다. 주거지원이나 식품배급, 의료급여, 교육서비스(미성년자녀의 의무교육 및 직업훈련교육 포함) 등과 같이 수급자의 구체적인 필요에 직접적으로 대응하는 형태이다. 현금급여는 어디에 쓰이는지 통제하기 어려운 반면에 현물급여는 특정 재화나 서비스를 제공함으로써 지급 목적에 맞게 사용될 수 있는 장점이 있다. 그러나 관리와 집행이 복잡하고 비용이 많이 들 수 있으며, 사용처가 정해져 있어 유용성이 부족하다.

현금급여(Cash benefits)는 직접적인 현금 형태로 수급자에게 제공되어 자신의 필요에 따라 우선순위를 두고 자유롭게 조정하여 사용할 수 있다. 실업급여, 국민연금, 아동수당, 공공부조 등이 이에 해당한다. 현물급여에 비해 상대적으로 집행과 관리가 효율적일 수 있다. 또한 수급자의 낙인을 줄여주고 자기결정권과 소비자 주권을 보장할 수 있다. 그러나 목적 이외의 용도로 남용될 수 있으며, 가격의 변동에 영향을 받으므로 물가가 상승할 경우(인플레이션 등) 같은 재화를 더 많이 지불하고 구매해야 하는 상황이 발생하기도 한다.

현금급여와 현물급여는 양자택일의 선택은 아니다. 건강보험의 경우 현물급여를 원칙으로 하되 현금급여를 병행하고 있는 형태이다. 이때 현물급여는 가입자 및 피부양자의 질병·부상·출산 등에 대한 요양급여 및 건강검진이며, 현물급여는 요양비, 장애인보장구 급여비, 본인부담상한액, 임신·출산 진료비 등이다(보건복지부, 2024).

2) 대안적 급여형태

길버트와 테렐(2010)은 재화와 서비스(현물급여), 현금과 함께 기회(opportunities), 신용(credit), 권력(power)을 설명하였다.

기회란 경쟁에서 불리한 수급자에게 유리한 기회를 제공함으로써 목적을 달성할 수 있게 하는 유인과 제재를 의미한다. 기회는 권리의 보장이나 특별한 기회를 제공함으로써 동기를 부여한다. 군 가산점, 농어촌 지역 학생의 특례입학, 기업의 장애인 의무 고용 등이 해당된다. 기회는 타인에게 양도할 수 없고, 다른 형태의 급여와도 교환할 수 없다. 직접적인 급여형태에 비해 효과가 미약하고 현실적인 어려움은 여전히 존재한다는 단점이 있으나, 궁극적으로 다른 급여(소득 등)를 얻는 데 도움이 될 수 있다.

신용이란 세금공제(tax credits)와 바우처(vouchers)를 의미한다. 세금공제는 세금을 부여하지 않거나 감면해 주는 형태로 세금을 감면해 주는 것이다. 바우처란 현금급여와 현물급여의 중간형태로, 서비스를 자유롭게 선택할 수 있다는 점에서 현금급여와 유사하며 수급자는 일정한 용도 내에서 재화나 서비스를 선택할 수 있다는 점에서 현물급여와 공통점이 있다. 노인돌봄종합서비스, 장애인활동지원, 산모・신생아도우미, 가사간병도우미 등이 해당한다. 선택의 기회와 이용의 편의성을 제공하고, 서비스 공급기관 간 경쟁을 유발함으로써 질 높은 사회서비스를 받을 수 있다. 반면 경쟁과 선택을 강조하는 형태로 사회복지의 시장화를 초래할 수 있다는 단점이 있다.

권력이란 재화와 자원을 재분배할 수 있는 영향력으로, 정책 형성 과정에서 참여하여 자원의 최종 배분에 영향을 미칠 수 있게 한다. 근로자 대표 참여나 지역 내 사회복지기관의 운영위원회 참여 등이 포함된다. 기회와 마찬가지로 다른 형태의 급여와 교환할 수 없지만 현물이나 기회보다 더 많은 선택의 여지가 있다. 다만, 권력을 가지고 있다고 하더라도 실질적인 효과가 나타날지는 미지수이며, 다른 집단과의 의견이 상충될 경우 형식적인 참여에 불과할 수 있다.

4. 재 원

사회복지정책의 공급주체가 점차 다원화되어 가고 있으나, 여전히 사회복지정책의 가장 큰 공급주체는 정부이며, 사회복지정책의 재원은 크게 공공재원과 민간재원으로 구분할 수 있으나 정부의 복지정책 외에 민간의 복지서비스라도 재원은 정부에 의해 부담되거나 지원되는 경우가 많다고 할 수 있다. 재원은 공공부문과 민간부문 재원으로 구분할 수 있으며, 공공부문재원은 다시 일반예산, 사회보장성 조세, 조세지출 등으로 구분할 수 있고, 민간부문재원은 이용자부담, 자발적 기여, 기업복지, 비공식부문 재원 등으로 구분할 수 있다.

1) 공공부문재원

- 일반예산 : 일반예산은 정부 및 지방자치단체의 조세수입을 말한다. 조세는 과세 주체에 따라 국세와 지방세, 세수의 용도에 따라 보통세와 목적세로 구분할 수 있다. 국세는 국가의 수입에 포함되어 국방, 외교, 사회기반시설 구축, 사회보장 등에 사용하며 교육세 · 교통에너지환경세 · 농어촌특별세 등이 있다. 지방세는 지방자치단체의 수입에 포함되어 지역 경제발전, 보건위생, 교육 등 주민복리에 사용하며, 도시계획세 · 공동시설세 · 지역개발세 등이 있다. 보통세는 세수의 용도를 특정하지 않고 일반 경비에 충당하는 조세이며, 취득세, 등록세, 면허세, 주민세, 재산세, 자동차세 등이 있다. 목적세는 세수의 용도를 특정하여 특정 경비에만 지출하는 조세로, 도시계획세, 공동시설세, 사업소세, 지역개발세, 지방교육세 등이 있다. 일반예산은 평등이나 사회적 적절성, 그리고 급여의 보편성과 재원의 안정성 및 지속성 측면에서 유리할 뿐만 아니라, 소득재분배 효과가 크다고 할 수 있다.

- **사회보장성 조세** : 사회보장성 조세는 사회보험료를 말하며, 흔히 목적세라고 부른다. 목적세라고 부르는 이유는 특별한 목적을 위해 지출용도를 정해놓고 거두는 세금이기 때문이다. 흔히 말하는 각종 보험료와 같은 것이 그 예라 할 수 있다. 사회보험료는 일반세에 비해 재원의 사용처가 분명하며 보험료의 납무가 본인의 급여와 직접적으로 연결되기 때문에 일반세에 비해 조세저항이 작다고 할 수 있다. 다만, 사회보장성 조세는 모든 계층의 근로소득에 대해 동일 비율로 부과하기 때문에 역진적 성격을 가지고 있다.
- **조세지출** : 조세지출은 흔히 말해 조세를 거두어들여 사회복지급여로 지출하는 대신, 사람들이 내야 할 조세를 감면하여 사회복지를 달성하는 방식이다. 즉, 세금을 걷지 않거나, 거두어들인 세금을 되돌려주는 방식이라고 할 수 있다. 이러한 조세지출은 사회복지적 관점에서는 다소 바람직하지 않은데, 그 이유로 저소득층은 세금을 내는 금액 자체가 낮은 반면, 고소득층은 많은 세금을 내므로, 결국 소득이 높을수록 조세감면의 액수가 커지므로 역진적 성격을 가지기 때문이다. 즉, 조세지출의 혜택은 대부분 고소득층에게 돌아간다고 볼 수 있다.

2) 민간부문재원

- **이용자부담** : 이용자 부담은 말 그대로 사회복서비스를 이용한 사람이 부담하는 비용을 말한다. 사회보장기본법 제28조 제4항에 따르면 부담 능력이 있는 국민에 대한 사회서비스에 드는 비용은 그 수익자가 부담함을 원칙으로 한다고 되어 있다. 따라서 장기요양의 경우 재가서비스는 15%, 시설서비스는 20%의 자부담률이 있다. 노인복지관은 대부분의 프로그램에 일부 이용료 등을 받고 있으며, 사회복지관이나 가족센터 등의 서비스에서도 점

차 일부 이용자 부담금을 책정하고 있는 추세이다. 이 같은 이용자 부담은 사회복지서비스의 오남용을 방지하고, 이용료를 지불함으로써 자기존중을 높일 수 있는 효과가 있다. 뿐만 아니라, 이용자가 그 비용의 일부를 부담하는 것은 형평성의 관점에서도 적절하다. 다만, 사회복지서비스의 경우 그 대상이 저소득층임을 고려한다면, 이용자에게 일부 부담을 주는 것은 역진적 성격을 가진다고 할 수 있으며, 또한 적은 비용이라도 저소득층에게 부담되어 서비스 이용 억제 요인으로 작용할 위험성이 있다.

- 자발적 기여 : 자발적 기여는 말 그대로 민간의 자발적인 기부금을 의미한다. 다만, 자발적 기여는 재원 자체가 불안정한 특성이 있기 때문에 장기적이며 체계적인 정책수립과 집행에는 어려움이 있다. 따라서 자발적 기여 시 세금감면 등의 혜택제공을 통하여 지속적이고 안정적인 자발적 기여를 유도할 필요가 있다.
- 기업복지 : 기업복지는 기업이 근로자에게 제공하는 임금 이외의 복지혜택을 의미한다. 예를 들어, 건강보건에 관한 비용 지출, 주거비 보조, 식사비 보조, 문화・체육・오락 비용 보조, 자녀학비 보조, 보육지원, 간병휴업제도, 자기계발 지원, 근로자 상담을 제공하는 등이 대표적인 예라 할 수 있다. 이러한 기업복지의 제공을 통하여 우수한 근로자를 유인하고 유지하며, 조직에 몰입하게 함으로써 뛰어난 사업성과를 달성할 수 있을 것으로 기대된다. 실제 사용자의 입장에서는 임금 대신 기업복지 형태로 제공하면 조세부담이 줄어들어 세제상 유리할 뿐만 아니라, 정부의 경우도 기업복지의 확대로 국가가 제공해야 할 복지가 감소됨으로써 복지재원 자체를 절감할 수 있는 효과가 있다.
- 비공식부문 재원 : 비공식부문의 재원은 가족이나 친척, 이웃이나 종교 단체 등에 의한 도움을 의미한다.

제4절 | 정책평가이론

1. 이상적 패러다임 이론

팔럼보와 나치미아스(Palumbo & Nachmias, 1983)가 제시한 성공적인 정책평가를 위한 이상적 패러다임(ideal paradigm)은 정책결정 과정에서 평가의 역할, 평가결과의 활용, 평가자와 정책집행인 간의 상호작용, 조직과 평가방법의 부합성 등에 관해 설명하고 있다(오석홍·김영평, 2006).

1) 이상적 패러다임의 내용

이상적 패러다임은 정책 결과를 평가하는 데 있어서 기존의 계량적 평가방법이 지나치게 목표 지향적이며 모든 판단을 계량적 자료에만 의존하는 것에 대해 비판적인 견해를 밝히고 평가과정에서 나타나는 평가자 간의 가치관 및 인식의 차이를 고려하여 평가결과의 활용도를 높일 수 있는 질적 평가방법이나 사실적 평가방법, 사례조사 등과 같은 대안적 방법론의 중요성을 강조하였다. 따라서 성공적인 평가를 위한 이상적인 방법은 계량적 방법뿐 아니라 질적 평가도 병행해야 한다. 그리고 정책결정에 관한 평가의 역할은 프로그램의 지속 및 종료 여부, 프로그램의 개선 여부, 정책결정에 필요한 정보제공, 사회적 차원의 정보제공 등으로 구분할 수 있다. 이러한 역할 중 어떤 역할에 중점을 두어야 이상적인지는 사회관점과 지향하는 목표 및 가치관에 따라 차이가 있다.

정책평가의 중요성이 부각된 초기에는 평가의 역할이 프로그램의 지속 여부를 결정하는 것에 초점을 두었다. 그러다가 정책평가 결과를 어떤 결정을 내리는 기준으로 간주하기보다 정책에 대한 사회적 요구나 필요에 따라 정책효과가 다르다는 인식이 확산하면서 평가의 역할이 프로그램의 종료 여부보다 개선 가능성에 무게를 두는 쪽으로 바뀌고 있다. 그러나 이러한 변화와 함께 정책평가가 정책결정에 영향을 미치는 최적의 정보를 제공하지 못한다는 회의론이 대두되면서 논란의 여지를 남기고 있다.

이상적 패러다임 이론은 평가목적에 따라 사전적 목적과 사후적 목적으로 나눈다. 사전적 목적(front–end)이란 정책에 대한 평가결과의 적용 가능성을 검토하는 것으로 정책 자체에 대한 이해, 평가에 필요한 지식과 정보에 대한 이해, 프로그램의 개선 가능성 등을 고려하는 것을 말한다. 사후적 목적(back–end)은 평가결과를 어떻게 활용할 것인지에 대한 제고이며, 평가의 이상적인 역할은 프로그램을 지속적·점증적으로 개선하는 데 있다.

2) 역진적 의사결정 과정

정책결정 조건에 부합하는 이상적 패러다임은 체계적 과정이 아니고 역진적 과정을 거친다고 주장한다. 체계적 패러다임은 문제의 본질에 대해 분석하고 난 다음 정책결정이 이루어지므로 문제인지, 목표설정, 대안평가, 최적 대안의 선택과정을 거치게 된다. 그러나 역진적 패러다임은 정책결정을 먼저 하고 난 다음에 분석하고 평가하는 과정을 거치게 되므로 체계적 패러다임과 의사결정 과정에 차이가 있다. 이러한 차이는 체계적 방법과 역진적 방법의 전제조건에도 차이가 있다. 체계적 패러다임의 전제조건을 살펴보면 다음과 같다.

- 모든 참여자가 정책 내용에 대해 객관적으로 이해할 수 있는 확실한 정책목표가 있어야 한다.
- 정책목표를 달성할 수 있는 기술이 있고 그 기술에 의해 정책이 집행되어야 한다.
- 정책집행 결과가 미치는 영향력의 범위를 결정하고 정책집행에 영향을 미칠 수 있는 외부효과 또는 외생변수를 통제해야 한다.

- 정책결정자가 정책목표를 달성하고 평가결과를 활용하려는 의지가 있어야 한다.

체계적 패러다임의 전제조건은 방법론적으로나 제도적으로 현실성이 부족하다는 지적을 받고 있다. 즉, 정책 목표가 불확실하거나 이해집단 간에 갈등의 소지가 있을 수 있고, 정책에 영향을 미치는 외부효과나 외생변수를 완전히 통제한다는 것은 불가능하며, 정책결정자나 집행자의 의지가 확고하지 않을 수도 있다. 이러한 문제점을 보완하고 평가결과의 활용도를 높이기 위해 역진적 패러다임은 다음과 같은 전제조건을 포함한다.

- 이해집단이 정책집행 결과에 대해 부분적으로라도 긍정적 평가를 한다.
- 정책집행 결과가 직접 또는 간접적으로 조직의 목표와 부합된다.
- 정책평가는 정책집행 결과의 긍정적인 측면에 초점을 둔다.
- 정책집행인과 정책평가자 간에 신뢰가 구축되어야 한다.
- 정책평가 결과에 따라 활용도가 다르다.

체계적 패러다임과 역진적 패러다임은 근본적으로 평가방법에 차이가 있다. 체계적 패러다임은 과학적·계량적 방법으로 평가하므로 정책목표를 기술하거나 외생변수의 영향력을 통제하는 것을 전제하고 있다. 그러나 역진적 패러다임은 평가결과의 활용도를 높이기 위해 질적·사실적 방법에 근거하고 있어 평가자와 집행자 간의 이상적 관계와 정책 결과의 긍정적인 면을 중시한다.

3) 이론에 대한 평가

이상적 패러다임 이론은 전통이론이 지닌 문제점을 보완하여 정책평가 결과의 활용성을 높일 수 있는 실질적 방안을 제시하고 평가를 성공적으로 이끌기 위한 패러다임을 모색한다는 점에서 긍정적 평가를 받고 있다. 그러나 긍정적 평가 못지않게 이론이 지닌 한계점도 있다.

기본적으로 계량적 평가방법에 대해 비판적이고 질적 평가방법과의 조화를 주장하지만, 이들 두 방법은 논리적 기초가 다르기 때문에 인위적으로 병행하여 적용한다는 것은 한계가 있으며 그러한 방법은 또 다른 문제를 일으킬 수 있다. 그리고 과학적 방법에 기초한 체계적 패러다임이 정책 결과를 계량화하는 데 다소 문제가 있을 수 있으나, 역진적 패러다임은 과학적 평가보다 지나치게 정치적 평가를 유도하는 경향이 있다. 즉, 역진적 의사결정 과정이 정책의 긍정적인 면만을 부각하고, 정책집행자와 평가자 간의 관계를 강조함으로 인해 각자의 역할과 기능에 구별이 모호할 수 있으며, 체계적 과정보다 과학적 검증에 대한 신뢰가 낮다는 점은 이론의 한계로 지적될 수 있다.

2. 공익정신이론

켈만(Kelman, 1987)은 정책결정 과정에서 정책결정자의 공익정신이 중요한 역할을 한다고 주장한다. 공익정신(public spirit)이란 정책결정자가 공공의 이익을 위해 좋은 정책을 만들기 위한 의지를 반영한다. 공익정신을 바탕으로 한 정책결정 과정의 평가 기준은 두 가지가 있는데, 첫째는 좋은 정책결정 과정은 좋은 정책(good public policy)을 만든다는 것이며, 둘째는 좋은 정책결정 과정은 인간의 존엄성을 증진한다는 것이다.

1) 좋은 정책과 공익정신

정책을 평가할 때 과연 이 정책이 좋은 정책인지에 대한 판단은 개인마다 가치관이 다르기 때문에 기준도 다르다. 켈만(Kelman)은 좋은 정책을 만들기 위해서는 다음의 두 가지 조건을 갖추어야 한다고 주장한다. 첫째, 정책결정 과정에서 다른 무엇보다도 공익이 우선하는 정신이다. 둘째, 선택된 정책이 정부 행동으로 연결될 수 있는 조직적 역량을 창출할 수 있어야 한다. 두 가지 조건 중에서 공익정신에 관한 첫 번째 조건은 정책결정자가 옳은 정책(right policy)을 만들기 위한 노력에 초점을 맞추고 있다. 정책결정자가 공익을 추구하기 위해서는 개인의 이익을 우선하지 않는 공평한 자세가 요구된다.

켈만(Kelman)은 공익정신에 대해 반론을 제기한 다원주의 관점의 문제점을 지적하면서 오히려 공익정신의 필요성을 더욱 강조하였다. 다원주의 관점에 의하면 공공정책은 사회적 이익과 부합될 때 채택된다. 따라서 개인이 이타주의적 성향을 가지고 있지 않더라도 공익이 보장되는 제도를 마련한다면 그 제도권 내에서 개인의 행동이 공익으로 연결된다. 다원주의는 이해관계를 가진 집단은 무언가를 결정할 때 다수의 법칙(majority rule)에 따라 행동하므로 좋은 정책을 만들기 위해 공익정신은 불필요하다고 본다. 그 이유는 시장 논리에 입각한 이익집단 간의 경쟁과 타협은 애덤 스미스가 주장한 것처럼 '보이지 않는 손(invisible hand)'에 의해 최대다수의 최대행복을 가져오기 때문이다.

이러한 다원주의 주장에 대해 켈만(Kelman)은 권력이 분산되어 있고 자유로운 경쟁과 타협을 보장하는 제도적 메커니즘은 좋은 정책을 만들기보다 오히려 나쁜 정책(bad policy)을 만들어 낼 소지가 있다고 주장하였다. 즉, 다원주의 접근은 권력을 분산함으로 인해 권력집중의 폐단을 막을 수 있고, 다수의 법칙으로 이해관계를 가진 집단의 이익은 보장할 수 있을지 모르나 소수집단의 이익은 무시될 수 있다는 것이다. 따라서 다원주의 제도에서는 정책결정이나 평가과정에서 공익정신이 배제되는 경향이 있어 최저생계비 보장이나 최저임금 등과 같은 빈곤층의 정책적 요구나 필요가 아무리 절박한 것이라 할지라도 가볍게 다루어질 수 있다는 것이다. 켈만(Kelman)은 이타주의(altruism)나 공익은 제도에 의해 보장되기보다 정책결정자나 사회구성원의 정신에 의해 좌우된다고 보았다.

2) 인간의 존엄성과 공익정신

켈만(Kelman)은 정책결정 과정이 인간의 존엄성을 보장하고 사회구성원의 인격 형성에 이바지할 수 있어야 한다고 강조하였다. 따라서 정부는 단순히 정책을 결정하고 집행하는 기관이기보다 인간의 존엄성을 보장하고 사회적 가치를 보호할 수 있어야 한다. 그뿐만 아니라 국민의 존엄성이나 가치에 대한 사회적 인정(social recognition)을 부여하는 것도 중요한 정부의 역할이다. 예를 들어, 경로제도는 그들이 젊었을 때 사회에 이바지한 것에 대한 존경의 표시이다. 이런 규범적 가치를 정부가 만들어 낼 수는 없으나 정부 행동은 그러한 가치가 사회에 정착할 수 있도록 해야 한다(오석홍 · 김영평, 2006). 켈만(Kelman)은 사회적 인정은 시장에서 형성될 수 있는 것이 아니고 정부 역할을 통해서 확보될 수 있는 것이므로 정책결정이나 평가과정에서 단일 기준으로 채택되어야 한다고 주장하였다.

사회적 인정은 개인의 가치관이나 행동 양식과 밀접한 관계가 있기 때문에 개인으로 하여금 어떤 가치나 생활양식을 추구해야 하는지를 선택하게 한다. 그리고 개인이나 집단은 그들의 존엄성과 추구하는 가치에 대해 사회적 인정을 받으려 한다. 그러면 누가 사회적으로 인정할 수 있는가? 켈만(Kelman)은 사회적 인정과 관련하여 정부 역할에 대해 언급하였다. 즉, 개인이 추구하는 가치나 생활양식을 사회적으로 인정하는 것은 정부의 역할이므로 정부는 사회적 가치와 인간의 존엄성에 대한 인정자의 역할을 할 수 있도록 공익정신에 근거해서 정책을 결정하고 평가해야 한다. 만약 정부가 규범적 · 윤리적 측면을 무시하고 사사로운 이익만을 추구한다면 국민으로부터 공익정신을 부여하는 조직으로서의 기능적 면모를 상실하게 된다.

3) 이론에 대한 평가

켈만(Kelman)은 정부 정책의 윤리적 측면에 관심을 두고 좋은 정책을 만들기 위한 공익정신의 중요성을 강조하였고 그러한 공익정신이 어떻게 발휘되어야 하는지에 대해 언급하였다. 또한 정부 정책이 공익성을 지녀야만 빈곤층이나 소수집단의 이익을 보호할 수 있다고 보았다. 그러나 이 이론은 정책결정자가 공익정신을 가지고 있더라도 무엇이 좋은 정책인지에 대한 기준이 모호하기 때문에 적용에는 한계가 있다.

공익정신에 입각한 정책은 좋은 정책이 되기보다 예측하지 못한 부정적 결과를 초래하는 나쁜 정책이 될 수도 있다. 예를 들어, 미국의 한부모가족 지원정책(AFDC)의 원래 의도는 공익정신에 따라 어린 자녀가 있는 빈곤계층에 속하는 한부모가족에게 최저생계를 보장하는 것이었으나, 결과는 긍정적인 측면보다 여성의 경제활동 참가율을 감소시키고 비합법적 출산율을 증가시키는 등 부정적인 측면이 적지 않았다. 왜냐하면, 프로그램의 성격상 한부모가구의 자녀 수가 많을수록 정부 보조금을 많이 받을 수 있으므로 자녀에 대한 수요가 증가하는 반면 자녀의 복지수준을 증가시키지는 못하였다. 그리고 이러한 복지정책은 직업이 없는 여성에게만 보조금을 제공하므로 여성의 경제활동 참가율을 감소시켰다. 이처럼 한부모가족을 위한 정부 정책을 실행한 결과 원래의 목적을 달성한 부분도 있지만, 사회에 나타난 여러 현상은 국가적으로 적지 않은 비용을 치르는 결과를 초래하였다.

3. 정책평가모형

하퍼버트(Hofferbert, 1966; 1982)는 정치이론을 바탕으로 정책평가를 연구한 대표적인 학자로 정책은 정치체제의 산물이므로 정치이론은 정책학과 불가분의 관계가 있다고 주장하였다. 그는 정책결정과 평가에 영향을 미치는 정치적 변수에 대해 강조하였다. 정치가 적극적인 역할로 정책 변화에 영향을 주기보다 정책결정 형태의 변화가 정치에 영향을 미친다는 것이다. 따라서 정책평가는 정치이론과 정책이론을 토대로 이루어져야 한다는 인식하에 정책평가모형을 제시하였다.

1) 정책평가모형의 구조적 특성

정책평가에서 중요한 것은 정책목표에 영향을 미치는 사회적·정치적 변수를 찾는 것이다. 이런 변수는 기존 정책의 목표, 정책의 시간적·공간적 요인, 정책집행의 조건, 정책의 허위요소, 잔여변수(residual variable) 등이며 이러한 요인들이 정책평가에 영향을 미친다.

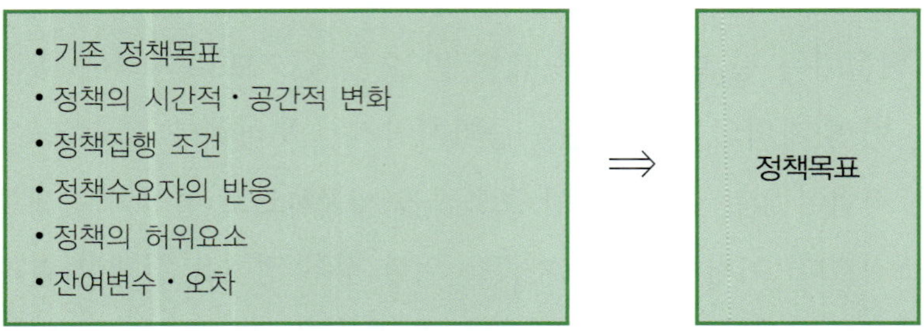

|그림 6-2| 정책평가모형

(1) 기존 정책의 목표

현재 추진 중인 정책은 기존 정책의 목표에 영향을 받는다. 다시 말하면, 정책집행자가 아무리 기존 정책의 기준이나 방침에서 벗어나 영향을 받지 않으려 해도 정책집행 과정에 기존 정책의 영향권에서 완전히 벗어날 수는 없다. 따라서 정책집행 결과를 평가할 때 기존 정책의 목표를 고려할 필요가 있다.

(2) 정책의 시간적 · 공간적 변화

정책의 효과를 높이고 정책목표를 바람직한 방향으로 이끌기 위해 정책과정에서 나타나는 시간적 관계와 공간적 특성 그리고 관련된 변화를 평가해야 한다. 이러한 변화를 간과한 채 기술적 측면에만 초점을 두고 정책평가를 하면 정확한 정보를 얻을 수 없다. 건강보험 문제, 최저생계비 수준, 환경문제, 노인문제, 저출산 등은 시간적 · 공간적 특성에 대한 이해가 있어야 정확한 평가를 할 수 있다.

(3) 정책집행 조건

정책집행 조건은 집행기관의 내부적 요인과 집행기관 간의 상호작용을 반영하는 외부적 요인을 포함하는 개념이다. 하퍼버트(Hofferbert)는 정책평가를 할 때 내부적 요인을 중시하는 경향은 있으나 집행기관 간에 발생할 수 있는 상호작용 요인에 대해서는 가볍게 생각한다고 지적하였다. 내부적 요인만큼 외부적 요인이 중요한 이유는 정책집행 과정에서 발생하는 문제는 정책 그 자체의 문제이기보다 정책을 초월하여 기관 간에 갈등이나 충돌로 인해 발생하기 때문이다. 이러한 경향은 정책집행의 문제가 범정책적(trans-policy)이고 제도적(institution)인 특성을 가지고 있다는 것을 반영한다.

(4) 정책수요자의 반응

정책목표 달성에 영향을 미치는 또 다른 중요한 변수는 정책수요자, 즉 정책 적용 대상자가 정책목표와 정책이 지향하는 바에 대해 어떤 관점을 가지고 있는가이다. 정책목표가 성공적으로 달성되기 위해서는 정책수요자가 관련 정책에 대해 이해하고 긍정적인 시각을 가지고 있어야 한다. 예를 들어, 국민연금제도는 시행 초기에 다수로부터 좋은 반응을 얻지 못했고 그로 인해 정책목표를 달성하는 데 시간이 꽤 걸렸으며 상당한 어려움을 겪어 정책의 효과가 감소하는 모습을 나타내었다. 이러한 현상도 정부가 지나치게 정책 자체에만 집중하고 정작 정책수요자의 요구에는 부응하지 못하였기 때문에 적극적인 참여를 유도하지 못한 결과에서 비롯된 것이라 볼 수 있다. 정책목표가 성공적으로 달성되기 위해서는 정책의 민주성이 밑바탕이 되어야 한다. 정책이 국민의 호응을 얻지 못하면 그 정책은 민주주의 실천 논리를 간과한 것이라 볼 수 있다.

(5) 정책의 허위요소

정책의 허위요소란 정책목표에 실질적으로는 영향을 미치지 않으나 영향을 미치는 것처럼 보이는 요소를 의미한다. 정책결정자나 집행자가 이러한 허위요소를 구분하지 못하면 정책효과가 떨어질 뿐 아니라 정책 전반에 부정적인 영향을 미쳐 소기의 정책목표를 달성하지 못할 수도 있으므로 유의해야 한다. 그러나 허위요소를 가려내기는 쉽지 않다. 이러한 요소를 가려내기 위해서는 관련 문제에 대한 구체적인 조사를 거쳐 정확하고 충분한 지식과 정보를 가지고 있어야 하고 유사정책의 효과나 문제점에 대해서도 분석해 볼 필요가 있다.

(6) 잔여변수 및 오차

정책평가 모형에 포함된 요소, 즉 기존의 정책목표, 정책의 시간적 · 공간적 변화, 정책집행 조건, 정책수요자의 반응 등을 제외한 요소이면서 정책목표 달성에 영향을 미치는 변수를 잔여변수(residual variable)라고 한다. 실질적으로 우리가 인지하지 못한 잔여변수가 있고 그러한 변수가 정책목표를 달성하는 데 직접 또는 간접적으로 영향을 미치게 된다. 오차(error)는 좀 더 포괄적인 개념으로 잔여변수의 영향 이외에 측정 및 분석과정에서 발생하는 체계적·비체계적 오류를 포함한다.

2) 이론에 대한 평가

하퍼버트(Hofferbert)의 정책평가모형은 정책의 시간적·공간적 변화, 정책집행 조건, 정책의 허위요소 등이 결과변수가 아니라 원인변수로 정책목표에 영향을 미친다는 점과 정책의 변화는 민주주의 발전을 위해 필연적이라는 점을 시사하고 있다. 그리고 정책은 정치체제의 산물이므로 정치이론은 그 어느 학문보다도 정책이론과 깊은 관련이 있다는 점을 강조함으로써 정책연구의 다학제적·범학문적 특성을 보여주었다(황윤원, 1993).

그러나 하퍼버트 모형은 현실적인 면을 고려하는 동시에 추상적인 면을 내포하고 있어 실증적 검증이 어려운 부분이 있다. 정책의 시간적·공간적 변화를 예로 들면, 정책평가에서 시간적 변화를 고려하고자 할 때 어느 시점을 기준으로 해야 하는지, 공간은 어떤 부분을 의미하는지가 문제가 될 수 있다. 그리고 정책이 민주화 과정에 영향을 미치는 변수라고 하였으나 정책이 반드시 민주적 기준에만 근거하여 형성되거나 실시되는 것은 아니며 정치체제 내에서 소수집단의 이해가 무시된 채 정책참여자 간의 타협과 협상을 거쳐 만들어지는 경우도 적지 않다.

4. 활용성 중심 평가이론

정책평가의 목적은 정책의 효율성을 높이고 정책이 지향하는 목표를 성취할 수 있는 정보를 제공하는 것이다. 따라서 정책평가 결과에 대한 피드백은 다음 정책을 수립하거나 기존 정책을 수정·보완하는 데 실질적으로 활용될 수 있어야 한다. 그러나 패튼(Patton, 1982)은 현실적으로 그렇지 못하다는 점을 지적하였고, 평가에 대한 경험과 지식을 토대로 활용성 중심 평가이론을 정립하여 활용성 높은 평가 방안을 제시하였다. 패튼(Patton)은 나라마다 정책평가를 위해 막대한 인적·물적 자원이 투입하여 다양한 평가정보를 가지고 있으나 그런 평가정보를 적절히 활용하지 못하고 있다는 것을 지적하였다.

1) 이론 내용 및 특성

활용성 중심 평가이론(utilization－focused evaluation)은 평가에서 얻은 정보를 어떻게 활용하는가에 중점을 두고 있다. 즉, 평가과정에서 생성된 정보 중 가치가 있는 정보는 무엇이며 그러한 정보가 정보로만 존재하는 것이 아니라 실용적으로 어떻게 활용할 수 있는지가 주요 관건이다. 그러기 위해 평가정보를 생성하는 것과 그러한 평가정보가 정책을 결정하고 집행하는 데 실제로 적용되는 정책정보 간의 격차를 좁혀야 한다. 이러한 격차가 좁혀지지 않으면 평가결과는 활용성이 없게 된다.

평가의 활용성을 높이기 위해서는 평가의 유용성에 대한 기준이 정립되어야 하는데, 학자 간의 합의된 기준은 효용성, 실행 가능성, 적합성, 정확성 등이다. 즉, 효용성 있고, 실행이 가능하며, 적합성을 지향하고, 정확성에 바탕을 둔 평가를 해야 활용성이 큰데, 그러기 위해서는 환경적 대응성, 평가자 역할의 다양성, 융통성 있는 평가방법, 정치력 등이 필요하다. 패튼(Patton, 2011)은 정책평가의 활용 가능성을 높이기 위해 단일 요인이 기준이 된 단편적 접근으로는 부족하며 다양한 요인으로 구성된 포괄적인 접근이 필요하다는 점을 강조하였다.

평가의 활용성에 영향을 미치는 요인은 평가방법의 적합성 및 질적 수준, 긍정적・부정적 결과에 대한 파악, 시의성, 관련 연구의 존재 여부, 정치적 요인, 정책결정자와 평가자 간의 상호작용, 평가목적에 따른 평가관점 등 다양하며, 이들 요인을 특성별로 묶으면 개인적 요인과 정치적 요인으로 분류할 수 있다. 개인적 요인은 지도력, 결단성, 신중성, 창의성 등을 의미하며 이러한 요인은 평가 활동에 대한 예측력을 높이고 평가정보의 활용성을 높일 수 있다(오석홍・김영평, 2006). 패튼(Patton, 1997)과 첼림스키(Chelimsky, 1997)는 평가목적에 따른 평가유형을 책무성 관점, 지식생산 관점, 발전적 관점으로 구분하였다(고용수, 2015).

(1) 책무성 목적의 평가

책무성 목적의 평가는 재정지원 결과 또는 가치 측정, 비용산정, 효율성 검토 등을 목적으로 이루어진다. 지식생산 목적의 평가는 후속 조치를 염두에 두기보다 개념 형성을 염두에 두고 이루어지는 평가이다.

(2) 지식생산 목적의 평가

지식생산 목적은 정책결정과 집행보다 이슈에 대한 사고방식에 영향을 미치는 것에 목적을 둔 평가이다. 여기서 지식이란 프로그램의 명료화, 이론 검증, 개입유형별 특성, 시사점 및 정책 방안 등을 의미한다.

(3) 발전적 목적의 평가

발전적 목적의 평가는 정책의 지속적인 개선을 우한 평가를 말한다. 책무성 목적의 평가는 장기간에 걸쳐 안정적인 모형을 전제로 하지만 발전적 평가는 안정적 모형보다 정책추진 환경의 변화를 인정하고 이를 적극적으로 수용하는 평가방식이다.

2) 평가와 환경적 적응력

평가 활용성을 높이기 위해서는 평가자가 평가과정에서 접할 수 있는 환경적 적응력을 키워야 한다. 환경적 적응력이란 변화된 환경에 적응할 수 있는 정도를 나타내며, 환경적 적응력이 높으면 효용성 있는 평가를 할 수 있다. 평가에 영향을 미치는 환경적 요인은 다음과 같다.

(1) 평가의 정치성

활용성 중심 평가이론에서 평가는 정치적 과정이며 평가자는 그러한 정치적 과정에 신중하게 대처해야 한다는 점을 시사한다. 평가에 정치성이 개입되는 이유는 다음과 같다.

첫째, 평가는 인간에 의해서 이루어진다. 인간은 살아온 환경이나 경험, 교육적 배경 등에 따라 가치관이나 관점이 다르며 이러한 차이가 평가과정에 영향을 미치게 된다.

둘째, 평가는 주로 경험적 자료를 토대로 하므로 정치성이 개입된다. 왜냐하면, 경험적 자료로 분석한 결과는 해석이 필요한 부분이 많고 해석 과정에 개인의 주관적인 관점이 작용할 가능성이 크기 때문이다.

셋째, 정책집행 과정에 조직과 조직은 상호 연관이 있는데, 의사결정체제인 조직은 정치적인 힘이나 이해집단들 사이에서 갈등과 타협의 정치적 과정을 거치게 된다.

(2) 정보와 평가활용

정책을 평가한다는 것은 정책문제와 관련된 정보체계를 수립하는 것이므로 평가 과정에 수집하는 정보의 양과 종류는 매우 중요한 역할을 한다. 평가활용을 목적으로 관련 정보를 이용할 때 고려해야 할 특성이 세 가지가 있다.

첫째, 모든 정보가 가치가 있는 것은 아니다. 정보가 정보로서 가치가 있으려면 수요자가 필요로 하는 정보여야 하고 관련 정보에 대해 이해할 수 있어야 한다. 그렇지 않으면 아무리 유용한 정보라 할지라도 수요자에게 효용적 가치가 없게 된다.

둘째, 모든 사람이 정보를 이용하는 것은 아니다. 각 개인은 상황에 관한 판단도 다를 뿐 아니라 불확실성에 대한 인식 및 대처능력에도 차이가 있다. 이러한 차이는 정보의 이용 여부와 활용 정도를 결정한다.

셋째, 정보는 활용되기 이전에는 잠재적 가치만 있을 뿐이지 실질적 가치가 있는 것은 아니다. 평가활용성을 높이기 위한 방안은 잠재적 가치와 실질적 가치 간의 격차를 최소화하는 것이다.

(3) 정치적 분석능력

평가는 정치적 과정이다. 정치적 과정에는 다양한 변수가 작용하므로 복잡하고 변화가 심하다. 따라서 올바른 평가를 하기 위해서는 정치적 변수의 영향력을 분석하여 변화를 예측할 필요가 있으며 이 과정에 평가활용성을 높이기 위해 환경적 대응에 영향을 미치는 요인에 대한 분석도 병행해야 한다.

3) 활용성 중심 평가과정

활용성 중심 평가과정에는 일련의 선택조건이 있다. 평가자는 평가과정에서 의사결정자 및 정보사용자와 함께 여러 조건 중에서 선택해 나간다. 활용성에 초점을 둔 평가의 흐름을 단계적으로 제시하면 다음과 같다(오석홍 · 김영평, 2006).

첫째, 평가정보가 필요한 수요자를 알아야 한다. 정보수요자는 평가과정에 참여하여 평가자와 같이 작업할 수 있도록 조직화해야 하고, 조직화할 때 실질적이고 가시적이며 특별한 조직이나 단체로 구성해야 한다.

둘째, 평가자와 정보수요자는 평가할 때 중요한 안건에 대한 검토와 목적달성 여부, 집행과정 등에 초점을 맞추고 상대적 중요성을 고려해야 한다. 이 과정에 평가자는 평가이해관계자가 평가자료를 이용하겠다는 동기가 유발될 수 있도록 평가의 효용성을 높여야 한다. 평가이해관계자(stakeholder)란 프로그램 운영에 필요한 자원 제공자, 정책집행인, 행정관료, 정책적용 대상자 등 평가결과로부터 직접 또는 간접적인 영향을 받는 사람을 말한다.

셋째, 평가방법을 선택한다. 이 단계에서 고려해야 할 점은 평가방법의 적합성, 자료의 신뢰성과 타당성, 정확성, 평가비용 및 평가제약요건 등이다. 그리고 평가방법을 선택할 때 더불어 검토해야 할 사항은 선택된 평가방법으로 획득된 정보가 유용하게 활용될 수 있는지, 그러한 정보가 실제 사용 가능한지 등이다.

넷째, 평가정보가 수록된 보고서를 배포하는 것에 관해 결정한다. 이때 정보수요자를 위해 초기에 정했던 범위에 구애되지 않고 널리 보급하는 것이 바람직하다.

4) 이론에 대한 평가

활용성 중심 평가이론은 평가결과가 실질적으로 활용되어야 한다는 점을 강조함으로써 평가연구에 있어서 활용의 중요성을 부각하고 있다는 점에서 의미가 있다. 또한 평가과정에서 활용을 위한 기획은 평가의 마지막 단계가 아니라 첫 단계라는 것을 제시함으로써 정책평가의 본질이 무엇이어야 하는지에 대해 중요한 교훈을 주고 있다. 패튼(Patton)은 평가정보의 활용성을 높이기 위한 실질적 방안과 지침을 제시하였고, 이는 정책평가 과정에서 실질적인 경험이 될 수 있다는 점에서 긍정적인 평가를 받고 있다.

그러나 패튼(Patton) 이론은 평가결과로 얻은 정보와 지식을 실제 상황으로 연결하는 과정에 대한 제시가 부족하다. 이러한 한계점으로 인해 패튼(Patton)의 분석 틀을 토대로 평가상황에 맞는 실제적 기준을 제시해야 평가실무자가 활용성이 높은 평가를 할 수 있게 된다. 또 다른 문제는 평가의 활용성을 지나치게 강조하면 활용 차원을 넘어 권력층의 정치적 오용이나 남용이 야기될 수 있다. 복지정책의 목적이 권력층이나 특수층이 아니라 사회적 취약계층의 삶의 질을 높이기 위한 것이라면 평가의 활용과 평가정보의 오용 및 남용은 경계해야 할 문제이다(오석홍 · 김영평, 2006).

5. 정책평가 목적론

골든버그(Goldenberg, 1983)는 정책평가의 목적을 이해하는 것은 정책평가에 대한 이해 증진에 필수적이라고 주장함으로써 정책평가의 필요성을 강조하였다. 정책평가의 본질을 이해하기 위해서는 정책평가의 목적이나 필요성에 대한 이해가 선행되어야 한다.

1) 정책평가의 목적

골든버그(Goldenberg)는 정책평가의 목적이나 필요성을 세 가지로 규정하고 있다. 첫째, 정책운영의 효과에 대한 이해를 증진하기 위해서이고, 둘째, 정책집행자나 조직의 행위를 적합한 수준에서 통제하고, 셋째, 정치적 환경에 대한 영향력을 행사하기 위해서이다.

(1) 정책운영의 효과

정책운영의 효과를 높이기 위한 목적은 두 가지이다. 첫째는 정책효과에 대한 정보를 수집하여 활용하는 것이고, 둘째는 정책운영의 효율성을 분석하여 정책 개선을 위한 융통성 있는 방침을 제공하기 위함이다. 골든버그(Goldenberg)는 논리적으로 두 유형의 평가자, 즉 정책 결과에 대한 정보를 알고자 하는 평가자와 정책운영 과정에 대한 정보를 알고자 하는 평가자는 같은 맥락 속에 있어야 하지만 실질적으로 그렇지 못한 경우가 많다는 점을 지적하고 있다.

정보 창출에 초점을 둔 평가자는 정책집행 과정에 관심을 가지기보다 정책집행 결과에 더 많은 관심을 두는 경향이 있다. 이들은 정책집행 과정에서 나타난 비효율적인 측면이나 수정 및 보완해야 할 부분에 대해서는 별로 관심이 없고 정책 결과에 대한 정보를 체계화하는 데 노력하는 경향이 있다. 따라서 정책평가자는 정책집행과 관련하여 정책의 성공 여부에 대해서는 결정할 수 없고 단지 평가형식이나 규모에 대해서만 말할 수 있다. 반면 정책운영에 초점을 둔 평가자는 정책 관련 프로그램이 제대로 돌아가고 있는지에 관심을 가지므로 프로그램 효과에 대한 체계적인 자료를 개발하는 데 전력을 기울인다. 따라서 이들은 프로그램의 성패 원인과 수정 방향에 대해서는 확정적인 결론을 내리기가 어렵다.

프로그램 관리자는 행동 지향적 특성이 있기 때문에 평가자와는 근본적으로 관심의 방향이 다르다. 즉, 이들은 어떻게 하면 프로그램을 성공적으로 운영할 수 있는가에 주의를 기울인다. 따라서 시행착오나 사회적 비용을 줄이기 위해 기존에 성공한 사례가 있다면 그 과정을 반복하기를 원하고 프로그램 집행에 필요한 개선안에 대한 정보에 관심이 많다. 만약 기존 사례에 대한 정보가 없는 새로운 프로그램을 운영할 경우 관리자는 프로그램에 대한 피드백 정보를 신속히 확보하는 데 중점을 두게 된다.

이상과 같이 정책평가에서 정보창출자와 관리자 간에 관점이 다르므로 이들이 지향하는 바가 다르고 정책선택에서 평가에 이르는 과정에 갈등이 개입될 소지가 충분히 있다. 이러한 문제점을 극복하기 위해 정보창출자의 관점과 관리자의 관점을 통합할 수 있는 평가전략이 필요하다.

(2) 조직통제

평가활동과 조직통제의 관계는 오랜 세월을 두고 조정을 거듭해 왔다. 초기 선진사회에서는 정책평가를 주로 조직을 통제하는 수단이나 통제 메커니즘으로 사용해 왔다. 이러한 통제 메커니즘은 정책수행기관의 활동을 감시하고 규정과 규칙이 바로 준수되고 있는지, 위반 소지는 없는지를 파악하는 데 이용함으로써 정책집행자로 하여금 규칙을 준수하게 하고 그들의 행위를 통제하였다. 이러한 경향은 평가활동이 조직통제에 있기보다 정책 운영에 어떤 영향을 미치는지에 더 관심을 두면서 변화하기 시작했다.

그러한 변화는 미국의 경우 정부조직 내에 별도의 평가부서를 신설한다든지, 평가를 위한 새로운 프로그램을 개발하여 보급하고, 평가자와 관리자 간의 대립과 갈등의 관계가 상호협조적인 관계를 유지하는 형태로 나타났다. 그러나 실질적으로 평가활동은 평가자들이 의도한 대로 분명하게 나타나지 않았다. 즉, 정책평가의 목적은 더 나은 정책을 개발하거나 기존 정책을 수정·보완하는 데 있으나 그러한 기여가 확실하지 않다는 것이다.

이러한 문제점은 다시 평가기능에 대한 재정립의 필요성을 부각시켰고 평가활동은 관료조직에 대한 통제를 강화하는 것이 바람직하다는 쪽으로 기울어졌다. 통제 메커니즘은 조직을 관리자가 선호하는 방향으로 이끌어 정책운영의 효율성을 높이기도 하지만 때로는 의도하지 않은 방향으로 이용되는 역기능적인 부분이 있다.

이러한 역기능을 막기 위해 통제에 관한 규정과 규칙은 구체적이고 실증적인 조사를 통해서 정립되어야 하고, 규정과 규칙을 정기적으로 검토하여 정책운영을 체계화해 나가는 것이 평가의 효율성을 높이는 방안이다. 조직통제를 목적으로 한 평가과정의 산출물은 시의성이 있어야 하고 정책운영의 전반적 과정에 대한 이해를 바탕으로 해야 한다. 그러기 위해서는 정책평가가 정책운영과 관련된 문제에 대해 명확한 해결책을 제시할 수 있는 조사가 선행되어야 한다.

(3) 정치환경에 대한 영향력

골든버그(Goldenberg)는 평가활동이 정치환경에 영향을 미치기 위해서는 정치적 영향력이 있는 인물들과 관련 이슈에 대해 사전에 합의점을 도출할 필요가 있다는 것을 강조하였다. 다시 말하면, 적시성과 적절성이 있는 평가전략을 개발하기 위해서는 정책에 관한 중요한 규정과 관련 규정으로 인해 초래될 가능성이 있는 현상 그리고 그 현상이 내포하는 문제점을 합리적으로 처리하는 데 필요한 인적·물적 자원에 대해 정치적 영향력이 있는 사람들 상호 간에 합의점을 도출할 필요가 있다.

합의점 도출은 말처럼 쉽지 않다. 왜냐하면, 정치적 영향력을 행사하는 집단들의 특성이 다양하고 그러한 다양한 집단들은 각기 다른 이해관계를 가지기 때문에 같은 문제에 대해 상반된 해석을 하게 된다. 그러나 이러한 상반된 견해나 관점의 핵심이 명백해지면 정치적 영향력을 행사하는 사람들의 기대를 유도하고 상반된 관점을 조정하는 데 도움이 될 뿐 아니라 효과적인 평가를 수행하는 데 필요한 합의점을 도출할 수 있다.

외부 정치환경에 대하여 영향력을 행사하기 위한 수단으로 사용되는 정치평가의 목적은 평가활동이 고도의 전문성에 기초하여 수행되어야 한다는 것을 전제한다. 만약 평가활동이 전문성을 띠지 못하면 조직통제는 비효율적인 방향으로 흐르고 프로그램의 정치환경 범위 내에 있는 사람들이 프로그램을 운영하는 기관의 영향력에 저항하게 된다. 이러한 문제는 특정 기관의 평가부서가 전문성을 띠고 중요한 정책결정자들과 일정한 채널을 통해 의사소통을 원활하게 하는 경우 해결될 수 있다.

2) 이론에 대한 평가

골든버그(Goldenberg) 이론은 정책평가의 목적이나 필요성을 경험적이고 실증적인 자료를 이용하여 정립함으로써 정책평가 활동의 본질을 이해하는 데 도움을 주고 있다. 이러한 골든버그의 주장에 따른 정책평가는 정보창출과 조직통제, 환경에의 영향을 목적으로 한 공공정책에 활용되고 있다. 그러나 골든버그 이론은 몇 가지 한계점을 지니고 있다(오석홍 · 김영평, 2006).

첫째, 정책평가 목적의 이론적 근거가 취약하다. 이론적 근거가 취약하다는 것은 평가자나 관리자의 시각에 따라 여러 가지로 유형화될 가능성이 있다는 의미이다. 그리고 정책평가 목적에 대한 가설이 객관성이 부족하여 유사연구를 하고자 하는 후속 연구자에게 분명한 방향을 제시하지 못하고 있다. 현실적으로 정책담당자들은 앞서 언급한 세 가지 목적 중에 정책운영의 효과보다는 조직통제나 환경에 대한 영향력 평가를 더 많이 하고 있어 실제로 환경에 민감하지 않은 정책이나 프로그램을 평가하는 경우가 많은데 이러한 현상은 정책평가의 활용목적에 대한 논란의 여지를 남기게 된다.

둘째, 정책평가의 효용적 가치나 목적이 실제적인 면에 치중하고 있다. 즉, 정책평가에서 논의의 초점을 공공부문 관리자들이 어떤 인식을 가지고 있는지에 대한 것으로 국한함으로써 정책평가의 활용성만 설명할 뿐 정책평가연구의 활용성을 높이기 위한 방안에 대해서는 언급하지 않고 있다. 정책평가가 객관성을 띠고 합리적으로 이루어지기 위해서는 평가방법이나 기법이 개발되어야 한다.

셋째, 정책평가를 성공적으로 이끌기 위해서는 예비 평가적 성격을 지닌 정책평가의 기획 활동을 강화해야 한다. 예비평가 기능의 활성화는 제한된 예산과 시간, 인력관리 측면에서 중요하므로 정책평가 기획단은 정책환경의 요구사항에 관한 사전조정을 비롯하여 평가대상 정책의 평가 여부에 대해서도 조사할 필요가 있다.

6. 정책종결이론

더론(deLone, 1982)이 정립한 정책종결이론은 미국이 석유파동과 중동전쟁으로 어려움을 겪고 있을 시기에 사회보장과 같은 복지정책에 대한 요구가 강화될 즈음 기존 정책에 관한 재검토의 필요성과 비효율적 정책에 대한 비판과 더불어 부각된 이론이다.

1) 정책종결의 유형

더론에 의하면, 정책종결이란 특정 공공부문의 기능이나 정책, 조직 등을 의도적인 목적에 의해 종결시키는 것이다. 정책종결 유형은 정책수준과 종결 정도에 따라 두 가지로 분류된다.

(1) 정책수준에 따른 분류

정책수준은 정부의 기능, 조직, 정책에 따라 구분된다. 먼저 정부기능의 종결부터 살펴보면 정부기능의 종결이란 정부가 대중에게 제공하던 서비스를 종결하는 것을 말한다. 정부기능의 종결은 여러 유형 중 가장 저항을 많이 받는다. 예를 들어, 정부의 시장개입 축소나 작은 정부에 대한 주장은 정부기능의 종결과 관련이 있다.

둘째는 정부조직의 종결이다. 정부조직은 장기간에 걸쳐 특정 기능을 수행하기 위해 만들어진 만큼 조직을 없애는 것 역시 정부기능의 종결과 같이 저항수준이 만만하지 않다. 그 이유는 모든 조직은 많은 구성원을 포함하고 있고 조직의 구성원이 많다는 것은 벌써 절대적인 이해관계가 형성되었다는 것을 의미하므로 특별한 문제가 없는 한 오래 존속하려는 경향이 강하기 때문이다. 오히려 조직을 신설하는 것은 큰 저항이 따르지 않으나 조직을 폐지하는 것은 강한 저항을 감내하지 않고는 어려운 일이다. 예를 들어, 정부조직의 어느 한 부서를 축소하거나 없앤다면 그 부서 구성원의 저항도 거셀 뿐 아니라 그 부서와 간접적인 이해관계가 있는 집단까지 합세하여 저항할 수 있다.

세 번째는 정책종결이며 정책종결은 정부기능 및 조직의 종결보다 상대적으로 저항이 적다. 정책종결도 이해관계로 형성된 집단들이 존재하나 정부기능이나 정부조직처럼 절대적인 이해관계로 뭉쳐 있지는 않기 때문에 종결의 영향력이나 규모가 작다고 볼 수 있다. 예를 들어, 각종 규제를 폐지하는 것은 정책을 종결시킨 결과이다.

(2) 정책종결 정도에 따른 분류

정책종결 정도는 크게 완전종결과 부분종결로 나누고, 완전종결은 상술한 바와 같이 정부기능과 조직, 정책종결 등으로 세분화되는 데 비해 부분종결은 다음과 같이 다섯 가지 하위유형으로 구분된다.

- 대체형 : 비효율적인 정책을 새로운 내용으로 대체하는 것이다. 예를 들어, 미국의 한부모가족 지원제도(AFDC)의 경우 과거에는 자녀가 있고 저소득

층에 속하는 경우, 별다른 조건 없이 최저생계비를 지원하였으나 정책 시행 후 다양한 사회문제(비합법적 출산율 증가, 국가 보조에만 의존하는 실업자 증가 등)가 발생하였다. 이러한 문제를 해결하기 위해 한부모가 취업하여 임금을 받으면 그에 따라서 최저생계비를 지원하는 방향으로 정책 내용이 대체되었다.

- **합병형** : 각종 정책이 통폐합되면서 부분적으로 종결되는 것을 말하는데, 합병형은 주로 자원배분 과정에서 규모의 경제나 효용성을 추구하는 가운데 발생한다. 즉, 유사한 기능을 가진 부서를 합하면 규모의 경제 효과로 인해 비용은 절감되고 정책 효용은 증가한다.
- **분리형** : 기존 정책을 한 번에 종결시키는 것이 아니라 정책을 특성에 따라 몇 개로 분리하여 수혜대상을 신축적으로 조정·운영하면서 저항을 약화시키고 점진적으로 정책을 종결하는 것을 말한다.
- **감소형** : 선진 정치체제에서 보편화된 유형으로 시간을 두고 예산을 삭감하거나 정책 내용을 일부 조정하는 형식으로 정책과 제도를 재구성하면서 점진적으로 종결시키는 방법이다.
- **단절형** : 오랜 기간 운영된 정책을 새로운 환경에 맞는 정책으로 대체하고 정책목표나 수요를 변화시키면서 또는 변화되도록 유도하면서 정책을 종결시키는 유형이다.

2) 정책종결의 장애 요인과 전략

(1) 정책종결의 장애 요인

정책종결을 어렵게 하는 장애 요인을 속성별로 분류하면 다음과 같다.

- **법적 요인** : 법 개정과 관련된 제약이나 어려움

- 제도적 요인 : 조직 및 정책의 영속성과 관련된 요인
- 정치적 요인 : 정책종결을 반대하는 연합체의 결성 및 활동
- 경제적 요인 : 정책종결에 수반되는 비용
- 심리적 요인 : 정책종결에 대한 부정적 견해 및 저항
- 규범적 요인 : 정책종결과 관련된 부당한 행위나 무책임한 태도
- 이념적 요인 : 사회가 지향하는 이념이나 조직의 가치문제

이러한 장애 요인 중 법적·제도적 요인보다 사회적 규범이나 이념과 관련된 문제와 직면할수록 정책종결의 어려움은 더욱 커진다.

(2) 정책종결의 전략

정책을 단기간에 종결시키는 것은 여러 가지 장애 요인이 작용하여 종결을 어렵게 하므로 종결전략이 필요하다. 더론(deLone)은 종결전략을 다음과 같이 제시하였다.

- 정책종결은 끝이 아니라 새로운 시작을 위해 필요한 과정이라는 인식을 심어주어야 한다.
- 정책평가자는 평가단계별 과정에서 정책종결을 위한 효과적인 방법과 전략을 찾아낼 필요가 있다.
- 조직구성원의 인사이동이나 행정체계의 변화를 통해 정책종결이 자연스럽게 이루어질 수 있도록 환경을 조성한다.

더론(deLone)은 상술한 전략과 더불어 정부기능과 정부조직, 정책종결 등을 포함하는 완전종결보다 부분종결 전략이 더 효과가 있으며, 부분종결 전략에는 앞서 제시한 대체형, 합병형, 분리형, 감소형, 단절형 등이 포함된다.

3) 이론에 대한 평가와 적용

정책종결이론은 이론적 체계를 토대로 실용적인 면을 제시하고 있어 정책학 분야의 학문적인 공헌뿐 아니라 정책 실무 면에서도 인정을 받고 있다. 그러나 이 이론은 미국과 같은 선진화된 민주사회의 정치적 구조를 기반으로 하기 때문에 권위주의나 민주체제의 토대가 안정적이지 못한 구조를 지닌 사회에 적용하는 데는 한계가 있다. 정책종결이론을 한국적 상황에 적용할 경우 수정・보완되어야 할 부분은 다음과 같다(오석홍・김영평, 2006).

첫째, 정책종결을 요구하는 변수와 정책종결을 가로막는 장애 요인이 무엇이며 어떤 전략을 채택하는 것이 사회적 이익을 최대한 실현할 수 있는 정책이 될 것인지 보다 체계적인 접근을 제시할 필요가 있다.

둘째, 미국은 정책종결 요인이 미시적인 데 비해 한국은 사회경제적 체제가 전환기적 특성이 있으므로 종결의 성격과 관련 요인이 보다 거시적이다.

셋째, 한국은 미국과 달리 구조적으로 국제정치나 경제적 상황에 영향을 많이 받기 때문에 국제환경적 영향요인이 고려되어야 한다.

넷째, 미국은 합리주의와 실용주의적 사상에 입각한 사회이나 한국은 아직도 전통적 보수주의가 지배적 가치관으로서 영향을 미치기 때문에 이러한 한국적 특성이 정책종결을 어렵게 만들 수 있다. 한국적 특성은 정책종결이 정책평가나 정책분석과 같은 측면과 국내외 정치경제적 영향, 정부의 정치적 역학관계 등을 고려할 필요가 있다는 점을 시사한다.

PART

02

한국의 사회복지정책

CHAPTER 07

사회보험

제 1 절 | 사회보장과 사회보험

1. 사회보장

1) 사회보장의 개념

사회복지정책을 광의의 의미로 해석하면 보건, 의료, 주거, 교육, 노동, 고용 등의 영역에서 인간다운 삶을 유지할 수 있도록 지원하는 각종 제도적 정책을 말한다. 반면 협의의 사회복지정책은 사회보장제도에 중점을 두고 있다. 사회보장기본법 제3조 제1호에 의하면, "사회보장이란 출산, 양육, 실업, 노령, 장애, 질병, 빈곤 및 사망 등의 사회적 위험으로부터 모든 국민을 보호하고 국민 삶의 질을 향상시키는 데 필요한 소득·서비스를 보장하는 사회보험, 공공부조, 사회서비스를 말한다"라고 되어 있다. 과거 사회보장기본법은 질병·장애·노령·실업·사망 등과 같은 구사회 위험을 중심적으로 사회보장의 내용을 구성하였으나, 2013년 사회보장기본법이 개정됨에 따라 출산·양육과 같은 신사회 위험을 추가하여 사회보장의 내용을 구성하고 있다. 또한 그 전달 내용에 있어서도 서비스 제공에서 소득·서비스의 내용으로 변경되었다.

사회보장이라는 용어는 프랭클린 D. 루스벨트(Franklin Delano Roosevelt) 대통령이 제2차 뉴딜(New Deal)정책의 일환으로, 1935년에 미국에서 사회보장법(Social Security Act)을 제정하면서부터 사용되었다. 1929년 주식시장의 붕괴로

촉발되어 1930년대 미국을 휩쓴 경제 대공황(Great Depression)은 미국 사회에 최소한의 사회보장시스템이 필요하다는 공감대를 형성했으며(정기혜 외, 2012), 이 같은 국민의 요구에 따라 1935년 사회보장법이 탄생되었다. 이에 따라 사회보장이라는 개념을 최초로 확립하였으나, 그 당시에는 사회보장법의 해석체계가 정립되지 못하여 사회보장이라는 의미가 역사적·사회적 배경과 시대 및 학자나 국가에 따라서 다양하게 해석되었다.

우리나라에서 사회보장의 시작은 1962년 개정헌법에서 처음으로 '국가의 사회보장에 관한 노력'을 규정(제30조)하는 것에서부터 시작되었으며, 모든 국민의 인간다운 생활을 도모하기 위한 사회보장제도의 확립과 그 효율적인 증진을 기하기 위하여 1963년 11월 법률 제1437호로 전문 7개조의 '사회보장에 관한 법률'이 제정되었다. 다만 이 법은 소기의 목적을 달성하지 못하고, 1996년 사회보장기본법(총 35조)이 시행됨에 따라 폐기되었다.

1942년 베버리지가 영국 정부에 제출한 보고서 「사회보험과 관련서비스(Social Insurance and Allied Service)」에 의하면, 사회보장은 실업, 질병, 재해 등에 의해 수입이 중단된 경우에 대처하기 위해서, 노령에 의한 퇴직이나 본인 이외의 사망에 대처하기 위한 소득보장을 의미하는 것이다. 사회보장의 아버지로 알려져 있는 베버리지(W. Beveridge)는 빈곤과 결부시켜 사회보장은 '궁핍의 퇴치'라고 말하고, 이는 국민소득의 재분배로 실현될 수 있으며 이를 통한 일정 소득의 보장은 결국 국민생활의 최저보장을 의미하는 것이라고 주장하였다. 베버리지가 제안한 사회보장원칙으로는 급여의 적절성, 균일액의 생활급여, 관리책임의 단일화, 균일액의 부담제도, 사고와 대상의 포괄성 등이 포함된다.

같은 해에 국제노동기구(ILO : Internaticnal Labour Organization)가 보고한 자료 '사회보장에의 접근'에 의하면, 사회보장은 사회구성원이 직면하는 위험을 사회가 관련 조직 및 제도를 토대로 부여하는 보장이라고 정의하고 있다. 그리고 사회보장을 구성하는 네 가지 요소를 제안하였다.

- 전 국민을 대상으로 하여야 한다.
- 전 국민의 최저생활을 보장해야 한다.
- 모든 위험과 사고에 대하여 보호받아야 한다.
- 공공의 기관을 통하여 보호나 보장이 이루어져야 한다.

사회보장의 사전적 의미를 영어의 어원을 통해 살펴보면 'Social Security'라는 용어에서 Security는 라틴어의 Se(=without, 해방)+Cura(=care, 근심 또는 괴로워하는 것)에서 비롯된 것이며, 이는 '불안을 없게 한다'는 의미를 지니고 있다. 즉, 'Social Security'는 사회적 불안을 제거한다는 뜻을 지니고 있다. 질병이나 분만, 실업, 폐질, 직업상의 상해, 노령 및 사망으로 인한 소득의 상실이나 감소 등으로 인한 경제적 궁핍에서 유래하는 근심과 불안을 근원적으로 제거함으로써 사회평화를 도모하자는 것이다.

사회보장이라는 용어는 1997년 이후 사회안전망(Social Safety Network)이라는 개념으로 대체되고 있고, 광의의 측면에서 국민을 질병, 노령, 실업, 재해, 빈곤 등과 같이 사회통합을 저해하는 위험으로부터 보호하기 위한 제도적 장치로 해석되고 있다. 사회안전망은 현재 우리나라에서 실시되고 있는 국민연금, 건강보험, 고용보험, 산업재해보험, 노인장기요양보험 등의 5대 사회보험과 국민기초생활보장제도와 의료보호 등과 같은 공공부조를 포괄한다. 한국 사회에서는 2013년 사회보장기본법이 개정됨에 따라, 평생사회안전망이라는 개념을 도입하고 있으며, 평생사회안전망은 생애주기에 걸쳐 보편적으로 충족되어야 하는 기본욕구와 특정한 사회위험에 의하여 발생하는 특수욕구를 동시에 고려하여 소득·서비스를 보장하는 맞춤형 사회보장제도를 의미한다.

2) 사회보장제도의 의의

사회보장제도는 권위적 가치배분활동이라는 점에서 의의가 있다. 이스톤(Eston)

이 제안한 가치배분활동은 자원을 어떤 원칙에 의해 배분할 것인가에 대한 문제이다. 사회가 보유하고 있는 자원이 취약계층의 문제를 해결할 만큼 또는 그들이 지닌 욕구만큼 무한하다면 보장 차원에서 자원을 분배하는 데 있어 구태여 어떤 원칙을 정하거나 가치문제에 대해 고민하지 않아도 된다. 그러나 자원의 희소성이라는 현실적인 문제로 인해 항상 자원보다 배분해야 할 집단이나 부분이 많기 때문에 집단 간 이해관계가 형성되고, 그러한 이해관계를 가진 집단의 편익을 제한된 자원으로 조정하는 것에 대해 다양한 대안이 존재하게 되며, 이 대안들 중 합리성을 지닌 대안이 정책으로 연결된다. 이와 같이, 정책이란 희소한 자원을 배분하는 데 있어 어떤 가치를 토대로 할 것인가에 관한 것이다.

사회보장을 위한 자원의 가치배분은 권위를 수반해야 한다. 그 이유는 희소한 자원으로 인해 이해관계가 상반된 집단들이 정부의 결정이나 정책지침을 그대로 수용하지 않는 경우가 종종 있기 때문이다. 즉, 정부의 결정이나 정책지침으로 인해 상대적으로 득실을 보는 집단이 형성되고 그 과정에서 의견이 반영된 집단과 그렇지 못한 집단 간에 갈등과 저항이 생기게 되므로 권위가 부여된 힘에 의한 조정이 필요하다. 여기서 권위는 강압적인 힘이 강제될 수 있는 합리적 조건이 갖추어진 경우에만 적용될 수 있는데, 그 조건이란 사회보장제도가 어느 특정 개인을 위한 것이 아니라 빈곤가구, 노인, 장애인 등과 같은 취약계층 전체의 편익을 위한 것이어야 한다는 점이다.

따라서 정책이나 제도의 결정과정이란 사회에서 이해관계를 가진 집단 간 갈등이 권위를 수반한 조정을 통해 해소되는 과정이다. 다시 말하면, 취약계층의 사회보장 문제가 정책문제로 거론되면 이를 해결하기 위해 달성할 정책목표를 설정하고, 다양한 대안들을 검토하여 하나의 대안을 채택하게 되는 일련의 과정이 필요하고, 활동결과의 산출물이 바로 사회보장제도이다.

마그라비(Magrabi, 1990)는 사회적 동의가 이루어진 가운데 형성된 가치나 목표를 성취하고 추구하는 과정에서 다음과 같은 의문을 제기할 필요가 있다고 주장한다. 과연 빈곤집단과 같은 사회의 소외계층이나 취약집단의 복지를 위해 어떤 조치가 필요한가? 만약 빈곤집단의 문제를 해결하기 위해 어떤 가시적인 조치를 취해야 한다면 어떤 부분에 초점을 맞추어야 하는가? 소외계층이나 취약집단을 위한 조치의 필요성을 파악하고 그에 맞는 적합한 정책을 세우기 위해 현재와 미래에 발생할 수 있는 다양한 문제와 변화에 대해 인식하고 예측할 수 있어야 한다.

사회보장이 빈곤가구의 생활이 이상상태를 유지하거나 개선하는 데 목적을 두고 있다면 사회보장제도란 빈곤가구의 복지와 관련된 문제를 해결하는 데 있어서 사회적 동의가 이루어진 가치나 목표의 성취와 관련된 일련의 선택과 결정과정을 포함한다. 사회보장정책을 설정할 때 이스톤이 주장한 바와 같이 권위적인 가치배분 활동을 고려해야 한다.

3) 사회보장의 기능

사회보장제도는 전 국민을 대상으로 욕구충족과 소득재분배, 사회통합을 추구함과 동시에 국민의 생존권을 실현하고 빈곤경감 및 예방을 통해 경제적 불만과 더불어 정치적·사회적 불만을 해소하는 데 그 목적이 있다. 또한 생활의 위험을 예방하고 노동과 기타 생활조건 개선을 통해 국민의 삶의 질을 높이는 것도 중요한 목적이다. 사회보장의 기능적 측면을 항목별로 구체적으로 살펴보면 다음과 같다.

(1) 최저생활의 보장

사회보장제도는 실업, 질병, 재해 등으로 인해 초래된 개인의 사회·경제적 불안을 덜어주어 대부분의 국민이 인간으로서의 존엄성을 보장받을 수 있는 최소한의 경제적 기본 조건을 보장하는 기능을 가지고 있다. 생계유지가 곤란하거나 빈곤선 이하의 생활을 영위하고 있고 사회적 지원이 요구되는 국민에게는 국가가 사회보장 차원과 기초생활 보장의 측면에서 생계유지에 대한 책임을 갖는다. 사회보장 프로그램 가운데서도 가장 중요한 비중을 차지하는 분야는 소득보장 대책이라 할 수 있다.

(2) 소득재분배

사회보장제도는 사회보험이나 공공부조, 사회복지서비스 체계를 통해 소득재분배를 목적으로 한 정책이다. 인간의 존엄성에 대한 보장 그리고 정책결정에 필요한 가치의 권위적 배분도 모두 효율적인 소득재분배를 통해서 달성할 수 있다. 정부는 도움이나 지원이 필요한 국민을 돕기 위해 사회보장제도를 만들며 이러한 제도는 소득재분배에 영향을 미치게 된다. 따라서 사회보장정책의 목적은 국민들의 소득을 사회가 수용할 만한 기본적 수준으로 유지하는 것이다. 이러한 사회보장제도가 설정되는 과정에서 사회보험이나 공공부조에 기초한 정책이 소득재분배의 목적을 충실히 수행할 수 있는지, 그 혜택이 실질적으로 사회적 취약계층에게 돌아가는지, 누가 그 비용을 부담할 것인지에 대해 충분한 검토가 이루어져야 한다. 이와 같이 사회보장제도는 소득이전을 위한 목적으로 수립되는 것이 특징이며 이 과정에서 재분배 효과가 나타난다.

소득재분배는 다양한 측면에서 논란의 소지를 안고 있다. 그 이유는 소득이나 가치배분이 한편에서 다른 한편으로 일방적으로 흐르기 때문에 비용부담자와 수혜자 사이의 갈등을 초래하기 때문이다. 사회브장제도의 주된 목적 중의 하나는 소득재분배로 실업, 장애, 노령, 질병 등과 같은 사고에 대한 보장과 빈곤의 예방, 계층 간의 소득격차 감소를 통하여 사회적 위험을 분산하고 경제적 불안정을 줄임으로써 소득불균형을 최소화하기 위한 기능을 수행하고 있다.

사회보장을 통한 소득재분배는 제도별 형태와 내용, 발전 정도에 따라 상반된 효과가 나타날 수 있으나 급여지출규모, 위험보장의 종류, 적용범위의 포괄성 등에서 다음과 같은 효과가 나타날 수 있다(한국사회보험연구소). 첫째, 대부분의 나라에서 급여 산정 시 저소득층에 유리하게 설계되어 있기 때문에, 급여지출이 국민소득에서 차지하는 비율이 크면 클수록 소득재분배 효과는 상대적으로 크게 나타날 수 있다. 둘째, 사회보장제도에서 보호하고 있는 사회적 위험의 종류가 많을수록 소득재분배의 효과는 증대할 것이다. 일반적으로 사회적 위험에 노출될 가능성이 높은 계층은 소득이 낮은 계층에 집중되어 있기 때문이다. 셋째, 사회보장제도의 적용범위(예를 들어, 특정 산업, 직종, 계층)에 따라 소득재분배 효과는 상이하게 나타난다.

(3) 사회통합을 통한 국가경제 및 사회체제의 안정

사회보장제도는 1930년대 대공황을 경험하면서 본격적으로 시작되었다. 사회보장제도는 자본주의 국가체제 자체가 위협을 받게 되는 가능성을 줄여 자본주의 국가의 체제안정에 도움을 준다. 또한 사회보장제도가 지향하는 궁극적인 목적은 빈곤 제거인데, 빈곤이 문제가 되는 것은 단순히 빈곤층에 편입된 사람들이 사회에서 소외된 계층으로 남는 것뿐 아니라 위화감과 더불어 다른 계층과의 갈등을 일으키므로 전반적으로 사회에 부정적 층을 형성하고 경제발전의 활력을 감퇴시키기 때문이다.

다시 말하면, 빈곤문제는 사회를 경제, 생활 그리고 문화적으로 계층화시키고 빈곤층과 비빈곤층 사이의 갈등과 대립을 낳으면서 사회발전뿐 아니라 체제안정을 저해하는 요소로 작용하는 데 그 심각성이 있다. 사회적 갈등은 삶의 기회를 분배하는 사회질서제도에 참여하기 위한 논쟁의 결과이며, 사회보장은 사회복지와 안정을 위한 물질적 조건을 제공하여 삶의 기회를 분배받을 수 있게 한다(이달휴, 2010). 따라서 사회보장제도는 이러한 문제를 해소하고 사회체제 안정과 통합을 도모하는 기능을 가지고 있다. 또한 사회보장제도에 의한 혜택은 불황기에 많이 지급되고 호황기에 적게 지급되어 경기변동을 완화시켜 국가경제를 안정시키는 기능을 한다.

이달휴(2010)는 한국 사회의 계층 간 갈등이 심화되고 있으며, 이러한 갈등의 치유방법으로서 사회보장제도의 적절한 시행을 제시하였으며, 사회보장제도의 사회통합 기능에 대하여 소득, 고용, 건강, 교육 및 가족 영역에 대하여 예방적 접근과 사후적 접근으로 분류하였다.

<표 7-1> 사회통합을 위한 사회보장제도의 영역별 구성

구 분	예 방	사 후
소득영역	공적연금제도 근로장려세제	기초보장제도 고용/산재보험
고용영역	고용보험제도 최저임금제 고용관련 차별 철폐	고용안정사업 실업구제사업 자활사업
건강영역	건강증진사업 식품안전제도	건강보험제도 장기노인요양제도
교육영역	의무교육제도 공교육 강화	학자금대출제도 학비지원이나 학습지원 방과후 공부방
가족영역	출산휴가제도 아동수당제도	긴급복지지원제도 한부모가족복지시설

출처 : 이달휴(2010). 사회통합에서 본 사회보장법, p. 198.

4) 사회보장제도와 소득보장체계

(1) 종류

사회보장제도는 사회보험, 공공부조, 사회수당 및 사회적 서비스를 통해 국민들의 소득을 보장한다. 사회보험은 기여에 따른 소득보장으로 가입자의 생활과 안전을 도모하는 대표적인 사회보장제도이다. 또한 사회보험은 소득재분배와 개인적·사회적 위험 분산이라는 기본적 목표를 지향하며 의무적으로 가입하고 사회적 적절성이라는 특성을 지니고 있다. 공공부조는 국가재원을 통한 무갹출 서비스로서 공공세입에 의해 조달된 재원으로 빈곤층의 최저생활을 보장하므로 소득재분배의 효과가 가장 크다고 볼 수 있다. 생계보조수당 및 장애수당 등과 같은 사회수당은 사회부조 또는 데모그란트(demogrant)라고 부르는데 욕구와 상관없이 특정한 인구집단에 속한 사람들에게 제공되는, 보편적 무갹출 급여의 특성을 지니고 있다.

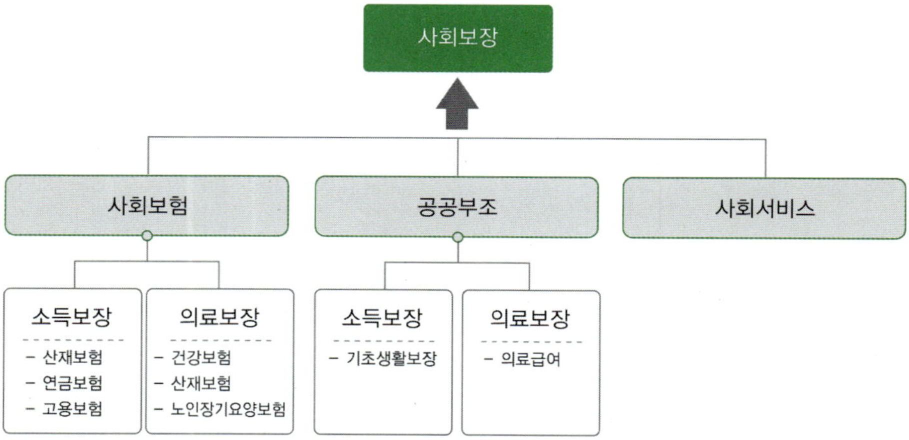

|그림 7-1| 사회보장의 구성 및 체계분류

출처 : 건강보험심사평가원 홈페이지(https://www.hira.or.kr).

(2) 소득보장체계의 구성

소득보장체계는 책임의 주체가 국가 또는 사회인지, 기업이나 개인에게 있는지에 따라 세 계층으로 구분된다. 1층 보장체계는 기초생활을 보장하기 위한 목적으로, 소득이 있는 경우 의무적으로 가입해야 하며, 국가가 운영주체이다. 이를 좀 더 세분화하여 0층으로 구분하기도 한다. 0층은 가장 기초적인 소득을 보장해 주는 제도로, 대표적으로 기초연금이나 기초생활보장제도와 같은 공공부조 제도가 포함된다. 1층 보장체계는 공적연금 등이 해당된다. 2층 보장체계는 표준적인 생활을 목적으로, 근로소득이 있는 경우 가입하게 되며 기업 또는 근로자가 자산을 운영한다. 2층 보장체계는 기업에 의한 보장과 사회적 책임으로 기업연금, 퇴직금 일시금, 단체보험 등이 포함되며, 3층 보장체계는 여유 있는 생활을 목적으로 개인이 자유롭게 선택하여 가입하며, 금융기관이 운영주체이다. 3층 보장체계는 개인이 경제적 능력에 의해 보장수준을 정하고 그 책임 또한 개인에게 있는 체계로서 저축, 개인연금, 성명보험 등이 이에 포함된다. World Bank는 기존의 획일적인 3층 보장의 모형에서 탈피하여, 각 국가에 맞게 소득의 다층체계(Multi－pillar system)의 연금모형을 제시하였다. 기존의 3층 보장체계에서 1층의 기본 보장을 0층으로 설계하고, 확정급여형 공적연금 또는 명목확정기여형 등으로 변형된 공적연금의 존재를 인정하여 1층 제도에 편입, 기존 모형에서 강제가입 적립형 연금제도를 더욱 분화시켜 강제 그리고 임의 기업, 개인연금 등으로 2~3층을 구분한다(이상우, 2011). 또한 0층에서는 기초연금이나 공공부조 제도, 2층이나 3층에서 기업연금 또는 개인연금을 중첩시키는 등 각 층별로 다양한 제도를 중첩적으로 운영할 수 있도록 설계하였다(이상우, 2011).

<표 7-2> 다층소득보장체계

구 분	특 징	적 용	재 원
4층	가족 내의 비공식지원, 기타 개인의 금융 및 비금융자산(주택소유)	임의	금융 및 비금융자산
3층	기업 또는 개인 연금제도(부분/완전 적립식 DB 또는 적립식 DC)	임의	금융자산
2층	퇴직연금제도(완전 적립식 DB 또는 완전 적립식 DC)	강제	금융자산
1층	공적연금, 공적으로 관리(DB 또는 NDC)	임의	보험료/ 일부적립금
0층	기초연금 또는 사회연금제도, 공적부조제도	보편적/ 잔여적	정부예산/ 일반재정

출처 : World Bank(2005). Old Age Income Support in the 21st Century, p. 10.

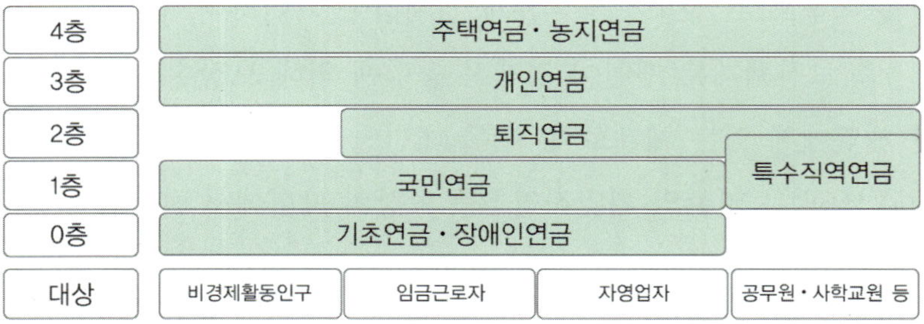

|그림 7-2| 우리나라 다층적 노후소득 보장체계

출처 : 통계청 보도자료(2022). 노인빈곤 해소 및 안정적인 노후생활 보장을 위한 「포괄적 연금통계 개발」 추진-제144회 국정현안점검조정회의(2022. 4. 14).

2. 사회보험

1) 사회보험의 개념

사회보장기본법(제3조 제2호)에 의하면, "사회보험이란 국민에게 발생하는 사회적 위험을 보험방식으로 대처함으로써 국민의 건강과 소득을 보장하는 제도를 말한다"라고 정의하고 있다. 사회보험은 사회정책을 위한 보험으로서 국가 및 사회가 책임을 지고 국민생활을 위협하는 질병·사망·노령·실업 기타 신체장애 등과 같은 위험한 상황이나 경제적 불안정으로 인해 소득의 감소가 발생하였을 때에 보험방식에 의하여 공적 차원에서 국민건강과 소득을 보장하는 제도이다. 이러한 제도의 주된 목적은 국민 개개인의 생활여건이 악화되는 것을 미연에 방지함으로써 사회경제적 불평등을 최소화하고 형평 및 안정과 능률을 증대시키는 데에 있다.

이러한 사회보험은 국가가 사회정책을 수행하기 위해 보험의 원리와 방식을 도입하여 만든 사회·경제 제도이며 운영과 방법론에서 보험기술과 보험원리를 따르고 있다는 점에서 공공부조와 상이한 특성을 지니고 있다. 이 제도는 다른 제도나 정책처럼 재원을 일반조세에 의존하는 것이 아니라 고용주와 피고용자 양자가 부담하는 보험료에 의해 법적으로 정형화된 체계 내에서 급여가 주어지며 사적보험과 달리 보험료 산출이 윤리적 성격을 지니고 있다.

사회의 연대성과 강제성이 적용되는 사회보험은 업무상의 재해, 질병, 분만, 장애, 사망, 유족, 노령 및 실업 등을 다루고 있으며, 우리나라의 사회보험 체계는 국민연금을 비롯하여 건강보험, 산재보험, 고용보험, 노인장기요양보험의 5대 보험으로 구성되어 있다. 사회보험은 산업재해보상보험이 가장 먼저 설정되었고 그 다음이 건강보험, 국민연금, 고용보험의 순으로 발달하였다. 질병·장애·사망·노령 등에 대해서는 국민연금, 질병과 부상에 대해서는 건강보험, 업무상의 재해에 대해서는 산업재해보상보험, 실업에 대해서는 고용보험, 그리고 노인성 질병으로 인한 일상가사에 대해서는 노인장기요양보험이 적용된다.

<표 7-3> 사회보험제도의 실시 현황

구 분	대상위험	보장유형	도입연도	관할부처
국민연금	노령, 장애, 사망	소득보장	1988	보건복지부
건강보험	질병	의료보장	1977	보건복지부
산재보험	업무상 재해	의료・소득보장	1964	고용노동부
고용보험	실업	소득보장	1995	고용노동부
노인장기요양보험	노령, 질병, 장애	보건・의료서비스	2008	보건복지부

2) 사회보험의 특성

사회보험과 사보험의 상관성과 차이점에 대해 미국의 위험관리학회(American Risk and Insurance Association)의 사회보험용어위원회가 연구・검토한 결과 사회보험의 성립요건을 다음과 같이 규정함으로써 사회보험의 개념적 범위를 명확히 하고 있다.

- 사회보험의 가입은 법률에 의하여 강제적으로 적용된다.
- 사망, 실업, 부상, 노령 등의 사회적 위험에 대비하기 위해 보험원리가 적용된다.
- 급여자격은 갹출을 토대로 이루어지며, 급여결정방식은 법률에서 정한다.
- 각자의 급여수준은 통상 갹출액과 직접 관계를 갖는 것이 아니고 그 이전의 소득과 가족 수에 따라 소득이 재분배된다.
- 장기적 관점에서 적절한 급여에 대한 재정계획이 확립되어야 한다.
- 재원은 개인의 소득에 따른 기여를 통해 조달하고 1차적으로 근로자와 사용자의 갹출에 의하여 부담한다.
- 사회보험계획은 정부에 의하여 관리되거나 감독된다.
- 사회보험계획은 공무원만을 위해서 정부에 의하여 수립될 수는 없다.

사회보험과 사보험을 획일화된 기준으로 비교하는 것은 논리적 한계가 있다. 그 이유는 국민연금, 건강보험, 산재보험, 고용보험, 노인장기요양보험으로 구성된 사회보험은 보험에 따라 목적 및 특성이 각기 다르기 때문에 어느 보험을 준거로 하는가에 따라 비교의 기준이 달라질 수 있기 때문이다. 그리고 사보험 역시 생명보험과 손해보험의 성격이 상이하므로 직접 비교하는 데 어려움이 있다. 사회보험과 사보험의 공통적인 특징은 위험의 결합, 우연한 손실, 위험의 이전, 손해의 보상이라 할 수 있으며 구체적으로 다음과 같은 점에서 유사성을 지닌다.

- 위험 전가와 확산
- 가입, 급여, 재정에 관한 조건의 유사성
- 급여와 보험료에 대한 정확한 보험수리의 요구
- 급여와 보험료의 균형 유지
- 경제적 위험으로부터의 보장
- 필요에 따른 사전급여 결정의 어려움

사회보험과 사보험의 차이점을 비교할 때 개별 제도의 목적과 특성에 따른 구분이 필요하나 일반적인 측면에서 책임권 및 수급권, 보험사고대상, 급여수준, 인플레이션 등에서 다음과 같은 차이가 있다.

<표 7-4> 사회보험과 민간보험의 비교

구 분	사회보험	민간보험
책 임	국가	민간
보험가입	강제가입	임의가입
목 적	최저생활보장 또는 기본적 의료보장	개인적 필요에 따른 보장
성 격	사회적 타당성에 의한 집단보험	개인적 공평에 의한 개별보험
수급권	수혜액이 법적으로 결정	보험금이 계약으로 결정
경쟁체제	정부 및 공공기관의 독점	자유경쟁
보험사고대상	인보험	인·물 보험
급여수준	균등급여	기여비례
부담 여부	공동부담(사용자, 피용자, 정부)	본인부담
재원부담	능력비례부담	능력무관
보험료 부담방식	주로 정률제	주로 정액제
보험료 수준	위험률 상당이하 요율	위험률 비례요율
위험선택·관리	불필요	필요(선택 가능)
인플레이션 대책	국가조세권으로 인플레이션 극복	인플레이션 대책 취약

3) 사회보험과 정부

보험이 자유시장에서 거래된다는 것은 보험가입이 소비자의 자유의사에 맡겨지고, 보험료율과 보험상품구조는 경쟁원리에 의하여 결정되며, 정부는 보험거래에 직접적으로 개입하지 않는다는 것을 뜻한다. 자유시장의 보험에 대한 정부개입의 필요성은 첫째, 시장의 실패(market failure)이론으로 설명된다. 둘째, 정보의 불완전성도 정부가 사회보험에 개입하는 중요한 이유가 된다. 셋째, 소득재분배이다. 한 국가의 부의 대부분을 소수의 상층계급이 소유하고 대다수의 하층계급은 극빈생활을 할 수 있다. 이 경우에는 사회의 안정을 위하여 정부가 개입하여 부유층의 소득을 극빈층으로 재분배할 수 있다.

정부가 사회보험을 직접 운영하는 것을 지지하는 근거로는 규모의 경제와 한계시장의 존재이다. 여기서 규모의 경제란 사업의 규모가 커질수록 평균비용이 낮아지는 것을 뜻하고, 한계시장이란 보험가입 대상자의 위험이 너무 커서 보험회사가 수지타산을 맞추기 어려운 집단을 말한다.

정부가 사회보험을 독점적으로 운영하면 보험 풀(pool)이 커져서 손실률을 정확하게 예측할 수 있고 보험단위당 경비를 줄일 수 있으며, 건강보험이나 산재보험의 경우 의료기관과의 협상에서 유리한 위치를 확보하는 등의 장점이 있고, 비영리기관이므로 이윤을 추구하지 않으며, 광고비 등 보험판매를 위한 비용을 절감할 수 있다. 그러나 조직이 커지면 비능률이 발생하여 오히려 규모의 비경제가 발생할 수 있고, 경쟁이 없기 때문에 일단 발생한 비능률을 제거하기도 어렵다. 우리나라는 사회보험을 정부가 직접 운영하는데, 정부는 효율성을 향상시키는 노력을 부단히 하여야 할 것이다.

제 2 절 | 국민연금

1. 국민연금의 의의 및 특성

1) 국민연금의 의의

질병 · 노령 · 장애 · 빈곤 등의 문제는 산업화 이전의 사회에서도 존재하였다. 다만, 이 시기에 위험은 사회구조적 성격이 아닌 개인의 위험 차원에 머물러 있었다. 그러나 산업사회로 넘어오면서 각종 사회적 위험은 개인 차원을 넘어 국가개입의 필요성이 요구되는 사회적 문제로 대두되었다. 우리나라의 사회보장제도는 1970년까지만 해도 구호사업 및 구빈정책 위주였으나 1970년대 후반에 실시되었던 의료보험이나 1988년 실시된 국민연금제도로 인해 1980년대 이후부터 그 틀을 갖추기 시작했다고 볼 수 있다.

이 중 국민연금제도란 노령·장애·폐질·사망 등과 같은 위험으로 인해 소득능력이 영속적으로 상실 또는 감퇴된 국민에게 정기적으로 일정액의 금전급부를 행하여 개인의 생활안정과 복지증진에 기여하는 제도이다. 소득보장을 목적으로 한 공적연금제도인 국민연금은 건강보험과 함께 사회보장제도의 양대 지주라고 할 수 있다.

이 제도는 사회구성원이 일상생활에서 직면하는 개인적 위험부담을 사회가 공동으로 부담하여 분산시키는 사회보험방식으로 운영된다. 즉, 국가가 가입자, 사용자 및 국가로부터 일정액의 보험료를 받고 이를 재원으로 노령, 질병, 장애, 사망 등으로 인해 경제활동을 할 수 없을 경우 본인이나 유가족에게 연금을 지급함으로써 기본 생활을 유지할 수 있도록 정부가 직접 운영하는 소득보장제도이다.

급여의 종류로는 노령으로 인한 근로소득 상실을 보전하기 위한 노령연금, 주소득자의 사망에 따른 소득상실을 보전하기 위한 유족연금, 질병 또는 사고로 인한 장기근로능력 상실에 따른 소득상실을 보전하기 위한 장애연금 등이 있다.

국민연금제도는 우리나라가 매우 빠른 속도로 저출산·고령화 사회가 되면서그 필요성이 더욱 강조되고 있다. 생활수준의 향상과 의료기술의 발달로 평균수명이 늘어나고 출산율 감소로 인해 우리나라는 매우 빠른 속도로 노령화가 진행되고 있다. 실제 매년 기대 여명은 조금씩 늘어나고 있으며, 이는 저출산 문제와 맞물려 노령화 문제를 더욱 심각하게 유발하고 있다. 특히 우리나라는 기대 여명이 높은 편이다. 구체적으로 우리나라의 경우 2021년을 기준으로

65세의 기대여명은 21.6년, 75세의 기대 여명은 13.4년으로 경제협력개발기구(OECD) 평균 대비 남자는 1.5년, 여자는 2.5년 더 높은 수준이라 할 수 있다.

2000년 65세 이상 노령인구비율이 7.2%로 고령화사회에 진입하였고, 2017년 8월을 기준으로 고령사회에 진입하였으며, 2025년에는 초고령사회(노령인구비율 20%)로 진입할 것으로 예상되고 있다. 한국 사회는 고령화사회에서 고령사회로의 전환에 걸린 기간이 18년(2000년→2018년)에 불과하여, 프랑스 115년(1864년→1979년), 미국 72년(1942년→2014년), 영국 46년(1929년→1975년), 일본 25년(1969년→1994년)에 비해 상당히 빠르게 진행되고 있으며, 고령사회에서 초고령사회로의 이행에 걸린 기간 역시 영국 50년(1975년→2025년), 프랑스 39년(1979년→2018년), 미국 15년(2014년→2029년), 일본 10년(1994년→2004년)에 비해 우리나라는 7년(2018년→2025년)에 불과해, 세계에서 유사한 사례를 찾아볼 수 없을 정도로 빠르게 진행되고 있다. 특히 65세 이상 인구비율은 2035년이 되면 30%에 이를 것으로 예상되고 있다(통계청, 2023).

<표 7-5> 고령화 속도 국제비교

구 분	프랑스	영 국	미 국	일 본	우리나라
고령사회(A)	115년	46년	72년	25년	18년
초고령사회(B)	39년	53년	15년	10년	7년

* A : 고령화사회(노인인구비율 7%)에서 고령사회(노인인구비율 14%)로 진입하는 데 걸린 기간
* B : 고령사회에서 초고령사회(노인인구비율 20%)로 진입하는 데 걸린 기간

이러한 고령화사회의 조기진입은 평균수명은 늘어난 반면 신생아 출생률이 빠른 속도로 줄어드는 현상 때문이다. 저출산고령사회위원회 자료에 따르면 1980년 2.83명이던 한국의 출산율은 2005년에 1.08명으로 떨어져 세계에서 가장 낮을 뿐 아니라, 2024년 1분기 합계 출산율은 0.76명으로 역대 최저로 나타났다. 고령화사회의 진입은 부양해야 할 노령인구가 증가한다는 것을 의미하

는데 2002년 기준 생산가능인구 9명이 1명의 노인을 부양했지만 2023년에는 4명이 1명을 부양, 2050년에는 4명이 3명을 부양해야 할 것으로 예측된다.

이렇게 노인을 부양해야 하는 부담은 증가되고 있는 반면, 부모를 모시는 가정은 핵가족 제도의 영향으로 더욱더 줄어들고 있다. 이처럼 가족구조나 부양의식의 변화로 인하여 사적 부양의 역할은 축소되고 있으며, 따라서 젊고 소득활동능력이 있을 때 체계적으로 자신의 노후를 준비해야 한다. 그러나 30.3%는 노후준비를 전혀 하지 않고 있으며, 실제 노후 준비를 하는 경우도 공적 연금(국민연금)을 이용하는 사람이 59.1%로 나타났다(통계청, 2023). 복지국가로 잘 알려진 노르웨이의 경우 2021년 노인의 상대적 빈곤율은 3.8%에 불과하며, 캐나다는 14.8%, 영국은 14.5%로 나타났으며, 미국은 22.8% 정도이나 한국은 39.3%에 달하는 것으로 나타났다(통계청, 2021). 이러한 측면을 고려하면, 공적 부양제도인 국민연금은 노후소득 보장을 통한 생활안정에 중요한 역할을 한다고 말할 수 있다.

국민연금제도의 목적은 노후소득 보장을 통한 생활의 안정을 도모하는 것이다. 그러나 급부수준은 베버리지가 주장한 바와 같이 국민최저(national minimum)의 원칙하에 최저한의 생활을 보장하는 것이며 그 이상의 생활보장은 개인 스스로의 노력에 의해 대비해야 하는 방향으로 제도화되어 있다. 이에 대해 노후소득보장 강화가 필요하다는 의견들이 대두되며, 국민연금 개혁안에서는 이를 중요하게 다루었다.

2) 국민연금의 특성

연금가입자가 노령, 장애, 사망 등으로 소득이 중단, 상실될 경우 본인 또는 그 유족에게 연금을 지급하여 최저생활을 보장함으로써 국민의 생활안정과 복지증진을 도모하는 것으로 다음과 같은 특징이 있다.

첫째, 국민연금은 모든 국민이 가입대상으로 강제성이 있다. 강제 가입이 아닌 경우 가입을 기피하는 사람이 늘어날 수 있고, 이로 인하여 노후빈곤층이 확대되고, 사회문제화 될 경우 결국 국가는 빈곤해소의 문제를 조세 등을 통해 해결해야 한다. 이 경우 성실하게 본인의 노후를 준비한 사람은 노후를 준비하지 못한 사람의 노후의 일정 부분을 책임지게 되는 이중부담이 발생하기 때문에 소득활동을 하는 사람은 누구나 의무적으로 가입하도록 하고 있다.

둘째, 국민연금은 소득보장의 기능이 있다. 즉, 노령·폐질·사망 등으로 소득능력이 상실·감퇴된 경우에 노령, 장애 또는 유족연금을 지급하여 본인 또는 유족의 기본 생계를 보장해 준다.

둘째, 소득재분배의 기능이 있다. 본인이 납부한 보험료만을 기준으로 급여액이 산정되는 사보험과는 달리 저소득층일수록 최종 보수 대비 연금 수급액의 비율을 높여 소득계층 간에 소득재분배가 이루어지도록 설계되어 있다. 이러한 세대 내 소득재분배 기능을 통해 소득계층 간의 소득격차를 줄임으로써 사회통합에 기여한다. 뿐만 아니라 국민연금 제도는 현재의 가입세대가 미래세대로부터 일정한 소득지원을 받는 세대 간 소득재분배의 기능도 존재한다.

셋째, 연금액의 실질가치가 보장된다. 국민연금은 물가변동률을 고려하여 연금지급액의 실질가치를 유지한다. 연금액을 최초로 결정할 때는 가입기간 중의 소득을 연금수급 전년도의 가치로 평가하여 임금인상률과 물가상승률을 반영하고 실질소득 수준에 상응하는 급여가 지급된다. 연금을 받는 동안에는 물가변동률에 따라 상향조정되므로 연금의 실질가치가 항상 유지된다. 예를 들면, 1988년도에 100만 원의 소득으로 국민연금에 가입되었다면 이를 2025년 가치로 재평가하면 약 825만 원의 소득액으로 인정하여 국민연금을 계산한다. 또 국민연금은 연금을 받기 시작한 이후 매년 1월부터 전년도의 전국소비자물가변동률에 따라 연금액을 조정하여 지급한다.

넷째, 국민연금 급여에는 소득세, 주민세가 부과되지 않으며 유족연금과 사망으로 인한 반환일시금에는 상속세가 면제되고, 회사가 부담하는 국민연금보험료도 소비 및 필요경비로 인정하여 세제상의 혜택이 주어진다. 또한 지역가입자는 당해연도에 납부한 연금보험료의 일정 비율에 상당하는 금액을 당해연도의 종합소득금액에서 공제를 받게 된다.

다섯째, 국민연금은 국가에서 관리·운영하며, 관리운영비 전액과 연금보험료 중 일부를 국고 또는 사업자가 지원하며, 자녀에게 가족수당 성격의 가급(가족급여)연금액이 지급되므로 영업이익을 추구하는 사보험의 개인연금에 비하여 수익성에 있어 유리하다. 또한 수급권자(유족연금의 경우에는 사망한 가입자 또는 가입자였던 자를 말함)를 기준으로 하는 배우자, 자녀 또는 부모로서 수급권자에 의해 생계를 유지하고 있는 자에 대하여 지급하는 일종의 가족수당 성격의 부가급여인 부양가족연금액이 지급된다.

2. 국민연금의 도입 및 적용대상

1) 도입 및 발전

우리나라에서 국민연금법이 시행된 과정을 단계별로 살펴보면 다음과 같다.

(1) 도입준비단계(1973년 국민복지연금법 제정)

1960년대 추진된 경제개발계획으로 산업화, 도시화, 핵가족화, 노령화가 빠른 속도로 진행되고, 이로 인해 발생된 사회문제의 해결방안으로 1973년 국민복지연금법이 제정·공포되었다. 그러나 1973년 발생한 석유파동 등에 따른 경제적 여건 악화로 1974년 1월부터 시행예정이었던 국민연금제도가 무기한 연기되었다. 이후 제6차 경제사회발전 5개년 계획이 실행되고 이 기간 동안 경제가 다시 발전하여 국민부담능력이 크게 향상됨으로써 국민연금제도 실시를 위한 제반 여건이 성숙되기에 이른다.

(2) 도입 및 실시단계(1986년 국민연금법 개정 및 1988년 제도 시행)

노동시장 확대와 계속적인 출생률 저하 등으로 국민연금제도의 필요성이 증가하면서 1986년부터 종전의 국민복지연금법이 국민연금법으로 전면개정되어 1988년 1월부터 시행하게 되었다. 이러한 국민연금제도는 기금운용 등 효율적 관리・운영을 위해 1987년 9월에 독립기관으로 국민연금공단을 설립하였고, 우선적으로 10인 이상 사업장에 근무하는 18세 이상 60세 미만의 근로자 및 사업주를 대상으로 실시하였다.

(3) 확대단계(전국민연금시대)

1988년 10인 이상 사업장을 중심으로 추진되었던 국민연금제도는 1992년 소득보장 혜택이 더욱 절실한 5인 이상 사업장으로 당연적용대상을 확대하였으며, 1995년에는 신경제 5개년 계획 및 WTO 체제하의 농어촌 발전대책의 일환으로 농어촌 지역으로 국민연금제도를 확대하였고, 1999년 4월 도시지역에까지 국민연금제도를 실시함으로써 전 국민 연금시대가 열렸다.

이러한 연금법의 제정 및 개정은 그 당시 일반 국민들을 대상으로 한 산업재해보상보험제도가 유일한 사회보장제도이고 사회경제적 여건이 취약했던 것에 비추어 본다면 상당히 이례적인 것이라고 말할 수 있다. 그리고 1980년대의 국민복지연금제도는 국내 저축률 향상에 기여했을 뿐 아니라 경제개발을 위한 투자재원의 조달에도 크게 기여했다는 것이 일반적인 평가이다.

특히 2012년에는 두루누리 보험료 지원사업을 실시하였다. 이는 근로자 수가 10명 미만 사업장의 월소득 일정 금액(206만 원) 미만인 근로자를 대상으로, 연금보험료의 80%를 지원하는 사업이다. 또한 2022년에는 가사근로자 보험료

지원사업을 도입하여, 가사서비스 제공 법인 사업장에 월소득 일정 금액(206만원) 미만인 근로자도 두루누리 보험료 지원과 동일하게 연금보험료의 80%를 지원하고 있다.

2025년 3월 20일 국민연금 제도의 지속 가능성을 제고하고 노후소득 수준을 강화하기 위한 「국민연금법」 일부개정법률안이 본회의를 통과하였다. 여기에는 보험료율[1]이 현행 9%에서 13%로 인상하는 안이 포함되어 있다. 국민 부담을 고려하여 2026년부터 매년 0.5%p씩 단계적으로 인상하며, 2033년 13%에 도달하게 된다. 다음으로 소득대체율이 변화된다. 명목소득대체율은 2026년부터 43%로 상향 조정한다. 명목소득대체율은 은퇴 전 소득 대비 연금액의 비율을 나타내는 지표로 국민연금 도입 당시 70%, 1999년 60%, 2008년 50%로 낮아졌으며, 법률 부칙에 따라 매년 0.5%p씩 인하되어 2028년까지 40%로 조정될 예정이었다. 그러나 법률 개정을 통해 2026년부터 소득대체율은 43%로 고정된다. 또한 출간 크레딧 역시 최대 50개월까지 인정하는 상한 규정을 폐지하고, 군복무크레딧 역시 현재 6개월에서 12개월로 확대한다. 또한 보험료 인상에 따른 저소득 지역가입자의 부담을 완화하기 위해 보험료 지원 대상도 확대한다.

국민연금관리공단은 국민이 나이가 들어 생업에 종사할 수 없게 되거나 불의의 사고로 사망, 재해 등 재앙을 입었을 경우 연금을 지급하고, 각종 복지사업을 실시함으로써 국민의 생활안정과 복지증진에 기여하기 위하여 설립되었으며, 국민연금가입자의 이력관리, 연금보험료 징수, 각종 연금의 지급, 그리고 가입자 및 연금 수급권자를 위한 복지사업을 실시하는 것이 그 주된 기능이다.

국민연금은 노후생활의 기본적 수단으로 국가에서 보장하는 연금급여이므

1 보험료율은 1988년 국민연금 제도 도입 당시 3%였으나, 1993년 6%, 1998년 9%로 조정된 이후 계속 유지되어 왔다.

로, 이를 받을 권리를 압류하거나 담보로 제공할 수 없도록 국민연금법에서 명시하고 있다. 또한 수급권자에게 지급된 급여 중 일정 금액 이하의 금액에 대하여는 압류의 효력이 미치지 않는다(법 제58조). 다만, 연금을 지급받고 있는 은행계좌는 예금채권이기 때문에 타인에 의해 압류될 수 있지만, 연금수급계좌가 압류되었다 하더라도 법원의 '압류명령취소신청' 또는 '압류명령범위변경신청' 절차를 통해 일정 금액(민사집행법 시행령 제3조) 이하는 압류대상 금액[2]에서 제외시킬 수 있다. 특히 급여수급전용계좌인 '국민연금 안심통장'으로 국민연금 급여를 지급받는 경우에는 압류로부터 원천적으로 보호된다. 다만, 일정 금액을 초과하는 연금 급여는 별도의 일반계좌로 수령하여야 한다.

<표 7-6> 국민연금제도의 변천과정

시 기	내 용
1973. 12.	국민복지연금법 공포(석유파동으로 시행연기)
1986. 12.	국민연금법 공포[법률 제3902호](구법 폐지)
1987. 9.	국민연금관리공단 설립
1988. 1.	국민연금제도 실시(상시근로자 10인 이상 사업장)
1992. 1.	사업장 적용범위확대(상시근로자 5인 이상 사업장)
1993. 1.	특례노령연금 지급 개시/연금보험료율 조정(3% → 6%)
1995. 7.	농어촌지역 연금 확대 적용
1998. 1.	연금보험료율 조정(6% → 9%)
1999. 4.	도시지역 연금 확대 적용(전 국민 연금 실현)
2000. 7.	농어촌지역 특례노령연금 지급
2001. 7.	5인 미만 사업장에 더하여 임의적용사업장으로 확대
2001. 11.	텔레서비스 시스템 전국 확대 운영
2002. 4.	4대 사회보험 정보연계시스템 구축
2003. 7.	사업장 적용범위 확대(근로자 1인 이상 법인 · 전문직 종사업장)

2 수급권자에게 지급된 급여로서 압류할 수 없는 금액은 2019년 이후 기준 금액은 185만 원이다.

2004. 7.	국민건강보험 또는 고용보험가입사업장으로 확대 연금급여율 조정 결정(기준소득대체율 60% → 40%)
2006. 1.	사업장 적용범위 확대 완료(근로자 1인 이상 사업장 전체)
2007. 7.	국민연금공단으로 명칭 변경
2008. 1.	완전노령연금(가입기간 20년 이상) 지급 개시
2009. 8.	국민연금 4개 직역연금 가입기간 연계사업 시행
2011. 4.	장애인복지법상 장애 전(全) 등급 심사 개시
2012. 7.	10인 미만 사업장 저소득근로자에 대한 국민연금 보험료 지원사업 시행(두루누리 사업)
2014. 7.	기초연금 지급 개시
2015. 6.	노후준비지원법 제정과 국민연금공단에 중앙노후준비지원센터 지정·운영
2016. 8.	구직급여 수급자를 대상으로 실업크레딧 시행
2016. 11.	경력단절 여성 대상으로 추후 납부를 확대하여 1국민 1연금 시대 개막
2022. 7.	저소득 지역가입자 연금보험료 지원사업 시행

2) 적용대상

국민연금 가입 대상자는 사업장가입자와 지역가입자로 나뉜다. 좀 더 구체적으로 가입자의 종류는 사업장가입자, 지역가입자, 임의가입자, 임의계속가입자로 구분하고 있는데 의무가입 여부를 기준으로 의무적으로 가입(당연가입 대상)해야 하는 사업장가입자와 지역가입자, 가입에 대한 선택권이 부여되는 임의가입자, 임의계속가입자로 나뉜다.

사업장가입자는 국민연금에 가입된 사업장의 18세 이상 60세 미만의 사용자 및 근로자로서 국민연금에 가입된 자를 말한다. 1인 이상의 근로자를 사용하는 사업장 또는 주한외국기관으로서 1인 이상의 대한민국 국민인 근로자를 사용하는 사업장에서 근무하는 18세 이상[3] 60세 미만의 사용자와 근로자는 당연히

3 18세 미만 근로자도 2015년 7월 29일부터 사업장가입자로 당연적용되지만, 본인의 신청에 의해 적용제외가 가능하다.

사업장가입자가 된다. 따라서 지역가입자가 사업장에 취업하면 자동적으로 사업장가입자가 되고, 지역가입자 자격은 상실된다. 다만, 타 공적연금 가입자, 수급권을 취득한자, 일용근로자 또는 1개월 미만의 기한을 정하여 사용되는 근로자,[4] 소재지가 일정하지 아니한 사업장에 종사하는 근로자, 1개월 동안의 근로시간이 60시간(주당 평균 15시간) 미만인 단시간근로자는 사업장 가입대상에서 제외된다.

지역가입자는 국내에 거주하는 국민으로서 18세 이상 60세 미만인 자 중 사업장가입자가 아닌 사람은 당연히 지역가입자가 된다. 다만, 퇴직연금 등 수급권자, 국민기초생활보장법에 의한 수급자 중 생계급여, 의료급여 또는 보장시설 수급자, 소득활동에 종사하지 않는 국민연금 또는 다른 공적연금의 가입자나 수급권자의 배우자 및 보험료를 납브한 사실이 없고 소득활동에 종사하지 않는 27세 미만인 자는 지역가입자가 될 수 없다.

다음으로 임의가입자가 있다. 사업장가입자와 지역가입자가 될 수 없는 사람도 60세 이전에 본인의 희망에 의해 가입신청을 하면 임의가입자가 될 수 있다. 즉, 국민연금 가입자 또는 수급자의 소득 없는 배우자, 퇴직연금 등 수급권자나 그의 소득 없는 배우자, 국민기초생활보장법에 의한 수급자 중 생계급여, 의료급여 또는 보장시설 수급자 및 보험료를 납부한 사실이 없고 소득활동에 종사하지 않는 27세 미만인 자는 가입을 희망하는 경우 임의가입자가 될 수 있다.

임의계속가입자는 납부한 국민연금 보험료가 있는 가입자 또는 가입자였던 자로서 60세에 달한 자가 가입기간이 부족하여 연금을 받지 못하거나 가입기간을 연장하여 더 많은 연금을 받기를 원할 경우는 65세에 달할 때까지 신청에

---

4 다만, 1개월간 근로일수가 8일 이상 또는 근로시간이 60시간 이상인 사람, 1개월 동안 소득이 보건복지부 장관이 고시하는 금액 이상일 경우 근로자에 포함된다.

의하여 임의계속가입자가 될 수 있다. 임의계속가입자는 사업장가입자로 가입 중 60세 이상이 되었는데, 계속 사업장에 종사하면서 임의계속가입자로 보험료 납부를 희망하는 사업장임의계속가입자, 지역가입자로 가입 중 60세 이상이 되어 임의계속가입자가 된 지역임의계속가입자, 임의로 가입 중 60세 이상이 된 기타임의계속가입자가 있다.

한편 국민연금수급권 확충 노력의 일환으로 크레딧(credit) 제도가 도입되었다. 크레딧은 일정한 사유가 존재하는 기간 동안 연금보험료를 납부하지 않은 경우에도 연금보험료를 납부한 것으로 인정해 주는 제도이다. 한국에서는 2008년 1월 1일 이후 출산크레딧, 군복무크레딧과 실업크레딧 제도를 도입하였다. 크레딧 제도의 도입은 출산과 군복무라는 사유가 존재하는 기간 동안의 사회적 기여를 연금에 대한 기여로 간주하기 때문이다. 군복무크레딧은 2008년 1월 1일 이후에 입대하여 병역의무를 이행한 사람에게 6개월의 국민연금 가입기간을 인정하여 주는 제도였다. 그러나 2025년 개정 이후 6개월의 인정기간을 최대 12개월로 확대한다. 이를 통해 사회적으로 가치 있는 활동인 군 복무 수행의 중요성도 인식하고, 군 복무에 따른 개인의 소득 활동 제약에 대한 보상도 강화한다. 출산크레딧은 2008년 1월 1일 이후에 둘째 자녀 이상을 얻은 경우(출산, 입양 등)에 국민연금 가입기간을 추가로 인정하여 주는 제도로 자녀가 2명인 경우에는 12개월, 자녀가 3명 이상인 경우에는 둘째 자녀에 인정되는 12개월에 셋째 자녀 이상 1명마다 18개월을 추가하여 최장 50개월까지 가입기간을 추가 인정하였다. 그러나 2025년 개정 이후 상한규정을 폐지하였다. 이를 통해 출산 가구의 노후 소득을 실질적으로 강화하는 한편, 다자녀에 대한 인센티브 확대로 저출산 완화에 기여할 수 있을 것으로 기대된다. 실업크레딧은 구직급여 수급자가 연금보험료의 납부를 희망하고 본인 부담분 연금보험료(25%)를 납부하는 경우, 국가에서 보험료(75%)를 지원하고 그 기간을 최대 12개월까지 가입기간으로 추가 산입하는 제도이다. 이때 인정소득은 실업 전 평균소득의 50%로 한다.

이 외에도 추후 납부(추납)제도가 있다. 추납은 연금보험료를 최초로 납부(1개월 이상)한 날 이후로 무소득 배우자 등의 사유로 적용제외된 기간이 존재하거나 1988년 1월 1일 이후 군복무기간이 있는 경우 적용이 가능하다. 추납을 신청하는 현재시점의 연금보험료로 추납 신청대상 기간에 대해 납부할 수 있는 기회를 부여하는 제도로 추납대상기간(단, 최대 10년 미만 한도)의 범위에서 신청할 수 있다. 즉, 최대 9년 11개월(119개월)까지 추납이 가능하다. 또한 추납금액은 최대 60회의 범위 안에서 분할 납부가 가능하며, 이 경우 분할이자를 가산하게 된다. 추납제도는 납부 개월수만큼 가입기간으로 추가로 인정하는 제도로 강제사항은 아니다.

2008년 대통령직 인수위원회에서 공적연금 연계제도와 관련하여 이를 국정과제로 선정하였고, 이에 따라 2009년 국민연금과 직역연금(공무원연금, 사립학교교직원연금, 군인연금 및 별정우체국직원연금)의 연계에 관한 법률이 공포, 시행되었다. 즉, 연금 간 연계를 통해 직업 이동에 따른 노후 불안을 해소함으로써 노동시장의 유연성 강화 및 노후생활 안정과 복지증진을 목적으로 도입되었다. 공적연금연계제도는 국민연금과 직역연금의 연금을 수령하기 위한 가입기간을 채우지 못하고 이동하게 되는 경우 각각 일시금으로만 받아야 했던 것을 연계제도를 통해 연금 간 가입(재직·복무)기간을 합하여 최소 연계기간을 충족하면 지급연령부터 연금을 받을 수 있도록 하는 제도이다.

3. 국민연금 급여의 종류

국민연금 급여의 종류에는 노령연금, 장애연금, 유족연금, 반환일시금, 사망일시금이 있다. 국민연금의 급여수준은 소득대체율의 70%였다. 그러나 1998년 제1차 연금 개혁을 통해 국민연금 소득대체율을 70%에서 60%로 인하하고 수급 연령을 60세에서 65세로 상향하였다. 이후 2007년 제2차 연금 개혁이 실시되었는데, 주요 내용은 국민연금의 재정안정성 제고를 위하여, 소득대체율을 60%(2007년)에서 50%로(2008년) 그리고 40%(2028년)로 인하하는 것과 크레딧 제도의 도입이었다.

1) 노령연금

노령연금은 국민연금의 기초가 되는 급여로 국민연금가입자가 나이가 들어 소득활동에 종사하지 못할 경우 생활안정과 복지증진을 위하여 지급되는 급여이며, 가입기간이 10년 이상인 가입자 또는 가입자였던 자에게 기본연금액과 부양가족연금액을 합산하여 평생 동안 지급하는 연금이다.

조기노령연금은 가입기간이 10년 이상이고 출생연도별 조기노령연금 지급개시연령이상인 사람이 소득 있는 업무에 종사하지 않는 경우에 본인이 신청하면 노령연금 지급개시연령 전이라도 지급받을 수 있는 연금이다. 이 경우 가입기간 및 처음 연금을 받는 연령에 따라 일정률의 기본연금액에 부양가족연금액을 합산하여 평생 동안 지급받게 된다.

반면 노령연금 연기제도가 있다. 노령연금 수급자가 희망하는 경우 연금 수급권을 취득한 이후부터 출생연도별 지급개시연령 도달일로부터 5년이 될 때까지의 기간 동안(최대 5년) 연금액의 전부 또는 일부에 대해 지급의 연기를 신청할 수 있다.

<표 7-7> 노령연금의 지급연령

출생연도	지급연령	
	노령연금, 분할연금	조기노령연금
1953~1956년	61세	56~60세
1957~1960년	62세	57~61세
1961~1964년	63세	58~62세
1965~1968년	64세	59~63세
1969년 이후	65세	60~64세

노령연금 수급권자가 소득이 있는 업무에 종사하는 경우 지급 개시 연령으로부터 5년간 A값[5]을 초과하는 소득월액에 따라 구간별로 감액(노령연금의 1/2한도)된 연금액이 지급되며 부양가족연금액은 지급되지 않는다.

<표 7-8> 소득이 있는 업무 종사에 따른 노령연금 감액 기준표

A값 초과 소득월액	감액산식	월감액금액
100만 원 미만	초과소득월액의 5%	5만 원 미만
100만 원 이상 200만 원 미만	5만 원+(초과소득월액−100만 원)×10%	5만 원 이상 ~15만 원 미만
200만 원 이상 300만 원 미만	15만 원+(초과소득월액−200만 원)×15%	15만 원 이상 ~30만 원 미만
300만 원 이상 400만 원 미만	30만 원+(초과소득월액−300만 원)×20%	30만 원 이상 ~50만 원 미만
400만 원 이상	50만 원+(초과소득월액−400만 원)×25%	50만 원 이상

*2015년 7월 28일 이후 수급권을 취득한 기준이며, 이전 수급권을 취득한 경우는 종전법을 적용함

분할연금은 5년 이내에 청구하여야 하며, 사실상의 혼인상태를 기반으로 평가하므로 사실혼의 경우도 기간에 삽입되지만, 혼인 기간이라 하더라도 별거,

5 A값은 연금 수급 직전 3년간 전체 사업장가입자 및 지역가입자의 평균소득월액의 평균액을 말한다.

가출 등의 사유로 실질적인 혼인관계가 존재하지 않았던 기간은 제외된다.

<표 7-9> 노령연금의 분류

구 분	수급요건	급여수준
노령연금	가입기간 10년 이상으로 출생연도별 노령연금 지급개시연령이 된 때	기본연금액 × 가입기간별 지급률* + 부양가족연금액 * 가입기간 10년 기준 50%에 가입기간 10년을 초과하는 1년마다 5%를 가산(1년 미만이면 매 1개월마다 5/12% 가산)
조기노령연금	가입기간 10년 이상, , 출생연도별 조기노령연금 지급개시연령 이상인 자가 소득이 있는 업무에 종사하지 아니하고, 출생연도별 조기노령연금 지급개시연령 도달일로부터 5년 이내에 청구한 경우	[노령연금액 − 부양가족연금액] × 연령별 지급률*+ 부양가족연금액 * 59세 수급 개시 기준 : 59세 70%, 60세 76%, 61세 82%, 62세 88%, 63세 94% 지급
소득활동에 따른 노령연금액 (재직자 노령연금)	노령연금 수급권자가 출생연도별 노령연금 지급개시연령 도달일로부터 5년 이내에 소득이 있는 업무에 종사하는 기간	2015. 7. 29. 이후 수급권 취득자 노령연금액(月) = [(기본연금액 × 가입기간별 지급률*) ÷ 12] − 월감액금액** 2015. 7. 29. 전 수급권 취득자 노령연금액(年) = 기본연금액 × 가입기간별 지급률* × 연령별 지급률*** * 가입기간 10년 기준 50%에 가입기간 10년을 초과하는 1년마다 5%를 가산(1년 미만이면 매 1개월마다 5/12% 가산) ** A값을 초과하는 소득월액에 따라 감액하여 지급 (최대 50%까지 감액) *** 연금지급개시연령부터 1년마다 감액률 차등 적용(50%~10% 감액) ※ 부양가족연금액은 지급되지 않음
분할연금	가입기간 중 혼인기간이 5년 이상인 노령연금 수급권자의 이혼한 배우자가 본인이 출생연도별 지급개시 연령이 된 경우	배우자이었던 자의 노령연금액(부양가족연금액 제외) 중 혼인기간에 해당하는 연금액의 1/2 다만, 2016. 12. 30. 이후 분할연금 지급사유가 발생한 건에 대해서는 분할비율을 당사자 간 협의 또는 법원의 재판으로 달리 결정할 수 있음

2) 장애연금

장애연금은 가입자의 가입 중에 발생한 질병 또는 부상이 완치(진행 중인 때는 초진일로부터 1년 6개월 경과 시)되었으나 신체적 또는 정신적 장애가 남았을 때 이에 따른 소득 감소 부분을 보전함으로써 자신과 가족의 안정된 생활을 보장하기 위한 급여로서 장애정도(1~4급)에 따라 일정한 급여를 지급한다. 국민연금 장애연금의 장애는 1~4등급으로 구분되어 있으며, 국민연금의 장애연금을 지급받기 위해서는 국민연금공단의 장애심사를 받아 장애등급에 해당하여야 하며, 장애인등록증만으로 장애연금을 지급받을 수는 없다. 장애연금을 받더라도 국민연금에 가입, 보험료를 납부해야 하며, 만약 소득이 없다면 납부예외 신청을 하여 보험료를 납부하지 않을 수 있다.

고의로 장애를 발생시키는 경우, 초진일 당시 연금보험료를 납부한 사실이 없거나 납부한 기간이 납부하여야 할 기간의 2/3에 미달하는 경우(단, 초진일 당시 보험료를 납부하지 않은 기간이 6개월 미만인 경우에는 지급)에는 지급이 제한될 수 있다. 장애연금 수급권자가 장애연금 지급사유와 동일한 사유로 근로기준법에 의한 장애보상 또는 일시보상, 산업재해보상보험법에 의한 장해급여 또는 진폐보상연금, 선원법에 의한 장해보상 또는 일시보상, 어선원 및 어선재해보상보험법에 의한 장해급여 또는 일시보상급여를 받을 수 있는 경우에는 장애연금액의 1/2에 해당하는 금액을 지급한다. 장애연금 지급사유가 제3자의 행위에 의해 발생한 경우에는 수령한 손해배상금을 기준으로 일정 기간 장애연금의 지급을 정지하고, 정지 기간이 종료된 후 장애연금을 다시 지급한다.

<표 7-10> 장애연금의 수급요건 및 급여수준

수급요건	장애등급	급여수준
가입 중에 발생한 질병 또는 부상으로 완치 후에도 장애가 있는 자 ※ 초진일로부터 1년 6개월 경과 후에도 완치되지 아니한 경우는 그 1년 6개월이 경과한 날을 기준으로 장애정도 결정, 다만, 1년 6개월 경과일에 장애등급에 해당되지 아니한 자가 60세 전에 악화된 경우 청구일을 기준으로 장애정도 결정	1급 2급 3급 4급	기본연금액 100% + 부양가족연금액 기본연금액 80% + 부양가족연금액 기본연금액 60% + 부양가족연금액 기본연금액 225%(일시보상금)

3) 유족연금

유족연금은 국민연금에 가입하고 있는 사람 또는 연금(노령연금이나 장애등급 2급 이상의 장애연금)을 받던 사람이 사망하면 그에 의하여 생계를 유지하던 유족에게 가입기간에 따라 기본연금액의 일정률(40~60%)에 부양가족연금액을 합한 금액을 지급하여 남아있는 가족들이 안정된 삶을 살아갈 수 있도록 하기 위한 연금이다.

유족의 범위(국민연금법 제73조)는 배우자(사실혼배우자 포함), 자녀(25세 미만 이거나 장애등급 2급 이상 또는 「장애인복지법」상 장애의 정도가 심한 장애인), 부모(배우자 부모 포함, 60세 이상이거나 장애등급 2급 이상 또는 「장애인복지법」상 장애의 정도가 심한 장애인), 손자녀(19세 미만이거나 장애등급 2급 이상 또는 「장애인복지법」상 장애의 정도가 심한 장애인), 조부모(배우자의 조부모를 포함, 60세 이상이거나 장애등급 2급 이상 또는 「장애인복지법」상 장애의 정도가 심한 장애인)에 해당한다. 유족연금은 순위에 따라 최우선순위자에게만 지급한다. 다만, 같은 순위의 유족이 2명 이상이면, 같은 금액을 나누어 지급하지만, 그중 대표자를 선정하여 청구하는 경우에는 그 대표자에게 지급한다. 또한 유족연금 수급자가 배우자인 경우 3년 동안 유족연금을 지급한 후 55세가 될 때까지는 그 지급을 정지한다. 배우자의 유족연금

지급정지 해제연령은 상향 조정되어 1953~1956년생은 56세, 1957~1960년생은 57세, 1961~1964년생은 58세, 1965~1968년생은 59세, 1969년 이후는 60세이다. 유족연금을 받더라도 국민연금에 가입, 보험료를 납부해야 하며, 만약 소득이 없다면 납부예외 신청을 하여 보험료를 납부하지 않을 수 있다.

유족연금의 수급요건 및 급여수준은 <표 7-11>과 같다.

<표 7-11> 유족연금의 급여수준

급여수준	
가입기간	연금액
10년 미만	기본연금액 40% + 부양가족연금액
10년 이상 20년 미만	기본연금액 50% + 부양가족연금액
20년 이상	기본연금액 60% + 부양가족연금액

4) 반환일시금

반환일시금은 60세 도달이나 사망, 국외이주 등으로 국민연금에 더 이상 가입할 수 없게 되었으나 연금수급요건을 채우지 못한 경우, 그동안 납부한 보험료에 이자를 더해 일시금으로 지급하는 급여이다. 반환일시금은 다음과 같은 경우에 지급된다. ① 가입기간 10년 미만인 자가 60세가 된 경우(단, 특례노령연금수급권자는 해당되지 않음), ② 가입자 또는 가입자이었던 자가 사망하였으나 유족연금에 해당되지 않는 경우(가입자 또는 가입기간이 10년 이상인 가입자이었던 자가 사망한 때는 사망 당시 보험료를 2/3 이상 납부하지 않거나 1년 미만 가입자의 경우 가입 중에 발생한 질병 또는 부상이 아니어서 유족연금이 지급되지 않는 경우에 한함), ③ 국적을 상실하거나 국외로 이주한 경우(국의이주의 경우 거주여권소지자나 영구영주권취득자에 한함. 임시영주권취득자는 해당되지 않음)이다.

반환일시금은 더 이상 국민연금가입자로 될 수 없는 경우(60세 도달, 사망, 국외이주 · 국적상실)에만 지급되는 급여로서, 현재 국민연금 자격을 상실한 자라고 하더라도 60세 도달 전에 소득이 있는 업무에 종사하게 되면 재가입하게 되므로 반환일시금을 즉시 지급받을 수 없다. 또한 국외이주의 목적이 아닌 취업, 학업 등 기타 사유로 외국에 체류하는 경우에는 기간과 상관없이 반환일시금을 지급받을 수 없다.

60세 도달로 반환일시금을 수령한 경우에는 60세를 초과한 경우에 해당되어 재가입할 수 없다. 다만, 60세 도달시점에서 가입기간이 부족하여 연금을 지급받을 수 없는 경우에 반환일시금을 지급받지 않고 본인 희망에 의하여 계속가입을 신청하면 가입할 수 있고, 반환일시금을 지급받은 경우 가입기간이 소멸되므로 다른 연금을 받을 수 없다. 다만, 다시 국민연금가입자가 된 경우 일정한 이자를 더하여 반납함으로써 가입기간이 복원될 수 있다.

5) 사망일시금제도

사망일시금은 가입자 또는 연금수급권자(노령연금 또는 장애등급 3급 이상 장애연금)였던 사람이 사망하였으나 국민연금법에 의한 유족이 없어 유족연금 또는 반환일시금을 지급받을 수 없는 경우 생계유지를 함께하던 사람에게 지급하는 장제 보조적 · 보상적 성격의 급여이다. 수급요건 및 급여수준은 가입자 또는 가입자이었던 사람이 사망하였으나 유족연금 또는 반환일시금을 지급받을 수 있는 유족범위에 해당하는 자가 없는 경우 ① 배우자, ② 자녀, ③ 부모, ④ 손자녀, ⑤ 조부모, ⑥ 형제자매 또는 ⑦ 사망자에 의하여 생계를 유지하고 있던 4촌 이내의 방계혈족 순위 중 최우선순위자에게 지급한다. 지급되는 일시금은 가입자 또는 가입자이었던 자의 반환일시금에 상당액으로 하되 최종표준소득월액(가입 중 결정된 각각의 기준소득월액 중 마지막 기준소득월액)이 현재 가치금액과

가입기간 중 표준소득월액의 평균액 중에서 많은 금액의 4배를 초과할 수는 없도록 규정하고 있다. 수급요건에 해당되는 것이 확인되면 즉시 지급하며 그 내역을 수록한 지급결정통지서를 청구인어게 통지한다.

4. 국민연금의 재원 및 운영체계

재원조달이라는 측면에서 국민연금과 개인연금은 상이한 측면이 있다. 국민연금과 개인연금을 단순히 이자율을 놓고 비교하는 것은 의미가 없으며 개인연금의 경우 가입기간 동안 이자율의 변동에 따라 수익률이 떨어질 수 있다. 국민연금은 유족 및 장애연금이 지급되고 물가상승에 따라 실질가치가 보장되며, 평생 지급되므로 종합적으로 고려할 때 국민연금이 훨씬 유리하다고 할 수 있다.

국민연금의 재정부담은 전형적인 사회보험의 형태를 보이고 있다. 근로자는 사용자와 근로자가 각각 절반씩 부담하고, 자영자와 농어민은 본인이 전액을 부담하되 농어민은 국고보조가 일부 지원된다. 국가의 연금재정 보조는 원칙적으로 없으나 관리운영비 중 일부를 부담하도록 하고 있다. 이는 다른 나라에서 보편주의에 입각한 기초보장 형태의 연금제도를 운영하면서 전체 재정의 약 20~30%를 국가가 일반조세로 부담하도록 설계하는 것과는 차이가 있다. 이렇게 국가가 재정적으로 중립적 역할을 하고, 가입자가 모든 재정을 조달하도록 하는 한국의 연금제도방식은 전통적으로 사회보험에 입각한 체제라고 할 수 있다.

연금재정의 운영 방식은 크게 부과방식, 적립방식 그리고 혼합형인 수정적립방식으로 구분할 수 있다. 부과방식은 급여지급어 필요한 재정을 매달 가입자들의 보험료로 충당하는 방식이며, 적립방식은 급여 지급액을 미리 보험료로 적립하고 적립된 기금과 기금 운영수익을 연금재정으로 운영하는 방식이다. 우리나라 국민연금의 재정운영방식은 가입자들로부터 보험료를 받아 기금을 형성하고, 이를 운용해서 생긴 이익 등을 미래의 연금지급에 사용하지만 미래의 연금지급액을 완전히 적립하지 않기 때문에 '수정적립방식'의 형태를 취하고 있다(박병현, 2003). 국민연금의 운영체계는 정책결정기관과 집행기관으로 구분된다. 정책결정기관은 보건복지부이며 결정된 정책을 집행하는 기관은 국민연금공단이다.

<표 7-12> 국민연금과 개인연금의 차이

구 분	국민연금	개인연금(은행)
가입방법	의무가입	자율가입
가입대상	전 국민(특수직역군 제외)	개인
납입액	본인 소득월액 기준 – 사업장가입자 : 9% – 지역가입자 : 9%	연 1,800만 원 (IRP 포함 시 총 3,600만 원)
가입 중 사망	유족연금 지급 : 기본연금액의 40~60%	사망보험금 또는 해약환급금 (상품별 상이)
연금 지급기간	종신	계약 시 정한 기간(10년, 20년, 종신형 등 선택 가능)
연금의 실질가치	실질가치 보장 : 물가연동제 적용	운용성과 또는 약정이율에 따라 다름(물가보장은 아님)
연금급부	소득 및 가입연수 비례	개인결정, 월불입금액
세제혜택	연금지급 시 비과세, 자영자에 대한 보험료 납부액 소득공제	연금유형에 따라 다름[6]
지향점	최저생계 보장	개인의 풍요로운 노후생활 보장
수급권보장	양도, 담보, 압류 불가능	–

6 연금저축 400만 원 + IRP 300만 원 = 700만 원까지만 적용

제 3 절 | 건강보험

1. 건강보장의 필요성

우리나라 헌법(제34조 제1항과 제2항)에 국민의 인간다운 생활을 할 권리와 동 권리를 실현하기 위한 국가의 사회복지 증진 의무를 규정하고 있다. 사회보장에 관한 기본적인 사항을 규정하고 있는 사회보장기본법에서는 "사회보장이란 출산, 양육, 실업, 노령, 장애, 질병, 빈곤 및 사망 등의 사회적 위험으로부터 모든 국민을 보호하고 국민 삶의 질을 향상시키는 데 필요한 소득·서비스를 보장하는 사회보험, 공공부조, 사회서비스를 말한다"라고 규정하고 있다. 사회보장제도 중 건강보장제도는 국민의 질병·부상에 대한 예방·진단·치료·재활과 출산·사망 및 건강증진에 대하여 보험급여를 실시함으로써 국민보건 향상과 사회보장 증진에 이바지하고 있으며, 의료급여법을 제정하여 생활유지 능력이 없거나 생활이 어려운 국민을 대상으로 의료보호제도를 실시하고 있다.

건강보장제도의 사회적 필요성은 다음과 같이 세 가지를 들 수 있다. 첫째, 건강보험의 사회연대성이다. 건강보험의 주된 기능은 국민의 의료비 문제를 해결해 줌으로써 국민의 건강과 가계를 보호하는 제도이다. 이러한 제도를 통해 국가 또는 개인의 책임이 아닌 사회공동의 연대책임이 형성되고 이를 토대로 소득재분배 및 위험분산의 효과를 거둘 수 있으며 더 나아가 사회적 연대를 강화하여 사회통합을 이룰 수 있다.

둘째, 소득재분배를 할 수 있다. 질병은 개인의 경제생활에 지장을 주어 소득을 떨어뜨리고 다시 건강을 악화시키는 악순환을 초래함에 따라서 건강보험은 각 개인의 경제적 능력에 따른 일정한 부담으로 재원을 조성하고 개별부담과 관계없이 필요에 따라 균등한 급여를 받음으로써 질병발생 시 가계에 지워지는 경제적 부담을 경감시켜 주는 소득재분배 기능을 수행한다.

셋째, 위험을 분산시킨다. 다수를 대상으로 위험을 분산시킴으로써 개개인의 부담을 경감시켜 주고 적은 돈을 갹출하여 둠으로써 위험을 시간적으로 분산시킬 수 있다. 그리고 개인의 경제적 능력에 부합된 비용부담과 적정한 보험급여 부담을 통해 형평성과 효율성을 도모할 수 있다. 또한 집단구성원 상호 간의 사회적 연대성에 의하여 피보험대상자 모두에게 필요한 기본적 의료를 적정 수준까지 보장함으로써 그들의 의료문제를 해결하고 누구에게나 균등하게 적정 수준의 급여를 제공할 수 있다.

2. 건강보장의 의의와 특징

건강보장이란 질병이나 부상에 대한 예방 및 진단, 재활과 출산 및 사망으로 인하여 일시에 고액의 진료비가 소요되는 것을 방지하기 위하여 보험원리에 의해 국민들이 평소에 보험료를 내어 기금화된 재원으로 보험사고가 발생할 경우 보험급여를 해줌으로써 국민 상호 간에 위험분담을 통하여 국민의 의료서비스를 제공하는 사회보장제도이다. 2000년 7월 1일부터 의료보험의 완전통합으로 명칭을 국민건강보험으로 바꾸었으며, 종래의 의료보험이 질병의 치료를 위한 보험혜택을 부여한 반면 국민건강보험은 진료비 보장, 질병치료를 포함함은 물론 건강진단 재활 및 예방의 범위까지 포함하는 적극적이고 포괄적인 개념이라 할 수 있다. 현재 국민건강보험법에 의해 운영되는 국민건강보험공단은 국민의료보험관리공단(지역의료보험조합 227개+공교의료보험관리공단 1개)과 직장의료보험조합(139개) 직장의료보험을 묶어 관리·운영조직을 통합하였다.

건강보장제도의 특징은 다음과 같다. 첫째, 법률에 의해 강제가입이 적용되는 제도이다. 건강보험제도는 일정한 법적 요건이 충족되면 본인의 의사에 관계없이 의무적·강제적으로 적용된다. 그 이유는 보험가입을 기피할 경우 국민 상호 간 위험부담을 통하여 의료비를 공동으로 해결하고자 하는 제도적 목적을 실현하기 어렵고, 질병위험이 큰 사람만 가입할 경우 형평의 원칙에 어긋날 뿐 아니라 보험재정의 파탄으로 합리적이고 원활한 건강보험 운영이 불가능하기 때문이다.

둘째, 부담능력에 따른 보험료의 차등부담 또는 형평부과이다. 사보험은 급여의 내용, 위험의 정도, 계약의 내용 등에 따라 보험료를 부과한다. 그러나 사회보험방식인 건강보험에서는 사회적인 연대를 기초로 의료비 문제를 해결하는 것이 목적이므로 소득수준 등 보험료 부담능력에 따라 보험료를 부과한다.

셋째, 보험급여의 균등한 수혜를 들 수 있는데, 사보험은 보험료 부담수준, 계약내용에 따라 차등급여를 받지만, 사회보험은 보험료 부담수준에 관계없이 필요에 따라 관계법령에 의하여 균등하게 보험을 급여한다.

넷째, 보험료 납부의 강제성인데 가입이 강제적이라는 점에서 건강보험제도의 실효성을 확보하기 위하여 피보험자에게는 보험료 납부의 의무가 주어진다.

다섯째, 건강보험은 단기보험의 성격을 지닌다. 건강보험은 연금보험과는 달리 회계연도가 1년 단위이며 이를 기준으로 수입과 지출을 측정하여 납부해야 할 보험료를 계산한다. 따라서 보험료 지급조건, 지급액, 보험료 납입기간과는 상관없고 지급기간이 단기가 된다.

3. 건강보장의 방식

건강보장제도는 의료문제를 기본적으로 국가가 책임을 지는지 국민 개개인이 지는지에 따라 국가보건서비스 방식과 사회보험 방식으로 분류된다.

1) 국가보건서비스 방식(Universal Type, 조세방식, 베버리지 방식)

국가보건서비스(NHS : National Health Service)는 '국민의 의료문제는 국가가 책임져야 한다'는 관점에서 정부의 일반조세로 재원을 마련하여 모든 국민에게 무상으로 의료를 제공하는 국가의 직접적 의료관장 방식이다. 이 경우 의료기관의 상당 부분이 사회화 내지 국유화되어 있다. 영국의 베버리지가 제안한 이래 영국, 스웨덴, 이탈리아 등이 그 대표적 국가이다.

의료공급이 공공화되어 의료비 증가에 대한 통제가 강하고 조세제도를 통한 재원조달로 비교적 소득재분배 효과가 강하다는 장점이 있으나, 의료의 사회화를 초래하여 상대적으로 의료의 질이 낮고, 조세에 의한 의료비재원 조달에 많은 어려움을 겪고 있어 정부의 과다한 복지비용 부담이 문제가 되고 있으며 의료 수용자 측의 비용의식 부족, 장기간 진료대기 문제 등 부작용이 나타나고 있어 이에 대한 제도개혁의 필요성이 증가되고 있다.

2) 사회보험 방식(NHI : National Health Insurance, 비스마르크 방식)

의료비에 대한 국민의 자기책임의식을 견지하되 이를 사회화하여 정부기관이 아닌 보험자가 보험료로써 재원을 마련하여 의료를 보장하는 방식으로, 국민의 부담의무가 전제된 제도이다. 이러한 제도를 통해 정부는 국민의 정부 의존심을 최소화시킴과 동시에 후견적 지원과 감독을 행하게 된다. 독일의 비스마르크가 창시한 이래 독일, 프랑스, 일본, 한국 등이 이와 같은 방식을 취하고 있다.

조합원이 대표의결기구를 통해 건강보험 운영에 관한 의사결정에 참여함으로써 제도운영의 민주성을 기할 수 있고, 국민의 비용의식이 강하게 작용하며, 상대적으로 양질의 의료를 제공할 수 있다. 반면 소득유형이 서로 다른 구성원에 대한 단일 보험료 부과기준 적용이 어렵고, 의료비 증가에 대한 억제기능이 취약하여 보험재정 안정을 위한 노력이 필요하다.

<표 7-13> 건강보장제도 유형

구 분	의료보험방식(NHI)	국가보건서비스방식(NHS)
기본이념	의료비에 대한 국민의 1차적 자기 책임의식 전제(국민의 정부의존도 최소화)	국민의료비에 대한 국가책임 원칙(국민의 정부의존도 심화)
적용대상 관리	국민을 임금소득자, 공무원, 자영업 등으로 구분관리(국민 내 각별도 구분)	전 국민을 일괄 적용(집단구분 없음)
재원조달	보험료, 일부 국고 지원	정부 일반조세
진료보수 산정방법	행위별수가제 또는 총액예산제 등	일반 가업의는 인두제, 병원급은 의사봉급제, 일반 개업의는 인두제・행위별수가제
관리기구	보험자(조합 또는 공단)	정부기관(사회보장청 등)
채택국가	한국, 독일, 프랑스, 일본 등	영국, 스웨덴, 이탈리아 등
국민 의료비	의료비 억제기능 취약	의료비 통제 효과가 강함
보험료 형평성	- 보험자 내 보험료 부과의 구체적 형평성 확대 가능 - 보험자가 다수일 경우 보험자 간 재정 불균형 발생 우려	조세에 의한 재원 조달로 소득재분배 효과 강함(선진국)(단, 조세체계가 선진화되지 않은 경우 소득역진 초래)
의료서비스	- 상대적으로 양질의 의료제공 - 첨단의료기술 발전에 긍정적 영향	- 의료의 질 저하 초래 - 입원 대기 환자 급증 - 대기기간 장기화 - 개인의 입원 의뢰 남발 - 사보험 가입 증가경향으로 국민의 이중부담 초래
연대의식	가입자 간 연대의식 강화	가입자 간 연대의식 약화

관리운영	- 보험자중심 자율운영(대표 기구를 통한 가입자의 조합운영 참여도 강화) - 정부기관 직접 관리 (가입자의 운영참여 배제)	- 정부기관 직접 관리 (가입자의 운영참여 배제) - 직접 관리운영비 부담 축소(보험료 징수비용이 조세 관리비용으로 전가)

4. 건강보험의 발달과정 및 적용대상

1) 건강보험의 발달과정

우리나라의 건강보험제도는 1963년 12월에 의료보험법이 제정되었고, 1976년에는 기존의 의료보험법이 전면 개정되었으며, 1977년 1월부터 본격적으로 시행되었다. 1977년 12월 공무원 및 사립학교 교직원 의료보험법이 제정되어 직장의료보험, 지역의료보험, 공무원 및 교직원의료보험으로 구분되어 조합주방식으로 관리・운영되어 왔다. 1981년 1월에 100인 이상 사업장 의료보험 적용을 확대하였으며, 1988년 1월에 농어촌 지역의료보험을 확대, 1988년 7월부터 5인 이상 사업장 의료보험 적용을 확대하였고, 1989년 7월 도시지역의료보험을 실시함으로써 전 국민 의료보험을 실현하였다. 1997년 12월에 국민의료보험법이 통과되었고, 1999년 2월에 국민건강보험법이 제정되었으며, 2001년 7월 5인 미만의 사업장까지 확대 실시하면서 제도가 본격화되어 근로자와 그 부양가족이 의료보험 혜택을 받았다. 2003년 7월 직장재정과 지역재정을 통합하였다.

<표 7-14> 국민건강보험제도의 변천과정

시 기	내 용
1963. 12.	의료보험법 제정
1977. 7.	500인 이상 사업장 근로자 의료보험 실시(486개 조합 설립)
1979. 1.	공무원 및 사립학교교직원 의료보험 실시
1981. 1.	100인 이상 사업장 의료보험 적용 확대
1988. 1.	농어촌 지역의료보험 확대 실시
1988. 7.	5인 이상 사업장 의료보험적용 확대
1989. 7.	도시지역의료보험 실시 → 전 국민 의료보험 실현
1997. 12.	국민의료보험법 제정
1998. 10.	지역의료보험조합(227개 조합)과 공·교 의료보험관리공단 통합 – 국민의료보험관리공단 출범
1999. 2.	국민건강보험법 제정
2000. 7.	국민의료보험관리공단과 직장의료보험조합(139개) 통합 – 국민건강보험공단 출범(의료보험 완전통합)
2001. 7.	5인 미만 사업장 근로자 직장가입자 편입
2002. 1.	국민건강보험재정건전화특별법 제정
2003. 7.	직장재정과 지역재정 통합(실질적인 건강보험 통합)
2011. 1.	사회보험 징수통합(건강보험, 국민연금, 고용보험, 산재보험)
2012. 7.	포괄수가제 병·의원급 의료기관 당연적용(7개 질병군 입원환자)
2013. 8.	중증질환 재난적 의료비 지원사업 실시
2015. 1.	간호·간병통합서비스 보험급여 적용 – 2015. 12. 의료법 개정으로 기존 포괄간호서비스에서 간호·간병통합 서비스로 명칭 변경
2018. 7.	소득 중심 보험료 부과체계 1단계 개편
2019. 7.	외국인 지역가입자 당연적용 실시
2022. 9.	소득 중심 보험료 부과체계 2단계 개편

국민건강보험은 보험료 부담과 보험급여 수급의 형평성을 기하기 위하여 전국민을 임금소득자와 비임금소득자로 구분하고, 소득형태・소득파악률・의료기관 이용률 등이 유사한 집단별로 조합을 구성하도록 하여 임금소득자는 직장국민건강보험(공무원 및 사립학교교직원국민건강보험 포함), 비임금소득자는 지역국민건강보험으로 구분・적용하였으나 1998년 10월 1일부터는 기존의 공무원 및 사립학교교직원국민건강보험과 지역국민건강보험을 단일기구인 국민건강보험공단에서 관리하고 있다. 건강보험제도를 운영하는 데 필요한 재원은 사회보험 방식에 의하여 조달하는 것을 원칙으로 하고 있다.

2) 적용대상

건강보험의 가입자 및 피부양자가 되기 위한 자격기준은 건강보험법에 의한 의료보호대상자와 「독립유공자예우에 관한 법률」 및 「국가유공자 등 예우 및 지원에 관한 법률」에 의한 국가유공자를 제외한 국내거주 국민이다. 건강보험은 크게 직장가입자와 지역가입자로 구분하는데, 직장가입자는 사업장의 근로자 및 사용자와 공무원 및 교직원, 그리고 그 피부양자를 말하며, 지역가입자는 직장가입자와 그 피부양자를 제외한 자를 대상으로 한다. 직장가입자는 2003년 6월까지는 근로자 5인 이상 사업장만 건강보험 의무가입 대상이었으나 2003년 7월 1일부터는 5인 미만 사업장 근로자도 단계적으로 건강보험 의무가입 사업장이 되도록 확대하였다. 이로써 지역가입자로 개별가입을 해야 했던 비정규직근로자도 이제는 사업장가입자로 가입할 수 있게 되었다.

일용근로자의 경우도 1개월 이상 근로하면서, 월 8일 이상 근로한 사람의 경우, 직장가입자 자격에 해당한다. 또한 임의계속가입자도 존재하는데, 이는 실업자에 대한 경제적 부담을 완화하고자 임의계속가입자 보험료가 지역보험료보다 적은 경우 임의계속보험료로 납부할 수 있도록 하는 것을 목적으로 한다.

임의계속가입자가 되기 위해서는 사용관계가 끝난 사람 중 직장가입자로서의 자격을 유지한 기간이 보건복지부령으로 정하는 기간 동안 직장가입자로서의 자격을 유지한 기간이 통산 1년(365일) 이상으로, 보수월액보험 최근 12개월간 보수월액 평균한 금액(보수월액보험료+소득월액보험료)을 납부하고자 공단에 신청해야 한다. 이 경우 36개월 동안은 지역보험료 대신 임의계속가입자 보험료를 납부하며, 직장가입자와 동일하게 피부양자 등재가 가능하다.

건강보험 대상자 중 피부양자는 직장가입자에게 주로 생계를 의존하는 사람으로서 소득 및 재산이 보건복지부령으토 정하는 기준 이하에 해당하는 사람을 말하며, 직장가입자의 배우자, 직장가입자의 직계존속(배우자의 직계존속 포함), 직장가입자의 직계비속(배우자의 직계비속 포함)과 그 배우자, 직장가입자의 형제·자매를 일부 포함한다.

직장가입자의 자격 상실(변동) 시기는 사망한 날의 다음 날, 국적을 잃은 날의 다음 날, 의료급여 수급자가 된 날, 유공자등의료보호대상자가 건강보험 적용배제신청을 한 날, 적용사업장에서 사용관계가 종료된 날의 다음 날이다.

3) 급여종류

건강보험 급여수준은 피보험자의 보험로 부담능력, 보험재정 상태 등을 감안하여 보험료 부담수준과 균형을 이루는 수준에서 결정된다. 건강보험의 급여형태는 의료비 상환제도인 현금급여와 의료기관에서 의료서비스 자체를 보장하는 현물급여로 구분된다. 이 두 가지 형태 중 우리나라는 현물급여를 원칙으로 하고 있고 부수적으로 약간의 현금급여가 제공되고 있으며, 급여에는 법정급여와 부가급여가 있다.

<표 7-15> 급여종류별 수급조건

구 분	급여종류	수급조건
현물급여	요양급여	피보험자 및 피부양자의 질병과 부상에 대하여 요양급여를 실시
	건강검진	피보험자 및 피부양자에 대하여 질병의 조기발견과 그에 따른 요양급여
현금급여	요양비	피보험자 및 피부양자의 질병과 부상에 대하여 요양기관 외의 장소에서 요양을 받은 경우 지급
	장애인보조기기	가입자 및 피부양자 중 장애인복지법에 의해 등록한 장애인 가입자 및 피부양자
	본인부담상한제	환자가 부담한 건강보험 본인 부담금이 개인별 상한액을 초과하는 경우 그 초과금액을 환자에게 돌려주는 제도(비급여, 선별급여, 전액본인부담, 2~3인실 입원료 제외)
	임신・출산진료비	임신・출산 진료비 수급권자를 대상으로 요양기관 이외의 장소에서 출산한 가입자 및 피부양자에게 출산비를 지급

(1) 요양급여

요양급여는 가입자 및 피부양자의 질병・부상에 대한 예방・진단・치료・재활과 출산・사망 및 건강증진에 대하여 법령이 정하는 바에 의하여 공단이 현물 또는 현금급여를 제공하는 것을 말한다.

(2) 요양비

가입자나 피부양자가 긴급하거나 그 밖의 부득이한 사유로 인하여 요양기관과 비슷한 기능을 하는 기관으로서 보건복지부령으로 정하는 기관에서 질병・부상・출산 등에 대하여 요양을 받거나 요양기관이 아닌 장소에서 출산을 한 경우에는 그 요양급여에 상당하는 금액을 보건복지부령으로 정하는 바에 따라 가입자나 피부양자에게 요양비로 지급한다.

<표 7-16> 요양비 종류

출산비	요양기관 이외의 장소에서 출산(단, 사산인 경우는 임신 16주 이상)한 경우
만성신부전	만성신부전증 환자가 의사의 처방전에 따라 복막관류액 또는 자동복막투석에 사용되는 소모성 재료를 요양기관 외의 의약품판매업소에서 구입·사용한 경우
산소치료	산소치료를 필요로 하는 환자가 의사의 산소치료 처방전에 따라 보건복지부장관이 정하여 고시하는 방법으로 산소치료를 받는 경우
당뇨병소모성재료	당뇨병 환자가 의사의 처방전에 따라 혈당검사 또는 인슐린주사에 사용되는 소모성 재료를 요양기관 외의 의료기기판매업소에서 구입·사용한 경우
자가도뇨 소모성재료	신경인성 방광환자가 의사의 처방전에 따라 자가도뇨에 사용되는 소모성 재료를 요양기관 외의 의료기기판매업소에서 구입·사용한 경우
인공호흡기/기침유발기	보건복지부장관이 정하여 고시하는 질환이 있는 사람으로서 인공호흡기 또는 기침유발기를 필요로 하는 환자가 의사의 처방전에 따라 인공호흡기 또는 기침유발기를 대여받아 사용하는 경우
양압기	수면무호흡증 환자가 의사의 처방전에 따라 양압기(수면 중 좁아진 기도에 지속적으로 공기를 불어 넣어 기도를 확보해 주는 기구를 말한다)를 대여받아 사용하는 경우
당뇨병 관리기기	당뇨병 환자가 의사의 처방전에 따라 당뇨병 관리기기를 요양기관 외의 의료기기 판매업소에서 구입·사용한 경우

(3) 장애인 보조기기 급여비

장애인복지법에 따라 등록한 장애인인 가입자 및 피부양자가 의사 처방에 따라 장애인 보조기기를 구입할 경우 구입금액의 일부를 현금급여비로 지급한다. 보조기기 지급 유형은 팔·다리 의지 및 보조기, 휠체어, 보청기, 자세보조용구 등 90개 품목에 해당하며, 지급금액은 기준액, 고시금액(전동휠체어, 전동스쿠터, 이동식전동리프트, 보청기, 욕창예방방석·매트리스 및 자세보조용구의 경우만 해당) 및 실구입금액 중 최저금액의 100분의 90에 해당하는 금액이다. 단, 희귀난치성질환자(차상위 1종, C), 희귀난치성질환 외의 질환으로 6개월 이상 치료를 받고 있거나 6개월 이상 치료가 필요한 사람 또는 18세 미만의 아동(차상위 2종, E, F)의 경우 기준금액의 100%에 해당하는 금액을 지원한다.

(4) 본인부담액상한제

과다한 의료비로 인한 가계의 부담을 덜어주기 위하여 가입자가 부담한 건강보험을 적용받는 본인일부부담금 연간(1. 1.~12. 31.) 총액이 개인별 상한액을 넘는 경우 그 초과액을 공단이 부담하는 제도이다. 적용방법에 따라 사전급여와 사후급여로 구분된다. 사전급여는 병원에서 진료받는 시점에 이미 상한액 초과가 예상되는 경우, 공단이 병원에 직접 지급하고, 가입자는 상한액까지만 납부하는 방식이다. 사후 급여는 환자가 진료를 받은 후 연말(12월 31일) 기준으로 1년 동안 낸 금액이 상한액을 초과하면, 공단이 초과액을 돌려주는 방식이다.

(5) 임신 · 출산 진료비 지원제도

임산부와 영유아의 의료비 부담을 경감하여 출산 친화적 환경을 조성하고, 주기적인 산전 진찰로 건강한 태아를 분만할 수 있도록 임신 · 출산과 관련된 진료비 등의 본인부담금 지불에 사용할 수 있는 이용권을 제공하는 제도이다. 대상은 임신 · 출산(유산 · 사산 · 자궁외 임신)이 확인된 건강보험 가입자 또는 피부양자, 2세 미만인 가입자 또는 피부양자의 법정대리인(출산한 가입자 또는 피부양자가 사망한 경우에 한정)이다. 기본 1회당(일태아) 100만 원, (다태아) 140만 원이며, 분만취약지 추가지원 대상 임산부의 경우, 20만 원 추가지급이 이루어진다.

(6) 재난적의료비 지원사업

질병 · 부상 등으로 가구의 부담능력을 넘어서는 의료비가 발생하였을 때, 경제적 사정으로 충분한 치료를 받지 못하는 문제가 발생하지 않도록 건강보험이 보장하지 않는 부분에 대한 의료비를 지원한다. 신청대상은 국내 거주하는 국민으로서 의료비 지원기준(질환기준, 소득기준, 재산기준, 의료비부담수준)을 모두 충족해야 한다.

(7) 한국형 상병수당 시범사업

상병수당제도는 질병・부상 유형에 제한 없이 일을 하지 못하는 기간 동안 상병수당 지급, 치료에 집중할 수 있도록 소득을 보장하는 제도이다. 상병수당제도는 1883년 독일 'Sickness Insurance law'에서 사회보험 급여의 하나로 최초 도입하였다. 사병수당제도는 아픈 근로자에 대한 소득안전망 강화, 질병의 조기 발견・치료 통한 건강권 확대, 건강 문제로 인한 노동생산성 손실 방지, 지역사회 감염병 확산 차단을 목적으로 한다. 상병수당제도는 OECD 38개국 중 한국, 미국(뉴욕 등 일부 주 도입), 스위스, 이스라엘을 제외하고 모두 도입하였다. 단, 스위스・이스라엘은 유급병가제도 법제화하여 운영(근로자 상병 발생 시 고용주가 임금 일부를 보전하고, 상병 중 해고를 금지하도록 규제)하고 있다. 상병수당제도는 코로나19 확산을 계기로 근로자의 아프면 쉴 권리 보장 및 감염병 확산 방지 차원에서 상병수당에 대한 사회적 요구가 증대함에 따라 한국에서도 2022년 7월 4일부터 상병 보장범위에 따른 효과 분석을 목적으로 1단계 상병수당 시범사업을 시행(서울 종로구, 경기 부천시, 충남 천안시, 전남 순천시, 경북 포항시, 경남 창원시)하였다. 2023년 7월 3일부터 소득 하위 50% 취업자에 대한 집중지원을 목적으로 2단계 시범사업을 시행(경기 안양시, 경기 용인시, 대구 달서구, 전북 익산시)하였고, 2024년 7월부터 3단계 시범사업을 시행(충북 충주시, 충남 홍성군, 전북 전주시, 강원 원주시)하고 있다.

<표 7-17> 한국형 상병수당 시범사업 2단계, 3단계 내용

구 분	2단계 시범사업	3단계 시범사업
실시지역	경기 안양시, 경기 용인시, 대구 달서구, 전북 익산시	충북 충주시, 충남 홍성군, 전북 전주시, 강원 원주시
요양방법	입원, 재택요양, 외래진료 등 요양 방법에 제한 없음	입원, 재택요양, 외래진료 등 요양 방법에 제한 없음
대기기간	7일	7일
소득기준	기준중위소득 120% 이하(가구단위)	제한 없음
급여액	(정액제) 일 48,150원(2025년 최저임금의 60%)	(정률제) 건강보험 직장가입자의 직전 3개월 평균급여의 60%(48,150원~66,000원) 지급. 단, 실시간 소득파악이 어려운 지역가입자는 정액제 지급
최대보장기간	시범사업 기간 내 150일	시범사업 기간 내 150일

(8) 건강검진

건강검진은 자각증상이나 질병이 없는 상태에서 사전에 질병을 예방하는 건강예방행위(preventive health behavior)로, 질병에 걸릴 가능성이 있는 개인 또는 집단에 대하여 건강검진을 실시하여 질병을 조기에 발견 및 치료를 함으로써 국민의료비를 절감하고 건강을 증진시키기 위한 2차적 예방사업이다. 건강검진의 대상·회수·절차 기타 필요한 사항은 대통령령으로 정하고 있으며, 직장가입자의 경우 사무직은 격년제, 즉 2년에 1회, 비사무직은 1년에 1회 제공된다. 지역가입자의 경우 세대주 및 20세 이상 세대원을 대상으로 2년에 1회, 직장 피부양자의 경우 2년에 1회 제공(출생연도, 짝·홀수 기준)된다.

이 외에도 건강검진 제도는 암검진, 의료급여생애전환기 건강검진, 영유아 건강검진, 학교밖 청소년건강검진 제도가 운영된다. 암검진의 경우 위암, 유방암, 자궁경부암 및 폐암 등으로, 위암은 40세 이상인 사람을 대상으로 2년 주기로 제공하며, 유방암은 40세 이상 여성을 대상으로 2년 주기, 대장암은 50세 이상인 사람을 대상으로 1년 주기로 제공한다. 간암의 경우 40세 이상인 사람 중 해당연도 전 2년간 보험급여 내역 간암발생 고위험군(간경병증, 만성 간질환자 등 해당자)이나 과거년도 일반건강검진의 B형 간염표면항원 검사 또는 C형 간염 항체 HCV Antibody 검사 결과가 '양성'인 사람을 대상으로 제공하며, 6개월 주기이다. 자궁경부암은 20세 이상 여성을 대상으로 2년 주기로 제공한다. 폐암의 경우 54~74세 폐암발생 고위험군인 사람을 대상으로 2년 주기로 제공된다. 암 검진 비용은 공단이 90%를 부담하며 수검자가 10%를 부담한다. 단, 대장암 및 자궁경부암은 전액 공단이 부담한다.

<표 7-18> 암 검진

구 분	위 암	대장암	간 암	유방암	자궁경부암	폐 암
대상기준	40세 이상	50세 이상	40세 이상 고위험군	40세 이상	20세 이상	54~74세 고위험군
검진주기	2년	1년	6개월	2년	2년	2년
간암 고위험군 기준	- 해당연도 전 2년간 간암발생고위험 상병코드로 진료내역이 있는자 - 과거연도 건강검진의 B형간염표면항원검사 또는 C형간염항체 검사 결과가 "양성"인 자 해당					
폐암 고위험군 기준	- 현재 흡연 중인 자로 해당연도 전 2년 내 국가건강검진 문진표 자료의 흡연력 30갑년 이상인 자 - 해당연도 전 2년 내 건강보험 금연치료지원사업 문진표 자료의 흡연력 30갑년 이상인 자 - 흡연력이 30갑년 이상으로 확인되어 국가폐암검진 수검한 자는 금연을 하더라도 15년 이내면 해당 *갑년=하루 평균 담배소비량(갑) x 흡연기간(년)					
암검진 대상 제외기준	대장암, 간암, 유방암, 자궁경부암, 위암, 폐암 산정특례자 및 대장내시경 검사 후 5년이 경과하지 않은 수검자는 해당 암검진을 유예함 ※ 본인이 검진을 희망하는 경우는 추가등록 가능(단, 간암 및 폐암의 경우는 위 조건에 충족해야 함)					

의료급여생애전환기 건강검진의 경우 66세 이상의 의료급여수급권자로 세대주 및 세대원을 대상으로 2년마다 제공된다. 의료급여생애전환기검진 비용은 국가 및 지방자치단체에서 전액 부담한다. 주요 검진항목은 골밀도 검사, 인지기능장애, 정신건강검사, 생활습관평가, 노인신체기능검사 등이 이루어진다.

영유아 건강검진은 6세 미만(생후 14일부터 71개월 이하)의 영유아를 대상으로 검진시기별(일반검진 8차 + 구강검진 4회)로 선정한다. 검진 비용은 건강보험가입자의 경우 전액 공단지원이며, 의료급여수급권자는 국가 및 지방자치단체가 전액 부담하며, 본인 부담금은 없다.

학교밖 청소년 건강검진은 9세 이상 18세 이하 학교밖 청소년을 대상으로 하며, 19세 학교 밖 청소년은 다른 국가건강검진과 중복되지 않는 경우에 검진이 가능하다. 기본검진 항목은 상담 및 진찰, 신체계측, 요검사, 혈액검사, 구강검진, 영상검사 등이며, 선택검진 항목은 상담, 매독, HIV, 클라미디아, 임질이 있다. 검진 비용은 전액 국고지원으로 본인 부담금은 없다.

(9) 기타 제도

다양한 건강증진 및 건강정보 제공 업무가 이루어진다. 치매예방과 건강증진을 위해 운동을 포함한 체계적인 건강증진프로그램 필요성 대두됨에 따라 건강백세 운동교실을 운영하고 있다. 또한 흡연은 개인의 기호나 습관이 아닌 니코틴 중독에 의한 질환으로 금연성공률이 높은 병·의원 금연치료를 공단이 사업 형태로 지원하는 금연치료 지원사업도 있다. 금연치료 지원사업은 2015년 2월부터 이루어졌으며, 금연치료지원 사업은 8~12주 동안 6회 이내의 진료·상담과 금연치료 의약품 또는 금연보조제(니코틴패치, 껌, 사탕) 구입비용 지원을 주요 내용으로 한다. 병·의원, 약국 3회 방문부터 본인부담금이 면제되며, 금연치료 이수자는 신청에 의해 1~2회 본인부담금을 전액 환급한다. 다음으로 사망원인의 30%를 차지하는 심뇌혈관질환위험군(고혈압, 당뇨병, 고지혈증, 비만 등)에 대한 개인별 맞춤형 건강증진서비스(운동 · 영양처방과 운동지도) 제공으로 건강개선을 유도하기 위하여 건강증진센터를 운영하고 있다. 이 외에도 선천성 악안면 기형 치과교정 및 악정형 치료 보험급여, 초음파검사의 급여, 호스피스 · 완화의료 건강보험 수가 적용, 조산아 및 저체중출생아 외래진료비 본인부담률 경감제도, 치면열구전색술 보험급여, 5~12세 이하 광중합형 복합레진, 추나요법, 비만수술과 같은 다양한 건강보험 내용이 적용되고 있는데 이 중 치과 관련 내용만 간단하게 살펴보면 다음과 같다.

- **치석제거 보험급여** : 치석은 치주질환을 일으키는 주된 요인으로 치석제거의 급여대상을 확대함으로써 치은염, 치주질환 및 풍치, 치아소실을 예방하여 국민의 구강건강을 향상시키고자 시행되고 있다. 이를 위해 만 19세의 이상 후속처치 없이 치석제거만으로 치료가 종료되는 환자를 대상으로, 연 1회 급여를 지급한다.
- **치과임플란트 급여** : 노인들의 치과 임플란트 시술에 대해 건강보험 급여를 적용함으로써 저작기능 개선 등을 통해 건강증진 및 삶의 질 향상을 도모하고자 한다. 이를 위해 상악 또는 하악 부분 무치악인 만 65세 이상 건강보험가입자 또는 피부양자를 대상으로 1인당 평생 2개를 제공한다. 자부담은 요양급여비용 총액의 30%이다.
- **노인 틀니 건강보험 적용** : 노인들의 틀니 시술에 대해 건강보험 급여를 적용함으로써 저작기능 개선을 통해 건강증진 및 삶의 질 향상을 도모하는 것을 목적으로 한다. 만 65세 이상의 건강보험가입자 또는 피부양자를 대상으로 급여적용기간은 7년간 1회, 자부담은 요양급여비용 총액의 30%이다.

(10) 건강보험 외래진료부담금

국민건강보험법상 요양급여에는 진찰 · 검사, 약제 · 치료재료의 지급, 처치 · 수술 · 기타의 치료, 예방 · 재활, 입원, 간호, 이송 등에 수반되는 비용이 포함된다. 본인이 부담하는 비용은 요양기관의 청구에 의하여 가입자 또는 피부양자가 요양기관에 지불하게 되며, 입원의 경우 요양급여비용 총액의 20%와 식대총액의 50%를 부담해야 한다. 외래의 경우 본인부담기준은 요양기관 종별 및 소재지에 따라 차이가 있다. 약국의 경우 65세 미만 시 본인 부담금은 요양급여비용 총액의 30%이지만, 상급종합병원은 50%, 종합병원은 40%이다. 단, 경증질환으로 상급종합병원 또는 종합병원 외래 진료 시 발급된 원외처방에 의해 약국조제 시 본인부담률이 차등 적용된다.

<표 7-19> 외래본인부담률

기관 종류	소재지	환자 구분	본인일부부담금
상급종합병원	모든 지역	일반환자	(일반) 진찰료비용의 100% + 나머지 요양급여비용의 60% (임신부) 요양급여비용총액의 40% (1세미만) 요양급여비용총액의 20%
		의약분업 예외환자	(일반) 진찰료비용의 100% + 약값 총액의 30% + 나머지 요양급여비용의 60% (임신부) 약값 총액의 30% + 나머지 요양급여비용의 40% (1세미만) 약값 총액의 21% + 나머지 요양급여비용의 20%
종합병원	동 지역	일반환자	(일반) 요양급여비용총액의 50% (임신부) 요양급여비용총액의 30% (1세미만) 요양급여비용총액의 15%
		의약분업 예외환자	(일반) 약값 총액의 30% + 나머지 요양급여비용의 50% (임신부) 약값 총액의 30% + 나머지 요양급여비용의 30% (1세미만) 약값 총액의 21% + 나머지 요양급여비용의 15%
	읍 · 면 지역	일반환자	(일반) 요양급여비용총액의 45% (임신부) 요양급여비용총액의 30% (1세미만) 요양급여비용총액의 15%

		의약분업 예외환자	(일반) 약값 총액의 30% + 나머지 요양급여비용의 45% (임신부) 약값 총액의 30% + 나머지 요양급여비용의 30% (1세미만) 약값 총액의 21% + 나머지 요양급여비용의 15%
병원, 치과병원, 한방병원, 요양병원, 정신병원	동 지역	일반환자	(일반) 요양급여비용총액의 40% (임신부) 요양급여비용총액의 20% (1세미만) 요양급여비용총액의 10%
		의약분업 예외환자	(일반) 약값 총액의 30% + 나머지 요양급여비용의 40% (임신부) 약값 총액의 30% + 나머지 요양급여비용의 20% (1세미만) 약값 총액의 21% + 나머지 요양급여비용의 10%
	읍 · 면 지역	일반환자	(일반) 요양급여비용총액의 35% (임신부) 요양급여비용총액의 20% (1세미만) 요양급여비용총액의 10%
		의약분업 예외환자	(일반) 약값 총액의 30% + 나머지 요양급여비용의 35% (임신부) 약값 총액의 30% + 나머지 요양급여비용의 20% (1세미만) 약값 총액의 21% + 나머지 요양급여비용의 10%
의원, 치과의원, 한의원, 보건의료원	모든 지역	일반환자	(일반*) 요양급여비용총액의 30% (임신부) 요양급여비용총액의 10% (1세미만) 요양급여비용총액의 5% 단 65세 이상의 경우 기준이 다름(세부적인 내용은 건강보험심사평가원 홈페이지에서 확인)
		의약분업 예외환자	(일반*) 약값 총액의 30% + 나머지 요양급여비용의 30% (임신부) 약값 총액의 30% + 나머지 요양급여비용의 10% (1세미만) 약값 총액의 21% + 나머지 요양급여비용의 5% 단 65세 이상의 경우 기준이 다름(세부적인 내용은 건강보험심사평가원 홈페이지에서 확인)
보건소, 보건지소, 보건진료소	모든 지역		요양급여비용 총액이 12,000원을 넘는 경우 6세 이상 30%, 6세 미만 21% 요양급여비용 총액이 12,000원을 넘지않는 경우는 진료내용 및 투약일수에 따라 본인부담액이 상이(세부적인 내용은 건강보험심사평가원 홈페이지에서 확인)

4) 보험료

보험료는 원칙적으로 일부만 본인이 부담하나 급여범위와 기간을 초래할 때는 전액을 본인이 부담한다. 보험료 부과기준은 직장가입자와 지역가입자에게 달리 적용되며, 직장조합의 경우에는 근로자인지 자영자인지에 따라 적용되는 기준이 상이하다. 기본적으로 직장가입자는 근로소득을 기준으로 정한 보험료율에 의해 부과되며 다음과 같은 비정기적 급여는 제외된다[7].

- 퇴직금
- 현상금 · 번역료 및 원고료
- 소득세법에 따른 비과세 근로소득. 다만, 제12조 제3호 차목[8] · 파목[9] 및 거[10]목은 제외
- 식대(월 20만 원, 연간 240만 원)
- 자가운전보조금(월 20만 원)

직장근로자의 보험료는 근로자가 일정 기간 동안 지급받은 보수를 기준으로 산정한 보수월액에 보험료율을 적용하여 산정한 금액을 가입자와 사용자가 각각 1/2씩 부담하고 있다. 보수월액에 포함된 보수를 제외한 소득(보수 외 소득)이 연간 7,200만 원 초과 시 소득월액보험료 별도 부담(~2018년 6월), 2018년 7월부터는 연간 3,400만 원 초과 시 별도 부담한다. 또한 휴직자, 섬 · 벽지 지

7 건강보험공단에서 매년 사업장 업무편람(보험료부과 및 징수)을 발간하고 있으며, 여기서 제시하지 않은 상세한 보수범위 내용을 확인할 수 있다.

8 차. 외국정부(외국의 지방자치단체와 연방국가인 외국의 지방정부를 포함한다. 이하 같다) 또는 대통령령으로 정하는 국제기관에서 근무하는 사람으로서 대통령령으로 정하는 사람이 받는 급여. 다만, 그 외국정부가 그 나라에서 근무하는 우리나라 공무원의 급여에 대하여 소득세를 과세하지 아니하는 경우만 해당한다.

9 파. 작전임무를 수행하기 위하여 외국에 주둔 중인 군인 · 군무원이 받는 급여

10 국외 또는 「남북교류협력에 관한 법률」에 따른 북한지역에서 근로를 제공하고 받는 대통령령으로 정하는 급여

역을 비롯하여 소득월액보험료 사업장 화재 등 보험료 경감 등의 혜택이 있다. 이 외에도 교도소 등의 시설에 수용되거나, 병역법 규정에 의한 현역병, 전환복무된 사람 및 무관후보생을 비롯하여 3개월 이상 국외체류자로서 국내에 피부양자가 없는 경우는 보험료가 면제된다. 지역가입자의 보험료는 소득·재산 등 부과요소별 점수를 합산하여 산출한 보험료부과점수에 점수 당 단가를 곱하여 산정, 세대별로 부과하고 있다. 지역건강보험료의 경우 하한액과 상한액이 제시된다.

건강보험 재원조달과 관련하여, 1998년 지역의료브험을 처음 실시할 당시부터 보험료 부담을 경감시켜 주기 위하여 보험료의 일부와 보험사업 운영에 소요되는 관리운영비를 국고에서 지원하여 왔으다. 2002년부터는 건강보험재정건전화특별법(2002년 1월 제정)에 의하여 지역가입자에 대한 보험급여비용과 지역가입자의 건강보험사업에 대한 운영비의 40%(2005년부터는 35%)에 상당하는 금액을 국고에서, 10%(2005년부터는 15%)에 상당하는 금액을 국민건강증진기금에서 지원하였다. 2007년부터는 당해연도 보험료 예상수입액의 100분의 14는 정부지원으로, 당해연도 보험료 예상수입액의 100분의 6(단, 담배부담금 예상수입액의 65% 상한)은 건강증진기금에서 지원하고 있다.

<표 7-20> 건강보험료율

구 분	직장가입자			지역가입자
	근로자	공무원	사립학교교직원	
보험료율	사용자 50% 가입자 50%	국가, 지방자치단체 50% 가입자 50%	국가 20% 사립학교경영자 30% 가입자 50%	가입자가 속한 세대의 전원이 연대하여 부담

제 4 절 | 산업재해보상보험

1. 산업재해보상보험의 의의 및 특성

1) 의의

산업재해란 업무상의 사유에 따른 근로자의 부상, 질병, 장해 또는 사망을 의미한다. 산업재해보상보험(이하 산재보험)은 근로자의 업무상의 재해를 신속하고 공정하게 보상하며, 재해근로자의 재활 및 사회복귀를 촉진하기 위하여 이에 필요한 보험시설을 설치·운영하고, 재해 예방과 그 밖에 근로자의 복지증진을 위한 사업을 시행하여 근로자 보호에 이바지하는 것을 목적으로 한다.

이는 사회보험의 하나로 근로기준법에 의하여 고용주가 부담해야 하는 재해보상 책임을 보험화한 것으로 근로자가 업무 중 입은 부상, 질병, 사망 등의 재해에 대한 재해 근로자 본인의 치료와 부양가족의 생계를 보장하기 위한 제도이다. 산재보험은 산업화가 진전되면서 급격히 증가하는 산업상 발생한 재해로부터 근로자를 보호하기 위하여 사업주가 강제가입해야 하는 우리나라 최초의 사회보장제도이다. 도입 초기인 1964년에는 500인 이상의 근로자가 종사하는 광업 및 제조업부터 시행되었으나 이제는 1인 이상(일용직, 아르바이트, 특수형태 근로 종사자, 예술인을 비롯하여, 소프트웨어 프리랜서, 골프장캐디, 관광통역안내사, 어린이통학버스기사, 화물차주 등) 전 사업장에 확대·적용되면서 지난 수십 년 동안 우리나라 사회보험제도의 중추적 역할을 담당하고 있다.

산재보험은 근로자와 사업주 모두를 보호하기 위한 제도이다. 산재보험이 도입되기 이전에도 근로기준법에 재해보상제도를 규정하고 있었으나 이 규정은 사업주의 개별적인 책임에 한정되어 있으므로 산재가 발생하였을 때 이로 인한 손실 및 비용으로 도산하는 경우가 많았다. 따라서 산재보험은 산재가 발생할 경우 사업주의 산재로 인한 위험부담을 사회적으르 분산, 경감시켜 줌으로써 안정된 기업 활동을 보장하는 제도적 장치이다. 산재보험이 근로자에게 중요한 의미를 지니는 이유는 산업재해가 발생할 경우 근로자에게 그에 준하는 보상을 확실히 해준다는 것이다. 만약 산재보험이 없다면, 산업재해 발생 시 근로자는 손해배상을 청구하기 위하여 그용자의 고의 혹은 과실을 직접 입증해야 하는데(산재보험은 무과실 책임주의지만, 민법은 과실책임주의임) 이러한 과정이 장기간 소요되며, 또 사용자가 최대한 안전배려의무를 다하였음에도 불구하고, 근로자의 중대한 과실로 인하여 사고가 발생한 경우에는 손해배상 자체를 받지 못할 수도 있다. 또한 과실을 증명하더라도 사업주가 능력이 없다면 보상을 받을 수 없는 문제가 발생한다. 그러나 산재보험이 존재하기 때문에 이에 대한 보상이 가능해진다.[11] 따라서 산재보험은 사전에 산업재해 자체를 예방하고 대비한다는 측면에서 의미가 있으며 재해가 발생했을 때 재해근로자를 보호할 뿐 아니라 근로자 가족의 생활을 보호하고 보상해 주는 제도적 장치이다.

이러한 사회적 필요에 부응하는 산재보험은 국가가 책임을 지는 의무보험의 성격을 지니는데, 근로기준법상 사용자가 재해보상책임을 보장하기 위하여 국가가 사업주로부터 소정의 보험료를 징수하여 그 재원으로 사업주를 대신하여 재해근로자에게 형사 및 보상책임을 담보하는 제도이다.

11 산업재해보상보험법 제80조 제3항에 따르면 "수급권자가 동일한 사유로 「민법」이나 그 밖의 법령에 따라 이 법의 보험급여에 상당한 금품을 받으면 공단은 그 받은 금품을 대통령령으로 정하는 방법에 따라 환산한 금액의 한도 안에서 이 법에 따른 보험급여를 지급하지 아니한다."고 규정되어 있다. 다시 말하면 보상받은 만큼은 손해배상 책임이 면제되지만 보상 이상의 손해가 발생하였을 경우(보전받지 못한 손해 존재 시), 이에 대한 보상을 청구할 수 있다.

2) 특징

산재보험이 지향하는 목적은 보험사업을 통하여 재해근로자의 피해에 대해 신속하고 공정하게 보상하고, 재해근로자와 그 가족의 생존권 및 최저생활권을 보장하는 것이다. 이러한 제도적 목적은 근로자를 보호하는 데 그치는 것이 아니라 사업주에게도 뜻하지 않은 재해로 인한 과중한 경제적 부담을 사회적 차원에서 분산하여 경감시킴으로써 안정된 기업 활동을 보장하고 있다. 업무 중 재해를 입은 근로자에 대한 보상을 중심으로 산재보험의 특징을 열거하면 다음과 같다.

첫째, 산재보험은 자진신고 및 자진납부를 원칙으로 하며, 보험사업에 소요되는 비용은 보험료로 충당하며 사업주가 전액을 부담한다(단, 특수형태근로종사자는 사업주와 노무제공자가 보험료의 1/2을 각각 부담한다). 이는 재해발생으로 인한 비용은 사업주가 부담하고 보상은 근로자와 그 가족이 받는 제도라는 것을 의미한다.

둘째, 산재보험은 사업장 중심으로 관리된다. 즉, 산재보험은 사업장 소속 근로자가 업무상 입은 부상이나 질병, 장애, 사망에 대해 적절한 치료 및 요양과 일정액의 급여를 지급하게 되어 있다. 급여지급은 평균임금을 기초로 산정하는 정률보상 방식에 의하므로 재해발생에 따른 손해 전체를 보상하는 것은 아니다.

셋째, 급여지급은 평균임금[12]을 기초로 산정하는 정률보상 방식에 의하므로 재해발생에 따른 손해 전체를 보상하는 것은 아니다.

넷째, 산재보험은 사업주의 보상책임에 의해 무과실책임주의 원칙이 적용된다. 사업주가 재해로 인한 위험을 방지하고 근로자와 그 가족의 복리증진과 기

12 산정해야 할 사유가 발생한 날 이전 3개월 동안에 근로자에게 지급된 임금 총액을 그 기간의 총 일수로 나눈 금액으로서 취업한 후 3개월 미만도 동일하며 일급단위로 산정한다.

본적인 생활을 보장하기 위해 재해발생의 원인이 고의나 과실과 관계없이 무과실책임주의에 입각하여 보상한다.

다섯째, 사업업종에 따라 보험요율[13]이 다르다. 또한 다른 보험과는 다르게 산재보험료는 사업주가 전액 부담한다. 보험료는 재해율이 유사한 사업의 종류별로 과거 3년 동안의 재해율과 보험급여에 필요한 금액을 기초로 하여 고용노동부 장관이 결정, 고시한다. 따라서 광업, 건설업, 어업, 임업, 농업 등과 같은 경우는 보험요율이 다른 업종에 비해서 높다. 또한 하나의 적용사업장에 대하여서는 하나의 보험료율이 적용되며, 만약 하나의 사업장 안에서 보험료율이 다른 2종 이상의 사업이 행해지는 경우 근로자 수가 많은 사업, 근로자 수가 같은 경우는 보수 총액이 많은 사업, 혹은 매출액이 많은 제품을 제조하거나 서비스를 제공하는 사업을 결정하여 적용한다. 뿐만 아니라 개별실적 요율제를 적용하고 있다. 개별실적 요율제는 동종사업의 보험료율을 적용함에 있어서 재해방지 노력을 기울인 사업주 간의 형평의 원칙을 실현하기 위하여 당해 사업의 보험료에 대한 보험급여액의 비율이 대통령령이 정하는 비율에 해당하는 경우에 그 사업에 적용되는 산재보험료율을 인상 또는 인하하는 제도이다.

여섯째, 산재보험 적용대상 사업장은 사업주의 가입신청 여부와 관계없이 법에 따라 당연히 가입된 것으로 본다. 따라서 미가입 상태에서 발생한 업무상 재해도 산재보험급여를 청구할 수 있으며, 이 경우 근로복지공단은 보험급여를 지급한 뒤 사업주에게 해당 금액을 징수한다.

일곱째, 재해근로자와 그 가족의 생존권 보장을 기본 이념으로 삼은 산재보험은 신속성·공정성·확실성이 보장된다. 산재브험에 의한 재해보상은 일반

13 사업종류의 세목과 내용예시 및 총칙을 규정한 사업종류 예시표는 고용노동부 홈페이지(www.moel.go.kr)의 정보공개－법령정브－훈령·예규·고시란과 근로복지공단 홈페이지(www.comwel.or.kr)의 가입·납부서비스－사업종류 검색－연도별 산재보험료율표를 통해 확인이 가능하다.

법원을 통한 권리구제와는 달리 산업재해로부터 입은 피해를 신속하게 복구하고 보상한다. 그리고 심사 및 재심사청구제도를 운영하여 재해보상과 관련된 이의신청을 신속하게 처리한다. 보상 차원 및 수준은 담당직원의 주관적 판단이나 재량에 의하지 않고 공정한 기준에 의해 보상이 이루어지고, 재해근로자에게는 법령이 정한 시기 이내에 확실히 보상해 준다. 산재보험이 사회보장제도에 편입된 근본적인 이유도 바로 보장의 공정성 때문이다. 이를 통해 재해근로자가 사업주의 재정 사정에 따라 보상을 받지 못하거나 손해배상 청구권을 포기하게 되는 부당한 상황을 방지할 수 있다.

2. 산업재해보상보험의 필요성과 발전과정

1) 필요성

산재보상이 필요한 이유는 산업화의 진전에 따른 재해발생의 심화 현상으로 인해 근로자와 그 가족의 기본적 복지가 위협받고 있기 때문이다. 산업복지의 개발과 근로자의 복리증진 및 기본적 생활보장권은 사회보장의 근간이 되어야 한다. 다시 말하면, 산업과 복지의 상호보완적 체계는 사적이익을 추구하는 기업에 의하기보다 정부가 기본적 복지이념하에서 주도적으로 추진하여야 한다. 경제성장과 근로자복지를 동시에 달성하기 위해서 산재보험이 사회보장체계의 한 축이 되고, 근로자가 산업현장에서 잠재적 생산성을 실현할 수 있도록 산업복지제도를 구축하는 것은 국가발전의 필수적인 조건일 것이다.

2) 도입 및 발전과정

재해보상규정은 대한민국 정부가 수립된 이후 1953년의 근로기준법의 제정으로 역사상 처음으로 만들어졌다. 근로기준법 제8장 재해보상 규정에는 요양보상(제78조), 휴업보상(제79조), 장해보상(제80조), 유족보상(제82조), 장사비(제83조) 등이 제시되었다. 이에 따라 근로자의 업무상 부상・질병・폐질 또는 사망의 경우, 사용자는 법률상 의무로써 일정한 보상을 하도록 규정하였다.

현재와 같은 산재보험제도의 도입과 구축은 1961년 5・16 쿠데타로 군사정부가 집권하게 되면서, 민심을 얻기 위한 목적으로 4・19 이후 촉발된 사회개혁 의제 중 하나인 사회보장 강화 구체화(우명숙, 2007)를 통해 이루어졌다. 당시 사회보험제도 도입을 일선 단위에서 주도한 보건사회부장관 자문기구인 사회보장심의위원회는 당시 노동단체들이 많은 관심을 갖던 실업보험보다는 재해근로자의 보호가 더 시급한 과제라 판단하게 되며, 정부는 이 의견을 반영해 산업재해보상제도의 도입을 우선 추진하게 된다(고용노동부, 2014). 특히 근로기준법상 재해보상과는 별도로 산재보험을 도입할 필요가 있다는 취지하에서 도입이 논의되었다. 처음에는 노동자재해보상보험제도(Workmen's Accident Compensation Insurance Scheme)라는 명칭으로 논의되었으나, 노동자재해라는 명칭이 친숙하지 않다고 하여 1946년에 제정된 영국의 국민보험법상의 산업재해(Industial Injuries Act) 등을 참고하여 「산업재해보상보험법」으로 정해졌다(조성은 외, 2019). 도입 초기인 1964년에는 500인 이상의 근로자가 종사하는 사업장부터 적용되었으나 현재는 1인 이상 전 사업장에 확대・적용되고 있다. 산재보험법의 발전과정은 다음과 같다.

<표 7-21> 산업재해보상보험제도의 변천과정

<table>
<tr><th colspan="2">시 기</th><th>내 용</th></tr>
<tr><td colspan="2">1953. 5.</td><td>근로기준법 제정(사업주의 개별보상책임제 시행)</td></tr>
<tr><td colspan="2">1963. 11.</td><td>산업재해보상보험법 제정·공포</td></tr>
<tr><td rowspan="2">1964.</td><td>6.</td><td>산업재해보상보험법 시행령 제정·공포</td></tr>
<tr><td>7.</td><td>산업재해보상보험제도 실시</td></tr>
<tr><td colspan="2">1977</td><td>근로복지공사 설립</td></tr>
<tr><td colspan="2">1993. 12.</td><td>산업재해보상보험의 적용범위 확대, 보상수준 향상 등 제도 정착</td></tr>
<tr><td colspan="2">1995. 5.</td><td>5월 근로복지공단 설립, 산재보험 사업의 집행업무를 노동부 장관으로부터 근로복지공단에 위탁, 이관</td></tr>
<tr><td colspan="2">2000. 7.</td><td>5인 미만 사업장(=전체 사업장)으로 적용 확대</td></tr>
<tr><td colspan="2">2004. 1.</td><td>산재, 고용보험 인터넷 토탈서비스 시행</td></tr>
<tr><td colspan="2" rowspan="2">2005. 1.</td><td>고용보험 및 산업재해보상보험의 보험료 징수 등에 관한 법률 시행</td></tr>
<tr><td>건설업 등 면허를 가진 건설업자 등이 행하는 모든 건설공사와 법인이 행하는 농업·임업(벌목업 제외), 어업·수렵업 중 근로자 1인 이상을 고용하는 사업은 당연적용대상으로 확대</td></tr>
<tr><td colspan="2">2009. 1.</td><td>건설면허업자가 아닌 자가 시공하는 공사금액 2천만 원 이상, 연면적 100m^2를 초과하는 건축물의 건축 또는 연면적 200m^2를 초과하는 건축물의 대수선에 관한 공사인 경우 당연적용(의무가입) 대상으로 확대</td></tr>
<tr><td colspan="2">2010. 1.</td><td>한국산재의료원과 근로복지공단이 통합됨에 따라, 한국산재의료원 설립 근거조항을 삭제하고 동 기관의 업무를 근로복지공단의 업무로 일원화</td></tr>
<tr><td colspan="2">2018. 1</td><td>통상의 출퇴근재해 보상범위 확대</td></tr>
<tr><td colspan="2">2020. 7</td><td>중소기업사업주 산재보험 전면확대</td></tr>
<tr><td colspan="2">2024. 1</td><td>업종에 관계없이 1인 이상 사업장 모두 적용</td></tr>
</table>

3. 산업재해보상보험의 적용대상 및 사업장

1) 적용근로자

적용근로자는 근로기준법에 규정된 근로자, 즉 직종이나 고용형태(상용, 일용, 임시직 등)와 관계없이 모든 사업장에서 임금을 목적으로 사실상 고용된 모든 근로자를 말한다. 산업재해로 인정되는 범위는 사업장의 위험률과 규모 등을 고려하여 예외가 있을 수 있다. 근로자가 산재보상을 청구하기 위해서는 기본적으로 그 재해가 업무상 발생한 것이어야 한다. 업무상의 재해를 판단하는 기준은 업무수행성과 업무기인성으로, 업므수행성은 근로자가 사용자의 지휘/명령하에 업무를 수행하는 것을 말하며, 본래의 업무수행 이외에도 그에 부수하여 기대되는 행위, 사고도 이에 포함된다. 업무기인성은 근로자의 업무수행이나 작업환경과 재해발생 사이에 상당인과관계(相當因果關係)가 있는 경우 업무상 재해로 인정하는 것을 말하며, 해당업무에 종사하지 않았더라면 그러한 재해가 발생하지 않았을 것으로 인정되거나 해당업무에 종사하였을 경우에는 그러한 재해가 발생할 수 있다고 인정될 대에 업무기인성이 있다고 볼 수 있다. 구체적으로 근로자가 다음 각 호의 어느 하나에 해당하는 사유로 부상·질병 또는 장해가 발생하거나 사망하면 업무상의 재해로 본다. 다만, 업무와 재해 사이에 상당인과관계가 없는 경우에는 그러하지 아니하다.

(1) 업무상 사고

가. 근로자가 근로계약에 따른 업무나 그에 따르는 행위를 하던 중 발생한 사고

나. 사업주가 제공한 시설물 등을 이용하던 중 그 시설물 등의 결함이나 관리소홀로 발생한 사고

다. 사업주가 제공한 교통수단이나 그에 준하는 교통수단을 이용하는 등 사업주의 지배관리하에서 출퇴근하는 중 발생한 사고 및 그 밖에 통상적인 경로와 방법으로 출퇴근하는 중 발생한 사고
라. 사업주가 주관하거나 사업주의 지시에 따라 참여한 행사나 행사준비 중에 발생한 사고
마. 휴게시간 중 사업주의 지배관리하에 있다고 볼 수 있는 행위로 발생한 사고
바. 그 밖에 업무와 관련하여 발생한 사고

(2) 업무상 질병

가. 업무수행 과정에서 물리적 인자(因子), 화학물질, 분진, 병원체, 신체에 부담을 주는 업무 등 근로자의 건강에 장해를 일으킬 수 있는 요인을 취급하거나 그에 노출되어 발생한 질병
나. 업무상 부상이 원인이 되어 발생한 질병
다. 그 밖에 업무와 관련하여 발생한 질병

(3) 출퇴근 재해

가. 사업주가 제공한 교통수단이나 그에 준하는 교통수단을 이용하는 등 사업주의 지배관리하에서 출퇴근하는 중 발생한 사고
나. 그 밖에 통상적인 경로와 방법으로 출퇴근하는 중 발생한 사고

근로자의 고의·자해행위나 범죄행위 또는 그것이 원인이 되어 발생한 부상·질병·장해 또는 사망은 업무상의 재해로 보지 아니한다. 다만, 정상적인 인식능력이나 행위통제능력이 뚜렷하게 저하된 상태에서 한 행위로 인하여 발생한 재해로서, 대통령령으로 정하는 사유에 해당하는 경우에는 예외적으로 업무상 재해로 본다.

또한 출퇴근 중 통상적인 경로와 방법으로 일탈 또는 중단 없이 이동 중 발생한 사고는 출퇴근 재해로 인정이 가능하여, 산재보험의 대상이 된다. 다만, 출퇴근 과정에서 일어날 수 있는 일상생활에 필요한 행위로의 일탈 또는 중단이 발생한 경우 예외적으로 발생한 사고도 산재보상이 가능하다. 일상생활에 필요한 행위는 일상생활에 필요한 용품을 구입하는 행위, 근로자가 사실상 보호하고 있는 아동 또는 장애인을 보육기관 또는 교육기관에 데려다 주거나 해당 기관으로부터 데려오는 행위, 의료기관 또는 보건소에서 질병의 치료나 예방을 목적으로 진료를 받는 행위, 근로자의 돌봄이 필요한 가족 중 의료기관 등에서 요양 중인 가족을 돌보는 행위 등이 포함된다. 통상의 출퇴근 재해는 개별 사업장의 산재보험료율 및 재해율에 영향을 미치지 않으며 산업재해조사표 제출의무도 없다.

2) 적용사업장

현재 산업재해보상보험은 모든 사업 또는 사업장을 그 적용범위로 하고 사회보험의 성격을 가지고 있기 때문에 모든 사업장에게 강제가입의 원칙이 적용된다. 다만 위험률·규모 및 장소 등을 고려하여 대통령령으로 정한 것 중 어느 하나에 해당하는 경우에는 적용되지 않는 것을 원칙으로 한다. 적용제외사업으로는 공무원재해보상법 또는 군인연금법에 따라 재해보상이 되는 사업, 선원법, 「어선원 및 어선 재해보상보험법」 또는 「사립학교교직원 연금법」에 따라 재해보상이 되는 사업, 가구 내 고용활동, 농업, 임업(벌목업은 제외한다), 어업 및 수렵업 중 법인이 아닌 자의 사업으로서 상시근로자 수가 5명 미만인 사업 등이다.

한편, 당연적용사업장은 2000년 7월부터 상시근로자 1인 이상인 모든 사업 또는 사업장으로 확대되었다. 따라서 사업주가 산재보험에 가입하지 않았거나,

산재보험으로 처리하기를 원하지 않는 경우라도, 근로복지공단은 이를 당연히 산업재해보상보험의 적용 대상으로 간주하여 재해보상을 실시한다.

4. 산업재해보상보험의 보험료

산업재해보상보험의 재정은 1995년 이전까지는 특별회계에서 운영하였으나 보험사업의 효율적인 운영을 위하여 특별회계를 폐지하고 대신 산업재해보상보험기금을 설치하면서 산업재해업무를 근로복지공단으로 이관하였다. 산업재해기금은 보험료 및 징수금, 일반회계 전입금, 이자수입 등을 재원으로 하고 있으며 연금 등 장래의 보험급여에 충당하기 위하여 산업재해보상보험 적립금을 운영하고 있다.

앞서 제시한 바와 같이, 산업재해보상보험의 보험료는 사업주가 전액 납부하며 근로자는 부담하지 않는다. 그리고 정부가 운영사업비의 일부를 부담하며, 사업장 재해 발생 위험도에 따라 차등부담원칙에 의하여 보험료를 부과한다. 산재보험료율은 '사업종류별 산재보험료율'과 '출퇴근 재해 산재보험료율'로 구성되며, 매년 6월 30일 현재 과거 3년 동안의 임금총액에 대한 산재보험급여 총액의 비율을 기초로 하여, 산업재해보상보험법에 의한 연금 등 산재보험급여에 드는 금액, 재해예방 및 재해근로자의 복지증진에 드는 비용 등을 고려하여 사업의 종류별로 구분하여 매년 고시하며, 출퇴근 재해 산재보험료율은 사업의 종류를 구분하지 않고 고용노동부령으로 정한다.

또한 산재보험료율 결정에는 개별실적요율제가 적용된다. 이는 재해방지 노력을 기울인 사업주와 그렇지 않은 사업주 간의 형평성을 유지하기 위한 제도이다. 개별실적요율제는 해당 사업장에서 발생한 보험급여액이 보험료 대비 어느 수준인지(보험급여율)를 기준으로, 대통령령에서 정한 산식에 따라 산재보험료율을 증가 또는 인하하도록 규정하고 있다. 이는 실적에 따라 차등화하는 민간의 보험원리가 도입된 것이며, 이를 통하여 고용주의 재해 예방 노력을 유도하기 위함이다. 개별실적 요율은 통상 20% 범위 내에서 증감이 가능하다. 한편, 2021년 이후 법의 개정으로 최근 3년간 업무상 사고로 인해 사망자가 3명 이상 발생한 사업장의 경우, 원래 적용될 수 있었던 개별실적요율상의 보험료 인하율을 40%에서 최대 100%까지 축소하도록 하는 조항이 신설되었다. 이는 다수 사망사고가 발생한 사업장에 대한 보험료 인하 혜택을 제한함으로써 안전관리 강화를 유도하려는 규제적 장치이다. 또한 산재보험의 보험관계가 성립한 후 3년이 지나지 않은 신규 사업장의 보험료율은 고용노동부령이 정하는 바에 따라 산업재해보상보험 및 예방심의위원회의 심의를 거쳐 고용노동부장관이 사업의 종류별로 따로 정한다.

5. 산업재해보상보험의 급여종류

산재보험에서 산업재해를 입은 근로자에게 제공하는 급여는 적용사업장에 종사하는 경우에 한하여 요양급여, 휴업급여, 장해급여, 간병급여, 유족급여, 상병보상연금, 장례비, 직업재활급여 등이 있다. 보상지급 범위는 근로자의 업무상의 재해에 대하여 지급하고 있는데, 업무수행 과정 중 근로자의 부상, 질병, 신체장해 또는 사망 등을 말한다.

1) 요양급여

요양급여는 근로자가 업무상의 사유로 부상을 당하거나 질병에 걸린 경우에 그 근로자에게 지급하며, 원칙적으로 산재보험 의료기관에서 요양하도록 한다. 통상적으로 산재보험 의료기관이 근로복지공단에 요양급여 비용을 직접 청구하며, 근로복지공단은 해당 의료기관에 요양급여 비용을 직접 지급한다. 다만, 부득이한 경우에는 요양에 갈음하여 요양비를 지급할 수 있다. 부상 또는 질병이 3일 이내의 요양으로 치유될 수 있는 경우에는 요양급여를 지급하지 아니한다.

요양급여의 범위는 진찰 및 검사, 약제 또는 진료재료와 의지(義肢) 그 밖의 보조기의 지급, 처치, 수술, 그 밖의 치료, 재활치료, 입원, 간호 및 간병, 이송, 그 밖에 고용노동부령으로 정하는 사항인데 업무상의 재해를 입은 근로자가 요양할 산재보험 의료기관이 상급종합병원인 경우에는 「응급의료에 관한 법률」에 따른 응급환자이거나 그 밖에 부득이한 사유가 있는 경우를 제외하고는 그 근로자가 상급종합병원에서 요양할 필요가 있다는 의학적 소견이 있어야 한다.

요양급여를 받은 자가 치유 후 요양의 대상이 되었던 업무상의 부상 또는 질병이 재발하거나 치유 당시보다 상태가 악화되어 이를 치유하기 위한 적극적인 치료가 필요하다는 의학적 소견이 있으면 다시 요양급여를 받을 수 있다. 재요양의 요건과 절차 등에 관하여 필요한 사항은 대통령령으로 정한다. 이때 이전의 상병과 재요양이 필요한 상병 간에 의학적인 인과관계가 인정되어야 하며, 재요양의 대상이 되는 부상 또는 질병 상태의 호전을 위하여 수술(신체 내 고정물의 제거 수술 또는 의지 장착을 위한 절단 부위의 재수술을 포함한다) 등 적극적인 치료가 필요하다고 인정되고, 재요양을 통해 치료효과를 기대할 수 있어야 한다.

2) 휴업급여

휴업급여는 근로자가 재해를 입은 경우에는 본인의 육체적·정신적 고통, 취업활동의 제한 등으로 정상인과 비교해 여러 가지 어려움에 놓이게 되고, 상병

상태로 경제활동을 할 수 없는 미취업 기간에 생계를 위협받게 되면 치료에 전념하기가 어려워질 우려가 있으므로 생계를 보장하기 위하여 휴업급여를 지급한다. 따라서 휴업급여는 업무상 사유로 부상을 당하거나 질병에 걸린 근로자에게 요양으로 취업하지 못한 기간에 대하여 지급하되, 1일당 지급액은 평균임금의 100분의 70에 상당하는 금액으로 한다. 다만, 취업하지 못한 기간이 3일 이내이면 지급하지 아니한다.

부분휴업급여는 요양 또는 재요양을 받고 있는 근로자가 그 요양기간 중 일정 기간 또는 단시간 취업을 하는 경우에는 그 취업한 날 또는 취업한 시간에 해당하는 그 근로자의 평균임금에서 그 취업한 날 또는 취업한 시간에 대한 임금을 뺀 금액의 100분의 80에 상당하는 금액을 지급할 수 있다. 최저임금액을 1일당 휴업급여 지급액으로 하는 경우에는 최저임금액에서 취업한 날 또는 취업한 시간에 대한 임금을 뺀 금액을 지급할 수 있다. 부분휴업급여의 지급요건 및 지급절차는 대통령령으로 정한다. 산출한 휴업급여 지급액이 최저 보상기준 금액의 100분의 80보다 적거나 같으면 그 근로자에 대하여는 평균임금의 100분의 90에 상당하는 금액을 1일당 휴업급여 지급액으로 한다. 다만, 그 근로자의 평균임금의 100분의 90에 상당하는 금액이 최저 보상기준 금액의 100분의 80보다 많은 경우에는 최저 보상기준 금액의 100분의 80에 상당하는 금액을 1일당 휴업급여 지급액으로 한다. 산정한 휴업급여 지급액이 최저임금액보다 적으면 그 최저임금액을 그 근로자의 1일당 휴업급여 지급액으로 한다. 또한 2008년 7월 이후부터는 휴업급여를 받는 근로자가 61세에 도달하는 시점부터 감액하여 지급하는 고령자 휴업금여 감액지급이 실시되었다. 다만, 61세 이후에 취업중인 근로자가 업무상 재해르 요양하면서 휴업급여를 지급받는 경우에는 요양을 시작한 날로부터 2년간은 고령자 휴업급여의 감액을 적용받지 않는다.

3) 장해급여

장해급여는 근로자가 업무상의 사유로 부상을 당하거나 질병에 걸려 치유되었으나 신체 등에 장해가 남은 경우에 그 근로자에게 지급한다. 장해급여는 장해등급에 따라 장해보상연금 또는 장해보상일시금으로 하되, 그 장해등급의 기준은 대통령령으로 정한다. 장해보상연금 또는 장해보상일시금은 수급권자의 선택에 따라 지급한다. 다만, 대통령령으로 정하는 노동력을 완전히 상실한 장해등급의 근로자에게는 장해보상연금을 지급하고, 장해급여 청구사유 발생 당시 대한민국 국민이 아닌 자로서 외국에서 거주하고 있는 근로자에게는 장해보상일시금을 지급한다.

장해등급은 총 14등급으로 구분되며, 장해 1급에서 3급까지는 연금으로만 지급되며 1~4년분의 2분의 1에 해당하는 금액을 선급으로 지급받을 수 있다. 또한 장해 4급에서 7급까지는 일시금과 연금 중에 선택할 수 있으며, 연금으로 선택할 시 그 연금의 2년분의 2분의 1에 해당하는 금액을 선급받을 수 있다. 이 경우 미리 지급하는 금액에 대하여는 100분의 5의 비율 범위에서 대통령령으로 정하는 바에 따라 이자를 공제할 수 있다. 장해 8급에서 14급까지는 일시금으로만 지급한다.

장해보상연금 수급권자의 수급권이 소멸한 경우에 이미 지급한 연금액을 지급 당시의 각각의 평균임금으로 나눈 일수(日數)의 합계가 장해보상일시금의 일수에 못 미치면 그 못 미치는 일수에 수급권 소멸 당시의 평균임금을 곱하여 산정한 금액을 유족 또는 그 근로자에게 일시금으로 지급한다.

장해등급의 기준에 해당하는 장해가 둘 이상 있는 경우에는 그중 심한 장해에 해당하는 장해등급을 그 근로자의 장해등급으로 하되, 제13급 이상의 장해가 둘 이상 있는 경우에는 구분에 따라 조정된 장해등급을 그 근로자의 장해등급으로 한다. 다만, 조정의 결과 산술적으로 제1급을 초과하게 되는 경우에는 제1급을 그 근로자의 장해등급으로 하고, 그 장해의 정도가 조정된 등급에 규정된 다른 장해의 정도에 비하여 명백히 낮다고 인정되는 경우에는 조정된 등급보다 1개 등급 낮은 등급을 그 근로자의 장해등급으로 한다. 즉, 제5급 이상에 해당하는 장해가 둘 이상 있는 경우에는 3개 등급 상향 조정하고, 제8급 이상에 해당하는 장해가 둘 이상 있는 경우에는 2개 등급 상향 조정하며, 제13급 이상에 해당하는 장해가 둘 이상 있는 경우에는 1개 등급 상향 조정하는 것이다. 이미 장해가 있던 사람이 업무상 부상 또는 질병으로 같은 부위에 장해의 정도가 심해진 경우에 그 사람의 심해진 장해에 대한 장해급여의 금액은 장해등급별 장해보상일시금 또는 장해보상연금의 지급일수를 기준으로 한 산정한 금액으로 한다.

① **장해보상일시금으로 지급하는 경우** : 심해진 장해에 해당하는 장해보상일시금의 지급일수에서 기존의 장해에 해당하는 장해보상일시금의 지급일수를 뺀 일수에 급여 청구사유 발생 당시의 평균임금을 곱하여 산정한 금액

② **장해보상연금으로 지급하는 경우** : 심해진 장해에 해당하는 장해보상연금의 지급일수에서 기존의 장해에 해당하는 장해보상연금의 지급일수(기존의 장해가 제8급부터 제14급까지의 장해 중 어느 하나에 해당하면 그 장해에 해당하는 장해보상일시금의 지급일수에 100분의 22.2를 곱한 일수)를 뺀 일수에 연금 지급 당시의 평균임금을 곱하여 산정한 금액

4) 간병급여

간병급여는 요양급여를 받은 사람 중 치유 후 의학적으로 상시 또는 수시로 간병이 필요하여 실제로 간병을 받는 자에게 지급한다. 일상생활에 필요한 동작을 하기 위하여 항상 다른 사람의 간병이 필요한 사람에게는 상시 간병급여를 제공하며, 일상생활에 필요한 동작을 하기 위하여 수시로 다른 사람의 간병

이 필요한 사람에게는 수시간병급여를 제공한다. 간병급여는 간병급여의 지급 대상에 해당되는 사람이 실제로 간병을 받은 날에 대하여 지급한다. 간병급여의 지급기준은 통계법에 따른 지정통계 중 고용노동부 장관이 작성하는 고용형태별 근로실태조사의 직종별 월급여총액 등을 기초로 하여 고용노동부 장관이 고시하는 금액으로 한다. 이 경우 수시 간병급여의 대상자에게 지급할 간병급여의 금액은 상시 간병급여의 지급 대상자에게 지급할 금액의 3분의 2에 해당하는 금액으로 한다. 간병급여의 대상자가 무료요양소 등에 들어가 간병비용을 지출하지 않았거나, 지급기준보다 적은 금액을 지출한 경우에는 실제 지출한 금액을 지급한다. 간병급여 수급권자가 재요양을 받는 경우 그 재요양 기간 중에는 간병급여를 지급하지 않는다.

간병급여 지급기준 금액은 상시 간병급여와 수시 간병급여, 그리고 간병제공자에 따라 다르며, 급여액은 고용노동부 장관이 고시하는 금액으로 한다. 간병을 할 수 있는 사람의 범위는 간호사 또는 간호조무사, 요양보호사 등 공단이 인정하는 간병 교육을 받은 사람이다. 이외에도 배우자(사실상 혼인관계에 있는 사람을 포함), 부모, 13세 이상의 자녀 또는 형제자매에 의해 간병이 가능하며, 그 밖에 간병에 필요한 지식이나 자격을 갖춘 사람 중에서 간병을 받을 근로자가 지정하는 사람의 경우도 가능하다.

5) 유족급여

유족급여는 근로자가 업무상의 사유로 사망한 경우에 유족에게 지급한다. 유족급여는 유족보상연금이나 유족보상일시금으로 하되, 유족보상일시금은 근로자가 사망할 당시 유족보상연금을 받을 수 있는 자격이 있는 자가 없는 경우에 지급한다. 유족보상연금은 기본금액과 가산금액을 합한 금액으로 한다. 기본금액은 급여기초연액의 100분의 47에 해당하는 금액이며, 가산금액은 유족보상연금수급권자 및 근로자가 사망할 당시 그 근로자와 생계를 같이하고 있던 유족보상연금수급자격자 1인당 급여기초연액의 100분의 5에 상당하는 금액의 합산액이다. 유족보상연금을 받을 수 있는 자격이 있는 자가 원하면 유족보상일시금의 100분의 50에 상당하는 금액을 일시금으로 지급하고 유족보상연금은 100분의 50을 감액하여 지급한다. 유족보상연금을 받던 자가 그 수급자격을 잃은 경우 다른 수급자격자가 없고 이미 지급한 연금액을 지급 당시의 각각의 평균임금으로 나누어 산정한 일수의 합계가 1,300일에 못 미치면 그 못 미치는 일수에 수급자격 상실 당시의 평균임금을 곱하여 산정한 금액을 수급자격 상실 당시의 유족에게 일시금으로 지급한다. 또한 유족보상연금 수급권자가 2명 이상 있을 때에는 그중 1명을 유족보상연금의 청구와 수령에 관한 대표자로 선임할 수 있다.

유족보상연금 수급자격자의 범위는 다음과 같다. 근로자가 사망할 당시 그 근로자와 생계를 같이하고 있던 유족(그 근로자가 사망할 당시 대한민국 국민이 아닌 자로서 외국에서 거주하고 있던 유족은 제외한다) 중 배우자(사실상 혼인관계에 있는 자를 포함한다)와 부모 또는 조부모로서 각각 60세 이상인 사람, 자녀로서 25세 미만인 사람, 손자녀로서 19세 미만인 사람, 형제, 자매로서 19세 미만이거나 60세 이상인 사람, 앞서 말한 연령 규정에 해당하지 아니하는 자녀・부모・손자녀・조부모 또는 형제자매로서 장애인 중 고용노동부령으로 정한 장애정도에 해당하는 자 등이다. 이 경우 근로자와 생계를 같이하고 있던 유족의 판단기준은 근로자가 사망할 당시에 근로자와 주민등록표상의 세대를 같이하고 동거하던 유족으로서 근로자의 소득으로 생계의 전부 또는 상당 부분을 유지하고 있던 사람, 근로자의 소득으로 생계의 전부 또는 상당 부분을 유지하고 있던 유족으로서 학업・취업・요양, 그 밖에 주거상의 형편 등으로 주민등록을 달리하였거나 동거하지 않았던 사람, 앞서 제시한 유족 외의 유족으로서 근로자가

정기적으로 지급하는 금품이나 경제적 지원으로 생계의 전부 또는 대부분을 유지하고 있던 사람을 말한다.

근로자가 사망할 당시 태아(胎兒)였던 자녀가 출생한 경우에는 출생한 때부터 장래에 향하여 근로자가 사망할 당시 그 근로자와 생계를 같이하고 있던 유족으로 본다. 유족보상연금 수급자격자 중 유족보상연금을 받을 권리의 순위는 배우자·자녀·부모·손자녀·조부모 및 형제자매의 순서로 한다.

유족보상연금 수급자격자의 자격이 상실되거나 지급이 정지되는 경우는 사망한 경우, 재혼한 때(사망한 근로자의 배우자만 해당하며, 재혼에는 사실상 혼인관계에 있는 경우를 포함한다), 사망한 근로자와의 친족관계가 끝난 경우, 자녀가 25세가 된 때, 손자녀가 25세가 된 때, 형제자매가 19세가 된 경우, 장애인이었던 자로서 그 장애상태가 해소된 경우, 근로자가 사망할 당시 대한민국 국민이었던 유족보상연금 수급자격자가 국적을 상실하고 외국에서 거주하고 있거나 외국에서 거주하기 위하여 출국하는 경우, 대한민국 국민이 아닌 유족보상연금 수급자격자가 외국에서 거주하기 위하여 출국하는 경우 등이다.

6) 상병보상연금

요양급여를 받는 근로자가 요양을 시작한 지 2년이 경과하여도 그 부상이나 질병이 치유되지 아니한 상태로, 그 부상이나 질병에 따른 중증요양상태의 정도가 대통령령으로 정하는 중증요양상태등급 기준(1~3급)에 해당되며, 요양으로 인하여 취업하지 못하는 상태가 계속되면 휴업급여 대신 상병보상연금을 그 근로자에게 지급한다.

상병보상연금을 산정할 때 그 근로자의 평균임금이 최저임금액에 70분의 100을 곱한 금액보다 적을 때에는 최저임금액의 70분의 100에 해당하는 금액을 그 근로자의 평균임금으로 보아 산정한다. 산정한 상병보상연금액을 365로 나눈 1일당 상병보상연금 지급액이 산정한 1일당 휴업급여 지급액보다 적으면 산정한 금액을 1일당 상병보상연금 지급액으로 한다. 고령자의 상병보상연금은 상병보상연금을 받는 근로자가 61세가 되면 그 이후의 상병보상연금은 지급기준에 따라 산정한 금액을 지급한다. 또한 2008년 7월 이후부터는 상병보상연금을 받는 근로자가 61세에 도달하는 시점부터 감액하여 지급하는 고령자 상병보상연금 감액지급이 실시되었다.

7) 장례비

장례비는 근로자가 업무상의 사유로 사망한 경우에 지급하되, 평균임금의 120일분에 상당하는 금액을 그 장제(葬祭)를 지낸 유족에게 지급한다. 다만, 장제를 지낼 유족이 없거나 그 밖에 부득이한 사유로 유족이 아닌 자가 장제를 지낸 경우에는 평균임금의 120일분에 상당하는 금액의 범위에서 실제 드는 비용을 그 장제를 지낸 자에게 지급한다. 장례비가 대통령령으로 정하는 바에 따라 고용노동부장관이 고시하는 최고금액을 초과하거나 최저금액에 미달하면 그 최고금액 또는 최저금액을 각각 장례비로 한다.

8) 직업재활급여

직업재활급여의 종류에는 장해급여 또는 진폐보상연금을 받은 자나 장해급여를 받을 것이 명백한 자로서 대통령령으로 정하는 자 중 취업을 위하여 직업훈련이 필요한 자에 대하여 실시하는 직업훈련에 드는 비용 및 직업훈련수당, 업무상의 재해가 발생할 당시의 사업에 복귀한 장해급여자에 대하여 사업주가 고용을 유지하거나 직장적응훈련 또는 재활운동을 실시하는 경우에 각각 지급하는 직장복귀지원금, 직장적응훈련비 및 재활운동비 등으로 나눌 수 있다.

직업재활급여 중 직업훈련에 드는 비용 및 수당은 장해급여자를 대상으로,

직장복귀지원금, 직장적응훈련비 및 재활운동비 등은 사업주를 대상으로 하는 제도이다.

직업재활급여 대상자는 장해등급 제1급부터 제12급까지의 어느 하나에 해당되거나 업무상의 사유로 발생한 부상 또는 질병으로 인하여 요양 중으로서 그 부상 또는 질병의 상태가 치유 후에도 장해등급 제1급부터 제12급까지의 어느 하나에 해당할 것이라는 내용의 의학적 소견이 있거나, 취업하고 있지 않거나, 다른 직업훈련을 받고 있지 않거나, 직업복귀계획을 수립하고 있는 자가 해당된다.

직업훈련비용은 직업훈련에 드는 비용은 직업훈련을 실시한 직업훈련기관에 지급한다. 다만, 직업훈련기관이 다른 법령에 따라 직업훈련비용에 상당한 비용을 받은 경우 등 대통령령으로 정하는 경우에는 지급하지 아니한다. 직업훈련비용의 금액은 실제 드는 비용으로 하되, 직업훈련비용을 지급하는 훈련기간은 12개월 이내로 한다.

직업훈련수당은 직업훈련을 받는 훈련대상자에게 그 직업훈련으로 인하여 취업하지 못하는 기간에 대하여 지급하되, 1일당 지급액은 최저임금액에 상당하는 금액으로 한다. 다만, 휴업급여나 상병보상연금을 받는 훈련대상자에게는 직업훈련수당을 지급하지 아니한다. 직업훈련수당을 받는 사람이 장해보상연금 또는 진폐보상연금을 받는 경우에는 1일당 장해보상연금액 또는 1일당 진폐보상연금액과 1일당 직업훈련수당을 합한 금액이 그 근로자의 장해보상연금 또는 진폐보상연금 산정에 적용되는 평균임금의 100분의 70을 초과하면 그 초과하는 금액 중 직업훈련수당에 해당하는 금액은 지급하지 아니한다.

직장복귀지원금은 요양종결한 장해급여자를 원직장에 복귀시켜 고용을 유지시키고 있는 사업주를 대상으로 하는 제도이다. 요양종결일 또는 직장복귀일부터 6개월 이상 고용을 유지하고 그에 따른 임금을 지급한 경우에 지급한다.

다만, 장해급여자가 요양종결일 또는 직장복귀일부터 6개월이 되기 전에 자발적으로 퇴직한 경우에는 그 퇴직한 날까지의 직장복귀지원금을 지급한다.

직장적응훈련비는 사업주가 장해급여자에 대하여 그 직무수행이나 다른 직무로 전환하는 데에 필요한 직장적응훈련을 실시한 경우로서, 직장적응훈련비를 받기 위해서는 요양종결일 또는 직장복귀일 직전 3개월부터 요양종결일 또는 직장복귀일 이후 6개월 이내 직장 적응훈련을 시작하고, 직장적응훈련이 끝난 날의 다음 날부터 6개월 이상 장해급여자에 대한 고용을 유지한 경우 지급한다. 다만, 장해급여자가 직장적응훈련이 끝난 날의 다음 날부터 6개월이 되기 전에 자발적으로 퇴직한 경우에는 그러하지 아니하다.

재활운동비는 사업주가 장해급여자에 대하여 그 직무수행이나 다른 직무로 전환하는 데 필요한 재활운동을 실시한 경우로서, 요양종결일 또는 직장복귀일로부터 6개월 이내에 재활운동을 시작하고, 재활운동이 끝난 날의 다음 날부터 6개월 이상 장해급여자에 대한 고용을 유지한 경우 지급한다. 다만, 장해급여자가 재활운동이 끝난 날의 다음 날부터 6개월이 되기 전에 자발적으로 퇴직한 경우에는 그렇지 않다.

제 5 절 | 고용보험

1. 고용보험의 의의

고용보험제도는 실업의 예방, 고용의 촉진 및 근로자의 직업능력의 개발과 향상을 꾀하고, 국가의 직업지도와 직업소개 기능을 강화하며, 근로자가 실업한 경우에 생활에 필요한 급여를 실시하여 근로자의 생활안정과 구직활동을 촉진함으로써 경제·사회 발전에 이바지하는 것을 목적으로 한다.

고용보험이란 근로자 등과 사업주가 공동으로 부담하여 마련한 기금으로 실업의 예방, 고용의 촉진 및 근로자의 직업능력개발·향상, 실직 근로자 등의 생활안정 및 재취업을 지원하는 사회보험제도이다. 전통적인 실업보험제도는 단순하게 실질자의 생계를 지원하는 사후적 소극적인 사회보장제도에 그치는 반면, 고용보험은 실직자에 대한 생계지원은 물론 재취업을 촉진하고 더 나아가 실업의 예방 및 고용안정, 노동시장의 구조개편, 직업능력개발을 강화하기 위한 사전적·적극적 차원의 종합적인 노동시장정책의 수단이라고 할 수 있다.

고용보험 제도		
	고용안정사업 :	실업의 예방, 재취업촉진 및 노동시장 취약계층의 고용촉진
	직업능력개발사업 :	근로자의 생애 직업능력개발체제 지원
	실업급여 :	실직자의 생계지원 및 재취업 촉진

|그림 7-3| 고용보험제도의 기본구조

2. 고용보험의 연혁 및 체계

고용보험은 실직근로자를 위한 고용보험은 실업예방, 고용촉진, 근로자의 직업능력의 개발·향상은 물론 생활에 필요한 급여를 지급하여 실직근로자의 생활안정 및 재취업을 지원하는 사회보장제도이다. 근로복지공단은 1999년 10월 1일부터 고용보험 적용·징수업무를 수행하게 됨에 따라 산재보험과 고용보험의 일원화된 창구가 되었으며, 2001년 1월부터는 산재보험과 고용보험의 적용 징수업무를 통합 운영 중이다. 고용보험에 가입하면 근로자를 해고하지 않고 고용을 유지하거나 실직자를 채용하여 고용을 늘리는 사업주는 그 비용을 지원받을 수 있으며, 근로자가 실직했을 경우 일정 기간 동안 실직자와 그 가족의 생활안정, 원활한 구직활동을 위해 실업급여를 받을 수 있다. 아울러 사업주가 근로자에게 직업훈련을 실시하거나 자기계발을 위해 교육·훈련을 받을 경우 사업주와 근로자에게 일정 비용을 지원한다.

고용보험의 연혁을 살펴보면, 1995년 30인 이상 사업장에 도입된 이래 경제위기의 영향으로 비교적 빠르게 그 대상을 확대하여 3년 만인 1998년에 이미 1인 이상 사업장 전체로 적용범위를 넓혔다. 또한 2004년에는 일용근로자까지 고용보험의 적용을 받게 되었으며, 이후 시간제 근로자에 대해서도 그 적용기준을 주 18시간에서 주 15시간으로 확대하였다. 연령적 측면에서도 60세 이후 새로운 취업을 하는 자에 대해서는 적용을 제외하였으나 60세 이상의 자에 대해서도 그 적용을 확대하고 있다.

고용보험법의 발전과정은 다음과 같다.

<표 7-22> 고용보험제도의 변천과정

시 기		내 용
1991. 8.		80년대 초, 높은 실업률로 인하여 실업보험제도의 필요성이 제기되자, 제7차 경제 사회발전계획(1992~1996) 후반기 중 고용보험제도를 도입하기로 결정
1992. 5.		KLI에 '고용보험연구기획단' 설치
1993.	4.	신노총, 경총의 중앙노사합의에서 '고용보험 조기실기'를 대정부 건의사항으로 채택
	7.	신경제 5개년 계획의 대국민 발표를 통해 1995년 시행 고지
	12.	고용보험법 제정
1995.	4.	고용보험법 시행령 제정
	6.	고용보험법 시행규칙 제정
	7.	고용보험 시행(실업급여 30인, 고용안정 및 직업능력개발사업 70인 이상 사업장 적용)
1996. 7.		실업급여 지급 개시

1998.	1.	고용보험 적용 확대(실업급여 30인 → 10인, 고용안정 및 직업능력개발사업 70인 → 50인 이상 사업장)
	3.	고용보험 적용 확대(실업급여 10인 → 5인 이상 사업장)
	7.	고용안정사업, 직업능력개발사업 적용범위를 50인→5인으로 확대
	10.	고용보험 적용범위 확대(5인 이상 → 전 사업장)
2001. 11.		고용보험을 통해 모성보호급여(육아 휴직, 산전후 휴가 급여) 지급
2002. 12.		일용근로자 고용보험 적용 등 고용보험법 개정
2003. 12.		고용보험과 산재보험 보험료 통합징수를 위한 관련규정 정비
2005. 1.		고용보험 및 산업재해보상보험의 보험료 징수 등에 관한 법률 시행
2010. 1.		4대 사회보험 통합에 따라 보험료 산정기준을 임금에서 보수로 변경
2011.	7.	자영업자 고용보험 실업급여 혜택 확대
	9.	육아기 근로시간 단축 급여제도 시행
2012.	1.	자영업자 고용보험(실업급여) 적용
	7.	두루누리 사회보험지원제도 시행
2013. 6.		65세 이상자 고용보험(실업급여) 적용
2014.	9.	고용・산재 보험료 연체금 산정기준 관련 규정 등 다른 사회보험과 통일 보험사무대행기관 인가대상에 개인세무사 포함
	10.	'아빠의 달' 육아휴직 특례 제도 시행
2015.	7.	근로자 직업능력개발 훈련 지원대상 확대
	12.	근로시간단축 지원금 신설
2016. 5.		'실업크레딧' 제도 도입
2017.	1.	고용장려금 제도 개편(통합지원금 서비스 시행)
	8.	중소기업청년추가고용장려금 신설
2018.	6.	실업인정 재취업지원 자율화 시범센터(총 11개 운영)
2019.	7.	실업급여 수급자 대상 온라인 취업특강 서비스
	9.	배우자 출산휴가 지급 시스템 구축
2020.	1.	피보험자 관리 이관(고용노동부→근로복지공단)
	6.	긴급고용안정지원금 지급
2021.	3.	고용보험 인터넷 서비스 개편

3. 고용보험제도의 대상과 기능

1) 대 상

고용보험은 강제적 고용보험제도이다. 강제적 고용보험제도는 일정 요건에 해당하는 근로자를 사회보험방식에 따라 의무적으로 고용보험 적용 대상으로 하는 형태로서, 근로자에 대한 보호에 더욱 충실할 수 있다. 뿐만 아니라 취업 알선과 직업훈련의 실시 등 고용정책과 연계하여 운영함으로써 실업의 예방과 조기재취업을 촉진할 수 있다는 장점이 있다.

따라서 고용보험은 근로자를 사용하는 모든 사업 또는 사업장에 적용한다. 다만, 산업별 특성 및 규모 등을 고려하여 대통령령으로 정하는 사업에 대하여는 적용하지 아니한다. 구체적으로 대통령령으로 정하는 사업이란 총 공사금액이 2천만 원 미만인 공사, 연면적이 100㎡ 이하인 건축물의 건축 또는 연면적이 200㎡ 이하인 건축물의 대수선에 관한 공사, 가구 내 고용활동 및 달리 분류되지 아니한 자가소비 생산활동을 말한다.

고용보험은 모든 근로자에게 적용되는 것이 원칙이다. 다만, 1개월간 소정근로시간이 60시간 미만이거나 1주간의 소정근로시간이 15시간 미만인 근로자, 「국가공무원법」과 「지방공무원법」에 따른 공무원(다만, 별정직공무원, 임기제공무원의 경우는 본인의 의사에 따라 가입), 「사립학교교직원 연금법」의 적용을 받는 사람은 제외된다. 또한 「외국인근로자의 고용 등에 관한 법률」의 적용을 받는 외국인근로자 역시 적용이 되며, 다만 실업급여, 육아휴직 급여 등은 고용노동부령으로 정하는 바에 따른 신청이 있는 경우에만 적용한다.

2) 기 능

고용보험은 크게 고용안정 및 경제적 효율성 제고, 실직자의 생활안정과 재취업 촉진, 직업훈련의 활성화와 경쟁력 강화, 직업 안정 기능의 활성화와 인력

수급의 원활화, 경기조절의 기능을 수행한다. 이에 대해 간단히 살펴보면 다음과 같다.

(1) 고용안정 및 경제적 효율성 제고

오늘날 고용보험은 단순히 피보험자의 실업 시 생계지원을 위한 실업급여 지급에 머물지 않는다. 고용안정사업, 직업능력개발사업 등을 통해 경기 변동이나 산업 구조조정 시 발생할 수 있는 고용조정을 예방하고, 근로자의 실직 위험을 낮추는 제도로 발전하고 있다. 이를 통해 기업은 안정적인 인력을 확보하고 근로자는 고용의 지속성을 높일 수 있으며, 결과적으로 기업의 생산성 향상과 국가 경제의 효율성 제고에 기여한다.

또한 고용보험은 구직자와 피보험자의 직업능력 향상과 일자리 질 개선을 위한 다양한 서비스를 제공한다. 기업과 근로자 간의 원활한 고용 관계를 형성하고 유지하도록 도와, 기업의 고용안정을 지원하며 기업의 경영환경을 예방적으로 안정시키는 기능을 수행한다.

(2) 실직자의 생활안정과 재취업 촉진

고용보험은 실업급여 지급을 통해 실직자의 생계 유지를 돕고, 구직활동을 촉진하는 제도로서 중요한 역할을 한다. 실직자는 실업기간 동안 일정 수준의 소득을 보장받으면서 적극적으로 재취업 노력을 기울일 수 있고, 이는 노동시장의 원활한 순환과 경제·사회 발전에 기여한다.

(3) 직업훈련의 활성화와 경쟁력 강화

고용보험의 직업능력개발사업은 근로자와 기업의 교육·훈련을 적극적으로 지원한다. 기업의 자율적 판단에 따라 실시되는 직업훈련에 훈련비와 임금지원 등을 제공함으로써 근로자의 직무능력 향상과 기업의 경쟁력 제고를 촉진

한다. 따라서 고용보험제도는 민간 주도의 직업능력 개발을 지원하는 동시에, 노동시장 변화에 대응할 수 있는 인력 양성 기반을 강화함으로써 국가 경쟁력 향상에도 중요한 역할을 수행한다.

(4) 직업안정기능 강화와 인력수급의 원활화

고용보험제도는 실직자를 공공직업안정기관(고용센터)에 신고하도록 규정하고 있어, 모든 실직자가 고용서비스망 안에서 관리되도록 한다. 이를 통해 구직자는 신속하게 직업정보와 상담을 제공받을 수 있고, 기업은 필요한 인력을 원활하게 확보할 수 있게 된다. 이 과정에서 고용센터는 구직등록, 상담, 취업알선 등을 수행하며, 노동력 이동 현황·수급 정보 등을 파악하여 정책 수립에 활용할 수도 있다. 이러한 기능은 구인·구직 미스머치를 완화하고 실업 기간을 최소화하며, 노동시장 내 인력수급 조절 기능을 강화해 노동시장의 효율성과 활력을 높인다.

(5) 경기조절 기능 수행

경기가 악화되어 실업자가 증가하면 실업급여 지급은 확대되고, 이는 가계의 소비 여력을 일정 수준 유지시켜 경기 급락을 방지하는 역할을 한다. 반대로 경기 호황기에는 실업급여 지출이 줄고 보험기금의 적립이 늘어나 자동적인 경기 안정 장치(automatic stabilizer)로 기능하게 된다. 고용장려금과 고용유지지원금 또한 경기변동에 대응해 고용정책을 보완한다. 경기 하강기에 발생할 수 있는 대량 실업을 예방하고 기업의 어려움을 완화하는 데 활용되며, 이는 고용시장의 급격한 충격을 방지하고 실업 증가를 억제하는 효과를 가진다.

결과적으로 고용보험은 경기 침체 시 근로자 보호와 기업 지원을 통해 사회·경제 전반의 안정성을 높이고, 회복 국면에서는 노동시장 정상화와 경기 활성화를 지원하는 중요한 정책 기제로 작동한다.

4. 고용보험제도의 내용

고용보험제도는 크게 고용안정사업, 직업능력개발사업, 실업급여, 육아지원제도 등으로 살펴볼 수 있다. 이에 대해 구체적으로 살펴보면 다음과 같다.

1) 고용안정사업

고용안정사업은 실업급여의 소극적, 사후적 구제수단을 보완하는 적극적 노동시장 정책의 핵심수단으로 1995년 7월 1일부터 시행하였다. 고용안정사업은 고용조정 지원(고용유지지원금), 고용안정지원(고용안정장려금), 고용창출지원(고용창출장려금)이 있다. 이 외에 기타 지역 고용의 촉진, 고령자 등 고용촉진의 지원, 건설근로자의 고용안정 지원, 직장어린이집 지원 등이 있다.

고용조정지원은 경기의 변동, 산업구조의 변화 등에 따른 사업 규모의 축소, 사업의 폐업 또는 전환으로 고용조정이 불가피하게 된 사업주가 근로자에 대한 휴업, 휴직, 직업전환에 필요한 직업능력개발 훈련, 인력의 재배치 등을 실시하거나 그 밖에 근로자의 고용안정을 위한 조치를 하면 그 사업주에게 필요한 지원금이나 장려금을 지급하는 제도이다.

고용안정지원은 근로자의 일·생활 균형 및 고용안정을 위해 근로시간 단축, 유연근무제를 도입·활용하는 사업주를 지원하는 제도이다. 구체적으로 출산육아기 고용안정장려금, 즉 출산전후휴가(유산·사산휴가), 육아휴직 또는 육아기 근로시간 단축 등을 부여한 우선지원 대상기업 사업주에게 장려금, 대체인력 또는 업무분담 근로자에 대한 인건비 등을 지원하는 제도이다. 이 외에도 기간제 근로자 등을 기간의 정함이 없는 근로자로 전환함으로써 소속 근로자의 근로조건을 개선한 사업주에게 정규직 전환에 따라 임금이 증가한 근로자의 임금의 일부와 장려금을 지원하는 정규직 전환지원과 소정근로시간단축제, 실근로시간단축제 등을 활용하는 사업주에게 지원하는 워라밸일자리 장려금,

소속 근로자가 일 · 생활 균형을 위해 다음 각 세목 중 어느 하나의 유연근무제를 활용하는 경우 사업주에게 장려금과 유연근무 또는 근로시간 단축 도입에 필요한 인프라 구축비용의 일부를 지원하고, 대한민국 일·생활균형 우수기업의 사업주에게 근무혁신 이행에 필요한 인프라 구축비용의 일부를 지원하는 일 · 가정 양립 환경개선 지원 등이 있다.

고용창출의 지원은 고용환경 개선, 근무형태 변경 등으로 고용의 기회를 확대한 사업주에게 대통령령으로 정하는 바에 따라 필요한 지원을 하는 제도이다. 구체적으로 주근로시간 단축, 실근로시간 단축, 교대근로 개편을 통해 근로자 수가 증가한 사업주에게 증가된 임금의 일부 및 근로시간이 감소된 근로자의 임금의 일부를 지원하는 일자리 함께하기 지원, 산업통상자원부장관이 지정하는 국내복귀 기업이 실업자를 고용함으로써 근로자 수가 증가한 경우 해당 기업의 사업주에게 증가된 근로자의 임금의 일부를 지원하는 국내복귀기업 고용지원, 고령자 또는 준고령자가 근무하기에 적합한 것으로 인정하는 직무에 고령자 또는 준고령자인 실업자를 고용하는 기업의 사업주에게 근로자 임금의 일부를 지원하는 신중년 적합직무 고용지원, 여성가장, 중증장애인, 고용노동부 장관이 정하여 고시하는 취업지원프로그램의 이수자 등 취업 취약계층인 실업자와 이 외 실업의 급증 등 고용사정이 악화되어 취업촉진을 위한 조치가 필요하다고 고용노동부장관이 인정한 실업자를 고용하는 경우 사업주에게 해당 근로자의 임금의 일부를 지원하는 고용촉진장려금 등의 제도가 있다.

지역 고용의 촉진지원은 고용기회가 뚜렷이 부족하거나 산업구조의 변화 등으로 고용사정이 급속하게 악화되고 있는 지역으로 사업을 이전하거나 그러한 지역에서 사업을 신설 또는 증설하여 그 지역의 실업 예방과 재취업 촉진에 기여한 사업주나 그 밖에 그 지역의 고용기회 확대에 필요한 조치를 한 사업주에게 대통령령으로 정하는 바에 따라 필요한 지원을 하는 제도이다.

또한 고령자등 고용촉진의 지원은 고령자 등 노동시장의 통상적인 조건에서는 취업이 특히 곤란한 자의 고용을 촉진하기 위하여 고령자 등을 새로 고용하거나 이들의 고용안정에 필요한 조치를 한 사업주에게 대통령령으로 정하는 바에 따라 필요한 지원을 하는 제도이다.

건설근로자 등의 고용안정 지원은 건설근로자 등 고용상태가 불안정한 근로자를 위하여 고용상태의 개선을 위한 사업, 계속적인 고용기회의 부여 등 고용안정을 위한 사업, 그 밖에 대통령령으로 정하는 고용안정 사업을 실시하는 사업주에게 필요한 지원을 하는 제도이다.

직장어린이집 지원은 직장어린이집 · 설치비 · 인건비 · 운영비 지원을 통하여 근로자의 육아부담을 완화하고 여성의 경제활동 참여 촉진하는 제도이다. 직장어린이집 설치비, 인건비, 운영비 등을 지원한다.

2) 직업능력개발사업

고용보험의 도입으로 모든 기업과 근로자, 일부의 실업자 등에 대한 포괄적인 지원이 가능하게 되면서 우리나라의 직업능력개발체제는 중대한 전환점을 맞게 되었다. 1995년 고용보험이 도입될 당시 직업능력개발사업은 상시 근로자 70인 이상 전 사업체에 대하여 적용하되 제조업 · 건설업 등 6개 산업의 1,000명 이상 사업체는 직업훈련기본법에 의한 훈련의무제를 병행하여 일시적으로 이원적인 운영체제가 유지되어 왔으나, 근로자 직업훈련촉진법의 제정에 따라 1999년도부터는 직업훈련기본법에 의한 직업훈련의무제가 완전히 폐지되고 전 사업장이 직업능력개발사업의 적용을 받게 되었다.

노동부장관은 피보험자 등의 직업능력 개발 · 향상을 촉진하기 위하여 직업능력개발사업에 대한 기술지원 및 평가사업, 기능 · 기술장려사업 및 자격검정사업, 그 밖에 대통령령으로 정하는 사업을 실시하거나 이를 실시하는 자에게 그 사업의 실시에 필요한 비용을 지원할 수 있다. 또한 직업능력개발·향상과 인력의 원활한 수급(需給)을 위하여 필요하다고 인정하면 대통령령으로 정하는 바에 따라 노동부장관이 정하는 직종에 대한 직업능력개발 훈련사업을 위탁하여 실시할 수 있다.

대통령령으로 정하는 사업이란 직업능력개발사업에 관한 조사·연구사업, 직업능력개발사업을 위한 교육·홍보사업, 직업능력개발을 위한 훈련매체의 개발·편찬과 보급사업, 사업주단체, 근로자단체나 그 연합체가 협력하여 실시하는 직업능력개발사업, 인적자원개발 우수기업 인증제 지원사업, 사업주, 사업주단체, 고등교육법에 따른 학교 등이 중소기업과 공동으로 중소기업 근로자 등을 위하여 실시하는 직업능력개발사업, 「근로자직업능력 개발법」에 따른 직업능력개발훈련교사 및 인력개발담당자의 양성 및 능력개발을 위하여 실시하는 교육훈련사업, 「근로자직업능력 개발법」에 따라 실시하는 직업능력개발훈련, 기능대학법에 따라 기능대학에 두는 교육·훈련과정에 따라 실시하는 교육·훈련, 우선지원 대상기업의 사업주나 근로자의 핵심직무능력 향상을 위하여 실시하는 직업능력개발훈련, 우선지원 대상기업 근로자가 직무 지식을 습득할 기회를 확대하거나 그 기업 내의 직무 지식을 원활하게 축적·공유할 수 있도록 하는 등의 학습조직화를 촉진하기 위하여 실시하는 직업능력개발사업, 우선지원 대상기업의 사업주나 인력개발담당자의 인적자원 개발역량을 높이기 위하여 실시하는 직업능력개발사업, 우선지원 대상기업의 근로자와 근로자의 직무능력 향상을 위하여 단기간 실시하는 직업능력개발 사업, 그 밖에 직업능력개발의 촉진을 위한 사업 등이다. 직업능력개발훈련은 집체훈련·현장훈련, 인터넷 원격훈련, 우편원격훈련, 스마트 훈련 등이 있다.

이 외에도 기간제·단시간·파견·일용근로자에 대해 사업주가 훈련을 실시할 경우 비용을 추가 지원하는 기간제 등 훈련우대 제도가 있으며, 사업주가 근로자에게 유급휴가를 부여하여 훈련을 실시할 경우 임금 및 훈련비를 지원하는 유급휴가 훈련지원제도, 150인 미만 기업 또는 우선지원 대상기업에서 30일 이상의 유급휴가를 부여하여 120시간 이상의 훈련을 실시하면서 대체인력을 새롭게 채용하는 경우, 대체인력 임금을 지원하는 대체인력 채용지원, 중소기업 재직근로자의 직업훈련 수혜 확대와 우수 인력공급, 신성장동력분야 등 전략산업의 인력육성, 지역·산업별 인력양성 기반 조성을 통한 현장수요 맞춤형 직업훈련체계를 구축하도록 지원하는 국가인적자원개발컨소시엄이 있다. 또한 생애에 걸친 직무수행능력 습득·향상을 위해 국민 스스로 직업능력개발훈련을 실시할 수 있도록 훈련비 등을 지원하는 국민내일배움카드, 기업이 청년 등을 선채용 후 NCS기반 현장훈련을 실시하고, 학교·공동훈련센터의 보완적 이론교육을 통해 숙련 형성시키는 새로운 현장중심의 교육훈련제도인 일학습병행제도, 저소득 취약계층이 생계 부담 없이 장기간 체계적인 훈련을 받고 더 나은 일자리로 취업 및 이·전직할 수 있도록 장기·저리로 생계비를 대부하는 직업훈련생계비 대부제도 등이 있다.

3) 실업급여

근로자가 실직하였을 경우 일정 기간 동안 실직자와 그 가족의 생활안정 그리고 원활한 구직활동을 위하여 실업급여를 준다. 실업급여는 구직급여와 취업촉진 수당으로 구분한다. 취업촉진 수당의 종류는 조기(早期)재취업 수당, 직업능력개발 수당, 광역구직활동비, 이주비 등이며, 실업급여를 받을 권리는 양도 또는 압류하거나 담보로 제공할 수 없다.

구직급여는 이직한 피보험자가 이직일 이전 18개월간(초단시간 근로자는 24개월) 피보험 단위기간이 통산(通算)하여 180일 이상으로, 근로의 의사와 능력이 있음에도 불구하고 취업하지 못한 상태에 있을 때, 이직사유가 수급자격의 제한사유에 해당하지 아니하며, 재취업을 위한 노력을 적극적으로 할 경우에 지급한다. 구직급여는 이직일 기준 수급자의 연령(50세 미만, 50세 이상 및 장애인)과 고용보험 가입기간에 따라 120~270일간 이직 전 3개월간 평균임금의 60%(근로자), 이직 전 1년간 평균보수의 60%(예술인 노무제공자)를 지급한다.

이 외에도 고용보험상 상병급여 제도가 있다. 실업의 신고를 한 이후에 질병·부상 또는 출산으로 취업이 불가능하여 실업의 인정을 받지 못한 날에 대하여 구직급여일액에 해당하는 금액을 구직급여를 갈음하여 지급할 수 있다.

다음으로 연장급여가 있다. 연장급여는 훈련연장급여, 개별연장급여, 특별연장 급여 등으로 구분된다. 훈련연장급여는 수급자의 재취업을 위해 직업훈련 등이 필요하여, 직업안정기관장이 수강하도록 지시한 훈련을 수강하는 구직급여수급자를 대상으로 훈련기간 중 최대 2년간 구직급여일액의 100%를 지급한다. 개별연장급여는 취업이 곤란하고 생활이 어려운 구직급여 수급자 중 직업안정기관장이 인정하는 사람을 대상으로, 최대 60일간 소정급여일수를 초과하여 지급하며, 이때는 구직급여의 70%를 지급한다. 특별연장급여는 실업의 급증 등의 사유가 발생한 경우, 최대 60일간 소정급여일수를 초과하여 지급하며, 이때는 구직급여의 70%를 지급한다.

이 외에도 자영업자인 피보험자에 대한 실업급여를 실시하고 있으며, 일반근로자와 달리 자영업자의 경우에는 실업급여의 종류는 조기재취업 수당및 연장급여가 제외된 직업능력개발수당, 광역 구직활동비, 이주비 등을 지급한다. 폐업한 자영업자의 구직급여 수급조건은 폐업일 이전 24개월간 피보험 단위기간이 통산 1년 이상이어야 하며, 근로의 의사와 능력이 있음에도 불구하고 취업을 하지 못한 상태로, 폐업의 사유가 법령을 위반하여 허가 취소를 받거나 영업정지를 받음에 따라 폐업하거나, 방화(放火) 등 피보험자 본인의 중대한 귀책사유로서 고용노동부령으로 정하는 사유로 폐업하거나, 매출액 등이 급격하게 감소하는 등 고용노동부령으로 정하는 사유가 아닌 경우로서 전직 또는 자영업을 다시 하기 위하여 폐업하거나, 그 밖에 고용노동부령으로 정하는 정당한 사유에 해당하지 아니하는 사유로 폐업한 경우에 해당하여야 한다. 마지막으로 재취업을 위한 노력을 적극적으로 할 경우에 구직급여를 지급한다. 자영업자의 구직급여는 고용보험 가입기간에 따라 120~210일간 수급자격자의 기초일액의 60%(근로자)를 지급한다.

다음으로 취업촉진수당이 있다. 취업촉진수당은 조기재취업수당, 직업능력개발수당, 광역구직활동비, 이주비 등이 있다. 조기재취업수당은 대기기간이 지난 후 소정급여일수의 1/2 이상을 남겨두고 재취업 또는 창업하여 12개월 이상 계속 고용되거나 사업을 영위한 구직급여 수급자를 대상으로, 재취업한 날을 기준으로 남아있는 소정급여일수의 1/2을 지급한다. 직업능력개발수당은 직업안정기관장이 지시한 직업능력개발훈련 등을 받는 구직급여 수급자에 대해서는 관련 수당을 지급한다. 광역구직활동비는 직업안정기관의 소개를 받아 거주지로부터 25km 이상 떨어진 곳에서 구직활동을 한 구직급여 수급자 중 지급이 필요하다고 직업안정기관장이 인정하는 자에 대해서, 공무원 여비 규정상 국내여비지급표에 따라 구직활동을 한 날에 소요된 운임과 숙박료 실비를 지원한다. 이주비는 취업하거나 직업안정기관장이 지시한 직업능력개발훈련 등을 받기 위해 주거를 이전한 구직급여 수급자 중 직업안정기관장이 지급이 필요하다고 인정하는 자를 대상으로 이주 거리에 따라 비용을 지급한다. 이때 5톤 이하는 실비지급하며, 5톤 까지는 실비+5톤 초과 7.5톤까지는 실비의 50%를 지원한다.

4) 육아휴직 급여 등(모성보호지원)

육아휴직 급여 등은 육아휴직 급여, 육아기 근로시간 단축 급여, 출산전후(유산・사산)휴가 급여 등이 있으며, 과거 모성보호지원제도라고 하였다. 육아휴직 급여는 육아휴직 시작일 이전 피보험단위기간이 통산하여 180일 이상이고, 자녀를 양육하기 위해 육아휴직을 30일 이상 부여받은(한 자녀당 남녀 각각 1년 가능) 만 8세 이하 또는 초등학교 2학년 이하의 자녀를 가진 근로자를 대상으로 한다.

소정의 수급요건을 충족하는 경우 육아휴직기간에 대하여 1~3개월(상한선 250만 원)과 3~6개월(상한선 200만 원)까지는 통상임금의 100%, 7개월 이후는 통상임금의 80%(상한선 160만 원)를 지급한다. 과거 육아휴직 급여 특례제도가 존재하였는데, 3+3 부모육아휴직제는 2024년 6+6 부모육아휴직제로 발전되었다. 6+6 부모육아휴직제는 같은 자녀에 대하여 자녀 생후 18개월 내 부모가 동시에 또는 순차적으로 육아휴직을 사용하는 경우, 첫 6개월에 대해 부모 각각의 육아휴직 급여를 상향하여 지급하였다. 현재도 부모 함께 육아휴직제라는 내용으로 존재하며, 생후 18개월 이내 자녀에 대해 부모 모두 육아휴직을 사용할 경우 첫 6개월 육아휴직급여는 통상임금의 100%(월최대 250~450만 원)를 지급하며, 이후 기간은 일반육아휴직급여와 동일하다. 일반 육아휴직급여와 부모 함께 육아휴직제 모두 통상임금의 100%를 지급하여, 차이가 없는 것처럼 보이나 실제 지급액에 차이가 있어 부모 함께 육아휴직제의 경우 급여가 더 높다. 또한 한부모 근로자 특례라 하여 육아휴직 첫 3개월은 통상임금의 100%(월최대 300만 원) 지급하며, 이후 기간은 일반육아휴직급여와 동일하다. 이 외에도 2025년 2월 23일 이후부터 부모가 각각 3개월 이상 육아휴직을 사용하거나 한부모 또는 중증 장애아동 부모인 경우, 육아휴직 기간이 최대 1년 6개월로 확대되었다.

육아기 근로시간 단축제도는 만 8세 이하 또는 초등학교 2학년 이하의 자녀를 양육하기 위하여 근로시간 단축을 하는 것을 말한다. 2025년 2월 23일부터 만 12세 이하 또는 초등학교 6학년 이하로 확대되었다. 근로자는 육아기 근로시간 단축을 신청하는 경우에 1년(육아휴직 미사용기간을 가산하는 경우 최대 2년까지 사용) 이내의 기간으로 이를 사용할 수 있다. 육아기 근로시간 단축제도 역시

2025년 2월 23일부터 지원 기간이 최대 3년(육아휴직 미사용 기간 1년을 육아기 근로시간 단축으로 2배 가산하여 사용한 경우)으로 확대되었다. 이때 사업주가 해당 근로자에게 육아기 근로시간 단축을 허용하는 경우 단축 후 근로시간은 주당 15시간 이상이어야 하고 35시간을 넘어서는 안 된다.

다음으로 출산전후(유산・사산)휴가급여가 있다. 휴가가 끝난 날 이전 피보험 단위기간이 180일 이상이고, 출산전후휴가 또는 유산・사산휴가를 부여받은 근로자를 대상으로 하며, 임신 중의 여성근로자에게 90일(다태아 120일)의 출산전후휴가를 부여한다. 2025년 2월 23일부터 미숙아 출산 시 휴가기간이 100일로 확대되었다. 유산・사산 휴가는 임신 중 유산・사산한 여성근로자가 청구하면 5~90일의 유산・사산휴가를 부여하는 제도로 2025년 2월 23일부터 10~90일로 확대되었다.

또한 배우자 출산휴가가 있다. 배우자 출산휴가는 근로자의 배우자가 출산한 경우 배우자와 태아의 건강보호 등을 위해 신청, 사용하는 휴가를 말한다. 배우자 출산휴가 기간은 10일(유급)이었으나, 2025년 2월 23일부터 20일로 확대되었다.

제 6 절 | 노인장기요양보험

1. 노인장기요양보험의 정의 및 도입배경

노인장기요양보험제도는 고령이나 노인성 질병 등으로 인하여 6개월 이상 혼자서 일상생활을 수행하기 어려운 노인 등에게 신체활동 또는 가사지원 등의 장기요양급여를 사회적 연대원리에 의해 제공하는 사회보험제도이다. 제도의 목적은 이러한 장기요양급여를 제공함으로써 노후의 건강증진 및 생활안정을 도모하고, 그 가족의 부담을 덜어줌으로써 국민의 삶의 질을 향상하는 것이다. 국민건강보험은 질병, 부상이 있는 자에 대한 입원, 외래 및 재활치료 등의 의료서비스 제공을 목적으로 한다. 또한 기존 노인복지법상의 노인요양은 주로 국민기초생활보장수급자 등 특정 저소득층을 대상으로 국가나 지방자치단체가 공적부조 방식으로 제공하는 서비스 위주로 운영된다. 반면 노인장기요양보험은 고령 및 치매, 중풍 등 노인성 질병으로 인한 신체, 정신 기능의 쇠퇴로 거동이 불편한 자에 대한 신체활동 및 일상생활 지원(가사지원) 등의 장기요양서비스 제공을 주된 목적으로 한다는 점에서 건강보험과 차이가 있으며, 장기요양서비스는 서비스는 소득에 관계없이 심신기능 상태를 고려한 요양필요도에 따라 장기요양인정을 받은 자에게 서비스가 제공되는 보다 보편적인 체계로 운영된다는 점에서 노인복지서비스와 차이가 있다.

도입배경 및 필요성으로 가장 큰 이유는 우리나라의 인구 고령화 속도이다. 다른 선진국에서는 전례를 찾아볼 수 없을 정도로 빠르게 진행되고 있다는 점이다. 2000년에 이미 고령화사회(노령인구비율 7%)에 진입하였고, 2018년에 고령사회(노령인구비율 14%)에 도달하였으며, 전남지역은 이미 초고령사회에 진입한 것으로 나타났다. 또한 노인인구가 전체 인구의 20%를 차지하는 초고령사회에 이르는 데 소요되는 기간도 불과 7년밖에 걸리지 않을 것으로 전망하였는 것과 같이 실제로 2024년에 초고령사회로 진입하였다. 이러한 초고령사회로의 변화는 세계에서 최단기간이라는 점에서 빠른 정책의 도입이 필요하였다.

이는 1970년대 이후 의학의 발달, 생활수준의 향상, 인구정책의 영향으로 평균수명이 연장되어 왔으며, 1990년대 중반 이후 출생률의 급속한 저하로 고령화 속도에 가속화가 진행되어 왔기 때문이다. 평균수명 연장과 고령화의 진전으로 노인들은 신체적 질병을 동반하는데, 특히 노화에 따른 만성적 질병은 장기간에 걸친 수발에 의존할 수밖에 없다. 전통적 사회에서는 주로 가족을 통해 노인돌봄의 문제를 해결해 왔지만, 산업화 · 도시화 및 핵가족화로 인해 나타나는 가족규모의 축소, 노인부부 · 단독세대 증가, 부양의식의 변화 등으로 인해 가족의 부양부담이 증대되고 있다.

고령화의 진전과 함께 핵가족화, 가족구성원의 경제활동참여가 증가하면서 종래 가족의 부담으로 인식되던 장기요양이 이제 더 이상 개인이나 가계의 부담으로 머물지 않고 이에 대한 사회적 · 국가적 책무가 강조되고 있다. 이와 같은 사회 환경의 변화와 이에 대처하기 위하여 이미 선진 각국에서는 사회보험방식 및 조세방식으로 그 재원을 마련하여 장기요양보험제도를 도입하여 운영하고 있다.

2. 추진과정

고령화사회로 진입하면서 급격히 증가하는 노인요양보호 문제와 국민들의 노후 불안 해소 등 고령화사회 초기에 공적 장기요양제도를 이용할 수 있도록 2000년에 노인장기요양보호정책기획단을 설치한 후 고령화사회에서 요양보호 욕구가 있는 모든 노인들이 요양서비스를 이용할 수 있는 우리나라의 실정에 맞는 제도의 실행모형을 개발하였다.

2003년 3월에는 공적노인요양보장추진기획단이 설치되어 1년간의 논의와 2회에 걸친 공청회, 전문가 집단의 조사들을 종합하여 제도의 기본 골격안을 제시하기에 이르렀다. 하지만 재원충당의 문제, 급여의 형태 및 급여 수준이나 수가체계 등에 관해서는 여전히 합의되지 못한 문제들을 지니고 있었다.

이에 2004년 3월에는 노인요양보장제도실행위원회를 구성하였으며, 2004년 8월에는 제도의 명칭을 노인요양보험제도로 정하고 제도의 내용을 발표하였다. 이후 2005년 7월부터 1차 시범사업을 6개 시・군・구에서 실시하였으며, 2006년 4월 2차 시범사업을 확대 실시, 2007년 5월에는 3차 시범사업을 확대 실시하였다. 그동안 2005년 10월부터 노인장기요양보험법(안) 입법추진 작업을 진행하고 2007년 국회통과를 거쳐 4월 27일 공포하였다. 이후 2008년 7월부터 본격적으로 노인장기요양보험제도가 시행되었다.

<표 7-23> 장기요양보험제도의 변천과정

시기		내용
2003. 3.		공적노인요양보장추진기획단 설치
2004. 3.		공적노인요양보장제도실행위원회 구성
2005.	7.	1차 시범사업 실시(6개 시・군・구, 65세 이상 기초생활보장수급노인 대상, 시범지역 : 광주 남구, 강릉, 수원, 부여, 안동, 북제주)
	10.	노인장기요양보험법(안) 입법예고
2006. 4.		2차 시범사업 실시(8개 시・군・구, 65세 이상 노인 대상, 시범지역 추가 : 부산 북구, 전남 완도)
2007.	4.	노인장기요양보험법(안) 국회통과
	5.	3차 시범사업 실시(13개 시・군・구, 65세 이상 노인 대상, 시범지역 추가 : 인천 부평구, 대구 남구, 청주, 익산, 하동)
2008. 7.		노인장기요양보험제도 시행
2009. 3.		외국인 근로자 장기요양보험가입자 제외제도 도입(고용허가제로 입국한 외국인 근로자 보험료 부담 완화)
2010. 3.		장기요양기관장 의무 및 공단 장기요양기관 설치 근거 신설
2013. 8.		장기요양기관의 운영질서 확립 및 관리 강화(본인일부부담금 면제・할인 행위금지, 거짓 청구한 경우 위반사실 공표, 행정제재처분의 효과 승계 등)
2014. 7.		노인장기요양 등급체계 개편 : 5등급(일명 '치매특별등급') 신설 등 3등급체계에서 5등급체계로 개편

2018. 1.	인지지원등급 신설
2018. 8.	장기요양 본인일부담금 감경대상자 확대(저소득계층 수급자의 경제적 부담 완화)
2019. 12.	장기요양기관 지정제 · 지정갱신제 시행(유효기간 6년)
2020. 7.	장기요양인정 유효기간 연장(1년에서 2년)
2023. 1.	노인성 질병 종류 추가

3. 가입대상 및 수급자격

장기요양인정의 신청자격은 장기요양보험가입자 또는 그 피부양자, 의료급여 수급권자로서 65세 이상의 노인 및 65세 미만의 자로서 치매 · 뇌혈관성 질환 등 대통령령으로 정하는 노인성 질병을 가진 자이다. 공단에 장기요양인정 신청(의사 또는 한의사가 발급한 소견서를 첨부하여야 한다)을 하면 등급판정위원회로부터 신청자격요건을 충족하고 6개월 이상 동안 혼자서 일상생활을 수행하기 어렵다고 인정하는 경우 심신상태 및 장기요양이 필요한 정도 등 대통령령으로 정하는 등급판정기준에 따라 수급자로 판정된다. 장기요양등급판정이 완료되면, 그 결과 장기요양인정서를 수급자에게 송부하게 되는데, 장기요양인정서에는 장기요양등급, 급여의 종류 및 내용, 유효기간 등이 안내되어 있다. 장기요양인정서가 도달한 날부터 장기요양급여를 받을 수가 있으며 이용지원대상은 1~5등급의 장기요양인정을 받은 자가 해당된다. 1~5등급 판정기준은 다음과 같다.

<표 7-24> 노인장기요양보험제도 등급

등 급	심신의 기능상태	장기요양인정점수
1등급	일상생활에서 전적으로 다른 사람의 도움이 필요한 상태	95점 이상
2등급	일상생활에서 상당 부분 다른 사람의 도움이 필요한 상태	75점 이상 95점 미만
3등급	일상생활에서 부분적으로 다른 사람의 도움이 필요한 상태	60점 이상 75점 미만
4등급	일상생활에서 일정 부분 다른 사람의 도움이 필요한 상태	51점 이상 60점 미만
5등급	치매환자(노인성 질병에 해당하는 치매로 한정)	45점 이상 51점 미만
인지지원 등급	치매환자(노인성 질병에 해당하는 치매로 한정)	45점 미만

등급심사는 인정신청을 하게 되면 공단의 직원은 장기요양인정조사표에 따라 신체기능(12항목), 인지기능(7항목), 행동변화(14항목), 간호처치(9항목), 재활(10항목)의 조사결과를 입력하여 장기요양인정점수를 산정하게 된다.

장기요양인정의 유효기간이 종료가 예정되어 유효기간 만료 다음 날부터 장기요양급여를 계속 받고자 하는 경우, 유효기간 종료 90일 전부터 30일 전 사이에 장기요양등급 갱신신청을 하여야 하며, 장기요양급여를 받고 있는 동안 신체적·정신적 상태의 변화가 있는 경우에는 장기요양등급 변경신청을 하여야 한다. 또한 급여종류 및 내용변경을 희망하는 경우에는 급여종류·내용변경 신청을 공단에 하여야 한다.

4. 급여의 유형

장기요양급여는 크게 재가급여, 시설급여, 특별현금급여로 나누어진다. 재가급여는 방문요양, 방문목욕, 방문간호, 주·야간보호, 단기보호, 기타재가

급여[14] 등으로 이루어지며, 시설급여는 노인요양시설과 노인요양공동생활가정으로 구분된다. 특별현금급여는 가족요양비, 특례요양비, 요양병원간병비 등으로 이루어진다. 급여 내용을 살펴보면 다음 <표 7-25>와 같다.

<표 7-25> 급여종류 및 서비스 내용

급여종류		주요 내용
	방문요양	장기요양요원이 수급자의 가정 등을 방문하여 신체활동 및 가사활동 등을 지원하는 장기요양급여
		인지활동형 방문요양 : 1~5등급 치매수급자에게 인지자극활동 및 잔존기능 유지·향상을 위한 일상생활 함께하기 훈련을 제공하는 급여
	방문목욕	장기요양요원이 목욕설비를 갖춘 장비를 이용하여 수급자의 가정 등을 방문하여 목욕을 제공하는 장기요양급여
재가급여	방문간호	장기요양요원인 간호사 등이 의사, 한의사 또는 치과의사의 지시서(이하 "방문간호지시서"라 한다)에 따라 수급자의 가정 등을 방문하여 간호, 진료의 보조, 요양에 관한 상담 또는 구강위생 등을 제공하는 장기요양급여
	주·야간보호	수급자를 하루 중 일정한 시간 동안 장기요양기관에 보호하여 신체활동 지원 및 심신기능의 유지·향상을 위한 교육·훈련 등을 제공하는 장기요양급여
	단기보호	일정 기간(9일 이내) 동안 장기요양기관에 보호하여 신체활동 지원 및 심신기능의 유지·향상을 위한 교육·훈련 등을 제공하는 장기요양급여
	기타재가급여(복지용구)	수급자의 일상생활·신체활동 지원 및 인지기능의 유지·향상에 필요한 용구를 제공하거나 가정을 방문하여 재활에 관한 지원 등을 제공

14 복지용구 급여방식은 구입방식(10종), 대여방식(6종), 구입 또는 대여방식(2종)이 있다. 급여비용 연간 한도액은 유효기간 개시일로부터 1년간이며, 한도액은 보건복지부 장관이 고시하는 금액이다. 시설급여를 이용하는 경우 복지용구를 구입·대여가 불가능하다.

시설 급여	노인요양시설	장기간 입소한 수급자에게 신체활동 지원 및 심신기능의 유지·향상을 위한 교육·훈련 등을 제공하는 장기요양급여(10명 이상)
	노인요양 공동생활가정	장기간 입소한 수급자에게 가정과 같은 주거여건에서 신체활동 지원 및 심신기능의 유지 향상을 위한 교육·훈련 등을 제공하는 장기요양급여(5~9명)
특별 현금 급여	가족요양비	도서·벽지 등 장기요양기관이 현저히 부족한 지역, 천재지변이나 그 밖에 이와 유사한 사유, 신체·정신 또는 성격 등으로 인하여 가족 등으로부터 수발을 받아야 하는 수급자에게 가족요양비를 지급
	특례요양비	수급자가 장기요양기관이 아닌 노인요양시설 등의 기관 또는 시설에서 재가급여 또는 시설급여에 상당한 장기요양급여를 받은 경우 대통령령으로 정하는 기준에 따라 해당 장기요양급여비용의 일부를 해당 수급자에게 특례요양비로 지급
	요양병원간병비	요양병원에 입원한 때 대통령령으로 정하는 기준에 따라 장기요양에 사용되는 비용의 일부를 요양병원간병비로 지급

5. 재원(장기요양보험료)

장기요양보험가입자는 건강보험가입자와 동일하며, 납부방법은 건강보험료와 통합 징수된다. 단, 징수한 건강보험료와 장기요양보험료는 각각의 독립된 회계로 관리한다. 장기요양보험료는 건강보험료액 × 장기요양보험료율로 산정되며, 국가는 장기요양보험료 예상수입액의 20%에 상당하는 금액을 공단에 지원한다. 의료급여수급권자의 장기요양급여비용, 방문간호지시서 발급비용 중 공단이 부담하여야 할 비용 및 관리운영비의 전액을 국가와 지방자치단체가 분담한다.

본인일부부담금에서 재가급여는 장기요양급여비용의 15%를 부담하고, 시설급여는 20%를 부담한다. 다만, 식재료비, 이미용료 등은 본인 부담으로 비급여 항목이다. 또한 급여의 범위 및 대상에 포함되지 아니하는 장기요양급여, 장기요양인정서에 기재된 장기요양급여의 종류 및 내용과 다르게 선택하여 장기요양급여를 받은 경우 그 차액, 장기요양급여의 월 한도액을 초과하는 장기요양급여는 수급자 본인이 전부 부담한다. 의료급여법에 의한 수급자, 소득·재산 등 보건복지부 장관이 정하여 고시하는 일정 금액 이하인 자, 천재지변 등 보건복지부령으로 정하는 사유로 인하여 생계가 곤란한 자는 본인부담금을 60%의 범위에서 경감하여 준다.

6. 전달체계

노인장기요양보험의 관리운영 주체는 국가와 지방자치단체가 업무를 분담하고 있다. 보건복지부, 시·도, 시·군·구에서는 관련 기관에 국고와 지방비를 지원하고 설립신고 지도 및 감독 업무를 관장한다. 국민건강보험공단에서는 그동안 장기요양보험가입자 및 피부양자와 의료급여수급권자의 자격관리, 장기요양보험료의 부과 징수 등의 업무를 맡아 왔다. 장기요양사업 수행과정에 새롭게 추가된 업무는 신청인에 대한 조사, 등급판정위원회의 운영 및 장기요양등급 판정, 장기요양급여의 관리 및 평가, 수급자에 대한 정보제공 및 상담, 재가 및 시설 급여비용의 심사 및 지급, 장기요양사업에 관한 조사·연구 및 홍보, 노인성질환예방사업 등이며 그 외에 장기요양사업과 관련하여 보건복지부 장관이 위탁한 업무가 있다.

실질적 서비스 제공기관인 장기요양서비스 사업자는 시·군·구청장의 지정을 받아 운영되며 재가노인복지시설과 노인의료복지시설로 구분될 수 있다. 재가노인복지시설의 종류에는 방문요양 서비스를 비롯하여 방문목욕·방문간호, 주·야간보호와 단기보호, 복지용구 등이 포함된다. 노인의료복지시설은 노인요양시설과 노인요양공동생활가정이 있다.

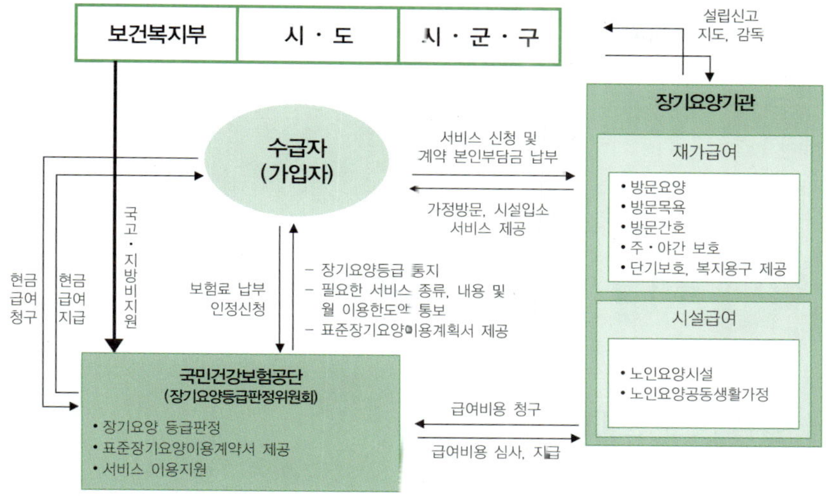

|그림 7-4| 장기요양보험 관리운영체계

출처 : 보건복지부 홈페이지(www.mohw.go.kr).

CHAPTER

08

공공부조

제 1 절 | 공공부조의 의미와 원리

1. 공공부조의 의미

사회보장기본법 제3조 제3호에 의하면, 공공부조란 국가 및 지방자치단체의 책임하에 생활 유지 능력이 없거나 생활이 어려운 국민의 최저생활을 보장하고 자립을 지원하는 제도이다. 경쟁을 기본 원리로 하는 자본주의 사회체제가 경제성장에 기여한 바는 크지만 노동시장이 요구하는 인적·물적 자원이 부족한 사람들은 체제적 모순의 심화로 인해 그 구조적 산물로서 빈곤층으로 편입되는 문제를 낳고 있다. 이러한 역사적 인과관계로 인한 빈곤층의 발생을 인정하고 국가나 지방자치단계가 주체가 되어 일정한 법령에 따라 공공비용으로 경제적 보호를 요구하는 자들에게 최저한의 기본 욕구를 보장해 줄 필요가 있다. 이와 같이 빈곤층의 생활을 법에 입각하여 보장받을 수 있도록 하는 것이 사회보장제도의 기능이다. 여기서 한 가지 분명히 해야 할 사항은 빈곤층의 생활보장은 국가최저(national minimum) 또는 사회최저(social minimum) 원칙에 입각하여 최저한의 수준에 그쳐야 한다는 것이다.

이러한 공공부조제도는 사회보험계획을 추진하는 과정에서 대상자 선정기준 및 적용에 문제가 발생할 경우 이를 보완하는 특징을 지니고 있으므로 공공부조제도가 지니는 여러 가지 제한점에도 불구하고 빈곤경감 및 퇴치의 일환으로 이를 적용하고 있다. 공공부조와 관련해서는 의료급여법과 국민기초생활보장법이 적용되고 있다.

2. 사회보험과 공공부조의 차이

사회보험과 공공부조는 모두 사회보장의 수단이나 각각 다른 원리로 운영되는 제도이므로 양 제도에 포함되는 주체와 객체, 재원, 성격, 대상 등을 명확히 구분해야 한다. 이 두 가지의 차이점을 구체적으로 비교하면 다음과 같다. 필요성의 측면에서 살펴보면 사회보험의 수혜자는 혜택을 받기 위하여 자신의 빈곤함을 증명해야 할 필요가 없다. 그러나 공공부조의 수혜자는 혜택을 받기 위해서는 소득과 재산이 일정 수준 이하임을 증명해야 한다.

<표 8-1> 사회보험과 공공부조의 비교

구 분	사회보험	공공부조
주 체	정부	중앙정부 및 지방자치단체
객 체	국민	빈곤층
재 원	기여 및 부담금	조세
성 격	보편주의	선별주의
원 리	(보험료) 비례	무차별, 평등
급여수준	적정선	최저선
소득이전효과	적다	크다

수혜액 지출예측 면에서 공공부조의 수혜액 지출은 수혜대상자 수의 변동, 수혜조건의 변동, 자금원의 불확정성, 경기변동 등 많은 변수의 영향을 받아 예측이 불가능하고, 사회보험 수혜액 지출예측은 어느 정도 예측이 가능하다.

자금조달방법의 측면에서 사회보험자금은 사회보험에 지출할 목적으로 조성된 기금으로부터 자금이 조달되지만, 공공부조자금은 정부의 일반예산으로부터 조달되며 사회보험의 자금보다 누진세에 의존하는 정도가 높아서 소득이전 효과가 더 크다.

사회보험의 참여자는 사회보험 가입자이며, 어느 한 해를 놓고 볼 때 참여자의 일부만 사회보험의 수혜자가 된다. 공공부조의 참여자는 현재의 수혜자이며, 모든 참여자는 수혜자가 된다. 수혜자의 명예 면에서 공공부조의 수혜자는 필요성 검증을 받아야 하므로 수혜자에게 불명예스러울 수 있으나, 사회보험의 수혜자는 필요성 검증을 하지 않고 일정한 조건을 갖춘 사람은 당연히 수혜자가 된다.

이와 같이 사회보험과 공공부조는 각기 다른 원리로 운영되는 제도이므로 양 제도에 포함되는 대상도 명확히 구분해야 한다. 공공부조가 적용되는 국민기초생활보장법에 의한 수급자 자격기준을 설정하는 과정에서 실질적으로 논의가 된 것을 예로 들면 다음과 같다. 논란의 초점은 국민기초생활보장법에 의한 수급자를 당연가입대상으로 관리해야 한다는 주장을 포함하여 가입대상에서 모두 제외하여야 한다는 의견, 근로능력이 있는 조건부수급자 등에 한해서만 당연 가입시켜야 한다는 입장 등 다양한 정책대안이 대두되었다. 이러한 대안들이 논의 과정을 거쳐 결정된 최종적인 절충안은 국민기초생활보장법상의 수급자를 의무가입대상에서는 제외하되, 임의가입기회를 부여하도록 한 것이다.

여기서 우리는 공공부조와 사회보험의 원리에 대해 생각해 볼 필요가 있다. 즉, 기초생활보장수급자의 경우 근로능력 여부를 떠나 국가로부터 생계급여를 받기 때문에 소득 및 재산비례의 원리로 운영되는 사회보험에서 관리할 대상은 아니라는 것이다. 따라서 이들에 대한 기본적인 시각은 국민연금의 가입대상에서 제외하는 것이 타당하다. 그럼에도 불구하고 국민연금이 가입방식 중의 하나로 임의가입방식을 채택하고 있고, 소득재분배 기능으로 인해 저소득층에게 유리하게 설계되어 있는 점 등을 고려할 때 가입기회 그 자체를 완전히 차단하는 것은 바람직하지 않다는 의견이 제기되었다. 임의가입기회가 내포하고 있는 또 다른 측면으로 개개인의 희망과 선택에 의해 국민연금에 가입함으로써 공공부조 수급자로부터 벗어날 수 있는 가능성은 개인의 자립정신과 자존감을 높이고 국가재정 운용 면에서도 긍정적인 평가를 받고 있다.

제 2 절 | 국민기초생활보장제도

1. 국민기초생활보장제도의 의의 및 시행과정

1) 의 의

국민기초생활보장제도는 근로능력의 유무에 상관없이 생활이 어려운 국민의 기초생활을 보장할 수 있도록 지원하는 프로그램으로 우리나라 빈곤가구[1]의 소득을 보조하기 위한 대표적인 사회복지정책이다. 이 제도는 평등과 공평을 기본적인 가치로 추구하고 있다(박병현, 2003). 평등의 가치가 구현되는 측면은 요보호대상 여부나 연령 및 사회적 신분의 여하를 막론하고 누구나 소득이 최저생계비에 미달되면 차별 없이 기초생활보장을 받을 수 있다는 점이다. 그리고 저소득층의 기초생활을 보장해 주는 재원이 중산층 및 고소득층이 부담하

1 국민기초생활보장법은 원칙적으로 가구 또는 세대를 단위로 보장하며 필요하다고 인정되는 경우(예를 들어, 형제, 자매 집에 거주하는 이혼 또는 사별한 모자와 부자가정) 개인을 단위로 급여를 지급하기도 한다.

는 세금이라는 점을 고려한다면 소득분배 차원에서도 평등의 가치가 구현되는 면이 있다. 이러한 제도적 가치는 사회적 불평등과 계층 간의 위화감을 감소시킴으로써 사회통합의 기반이 된다. 공평의 가치가 반영되는 부분은 급여수준 및 수급대상자의 자활의지와 관계가 있다. 즉, 급여수준을 낮게 책정하여 일을 하면서도 공공부조를 받지 못하고 빈곤층의 노동의욕을 감퇴시키는 열등처우의 원칙에서 벗어나 수급자를 노동시장으로 유인하여 일을 한다는 조건으로 급여를 제공하는 이른바 생산적 복지를 추구하는 것이 공평의 가치를 바탕으로 한 것이다.

2) 시행과정

국민기초생활보장제도의 기원은 1944년 3월에 공포・실시된 '조선구호령'이다. 이 조선구호령은 1961년 12월에 생활보호법이 제정되면서 그 기능이 부분적으로 대체되었다. 1982년에 생활보호법의 전문이 개정되었고 생활보호사업에 교육보호와 자활보호를 추가하였으며, 생활보호자를 종전의 영세민・준영세민의 구분에서 자활보호 개념의 도입과 함께 거택보호자, 시설보호자, 자활보호자로 구분하였다. 1987년에는 생활보호사업 전달체계의 전문화를 위해 사회복지전문요원을 일선 읍・면・동에 배치하기 시작하였고, 1998년에는 한시적 생활보호사업을 실시하였다. 1999년 9월에는 생활보호법을 대체하는 '국민기초생활보장법'이 제정되었고 2000년 10월부터 시행되었다. 이에 따라 자활사업도 시행되었다.

생활보호법의 생계보호대상자는 65세 이상의 노인과 18세 미만의 아동 및 임산부이며, 동 제도가 약 40년간 이들 집단의 생계를 나름대로 보호해 왔다. 그러나 적용대상 집단의 제한으로 인해 실질적으로 생계가 어려운 다수의 저소득층이 보호받지 못하고 빈곤의 사각지대로 밀려나는 문제를 안고 있었다.

국민기초생활보장법은 이러한 문제를 해결하고 이를 기점으로 공공부조사업이 체계화되었다고 할 수 있다.

이전에 시행되었던 생활보호제도와 국민기초생활보장제도의 가장 근본적인 차이점은 적용대상 집단의 범위이다. 생활보호제도에서는 65세 이상의 노인과 18세 미만의 아동 및 임산부로 제한하였고 거택보호와 자활보호의 구분이 있었다. 반면 국민기초생활보장제도는 이러한 구분을 없애고 수급권자 범위를 확대하며 선정기준을 합리화하여 근로능력 여부, 연령 등에 관계없이 최저생계비 이하의 모든 가구에 대하여 생계비를 지급하여 모든 저소득층의 기초생활을 보장한다.

이 제도가 나름대로 평가를 받는 이유는 최저생계비 이하의 생활을 하는 가구가 재산기준 때문에 수급권자로 선정되지 못하는 불합리성을 제거하고 수급권자 선정기준을 소득과 재산의 이원적 기준에서 소득인정액으로 통일하여 빈곤의 사각지대에 놓여 있는 저소득층 가구의 문제를 해소하기 때문이다.

<표 8-2> 생활보호법과 국민기초생활보장법 주요 내용 비교

구 분	생활보호법	국민기초생활보장법
법적 성격	• 시혜적인 보호	• 국가의 의무이자 국민의 권리
법적 용어	• 국가에 의한 보호적 성격 – 피보호자, 보호대상자, 보호기관	• 저소득층의 권리적 성격 – 수급권자, 보장기관, 생계급여 등
대상자 구분	• 인구학적 기준에 의한 대상자 구분 – 거택보호자 : 18세 미만 아동, 65세 이상 등 – 시설보호자 – 자활보호자 : 인구학적으로 경제활동 가능한 근로능력자	•대상자 구분 폐지 – 근로능력이 있는 자는 구분(대통령령) * 연령기준 외에 신체·정신적 능력과 부양, 간병, 양육 등 가구여건 감안 가능
대상자 선정기준	• 선별적 범주형(네 가지 조건) – 부양의무자 기준 – 소득기준 – 재산기준 – 인구학적 기준	• 일반적 보편성(두 가지 조건) – 부양의무자 기준(의료급여에만 해당) – 소득인정액 기준

급여수준	• 생계보호 – 거택보호자에게만 지급 • 의료보호 – 거택보호 : 의료비 전액 지원 – 자활보호 : 의료비의 80% • 교육보호 : 중·고생자녀 학비 전액 지원 • 해산보호 • 장제보호, 자활보호 등	• 생계급여 – 모든 대상자에게 지급하되 근로능력자는 자활관련사업에 연계하는 조건부로 지급 • 주거급여(신설) – 임대료, 유지수선비 등 주거안정을 위한 수급품 • 긴급급여(신설) – 긴급필요 시에 우선 급여를 실시 • 의료·교육·해산·장제보호 등은 현행과 동일
자활지원계획	〈신설〉	• 근로능력자 가구별 자활지원계획 수립 – 자활에 필요한 서비스를 체계적으로 제공하여 수급자의 궁극적인 자활을 촉진
보장비용	• 자치단체의 재정자립도에 대한 고려 없음	• 자치단체의 재정자립도를 고려하여 재정분담비율을 차등적용

2006년에는 긴급복지지원제도를 시행하였으며, 2009년에는 긴급복지지원법을 개정하에 한시법에서 영구법으로 변경하였다. 2010년에는 사회복지통합관리망(가칭 행복e음) 가동되었으며, 2015년에는 맞춤형 급여제도로 전환되었다. 기존에는 단일, 통합급여였으나 이를 개별급여로 분리 운영하였다. 기존의 제도는 최저생계비를 벗어나면 무조건 수급자격을 잃는 방식으로, 정책 사각지대를 야기하고 빈곤 계층의 욕구별 지원에도 한계가 있기 때문에 급여가 각 개별 급여로 분리 독립되었다. 이에 따라 생계 및 의료급여는 보건복지부, 주거급여는 국토교통부, 교육급여는 교육부의 담당이 되었다. 특히 2015년 7월 제도의 시행과 더불어 교육급여에서 부양의무자 기준을 폐지하였다. 이후 점차적으로 부양의무자 기준을 완화하여 2018년 10월 주거급여 부양의무자 기준을 폐지하였으며, 2021년에는 생계급여에서도 부양의무자 기준을 폐지하였다.

2. 급여대상

수급권자는 국민기초생활보장법에 따른 급여를 받을 수 있는 자격을 가진 사람을 말하며, 수급권자에 대한 급여는 수급자의 필요에 따라 생계, 주거, 의료, 교육, 해산, 장제, 자활급여의 전부 또는 일부를 실시한다. 수급자는 소득인정액과 부양의무자 요건을 충족해야 한다. 즉, 수급권자 가구의 소득인정액이 급여종류별 수급자 선정기준 이하여야 한다. 기존에는 부양의무자 기준이 있어서, 부양의무자가 없거나 부양의무자가 있어도 부양능력이 없거나 또는 부양을 받을 수 없는 경우에만 기초생활보장의 대상이 되었다. 그러나 2017년 11월부터 부양의무자 기준을 단계적으로 완화하여, 2021년 10월 부양의무자 기준을 폐지하였다. 이 외에도 개인단위 보장에 따른 수급권자 범위의 특례(의료급여특례, 자활급여특례) 및 외국인에 대한 수급권자 범위의 특례기준이 있다. 소득인정액 도입에 따라 수급자 선정기준이 소득평가액 기준, 재산기준, 부양의무자기준에서 소득인정액 기준, 부양의무자 기준의 2개 기준으로 통합되었다. 그러나 다음의 특례기준에 해당하는 경우에는 급여대상이 된다.

- 개인단위 보장에 따른 수급권자 범위의 특례
  - 의료급여 특례 : 의료급여 특례는 지속적인 본인부담의료비 지출이 발생하는 가구원에게만 적용하는 개인단위 급여 특례. 가구 전체로는 의료급여 선정기준을 초과하나 주거 또는 교육급여 선정기준에 적합한 경우 가구 전체(특례적용대상자 포함)를 주거 또는 교육급여 수급자로 보장하며, 특례 적용대상자 가구원 개인만 의료급여 수급자로 보장. 수급(권)자 가구의 실제소득에서 3개월 이상 발생하는 본인부담 의료비 지출 평균금액을 공제하면 의료급여 선정기준 이하에 해당하나, 동 특례 수급자로 선정된 이후에는 의료급여가 지급됨에 따라 본인부담 의료비

가 감소하여, 감소된 본인부담 의료비를 적용하면 의료급여 선정기준을 초과하는 가구의 지속적인 의료비 지출이 발생하는 가구원 개인을 대상으로 3개월 이상 기간 동안 지출된 본인부담 의료비 총액에 대해 해당 기간 동안의 평균의료비를 산출하고, 그 평균의료비를 해당 가구의 소득인정액에서 차감 적용하여 동 특례 적용대상자 적합 여부 판단

– 자활급여 특례 : 자활급여로 인해 선정기준을 초과하는 의료급여 수급자에 대한 특례로 특례기간 종료 후에는 맞춤형급여의 급여종류별 선정기준에 따라 즉시 보장 여부 결정. 특례기간 중에 특례 수급자 가구가 주거급여 선정기준에 적합한 경우 주거급여 일반수급자로 동시 선정 가능. 의료급여 수급자가 자활근로, 자활기업, 자활인턴 등 자활사업 및 국민취업지원제도 등(고용노동부) 프로그램에 참가하여 발생한 소득으로 인하여 소득인정액이 의료급여 선정기준인 기준 중위소득 40%를 초과하는 경우, 자활사업에 참가하여 발생한 소득 때문에 3개월 평균 소득인정액이 의료급여 선정기준을 초과하는 달이 기준초과 판정시점이며, 그 다음 달 1일부터 자활급여 특례 수급자로 선정. 일반 수급자에서 자활급여 특례수급자로 결정되기 전까지의 기간 동안의 생계급여는 다음 기준에 따라 지급하고 나머지 급여는 수급자 가구에 계속 지급. 특례기간은 자활급여 특례 수급자로 결정된 달부터 5년. 단, 보장기관의 사유로 자활사업을 실시하지 못한 달은 기간산정에서 제외

– 구직촉진수당 지급에 따른 특례 : 구직촉진수당 수급으로 인해 선정기준을 초과하는 수급가구에 대한 특례. 특례기간 종료 후에는 맞춤형급여의 급여종류별 선정기준에 따라 즉시 보장 여부 결정. 특례기간 중에 특례 수급자 가구가 주거급여, 교육급여 선정기준에 적합한 경우 주거급여·교육급여 일반 수급자로 동시 선정 가능

- 타 법률에 따른 수급권자 범위의 특례
  - 북한이탈주민에 대한 특례 : 생활이 어려운 북한이탈주민에 대해서는 최초 거주지 전입일 이후 5년간 특례적용. 북한이탈주민만으로 구성된 가구뿐만 아니라 북한이탈주민이 포함된 가구에도 특례 적용. 특례기간 중 취·창업 등으로 탈수급하였으나, 실직·폐업·질병 등으로 수급을재신청하는 경우 북한이탈주민 특례 소득인정액 기준에 해당하면 동 특례 규정 재적용 가능
  - 일본군위안부 피해자에 대한 특례 : 소득평가액 산정 후 급여결정, 기본재산 초과분을 재산의 소득환산액으로 반영하지 않음. 부양의무자 미적용. 주거 및 생계를 같이하는 다른 가구원이 있더라도 일본군위안부인 수급자는 별도가구로 처리하여 보장

- 기타 수급(권)자 범위의 특례
  - 영주귀국사할린한인 수급(권)자 특례 : 소득평가액 산정 후 급여결정, 기본재산 초과분을 재산의 소득환산액으로 반영하지 않음. 부양의무자 미적용. 1세 유자격자가 포함된 가구. 2세(1세의 배우자, 직계비속 1명과 그 배우자)만으로 구성된 가구(1세 유자격자는 가구원에 미포함). 가구원에 1세 유자격자, 2세 외에 다른 가족이 있는 경우 해당 가족은 제외하고 나머지 가구원만으로 보장가구 구성
  - 한센인 정착촌 거주자 및 국립소록도병원 입원자인 수급자 특례 : 재산가액 산정의 특례, 부양의무자 기준에 대한 특례, 소록도병원에 입원중인 한센인의 관리
  - 인간면역결핍바이러스(HIV) 감염자인 수급(권)자 특례 : 본인가구의 소득인정액만으로 수급 여부 판단. 재산의 소득환산 시 특례적용

- 농어업인 가구인 수급(권)자 특례 : 농어업인 가구의 특성을 반영한 지출요인 추가 인정, 재산의 소득환산기준의 일부 완화 적용
- 정부해외인턴사업 등 참가자가 있는 가구에 대한 수급자 선정기준 특례 : 의료급여 수급자로 보장 중인 수급자 가구가 정부해외인턴사업 등 참가자를 제외한 남은 가구원만으로는 의료급여 선정기준을 초과하나, 정부해외인턴사업 등 참가자를 가구원 수에 포함하는 경우 의료급여 선정기준 이하에 해당하는 경우 특례수급자로 선정하여 의료급여 지급 등 특례수급자 가구가 정부해외인턴사업 등 참가자를 제외한 남은 가구원만으로 주거 또는 교육급여 선정기준에 적합한 경우 주거 또는 교육급여 일반 수급자로 동시 선정 가능
- 군입대자가 있는 가구에 대한 수급자 선정기준 특례 : 의료급여 수급자로 보장 중인 수급자 가구가 군입대자를 제외한 남은 가구원만으로는 의료급여 선정기준을 초과하나, 군입대자를 가구원 수에 포함하는 경우 의료급여 선정기준 이하에 해당하는 경우 특례수급자로 선정하여 의료급여 지급. 동 특례수급자 가구가 군입대자를 제외한 남은 가구원만으로 주거 또는 교육급여 선정기준에 적합한 경우 주거 또는 교육급여 일반 수급자로 동시 선정 가능
- 군 전역(예정) 수급권자 보장특례 : 병역의무를 이행하는 과정에서 보장중지된 수급권자가 전역일에 즈음하여 재수급을 신청하는 경우, 소득·재산에 특이 변경 사항이 없으면 전역과 동시에 보장. 보장이 필요한 수급권자가 군 복무 후 기초생활보장제도의 지원을 통하여 조기에 자립·자활할 수 있도록 지원. 전역예정일 2개월 이전부터 주소지 관할 보장기관에 기초생활보장 신청 가능

- 가구원 출생 시 가구원 추가 급여 신청에 따른 조사 특례 : 수급자 가구 출생 자녀의 가구원 추가 급여 신청에 따른 조사 시에는 해당 자녀에 대한 별도의 부양의무자 조사를 실시하지 않는 경우에 한하여 차세대 사회보장정보시스템 공적자료만으로 급여종류별 선정기준에 해당하면 금융재산 조회 결과가 도래하기 전에 출생 자녀를 추가로 보장결정 가능(출생일 기준으로 급여 지급)
- 아동복지시설 등 입소 아동 급여 신청에 따른 조사 특례 : 아동복지시설, 가정위탁 등 대안양육을 통해 보호되는 아동으로, 기초생활보장법에 따라 부양의무자 기준 적용 제외되는 대상. 금융재산 회신 이전이라도 공적자료만으로 대상자 책정 후 먼저 지원하고, 나중에 금융재산이 있는 것으로 확인되면 사후 조치
- 특별재난지역 선포지역 수급자 특례 : 특별재난지역 선포 당시 해당 지역에 거주 중이면서, 특별재난지역 선포의 사유가 된 재난으로 인하여 겪게 된 피해를 사유로 정부 지원금 또는 후원금품을 지급받은 수급자가 포함된 수급가구. 특별재난지역 선포의 사유가 된 재난으로 인하여 겪게 된 피해를 사유로 지급받은 정부 지원금, 후원금품 또는 민간보험금 등은 소득·재산으로 산정하지 않음. 특별재난지역 선포일로부터 3년간 적용

- 재산기준에 대한 특례
  - 수급권자 재산범위 특례 : 근로무능력자로 구성된 가구, 재산처분이 곤란한 가구의 완화된 기본재산 적용 재산가액 인상 시 3년간 추가 보장
  - 부양의무자 재산범위 특례 : 근로무능력자로만 구성되거나, 재산이 주택에 한정되는 경우 완화된 재산기준 적용(A+B)×50% 재산가액 인상 시 계속 보장

– 보장시설수급자의 부양의무자 재산범위 특례 : 완화된 재산기준 적용 (A+B)×50%[일반수급자(A+B)×18%]

1) 소득인정액 기준

소득인정액은 소득평가액과 소득환산액의 합을 의미한다. 수급자로 선정되기 위해서는 소득인정액이 국민기초생활보장에 따른 급여종류별 선정기준 이하여야 한다. 각 급여종류별 선정기준은 기준 중위소득의 일정 비율로 환산하며, 맞춤형 급여 도입 이전의 최저생계비에 해당하는 개념으로 보건복지부 장관이 급여의 기준 등에 활용하기 위하여 중앙생활보장위원회의 심의·의결을 거쳐 고시하는 국민 가구소득의 중위 값을 말한다.

생계급여의 경우 기준 중위소득의 32% 이하, 의료급여의 경우 기준 중위소득의 40% 이하, 주거급여의 경우 기준 중위소득의 43% 이하, 교육급여의 경우 기준 중위소득의 50% 이하의 경우에 수급자격이 된다.

소득인정액의 산정방식은 다음과 같다.

소득인정액 = 소득평가액(실제소득 – 가구 특성별 지출비용 – 근로소득공제) + 재산의 소득환산액[(재산 – 기본재산액 – 부채) × 소득환산율]
※ 소득평가액 및 재산의 소득환산액이 –인 경우는 0원으로 처리

(1) 소득평가액

소득평가액 기준은 실제소득에서 가구특성별 지출비용, 근로소득공제를 차감하고 남은 금액을 의미한다.

실제소득은 근로소득(상시근로자 소득, 일용근로자 소득, 자활근로소득, 공공일자리 소득), 사업소득(농업, 임업, 어업 및 양식업, 기타 사업소득), 재산소득(임대소득, 이자소득, 연금소득), 이전소득(사적이전소득, 부양비(의료급여 수급(권)자만 해당), 공적이전

소득) 등을 말한다. 일용근로자의 소득은 최근 3개월간 평균 소득을 반영한다.

다만, 정기적으로 지급되는 것으로 볼 수 없는 금품(퇴직금, 현상금, 보상금 등 비정기적으로 지급되는 금품, 조세특례제한법 제100조의2에 따른 근로장려금 및 제100조의27에 따른 자녀장려금)을 비롯하여 보육・교육 또는 그 밖에 이와 유사한 성질의 서비스 이용을 전제로 받는 보육료, 학자금, 그 밖에 이와 유사한 금품, 조례에 따라 지방자치단체가 수급(권)자 또는 생활이 어려운 저소득층에게 지급하는 금품, 그 밖에 소득평가액에서 제외하는 금품(가구 특성에 따른 지출요인)이 있다. 가구 특성에 따른 지출요인으로는 장애요인, 질병요인, 양육요인, 근로를 유인하기 위한 요인에 따른 금품이 포함된다.

소득평가액 산정방식은 다음과 같다.

> 소득평가액 = 소득평가액 – 가구특성에 따른 지출요인 – 근로를 유인하기 위한 요인 – 그 밖의 추가적인 지출요인
> ※ 소득평가액 결과 "–"값은 불인정(이 경우는 0원으로 처리)

(2) 재산의 소득환산

재산은 일반재산, 금융재산, 자동차 등으로 구분된다. 일반재산은 다시 토지, 건축물 및 주택, 항공기 및 선박, 임차보증금, 가축・종묘 등의 동산, 입목재산, 어업권 및 양식업권, 각종 회원권(골프회원권, 콘도미니엄 회원권, 종합체육시설 회원권, 승마회원권, 요트회원권 등), 조합원입주권, 분양권, 자동차 중 일반재산의 소득환산율인 월 4.17%를 적용[2]하는 자동차 등이 포함된다.

---

2 장애인 사용 자동차, 생업용 자동차를 제외한 나머지 자동차는 생계・의료급여의 경우 자동차가 1600cc 미만이면서 차령 10년 미만이거나 자동차 가액이 200만 원을 초과하는 경우 매월 100% 소득으로 환산하였다. 그러나 2024년부터 가구원이 6명 이상이나 자녀가 3명 이상인 가구라면 2500cc 미만이면서 차령이 10년 이상이거나 자동차 가격(자동차가액)이 500만 원 미만인 승용차 1대는 월 4.17%로 인하된 소득환산율을 적용한다.

기본재산액은 보장가구의 기본적 생활 유지에 필요하다고 인정되어 보건복지부장관이 정하여 고시하는 금액으로 소득환산에서 제외되며, 대도시, 중소도시, 농어촌에 따라 적용금액에 차이가 있다.

재산의 소득환산액 산정방식은 다음과 같다.

재산의 소득환산액 = {(재산의 종류별 가액 − 기본재산액 − 부채)} × 재산의 종류별 소득 환산액

※ 재산의 소득환산 결과 "−"값은 불인정(이 경우는 0원으로 처리)

3. 급여의 기본 원칙 및 지원내용

생활유지가 어려운 국민이 국민기초생활보장제도에 의해 보호를 받는 것은 국가의 행정시책 결과로서 초래되는 반사적 이익이나 은혜가 아니라 헌법상 생존권에 근거를 둔 구체적인 권리로서 보장받는 것으로 다음과 같은 원리를 기본으로 한다.

- 최저생활보장의 원칙

생활이 어려운 자에게 생계 · 주거 · 의료 · 교육 · 자활 등 필요한 급여를 행하여 이들의 최저생활을 보장한다. 최저생활, 즉 최저보장수준이란 국민 소득 지출 수준과 수급권자의 가구 유형별 생활실태, 물가상승률 등을 고려하여 급여 종류별로 공표하는 금액이나 보장수준을 말한다.

- 보충급여의 원칙

생계급여 수급자에 대한 최저보장수준은 생계급여액과 수급자 가구의 소득인정액을 합한 수준이 생계급여 선정기준 이상이 되도록 지원한다.

- 자립지원의 원칙

보근로능력이 있는 생계급여 수급자가 근로활동에 종사하지 않는 경우에는 자활사업에 참여할 것을 조건으로 생계급여를 지급한다. 즉, 근로능력이 있는 생계급여 수급자가 조건부과 유예사유에 해당되지 않는 경우에는 수급자 가구별로 자활지원계획을 수립하고 자활사업에 참여하도록 조건을 부과하며, 조건불이행자에게는 수급자 본인의 생계급여 일부 또는 전부를 지급하지 아니한다.

- 개별성의 원칙

급여수준을 정함에 있어서 수급권자의 개별적 특수상황을 최대한 반영하는 것을 원칙으로 한다. 이를 위해 수급자 및 부양의무자의 소득·재산, 수급자의 근로능력·취업상태·자활욕구 등 자활지원계획 수립에 필요한 사항, 기타 수급자의 건강상태·가구 특성 등 생활실태에 관한 사항 등을 조사한다.

- 가족부양 우선의 원칙

급여신청자가 부양의무자로부터 부양될 수 있으면 기초생활보장급여에 우선하여 부양의무자에 의한 보호가 먼저 행해져야 한다. 수급자에게 부양능력을 가진 부양의무자가 있음에도, 이 법에 따른 급여를 수급자에게 계속 지급하기로 결정하는 경우에는 부양의무자로부터 지급된 급여만큼 보장비용을 징수할 수 있다. 단, 주거급여 및 교육급여는 부양의무자의 우선보호원칙을 적용하지 않으며, 수급자 가구의 소득인정액만으로 보장 여부를 결정한다.

- 타급여 우선의 원칙

급여신청자가 다른 법령에 따라 보호를 받을 수 있는 경우에는 기초생활보장급여에 우선하여 다른 법령에 의한 보호가 먼저 행해져야 한다.

- 보편성의 원칙

국민기초생활 보장법에 규정된 요건을 충족시키는 국민에 대하여는 성별·직업·연령·교육수준·소득원 기타의 이유로 수급권을 박탈하지 아니한다.

이 외에도 가족부양 우선의 원칙이 존재하였다. 즉, 급여신청자가 부양의무자에 의하여 부양될 수 있는 경우에는 기초생활보장급여에 우선하여 부양의무자에 의한 보호가 먼저 행해져야 한다는 것이다. 그러나 부양의무자 기준이 삭제됨에 따라 이 원칙은 유명무실하게 되었다.

급여는 사람들의 욕구와 문제를 해결하기 위해 제공하는 각종 사회적 자원이다. 급여는 현금과 현물로 대별하지만, 보다 전문적으로 구별하면 현금, 물품, 신용, 서비스, 힘 및 기회 등으로 나누어진다. 국민기초생활보장제도는 그동안 최저생계비 이하 가구에 대해 통합 급여 체계로 지원되는 방식이었으나, 소득인정액이 최저생계비를 벗어나면 무조건 수급자격을 잃는 이러한 방식은 정책 사각 지대를 야기하고 빈곤 계층의 욕구별 지원에도 한계가 있음에 따라 생계, 주거, 교육, 의료 급여를 각각 개별 급여로 분리 독립하여 지급하고 있다. 급여의 내용에 따라 생계급여, 주거급여, 자활급여, 교육급여, 해산급여, 장제급여, 의료급여 등 7가지로 구분되어 있다.

1) 생계급여

생계급여의 대상자는 가구의 소득인정액이 생계급여 선정기준 이하로서 생계급여 수급자로 결정된 수급자를 말하며, 타급여 우선의 원칙에 따라 노숙인 자활시설 및 청소년쉼터 또는 한국법무보호복지공단시설 거주자, 하나원에 재원중인 북한이탈주민 등 타 법령에 따라 국가 또는 지방자치단체 등으로부터 생계를 보장받는 자 등은 생계급여를 지급받지 못한다.

생계급여의 내용은 수급자에게 의복・음식물 및 연료비, 기타 일상생활에 기본적으로 필요한 금품을 지급하며, 생계급여액은 생계급여최저보장수준(대상자 선정기준)에서 가구의 소득인정액을 차감한 금액을 지급한다. 지급방식은 금전지급을 원칙으로 한다. 또한 급여의 지급장소는 수급자의 주거지에서 실시하며, 급여지급일은 매월 20일에 정기지급한다. 또한 지급단위는 가구를 단위로 산정하여 지급한다.

근로능력이 있는 수급자에게 자활에 필요한 사업에 참가할 것을 조건으로 하여 생계급여를 실시할 수 있으며 이를 조건부 수급자라 한다. 또한 정부양곡할인지원 혜택이 존재한다. 정부양곡할인사업은 농림축산식품부에서 담당하는데, 기초수급가구 및 차상위 계층에 할인된 가격으로 정부양곡을 지원함으로써 저소득층 생활안정을 도모하는 데 있다. 따라서 할인지원 비율은 생계・의료급여 수급자 90%, 주거・교육수급자 및 차상위계층 60%이다. 양곡신청은 가구원수 1인당 월 10kg까지 가능하다.

2) 긴급생계급여

긴급생계급여는 수급자로 보장결정 이전에 긴급히 생계급여를 지급하여야 할 필요가 있는 경우에 지급되며, 생계급여 정기지급일과 무관하게 시장・군수・구청장이 긴급생계급여가 필요하다고 인정할 경우에 직권으로 신속히 급여를 실시한다. 급여액은 기준 중위소득의 15%에 해당하는 금액을 지급하며, 지급기간은 1개월로 필요시 1개월에 한하여 연장이 가능하다. 급여방법은 현금으로 지급하되, 적당하지 않다고 인정되는 경우에는 물품으로 지급한다.

3) 해산급여・장제급여

해산급여는 생계・의료・주거급여 수급자가 출산(출산예정 포함)한 경우에 지급되며, 지급내용은 조산(助産) 및 분만 전과 분만 후의 필요한 조치와 보호이다. 급여액은 1인당 700천 원을 현금으로 지급하며(쌍둥이 출산 시 1,400천 원), 추가 출생영아 1인당 700천 원을 추가하여 수급자나, 그 세대주 또는 세대주에 준하는 자에게 지급한다. 거주지 관할 지역이 아니더라도 전국 어디서나 신청이 가능하다.

장제급여는 생계・의료・주거급여 수급자가 사망한 경우에 지급되며, 지급내용은 수급자가 사망한 경우 사체의 검안・운반・화장 또는 매장 기타 장제조치를 행하는 데 필요한 금품 지급이다. 급여액은 1구당 800천 원을 지급하며, 장제를 실제 행하는 자에게 지급하는 것을 원칙으로 한다. 거주지 관할 지역이 아니더라도 전국 어디서나 신청이 가능하다.

4) 교육급여

교육급여는 교육부에서 소관하며, 저소득 가정의 초중고 학생에게 교육활동지원비, 교과서비, 입학금 및 수업료를 지급하여 학생 및 학부모의 교육비 부담을 경감하고 실질적인 교육기회 보장을 목적으로 시행된다. 교육급여는 학교 또는 시설에 입학 또는 재학하는 자 및 의사자의 자녀 및 의상자와 그 자녀를 대상으로 한다. 소득인정액이 기준 중위소득의 50% 이하인 가구의 초・중・고등학생 교육활동지원비와 고등학생 교과서비, 입학금 및 수업료를 지급한다.

입학금 및 수업료는 무상교육 제외 고등학교 재학생을 대상으로 하며, 연도별・급지별로 학교장이 고지한 금액 전액을 지원한다. 입학금은 급여신청일이 1학년 제1분기에 속하는 경우에 한하여 전액 지급하며, 수업료는 급여신청일이 속한 달부터 월할 계산하여 지급한다. 교과서비는 해당 학년의 정규 교육과정에 편성된 교과목의 교과서 전체(연 1회)를 지원한다. 이때 학교에서 수급자에게 교과서를 지급하되 낙인효과가 발생하지 않도록 일반 학생들과 구별 없이 배부하고, 학년 초에 교육청에서 학교로 수급자의 교과서대금을 일괄 지급한다. 교육활동지원비는 초등학생, 중학생, 고등학생을 대상으로 하며, 각 지원 금액은 차이가 존재한다. 지원 방법은 카드포인트 등 바우처로 일괄 지급(연 1회)한다.

5) 주거급여

주거급여는 국토교통부 소관이며, 생활이 어려운 사람에게 주거급여를 실시하여 국민의 주거안정과 주거수준 향상에 이바지함을 목적으로 한다. 주거급여는 크게 주거급여 수급권자, 임차급여 수급권자와 수선유지급여 수급권자로 구분된다.

주거급여 수급권자는 부양의무자가 없거나 부양의무자가 있어도 부양능력이 없거나 부양을 받을 수 없는 사람으로 소득 인정액이 기준 중위소득의 100분의 44 이하인 경우를 말하며, 주거급여 수급권자는 크게 임차급여 수급권자와 수선유지급여 수급권자로 구분된다. 임차급여 수급권자는 부양의무자 기준을 충족하며 소득인정액이 중위소득 48% 이하인 자 중 타인의 주택 등에 거주하면서 임대차 계약 등을 체결하고 임차료를 지불하는 자를 말하며, 수선유지급여 수급권자 부양의무자 기준을 충족하며 소득인정액이 중위소득 48% 이하인 자 중 주택 등을 소유하고 자신이 그 주택 등에 거주하는 자를 말한다. 임차급여는 임차 수급자의 실제 임차료를 근거로 지역별 기준임대료, 가구원수, 소득수준에 따라 산정한다. 기준임대료는 최저주거기준을 고려하여 지역별 및 가구원 수별로 산정한 임대료로 최대 지급 가능한 임차급여 수준을 말한다. 기준임대료는 지역별 4개 급지로 구분(1급지 서울, 2급지 경기, 인천, 3급지 광역시, 세종시, 수도권 외 특례시, 4급지 그 외 지역임)한다. 기준임대료와 실제 임차료 중 더 낮은 금액을 기준으로 임차급여를 산정한다. 최저주거기준은 국민이 쾌적하고 살기 좋은 생활을 영위하기 위하여 필요한 최소 주거면적, 필수적인 설비의 기준, 구조 성능 및 환경 기준 등을 설정한 것으로, 예를 들어 1인 가구는 14m2의 주거면적을 가져야 한다. 임차급여는 매월 20일 원칙적으로 수급자의 명의로 지정된 계좌에 입금하지만, 국가, 지방자치단체, 한국토지주택공사 또는 지방공기업이 임대하는 주택 등을 임차한 경우는 해당 수급자와 임대차 계약을 체결한 임대인 명의의 지정된 계좌로 입금한다.

수선유지급여는 수급자의 가구 규모, 소득인정액, 수선 유지비 소요액을 비롯하여, 수급자가 거주하는 주택 등에 대하여 노후도 등을 고려하여 정한다. 주택노후도는 구조안전·설비·마감 등 최저주거기준 충족 여부를 기준으로 주택 노후도를 평가하고, 주택 노후도에 따라 보수 범위(경보수, 중보수, 대보수)를 구분하여 지원하는데, 이때 보수 범위별 수선 주기는 경보수 3년, 중보수 5년, 대보수 7년으로, 각 보수 범위 내 1회 수선을 원칙으로 한다.

주거 급여 중 청년 주거급여 분리지급제도가 존재한다. 이는 임차급여 또는 수선유지급여를 받는 수급자의 만 19~30세 미만의 미혼자녀가 취학·구직 등의 목적으로 부모와 거주지를 달리하는 경우 지급이 가능하다. 청년 주거급여 분리지급액은 청년이 거주하는 지역별·가구원 수별 기준임대료를 상한으로 청년이 실제 지불하는 임차료를 지급한다. 이때 청년 주거급여의 경우 급여지급은 부모가구의 거주지를 관할하는 시·군·구청장이 실시한다.

6) 의료급여

의료급여는 생활유지 능력이 없거나 생활이 어려운 저소득 국민의 의료문제(질병, 부상, 출산 등)를 국가가 보장하는 공공부조 제도이다. 의료급여제도를 통해 국민 보건의 향상과 사회복지의 증진에 이바지함을 목적으로 한다. 의료급여 수급권자는 1종 수급권자와 2종 수급권자로 구분된다. 1종 수급권자는 국민기초생활보장 수급자, 행려환자, 타법 적용자이다. 구체적으로 1종 수급권자에 해당하는 국민기초생활보장 수급자는 근로무능력가구, 산정특례 등록한 결핵질환자, 희귀 질환자, 중증난치질환자 및 중증질환(암환자, 중증화상환자만 해당) 등록자, 시설 수급자를 말한다. 타법 적용자는 이재민, 의상자 및 의사자의 유족, 입양아동(18세 미만), 국가유공자, 국가무형문화재보유자, 북한이탈주민, 5·18민주화운동 관련자, 노숙인 등이다. 2종 수급권자는 국민기초생활보장대상자 중 1종 수급대상이 아닌 가구, 타법수급대상자 중 1종 수급대상이 아닌 가구 또는 가구원을 말한다.

의료급여수급자의 질병·부상·출산 등에 대한 의료급여의 내용은 진찰·검사, 약제·치료재료의 지급, 처치·수술과 그 밖의 치료, 예방·재활, 입원, 간호, 이송과 그 밖의 의료목적의 달성을 위한 조치 등이 있으며, 의료 수가의 기준과 계산방법은 「의료급여수가의 기준 및 일반기준」(보건복지부 고시)이 정하는 바에 의한다.

의료급여는 본인부담이 없거나 소액만 지급하는 특성으로 인해 2·3차 의료급여기관으로 진료가 집중될 수 있는 소지가 높아, 의료자원의 효율적 활용과 대형병원으로의 환자 집중 현상을 방지하기 위하여 건강보험의 2단계 요양급여와 달리 3단계 급여절차를 규정하고 있다.

의료급여 제공에 따른 본인부담은 다음 표와 같다.

<표 8-3> 수급권자가 의료기관을 이용할 경우 본인이 부담해야 하는 금액

구 분		1차(의원)	2차 (병원, 종합병원)	3차 (상급종합병원)	약국	특수장비 촬영 등
1종	입원	없음	없음	없음	–	없음
	외래	1,000원	1,500원	2,000원	500원	5%
2종	입원	10%	10%	10%	–	10%
	외래	1,000원	15%	15%	500원	15%

단, 보건복지부장관이 고시하는 경증질환으로, 종합병원 이상급 기관에서 원외처방전을 발급받아 약국에서 조제받는 경우 약국약제비 본인부담은 급여비용총액의 3%를 적용한다.

이 외에도 의료급여 중 본인부담상한제가 적용되며, 본인부담상한제는 수급권자의 급여대상 본인부담금이 대통령령에서 정하는 금액을 초과한 경우, 그 초과금액의 전액에 해당하는 금액을 전액 보상하는 제도를 말한다. 그러나 노인틀니, 치과임플란트 및 선별급여에 대한 본인부담금은 제외된다. 1종 수급권자의 경우 매 30일간 5만 원을 초과한 경우 초과금액 전액을 지급하며, 2종 수급권자의 경우 연간 80만 원을 초과한 경우 초과금액 전액을 지급한다. 다만, 요양병원에 240일을 초과하여 입원하는 경우 연간 120만 원으로 한다. 다만, 타 사업에서 지원되는 경우 지원금액을 제외한 본인부담금에 대해 지급(이중지급 금지), 100/100 본인부담 진료비,[3] 비급여 항목, 의료급여 제한 사유에 해당되는 경우, 부당이득금 징수 대상에 해당하는 경우는 지급에서 제외된다.

3 건강보험 적용 항목이지만, 법령이나 특정 사유(예 응급실 비응급 이용, 상급병원 의뢰서 미소지)로 인해 환자가 진료비 전액(100%)을 부담하는 경우를 의미

CHAPTER

09 사회복지서비스와 사회서비스

제 1 절 | 사회복지서비스의 의의 및 기본 원리

1. 사회복지서비스와 사회서비스

사회보장기본법에 의하면 “사회복지서비스라 함은 국가·지방자치단체 및 민간부문의 도움을 필요로 하는 모든 국민에게 상담, 재활, 직업의 소개 및 지도, 사회복지시설 이용 등을 제공하여 정상적인 사회생활이 가능하도록 지원하는 제도를 말한다”라고 정의되어 있다. 이 제도는 종래의 사회보장체계에서 일반적으로 사회복지로 불리던 것이 사회복지서비스로 변경된 것이다.

그러나 2012년 사회보장기본법이 전면 개정됨에 따라 사회보장기본법에서 정의하던 사회복지서비스는 사회서비스로 통합되었다. 사회보장기본법 제3조 제4호에 의하면 “사회서비스란 국가·지방자치단체 및 민간부문의 도움이 필요한 모든 국민에게 복지, 보건의료, 교육, 고용, 주거, 문화, 환경 등의 분야에서 인간다운 생활을 보장하고 상담, 재활, 돌봄, 정보의 제공, 관련 시설의 이용, 역량 개발, 사회참여 지원 등을 통하여 국민의 삶의 질이 향상되도록 지원하는 제도를 말한다”고 정의되어 있다. 또한 제5항을 추가하여, 평생사회안전망이라는 개념을 도입하였다. 평생사회안전망은 “생애주기에 걸쳐 보편적으로 충족되어야 하는 기본욕구와 특정한 사회위험에 의하여 발생하는 특수욕구를 동시에 고려하여 소득·서비스를 보장하는 맞춤형 사회보장제도를 말한다”라고 정의되어 있다.

드바인(Devine)은 사회복지서비스 대상을 빈곤, 질병, 비행으로 보고 3D(Destitution 빈곤, Disease 질병, Delinquency 비행)로 특성화하였다. 즉, 사회복지서비스의 대상은 빈곤, 질병, 비행 등의 요인으로 인해 정상적인 일상생활의 범위에서 탈락 또는 낙오되거나 그러한 우려가 표면화될 개연성이 있는 불특정 개인 또는 가족이다. 이러한 3D의 개념을 고려한다면 사회복지서비스의 목적은 정상적인 생활을 할 수 없는 사회복지서비스 대상자에게 본래의 기능을 회복하고 사회에 복귀할 수 있도록 도와주는 것을 말한다. 그러나 절대적인 빈곤의 개념이 사라지고, 점차 삶에 대한 관심이 증가함에 따라 국가는 사회정책에 있어서 단순히 복지접근을 통하여 빈곤, 질병, 비행 등의 문제 중심 초점, 또한 특정 대상 초점, 한 시점에 초점을 맞추는 것이 아니라 가족발달과 생애주기에 따라 경험하는 다양한 위기와 문제에 대해서 선제적이고 복합적인 접근을 하기 위하여 복지를 넘어 보건의료, 교육, 고용, 주거, 문화, 환경까지 고려함으로써 모든 국민의 인간다운 생활을 보장하고 삶의 질을 향상시키고자 하는 것이다.

사회서비스는 저출산·고령화 등 인구구조의 변화, 핵가족화 등 가족구조의 변화, 여성의 경제활동참여 증가에 따라 가족과 지역사회에서 비공식적으로 담당하던 아동·노인·장애인 등에 대한 돌봄기능을 사회적으로 지원하는 돌봄의 사회화가 요구되었으며 '고용 없는 성장' 추세 속에 사회서비스 분야의 일자리 창출의 필요성에 따라 나타나게 되었다. 또한 단순한 소득보장을 넘어 인적자본 형성을 통한 예방적 복지가 필요하다는 사회적 인식이 형성되었으며, 높아진 수요자의 요구에 부응하고, 복지재정의 효율적 활용을 위해 사회서비스 전달체계 개선이 요구됨에 따라서, 사회서비스에 대한 사회적 요구는 더욱 증대되고 있다. 이러한 배경하에서 사회서비스는 점차 확대되고 있으며, 사회서비스는 이용자에게 복지서비스를 확대하고, 종사자에게 일자리를 창출하며 일 · 가정 양립 지원으로 여성 경제활동참가율 제고에 기여하는 등의 효과성을 나타내고 있다.

2007년 보건복지부가 장애인활동보조(장애인활동지원), 노인돌봄종합, 지역사회서비스투자사업 등의 사회서비스 전자바우처 제도를 실시하고 대상자의 폭을 확대함에 따라 사회서비스에 대한 사회적 관심과 정책적 요구는 더욱 증가되고 있으며, 이에 따라 사회복지에 대한 사회적 요구 또한 증가되고 있다. 2012년 사회보장기본법이 개정됨에 따라 종래 사회복지서비스를 사회서비스로 대체하였다. 결국 사회서비스의 발달은 사회복지의 발달과 연결되며, 또한 사회복지의 확대는 결국 사회서비스의 확대를 가져온다고 할 수 있다.

본 장에서는 사회서비스의 주요 개요와 내용 그리고 사회복지서비스의 주요 개요와 내용에 대해 다룸으로써, 각각의 개념을 이해하고 나아가 현재 적용되고 있는 노인, 아동, 장애인, 한부모가족 사회복지정책을 살펴보고자 한다.

2. 사회서비스 정책과 주요 내용

사회서비스의 정책비전은 생애주기별 사회서비스 확충을 통한 국민의 삶의 질 향상이며, 이를 위하여 서비스 대상 보편화에 따른 시장화 전략 강화와 재정투자 효율화 및 정책 추진기반 강화라는 추진방향을 가지고 있다. 세부 정책과제로 사회서비스 관리체계 효율화, 사회서비스 시장 활성화, 사회서비스 정책 추진기반 강화 등의 과제를 가진다.

사회서비스는 국가 · 지방자치단체 및 민간부문의 도움이 필요한 모든 국민에게 복지 · 보건의료 · 교육 · 고용 · 주거 · 문화 · 환경 등 분야에서 인간다운 생활을 보장하고 상담, 재활, 돌봄, 정보의 제공, 관련 시설의 이용, 역량 개발, 사회참여 지원 등을 통하여 국민의 삶의 향상되도록 지원하는 제도로, 「사회서비스 이용 및 이용권 관리에 관한 법률」에 따르면 사회서비스는 사회복지서비스, 보건의료서비스, 그 밖에 이에 준하는 서비스라 할 수 있다.

사회서비스를 이용하기 위해서는 이용권(바우처)이 있어야 하며, 서비스 이용권은 사회서비스 이용자가 사회서비스 제공자에게 제시하여 일정한 사회서비스를 제공받을 수 있도록 그 사회서비스의 수량 또는 그에 상응하는 금액이 기재(전자적 또는 자기적 방법에 의한 기록을 포함)된 증표를 말한다.

사회서비스를 이용하기 위해서 서비스 이용을 원하는 국민은 읍·면·동에 신청하여야 하며, 시·군·구에서는 소득 및 욕구조사 후 이용자를 선정하게 된다. 이후 국민행복카드를 발급(금융기관 등)받게 되며, 발급 후 일정 요건을 갖춘 제공기관에서 서비스를 제공받고, 서비스에 대한 비용을 이용자 바우처로 결제하면 된다.

1) 지역사회서비스 사업

국민의 행복한 삶을 위해 아동·노인·장애인 등 계층별 특성을 고려한 돌봄, 재활, 사회참여 등 생애주기별 욕구와 지역 특성을 반영한 다양한 서비스 제공한다. 서비스 대상은 기준 중위소득 140% 이하 가구를 기본으로 하며 지역별·서비스별로 상이하다. 서비스는 영유아발달지원서비스, 아동·청소년정서발달지원서비스, 아동·청소년심리지원서비스, 노인 맞춤형 운동 서비스, 장애인·노인을 위한 돌봄여행 서비스, 장애인 보조기기 렌탈서비스, 시각장애인 안마 서비스, 정신건강 토탈케어 서비스, 자살 위험군 예방서비스, 아동·청소년 비전형성 지원 서비스, 장애인·산모 등 건강취약계층 운동 서비스, 비만아동 건강관리 서비스, 성인 심리지원서비스, 보완대체의사소통기기 활용 중재서비스 표준모델이 있다.

2) 가사 · 간병방문 지원사업

가사·간병방문 지원사업은 일상생활과 사회활동이 어려운 저소득층을 위한 가사·간병 서비스를 지원함으로써 취약계층의 생활 안정을 도모하고 가사·간병 방문 제공인력의 사회적 일자리 창출을 목적으로 한다. 지원대상은 만 65세 미만의 기준 중위소득 70% 이하 계층 중 다음에 해당하는 사람을 대상으로 한다. 장애정도가 심한 장애인, 6개월 이상 치료를 요하는 중증질환자, 희귀난치성 질환자, 소년소녀가정, 조손가정, 한부모가정, 만 65세 미만의 의료급여수급자 중 장기입원 사례관리 퇴원자, 기타 시·군·구청장이 예산의 범위내에서 장애정도가 심하지 않은 장애인, 질환 및 부상으로 인한 장기치료자 등 가사·간병 서비스가 필요하다고 인정하는 자이며, 지원기간은 바우처 자격 결정일로부터 1년 동안 지원이 가능하다. 단, 재판정 절차를 통해 1년 단위로 연장이 가능한다. 지원 시간은 월 24시간 또는 27시간 이용이 가능하며, 신체수발 지원(세면, 식사 등 보조 등), 신변활동(간병)지원(체위변경, 간단한 재활운동 보조 등), 가사 지원(청소, 식사준비 등), 일상생활 지원(외출동행, 말벗, 생활상담 등) 등의 사회서비스를 지원받을 수 있다.

3) 청년사회서비스사업단

지역별 청년사회서비스사업단을 구성하여 지역 청년이 주체가 되어 지역 사회서비스를 제공함으로써 청년의 사회활동 참여 기회 보장과 지역주민 삶의 질 향상을 목적으로 한다. 서비스 대상은 서비스 내용에 따라 상이하다. 청년신체건강증진은 19~34세 청년으로, 3개월간 월 24만 원 맞춤형 운동처방 등의 서비스를 본인부담금 10% 부담 조건으르 제공한다.

초등돌봄은 당해 연도의 초등학교 재학연령에 해당하는 아동을 대상으로 학습지원(A)과 동행지원(B)을 제공한다. 학습지원(A)은 월 24만 원, 동행지원(B)

은 월 26만 4천 원, 학습동행지원(C)는 월 41만 원이며, 기준 중위소득에 따라 본인부담비율이 달라진다. 이 외에도 일상돌봄 서비스가 있으며, 돌봄이 필요한 청년 · 중장년(19~64세), 가족돌봄청년(9~39세)을 대상으로 한다.

4) 긴급돌봄 지원사업

긴급돌봄 지원사업은 주돌봄자의 갑작스러운 부재(사망, 입원 등), 질병, 부상 등으로 짧은 기간 동안 일상생활에 다른 사람의 도움이 필요한 경우 재가 돌봄 서비스를 제공한다. 긴급돌봄 지원사업 대상은 주 돌봄자 부재, 질병, 부상 등으로 일시적 돌봄이 필요하나 기존 서비스로 돌봄을 받기 어려운 19세 이상의 국민으로, 소득 수준에 따른 대상자 기준은 없으나, 건강보험료 기준 중위소득 구간에 따라 본인부담금이 차등 부과될 수 있다.

5) 일상돌봄 지원사업

일상돌봄 지원사업은 돌봄이 필요한 청 · 중장년(질병, 부상, 고립 등), 가족돌봄 청년과 같이 일상생활에 도움이 필요한 대상에게 재가 돌봄 · 가사, 식사 · 영양관리, 심리지원 등 서비스를 통합적으로 제공하여 일상생활의 어려움을 해소하는 서비스이다. 일상돌봄 지원사업의 대상은 일상생활에 돌봄이 필요한 청 · 중장년(19~64세) 또는 질병 · 정신질환 등을 앓고 있는 가족을 돌보거나 그로 인해 생계 책임을 지고 있는 청년(9~39세)으로 돌봄이 필요한 청 · 중장년의 경우 ① 돌봄 필요성이 있고 ② 본인을 돌봐줄 가족 등이 없는 사람 가족돌봄 청년의 경우 ① 동거하며 돌보고 있는 가족이 돌봄 필요성이 있고 ② 청년이 가족을 직접 돌보거나, 돌보기 위한 경제활동을 하는 사람을 말한다. 기본 서비스 내용으로는 재가 돌봄, 가사 지원, 일상 지원 등이 있다. 또한 특화 서비스로 식사영양관리서비스, 병원 동행 서비스, 심리 지원 서비스, 휴식 지원 서비스,

소셜 다이닝 서비스, 교류증진 지원 서비스, 건강생활 지원 서비스, 신체 건강 증진 서비스, 간병 교육 서비스, 독립생활 지원 서비스 등이 있다.

3. 사회복지서비스 정책과 주요 내용

1) 사회복지서비스 정책

사회복지서비스는 사회복지를 필요로 하는 사람에 대하여 인간의 존엄성과 인간다운 생활을 할 권리를 보장하고 사회복지의 전문성을 높이며, 사회복지사업의 공정·투명·적정을 도모하고, 지역사회복지의 체계를 구축하고 사회복지서비스의 질을 높여 사회복지의 증진을 목적으로 한다.

2) 사회복지서비스와 관련된 주요 법과 내용

사회복지서비스는 사회복지사업이라 할 수 있으며, 사회복지사업이란 보호·선도(善導) 또는 복지에 관한 사업과 사회복지상담, 직업지원, 무료 숙박, 지역사회복지, 의료복지, 재가복지(在家福祉), 사회복지관 운영, 정신질환자 및 한센병력자의 사회복귀에 관한 사업 등 각종 복지사업과 이와 관련된 자원봉사활동 및 복지시설의 운영 또는 지원을 목적으로 하는 사업을 말한다. 사회복지사업과 관련된 법령으로는 국민기초생활 보장법, 아동복지법, 노인복지법, 장애인복지법, 한부모가족지원법, 영유아보육법, 「성매매방지 및 피해자보호 등에 관한 법률」, 「정신건강증진 및 정신질환자 복지서비스 지원에 관한 법률」, 「성폭력방지 및 피해자보호 등에 관한 법률」, 입양특례법, 「일제하 일본군위안부 피해자에 대한 생활안정지원 및 기념사업 등에 관한 법률」, 사회복지공동모금회법, 「장애인·노인·임산부 등의 편의증진 보장에 관한 법률」, 「가정폭력방지 및 피해자보호 등에 관한 법률」, 「농어촌주민의 보건복지증진을 위한 특별법」, 「식품등 기부 활성화에 관한 법률」, 의료급여법, 기초연금법, 긴급복지지원법, 다문화가족지원법, 장애인연금법, 「장애인활동 지원에 관한 법률」, 「노숙인 등의 복지 및 자립지원에 관한 법률」, 보호관찰 등에 관한 법률, 장애아동복지지원법, 발달장애인 권리보장 및 지원에 관한 법률, 청소년복지 지원법, 그 밖에 대통령령으로 정하는 법률 등이 있다. 대통령령으로 정하는 법률은 건강가정기본법, 「북한이탈주민의 보호 및 정착지원에 관한 법률」, 「자살예방 및 생명존중문화 조성을 위한 법률」, 「장애인·노인 등을 위한 보조기기 지원 및 활용촉진에 관한 법률」이 있다.

사회복지서비스는 앞서 살펴본 공공부조에 해당하는 기초생활보장서비스, 자립지원서비스(자활근로사업, 자산형성지원 : 희망·내일키움통장, 지역자활센터, 자활기업)와 건강보험 및 의료급여와 관련된 기초의료보장, 지역복지서비스(복지전달체계 개편) 등이 있다.

3) 사회(복지)서비스의 원칙

사회복지서비스는 전문인력에 의한 서비스가 요구되고 이러한 서비스를 제공하는 매개체는 다양한 시설을 갖춘 사회복지시설이다. 사회적으로 여러 가지 취약점을 지니고 열등한 위치에 있는 대상자들에게 적합한 프로그램과 시설을 제공하는 데 있어서 다음과 같이 적용해야 할 원칙이 있다.

(1) 선택성

선택성의 원칙이란 서비스의 대상, 방법, 프로그램에 있어 우선순위를 두어야 할 사회복지서비스의 원칙이다. 모든 결정은 비용과 편익의 양면성을 지니고 있다. 따라서 서비스 결정과정에서 자원의 희소성과 프로그램의 효과에 대한 고려를 해야 한다. 만약 자원이 희소하지 않다면 선택의 문제나 우선순위에 대한 고려를 할 필요가 없을 것이다. 그러나 현실적으로 클라이언트에게 제공할 수 있는 서비스의 대상, 방법, 프로그램에는 인적·물적 한계가 있기 때문에 관련 서비스의 적용으로 인해 나타날 수 있는 비용과 편익을 면밀히 분석한 뒤 잠재적 비용보다 편익이 큰 쪽을 선택해야 한다.

(2) 통합성

사회복지서비스를 위한 프로그램은 상호연계성을 가지고 통합적으로 운영되어야 한다. 사회복지서비스 프로그램을 설정하고 적용하는 데 있어서 통합성에 대한 중요성은 최근 들어 점차 부각되고 있으며 특히 이러한 현상은 복지서비스 분야에서 뚜렷이 나타나고 있다. 일반적으로 서비스는 내용과 추구하는 바에 따라 다양하게 분류되는데 각각의 프로그램은 독립적으로 작용하기보다 상호연계성을 가지고 있다. 예를 들어, 의료재활서비스와 직업재활서비스는 분리되어 완전히 특성이 다른 서비스처럼 보이지만 상호연계성을 지니고 있다.

현대에 들어 정부조직이 점차 분화되면서 부서별로 추진하는 서비스 프로그램이 특성상 연계되어야 하나 부처이기주의로 연계성을 간과함으로 인해 엄청난 사회적 비용을 치르게 되는 경우를 종종 보게 된다. 사회복지서비스 설정과 집행은 피드백을 거쳐 결과와 과정에 대해 평가를 할 필요가 있고 평가결과는 수정방향을 제시하므로 그에 따라 대처해야 한다. 따라서 복지서비스 프로그램이 설정되고 적용을 거쳐 평가하는 이 모든 과정이 한 맥락 속에서 순환적인 연계를 가지며 통합된 가운데 이루어져야 한다.

(3) 제도성

사회복지서비스는 보편적인 서비스로서 일관성을 유지할 수 있도록 제도화를 지향해야 한다. 제도성은 희소한 자원을 배분하는 데 있어 어떤 가치를 토대로 할 것인가에 관한 것이다. 즉, 희소한 자원으로 인해 이해관계가 상반된 집단들 간에 갈등과 저항이 생기게 되므로 제도권 내에서 권위가 부여된 힘에 의한 조정이 필요하다. 여기서 권위는 제도적 권위로 강압적인 힘이 강제될 수 있는 합리적 조건이 갖추어진 경우에만 혜택을 줄 수 있도록 하는 것이다. 사회복지서비스가 제도권 내에서 제공될 때 서비스는 일관성과 합리성을 유지할 수 있을 것이다.

(4) 전문성

사회복지 전문인력의 활용과 조직, 기관 및 시설의 현대화를 통한 서비스 전문성의 원칙은 제공되는 사회복지서비스 프로그램의 질적인 면과 관련이 있다. 재가복지서비스는 수혜자의 가정을 방문하여 개별적인 서비스를 제공하므로 가정마다 안고 있는 문제의 다양성과 특수성에 적절하게 대응하고 자원봉사자 및 후원자를 효과적으로 관리·운영할 수 있는 전문인력이 필요하다. 인력의 전문성이 부족하면 자원봉사자를 확보하고 활용하는 데도 어려움이 많을 뿐 아니라 서비스 내용도 다양하지 못하여 프로그램의 지속성이 떨어질 것이다.

양질의 사회복지서비스를 제공하기 위해서는 수혜자에 대한 적용체계와 계획을 세우게 되는데, 적용계획에는 프로그램의 우선순위, 진행일정, 인적·물적 자원의 수급계획 등이 포함되어야 한다. 적용계획은 신축적으로 세우는 것이 좋은데, 그 이유는 프로그램의 취지를 파악하고 적용체계를 구축하여 필요한 정보를 수집했더라도 적용과정에서 예측하지 못한 변수가 작용하여 효율적인 적용을 방해할 수 있기 때문이다. 적용계획이 신축성을 띠기 위해 그리고 적용환경의 변화에 신속히 대응하기 위해서는 인력의 전문성이 필수적인 요건이다.

제 2 절 | 대상별 복지서비스

1. 노인복지서비스

1) 노인복지의 기본 이념과 정책

노인복지는 노인의 질환을 사전예방 드는 조기발견하고 질환상태에 따른 적절한 치료·요양으로 심신의 건강을 유지하며, 노후의 생활안정을 위하여 필요한 조치를 강구함으로써 노인의 보건복지 증진에 목적이 있다. 국가와 지방자치단체는 노인의 보건 및 복지 증진의 책임이 있으며, 이를 위한 시책을 강구하여 추진하여야 한다.

노인정책은 크게 노인정책, 노인지원, 요양보험제도 및 운영 등으로 구분될 수 있다. 요양보험제도 및 운영에 관해서는 제7장 제6절에서 살펴보았으므로, 본 절에서는 노인정책과 노인지원을 중심으로 노인복지정책을 살펴보고자 한다. 노인정책은 치매검진사업, 노인실명예방관리사업, 노인맞춤돌봄서비스, 노인주거복지시설 운영이 있다. 노인지원사업은 노인일자리 및 사회활동 지원사업, 노인자원봉사 활성화, 장사제도, 노인여가복지 지원 등이 있다.

이 외에도 노인복지법에 따르면, 노인의 보건 및 복지에 관한 실태조사를 3년마다 실시하며, 국가와 국민은 경로효친의 미풍양속에 따른 건전한 가족제도가 유지·발전되도록 노력하여야 할 뿐만 아니라, 안전사고를 예방하기 위한 다양한 서비스를 제공한다. 또한 노인을 위한 보건·복지 조치를 위해 국가 또는 지방자치단체는 노인의 사회참여 확대를 위하여 노인의 지역봉사 활동기회를 넓히고 노인에게 적합한 직종의 개발과 그 보급을 위한 시책을 강구하며 근로능력이 있는 노인에게 일할 기회를 우선적으로 제공하도록 노력하여야 하고, 이를 위해 노인일자리 전담기관(노인인력개발기관, 노인일자리지원기관, 노인취업알선기관) 등을 설치 · 운영한다. 이 외에도 홀로 사는 노인에 대하여 방문요양과 돌봄 등의 서비스와 안전확인 등의 보호조치를 취하여야 하며, 홀로 사는 노인에 대한 돌봄과 관련된 사업을 수행하기 위하여 독거노인종합지원센터를 설치할 수 있다. 그뿐만 아니라 신체적 · 정신적으로 재활요양을 필요로 하는 노인을 위한 재활요양사업을 실시할 수 있다.

2) 노인복지서비스의 분류

(1) 시설보호서비스

시설보호서비스(institutional care service)는 독립적인 생활을 할 수 없는 노인들을 위한 노인의 신체적 자립, 정신적 자율, 사회관계의 유지와 확대를 위해 제공되는 서비스이다. 시설보호서비스의 적용대상을 기본권 차원에서 정의한다면 인간의 존엄성을 훼손하거나 인간으로서 대우받는 환경이 위협받고 있거나 위협받을 수 있는 환경에 노출된 노인이다. 시설보호서비스의 대상은 국민기초생활보장법상 수급자 및 복지실시기관이 직권 또는 노인이나 그 가족 등의 입소신청에 의하여 당해 노인에 대한 검진, 상담 또는 가정실태조사 등을 행하고 노인복지시설에 입소 및 통원 또는 그 시설을 이용하게 하는 것이 필요하다고 인정되는 보호대상이다. 국민기초생활보장법상의 수급자는 무료로 입소할 수 있다. 시설보호기관에서 제공하는 서비스 내용은 식사서비스, 목욕 및 세탁서비스, 상담서비스, 교양오락을 위한 여가서비스, 보건의료 및 건강검진서비스, 재활서비스, 장례서비스 등이 포함된다.

(2) 재가복지서비스

재가복지란 정신적 · 신체적 이유로 자기 집에서 혼자 일상생활을 할 수 없어 타인의 원조를 필요로 하는 사람에게 치료와 교육, 직업훈련서비스 등을 받을 수 있도록 통원이 가능한 이용시설을 설치, 운영하여 각종 서비스를 제공하는 것을 말한다. 재가복지의 목적은 노인이 지역사회에서 가족과 더불어 안정된 생활을 영위할 수 있도록 하고 가족의 수발부담을 경감시켜 주는 데 있다. 따라서 재가복지는 지역사회의 복지체계 및 사회망(network)과 밀접한 관계가 있다. 지역복지체계를 구성하는 데 있어서 토대가 되는 지역주민의 인식과 복지욕구가 재가복지활동의 이념과 계획 및 실천적 방향을 제시하기 때문이다. 재가복지서비스란 재가복지의 계획하에 제공되는 실천과 각종 서비스를 말한다.

재가복지서비스에 대한 개념은 다양한 측면에서 정의되고 있다. 카두신(Kadushin)은 재가복지서비스를 사회복지기관에서 교육과 훈련을 받은 자들이 클라이언트의 기능을 유지, 강화, 보호하기 위하여 도움을 주는 것이며 가족기능의 약화된 부분을 보완하는 일종의 보충적 서비스를 제공하는 것으로 보았다. 이에 비해 오정수는 재가복지서비스의 의미를 시설보호와 지역사회보호의 개념을 도입하여 재가보호는 노인이나 장애인, 아동과 같이 보호를 필요로 하는 경우 자신의 가정에서 보호를 받는 것으로 공공과 민간의 공식적인 조직에 의한 보호와 가족, 친척, 이웃 등과 같은 비공식적 조직에 의한 보호가 모두 포함된다고 정의하였다. 김범수는 재가복지서비스란 도움이 필요한 사람들을 시설에 수용하지 않고 봉사원을 가정으로 파견하거나 재가복지센터로 통원하게 하여 지역사회 내에서 일상생활을 위한 서비스와 자립하는 데 필요한 프로그램을 제공하는 것이라고 정의하였다.

3) 노인복지시설의 종류

노인복지법에 의한 노인복지서비스 체계를 살펴보면 현재 우리나라의 노인복지시설의 종류는 노인주거복지시설, 노인의료복지시설, 노인여가복지시설,

재가노인복지시설, 노인보호전문기관 등이다. 노인복지시설의 유형과 내용을 정리하면 다음과 같다.

(1) 노인주거복지시설

① **양로시설** : 노인을 입소시켜 급식과 그 밖에 일상생활에 필요한 편의를 제공함을 목적으로 하는 시설

② **노인공동생활가정** : 노인들에게 가정과 같은 주거여건과 급식, 그 밖에 일상생활에 필요한 편의를 제공함을 목적으로 하는 시설

③ **노인복지주택** : 노인에게 주거시설을 분양 또는 임대하여 주거의 편의·생활지도·상담 및 안전관리 등 일상생활에 필요한 편의를 제공함을 목적으로 하는 시설

국가 또는 지방자치단체는 노인주거복지시설을 설치할 수 있으며, 국가 또는 지방자치단체 외의 자가 노인주거복지시설을 설치하고자 하는 경우에는 특별자치도지사·시장·군수·구청장에게 신고하여야 한다. 노인복지주택에 입소할 수 있는 자는 60세 이상의 노인으로 하며, 다만, 입소자격자의 배우자는 60세 미만의 자라 하더라도 입소자격자와 함께 입소할 수 있다.

(2) 노인의료복지시설

① **노인요양시설** : 치매·중풍 등 노인성 질환 등으로 심신에 상당한 장애가 발생하여 도움을 필요로 하는 노인을 입소시켜 급식·요양과 그 밖에 일상생활에 필요한 편의를 제공함을 목적으로 하는 시설

② **노인요양공동생활가정** : 치매·중풍 등 노인성 질환 등으로 심신에 상당한 장애가 발생하여 도움을 필요로 하는 노인에게 가정과 같은 주거여건과 급식·요양, 그 밖에 일상생활에 필요한 편의를 제공함을 목적으로 하는 시설

(3) 노인여가복지시설

① **노인복지관** : 노인의 교양 · 취미생활 및 사회참여활동 등에 대한 각종 정보와 서비스를 제공하고, 건강증진 및 질병예방과 소득보장 · 재가복지, 그 밖에 노인의 복지증진에 필요한 서비스를 제공함을 목적으로 하는 시설

② **경로당** : 지역노인들이 자율적으로 친목도모 · 취미활동 · 공동작업장 운영 및 각종 정보교환과 기타 여가활동을 할 수 있도록 하는 장소를 제공함을 목적으로 하는 시설

③ **노인교실** : 노인들에 대하여 사회활동 참여욕구를 충족시키기 위하여 건전한 취미생활 · 노인건강유지 · 소득보장 기타 일상생활과 관련한 학습프로그램을 제공함을 목적으로 하는 시설

(4) 재가노인복지시설

재가노인복지시설은 방문요양서비스, 주 · 야간보호서비스, 단기보호서비스, 방문목욕서비스, 그 밖의 서비스 등 하나 이상의 서비스를 제공하는 것을 목적으로 하는 시설을 말한다.

① **방문요양서비스** : 가정에서 일상생활을 영위하고 있는 노인으로서 신체적 · 정신적 장애로 어려움을 겪고 있는 노인에게 필요한 각종 편의를 제공하여 지역사회 안에서 건전하고 안정된 노후를 영위하도록 하는 서비스

② **주 · 야간보호서비스** : 부득이한 사유로 가족의 보호를 받을 수 없는 심신이 허약한 노인과 장애노인을 주간 또는 야간 동안 보호시설에 입소시켜 필요한 각종 편의를 제공하여 이들의 생활안정과 심신기능의 유지 · 향상을 도모하고, 그 가족의 신체적 · 정신적 부담을 덜어주기 위한 서비스

③ **단기보호서비스** : 부득이한 사유로 가족의 보호를 받을 수 없어 일시적으로 보호가 필요한 심신이 허약한 노인과 장애노인을 보호시설에 단기간

입소시켜 보호함으로써 노인 및 노인가정의 복지증진을 도모하기 위한 서비스

④ **방문 목욕서비스** : 목욕장비를 갖추고 재가노인을 방문하여 목욕을 제공하는 서비스

⑤ **그 밖의 서비스** : 그 밖에 재가노인에게 제공하는 서비스로서 보건복지부령이 정하는 서비스

(5) 노인보호전문기관

국가 및 지방자치단체는 노인학대에 관한 업무를 담당하는 노인보호전문기관을 설치하여야 한다. 다만, 대통령령이 정하는 범위 안에서 다른 노인복지시설을 노인보호전문기관으로 지정한 경우에는 그러하지 아니한다. 노인보호전문기관은 노인학대의 예방 및 방지를 위한 홍보, 학대받은 노인의 발견・상담・보호와 의료기관에의 치료의뢰 및 노인복지시설에의 입소의뢰, 노인학대행위자, 노인학대행위자로 신고된 자 및 그 가정 또는 업무・고용 등의 관계로 사실상 노인을 보호・감독하는 기관이나 시설 등에 대한 조사, 노인학대행위자에 대한 상담 및 교육, 그 밖에 학대받은 노인의 보호를 위하여 필요한 사항 등의 업무를 수행하며, 노인보호전문기관에 두는 상담원 등 직원의 자격은 대통령령으로, 그 설치기준 및 운영에 관하여 필요한 사항은 보건복지부령으로 정한다.

누구든지 노인학대를 알게 된 때에는 노인보호전문기관 또는 수사기관에 신고할 수 있으며, 다음에 해당하는 자는 그 직무상 노인학대를 알게 된 때에는 즉시 노인보호전문기관 또는 수사기관에 신고하여야 하는데, 의료법 제3조 제1항의 의료기관에서 의료업을 행하는 의료인, 노인복지시설의 장 및 그 종사자, 장애인복지법 제58조의 규정에 의한 장애인복지시설에서 장애노인에 대한 상담・치료・훈련 또는 요양을 행하는 자, 「가정폭력방지 및 피해자보호 등에

관한 법률」 제5조 및 제7조의 규정에 의한 가정폭력 관련상담소의 상담원 및 가정폭력피해자 보호시설의 장과 종사자, 사회복지전담공무원 및 사회복지시설의 장과 그 종사자, 장기요양기관의 장과 그 종사자, 119구급대의 구급대원, 건강가정지원센터[1]의 장과 그 종사자, 다문화가족지원센터의 장과 그 종사자, 성폭력피해상담소 및 성폭력피해자보호시설의 장과 그 종사자, 응급구조사, 의료기사, 국민건강보험공단 소속 요양직 직원, 지역보건의료기관의 장과 종사자, 노인복지시설 설치 및 관리 업무 담당 공무원, 사회복지시설에서 복무하는 사회복무요원이다.

2. 장애인복지서비스

장애인복지법은 장애인의 인간다운 삶과 권리보장을 위한 국가와 지방자치단체 등의 책임을 명백히 하고, 장애발생 예방과 장애인의 의료·교육·직업재활·생활환경개선 등에 관한 사업을 정하여 장애인복지대책을 종합적으로 추진하며, 장애인의 자립생활·보호 및 수당지급 등에 관하여 필요한 사항을 정하여 장애인의 생활안정에 기여하는 등 장애인의 복지와 사회활동 참여증진을 통하여 사회통합에 이바지함을 목적으로 한다. 이를 바탕으로 장애인복지서비스가 시행되고 있다.

1) 장애인복지의 기본 이념과 정책

장애인복지는 장애인의 완전한 사회참여와 평등을 통한 사회통합을 이루는 데 있다. 국가와 지방자치단체는 장애의 발생원인과 예방에 관한 조사연구를

1 건강가정지원센터와 다문화가족지원센터는 현재 가족센터로 통합되었다. 그러나 통합에 대한 근거 법령을 정비하지 않아서, 법상에서는 건강가정지원센터, 다문화가족지원센터로 표기한다.

촉진하여야 하며, 모자보건사업의 강화, 장애의 원인이 되는 질병의 조기 발견과 조기치료, 그 밖에 필요한 정책을 강구하여야 하고, 교통사고·산업재해·약물중독 및 환경오염 등에 의한 장애발생을 예방하기 위하여 필요한 조치를 강구하여야 한다. 또한 장애인이 생활기능을 익히거나 되찾을 수 있도록 필요한 기능치료와 심리치료 등 재활의료를 제공하고 장애인의 장애를 보완할 수 있는 장애인보조기구를 제공하여야 하며, 장애인이 재활치료를 마치고 일상생활이나 사회생활을 원활히 할 수 있도록 사회적응 훈련을 실시하여야 한다.

아울러 사회통합의 이념에 따라 장애인이 연령·능력·장애의 종류 및 정도에 따라 충분히 교육받을 수 있도록 교육 내용과 방법을 개선하는 등 필요한 정책을 강구하여야 하며, 각급 학교의 장은 교육을 필요로 하는 장애인이 그 학교에 입학하려는 경우 장애를 이유로 입학지원을 거부하거나 입학시험 합격자의 입학을 거부하는 등의 불리한 조치를 하여서는 안 된다. 모든 교육기관은 교육 대상인 장애인의 입학과 수학(修學) 등에 편리하도록 장애의 종류와 정도에 맞추어 시설을 정비하거나 그 밖에 필요한 조치를 강구하여야 한다.

직업영역에 있어서도 국가와 지방자치단체는 장애인이 적성과 능력에 맞는 직업에 종사할 수 있도록 직업지도, 직업능력평가, 직업적응훈련, 직업훈련, 취업알선, 고용 및 취업 후 지도 등 필요한 정책을 강구하여야 하며, 장애인 직업재활훈련이 원활히 이루어질 수 있도록 장애인에게 적합한 직종과 재활사업에 관한 조사·연구를 촉진하여야 한다.

또한 국가와 지방자치단체는 장애인이 공공시설과 교통수단 등을 안전하고 편리하게 이용할 수 있도록 편의시설의 설치와 운영에 필요한 정책을 강구하여야 하며, 공공시설 등 이용편의를 위하여 수화통역·안내보조 등 인적서비스 제공에 관하여 필요한 시책을 강구하여야 한다.

이와 함께 학생, 공무원, 근로자, 그 밖의 일반국민 등을 대상으로 장애인에 대한 인식개선을 위한 교육 및 공익광고 등 홍보사업을 실시하여야 할 것이다.

이 외에도 선거권 행사를 위한 편의 제공, 주택보급, 문화환경 정비, 경제적 부담의 경감 등에 대한 정책이 강구되어야 할 것이다.

2) 서비스의 종류 및 내용

① **장애유형·장애정도별 재활 및 자립지원 서비스 제공** : 국가와 지방자치단체는 장애인의 일상생활을 편리하게 하고 사회활동 참여를 높이기 위하여 장애 유형·장애정도별로 재활 및 자립지원 서비스를 제공하는 등 필요한 정책을 강구하여야 하며, 예산의 범위 안에서 지원할 수 있다.

② **산후조리도우미 지원** : 국가 및 지방자치단체는 임산부인 여성장애인과 신생아의 건강관리를 위하여 경제적 부담능력 등을 감안하여 여성장애인의 가정을 방문하여 산전·산후 조리를 돕는 도우미를 지원할 수 있다.

③ **자녀교육비 지원** : 장애인복지실시기관은 경제적 부담능력 등을 고려하여 장애인이 부양하는 자녀 또는 장애인인 자녀의 교육비를 지급할 수 있다.

④ **장애인이 사용하는 자동차 등에 대한 지원** : 국가와 지방자치단체, 그 밖의 공공단체는 장애인이 이동수단인 자동차 등을 편리하게 사용할 수 있도록 하고 경제적 부담을 줄여주기 위하여 조세감면 등 필요한 지원정책을 강구하여야 한다.

⑤ **장애인 보조견의 훈련·보급 지원** : 국가와 지방자치단체는 장애인의 복지향상을 위하여 장애인을 보조할 장애인 보조견(補助犬)의 훈련·보급을 지원하는 방안을 강구하여야 한다.

⑥ **자금대여** : 국가와 지방자치단체는 장애인이 사업을 시작하거나 필요한 지식과 기능을 익히는 것 등을 지원하기 위하여 대통령령으로 정하는 바에 따라 자금을 대여할 수 있다.

⑦ **생업지원** : 국가와 지방자치단체, 그 밖의 공공단체는 소관 공공시설 안에 식료품·사무용품·신문 등 일상생활용품을 판매하는 매점이나 자동판매기의 설치를 허가하거나 위탁할 때에는 장애인이 신청하면 우선적으로 반영하도록 노력하여야 한다.

⑧ **자립훈련비 지급** : 장애인복지실시기관은 장애인복지시설에서 주거편의·상담·치료·훈련 등을 받도록 하거나 위탁한 장애인에 대하여 그 시설에서 훈련을 효과적으로 받는 데 필요하다고 인정되면 자립훈련비를 지급할 수 있으며, 특별한 사정이 있으면 훈련비 지급을 대신하여 물건을 지급할 수 있다.

⑨ **생산품 구매** : 국가, 지방자치단체 및 그 밖의 공공단체는 장애인복지시설과 장애인복지단체에서 생산한 물품의 우선 구매에 필요한 조치를 마련하여야 한다.

⑩ **고용 촉진** : 국가와 지방자치단체는 직접 경영하는 사업에 능력과 적성이 맞는 장애인을 고용하도록 노력하여야 하며, 장애인에게 적합한 사업을 경영하는 자에게 장애인의 능력과 적성에 따라 장애인을 고용하도록 권유할 수 있다.

⑪ **공공시설의 우선 이용** : 국가와 지방자치단체, 그 밖의 공공단체는 장애인의 자립을 지원하는 데에 필요하다고 인정되면 그 공공시설의 일부를 장애인이 우선 이용하게 할 수 있다.

⑫ **국유·공유 재산의 우선매각이나 유상·무상 대여** : 국가와 지방자치단체는 이 법에 따른 장애인복지시설을 설치하거나 장애인복지단체가 장애인복지사업과 관련한 시설을 설치하는 데에 필요할 경우 국유·공유 토지와 시설 등을 우선 매각하거나 임대 또는 무상으로 대부할 수 있다.

⑬ **장애수당** : 국가와 지방자치단체는 장애인의 장애정도와 경제적 수준을 고려하여 장애인의 소득보전을 위한 장애수당을 지급할 수 있다. 다만, 국민기초생활보장법에 따른 생계급여를 받는 장애인에게는 장애수당을 반드시 지급하여야 한다.

⑭ **장애아동수당과 보호수당** : 국가와 지방자치단체는 장애아동에게 보호자의 경제적 생활수준 및 장애아동의 장애정도를 고려하여 장애로 인한 추가적 비용을 보전(補塡)하게 하기 위하여 장애아동수당을 지급할 수 있다.

⑮ **장애인의 재활 및 자립생활의 연구** : 국가와 지방자치단체는 장애인 재활 및 자립생활에 대하여 종합적이고 체계적으로 조사·연구·평가하기 위하여 전문 연구기관에 장애예방·의료·교육·직업재활 및 자립생활 등에 관한 연구과제를 선정하여 의뢰할 수 있다.

3) 장애인복지시설의 종류 및 내용

장애인복지시설의 종류는 다음과 같다.

① **장애인 거주시설** : 거주공간을 활용하여 일반가정에서 생활하기 어려운 장애인에게 일정 기간 동안 거주·요양·지원 등의 서비스를 제공하는 동시에 지역사회생활을 지원하는 시설

② **장애인 지역사회재활시설** : 장애인을 전문적으로 상담·치료·훈련하거나 장애인의 일상생활, 여가활동 및 사회참여활동 등을 지원하는 시설

③ **장애인 직업재활시설** : 일반 작업환경에서는 일하기 어려운 장애인이 특별히 준비된 작업환경에서 직업훈련을 받거나 직업생활을 할 수 있도록 하는 시설

④ **장애인 의료재활시설** : 장애인을 입원 또는 통원하게 하여 상담, 진단·판정, 치료 등 의료재활서비스를 제공하는 시설

⑤ 그 밖에 대통령령으로 정하는 시설

<표 9-1> 장애인복지시설의 종류 및 기능

구 분	시설의 종류 및 기능
1. 장애인 거주시설	가. 장애유형별 거주시설 : 장애유형이 같거나 유사한 장애를 가진 사람들을 이용하게 하여 그들의 장애유형에 적합한 주거지원·일상생활지원·지역사회생활지원 등의 서비스를 제공하는 시설 나. 중증장애인 거주시설 : 장애의 정도가 심하여 항상 도움이 필요한 장애인에게 주거지원·일상생활지원·지역사회생활지원·요양서비스를 제공하는 시설 다. 장애영유아 거주시설 : 6세 미만의 장애영유아를 보호하고 재활에 필요한 주거지원·일상생활지원·지역사회생활지원·요양서비스를 제공하는 시설 라. 장애인 단기거주시설 : 보호자의 일시적 부재 등으로 도움이 필요한 장애인에게 단기간 주거서비스, 일상생활지원서비스, 지역사회생활서비스를 제공하는 시설 마. 장애인 공동생활가정 : 장애인들이 스스로 사회에 적응하기 위하여 전문인력의 지도를 받으며 공동으로 생활하는 지역사회 내의 소규모 주거시설
2. 장애인 지역사회 재활시설	가. 장애인복지관 : 장애인에 대한 각종 상담 및 사회심리·교육·직업·의료재활 등 장애인의 지역사회생활에 필요한 종합적인 재활서비스를 제공하고 장애에 대한 사회적 인식 개선사업을 수행하는 시설 나. 장애인 주간보호시설 : 장애인을 주간에 일시 보호하여 장애인에게 필요한 재활서비스를 제공하는 시설 다. 장애인 체육시설 : 장애인의 체력증진 또는 신체기능 회복활동을 지원하고 이와 관련된 편의를 제공하는 시설 라. 장애인 수련시설 : 장애인의 문화·취미·오락활동 등을 통한 심신수련을 조장·지원하고 이와 관련된 편의를 제공하는 시설 마. 장애인 생활이동지원센터 : 이동에 상당한 제약이 있는 장애인에게 차량 운행을 통한 직장 출퇴근 및 외출 보조나 그 밖의 이동서비스를 제공하는 시설 바. 한국수어 통역센터 : 의사소통에 지장이 있는 청각·언어장애인에게 한국수어 통역 및 상담서비스를 제공하는 시설 사. 점자도서관 : 시각장애인에게 점자간행물 및 녹음서를 열람하게 하는 시설 아. 점자도서 및 녹음서 출판시설 : 시각장애인을 위한 점자간행물 및 녹음서를 출판하는 시설 자. 장애인 재활치료시설 : 장애아동을 포함한 장애인에게 언어·미술·음악 등 재활치료에 필요한 치료, 상담, 훈련 등의 서비스를 제공하고 서비스를 이용한 자로부터 비용을 수납하여 운영하는 시설

3. 장애인 직업재활시설	가. 장애인 보호작업장 : 직업능력이 낮은 장애인에게 직업적응능력 및 직무기능 향상훈련 등 직업재활훈련 프로그램을 제공하고, 보호가 가능한 조건에서 근로의 기회를 제공하며, 이에 상응하는 노동의 대가로 임금을 지급하고, 장애인 근로사업장이나 그 밖의 경쟁적인 고용시장으로 옮겨갈 수 있도록 돕는 역할을 하는 시설 나. 장애인 근로사업장 : 직업능력은 있으나 이동 및 접근성이나 사회적 제약 등으로 취업이 어려운 장애인에게 근로의 기회를 제공하고, 최저임금 이상의 임금을 지급하며, 경쟁적인 고용시장으로 옮겨갈 수 있도록 돕는 역할을 하는 시설 다. 장애인 직업적응훈련시설 : 작업능력이 극히 낮은 장애인에게 작업활동, 일상생활훈련 등을 제공하여 기초작업능력을 습득시키고, 작업평가 및 사회적응훈련 등을 실시하여 장애인 보호작업장 또는 장애인근로사업장이나 그 밖의 경쟁적인 고용시장으로 옮겨갈 수 있도록 돕는 역할을 하는 시설
4. 장애인 의료재활시설	장애인 의료재활시설 : 장애인을 입원 또는 통원하게 하여 상담, 진단・판정, 치료 등 의료재활서비스를 제공하는 시설
5. 장애인 생산품 판매시설	장애인 생산품의 판매활동 및 유통을 대행하고, 장애인 생산품이나 서비스・용역에 관한 상담, 홍보, 판로개척 및 정보제공 등 마케팅을 지원하는 시설

3. 아동복지서비스

아동복지법에 정의된 아동은 자신 또는 부모의 성별, 연령, 종교, 사회적 신분, 재산, 장애 유무, 출생지역 등에 따른 어떠한 종류의 차별도 받지 않고 자라나야 하고 완전하고 조화로운 인격발달을 위하여 안정된 가정환경에서 행복하게 자라나야 한다. 또한 아동에 관한 모든 활동에 있어서 아동의 이익이 최우선적으로 고려되어야 한다.

1) 아동복지의 기본 이념과 정책

아동복지는 아동이 건강하게 출생하여 행복하고 안전하게 자랄 수 있도록 아동의 복지를 보장하는 것을 목적으로 한다. 아동은 자신 또는 부모의 성별, 연령, 종교, 사회적 신분, 재산, 장애유무, 출생지역, 인종 등에 따른 어떠한 종류의 차별도 받지 아니하고 자라나야 하며 또한 완전하고 조화로운 인격발달을 위하여 안정된 가정환경에서 행복하게 자라나야 한다. 그뿐만 아니라 아동에 관한 모든 활동에 있어서 아동의 이익이 최우선적으로 고려되어야 하며, 아동의 권리보장과 복지증진을 위하여 이 법에 따른 보호와 지원을 받을 권리를 가진다. 이를 위하여 국가와 지방자치단체는 아동의 안전 · 건강 및 복지 증진을 위하여 아동과 그 보호자 및 가정을 지원하기 위한 정책을 수립 · 시행하여야 한다.

아동정책은 크게 아동복지정책과 아동권리 정책으로 구분될 수 있으며, 아동복지정책은 요보호아동 자립지원, 아동수당[2] 지급, 아동정책기본계획 수립, 정기적 아동실태조사 및 통계정비, 입양, 가정위탁지원 및 센터 현황, 아동복지시설 운영, 공동생활가정 운영, 디딤씨앗통장 서비스 등이 있다. 아동권리정책은 아동학대 예방 및 피해아동 보호, 아동인권 증진 사업, 드림스타트, 지역아동센터, 아동복지교사지원, 실존아동 등의 보호 및 지원, 아동안전사고 예방 사업 등이 있다.

이 외에도 아동복지법에 따르면, 보건복지부 장관은 5년마다 아동의 양육 및 생활환경, 언어 및 인지 발달, 정서적 · 신체적 건강, 아동안전, 아동학대 등

2 아동수당(child benefit)은 아동에게 아동수당을 지급하여 아동 양육에 따른 경제적 부담을 경감하고 건강한 성장환경을 조성함으로써 아동의 기본적 권리와 복지를 증진하기 위해 시행되고 있으며, 한국에서 아동수당은 2018년 9월부터 시행되었다. 아동수당은 소득 수준에 관계없는 보편주의적 방식을 취하고 있으며, 소득 조사를 통해 일정 수준 이하의 가족에게만 지급하는 사회부조적 유형(스페인, 영국, 미국 등), 고용과 연계되어 어려움에 처했을 때 지급되는 고용 연계유형(이탈리아, 포르투갈) 등이 있다(윤홍식 · 송다영 · 김인숙, 2010). 2018년 9월 도입 당시에는 소득, 재산 기준 하위 90%의 만 6세 미만의 일부 아동을 대상으로 제공되는 사회부조 유형에 해당하였으나, 2019년 1월부터는 만 6세 미만의 모든 아동을 대상으로 지급되는 보편주의 유형으로 변화하였으며, 2019년 9월부터는 적용 아동 대상이 확대되어 만 7세 미만의 모든 아동을 대상으로 지급되었으며, 현재는 만 8세 미만 모든 아동을 대상으로 지급되고 있다.

아동의 종합실태를 조사하여 그 결과를 공표하고, 이를 기본계획과 시행계획에 반영하여야 하며, 아동정책의 효율적인 추진을 위하여 5년마다 아동정책기본계획을 수립하여야 한다. 또한 보건복지부 장관은 아동정책에 대한 종합적인 수행과 아동복지 관련 사업의 효과적인 추진을 위하여 필요한 정책의 수립을 지원하고 사업평가 등의 업무를 수행할 수 있도록 아동권리보장원을 설립한다.

2) 아동복지서비스의 분류

아동복지사업은 부모와 아동 사이의 역할수행의 불이행으로 빚어지는 문제에 대처하기 위한 것으로서 아동복지서비스의 종류는 지지적, 보충적, 그리고 대리적 서비스로 구분된다(황진수, 1993 : 203−206).

(1) 지지적 서비스

가족구성원인 부모와 자녀가 각자의 책임을 효율적으로 수행할 수 있도록 그들의 능력을 지원하고 강화시켜 주는 서비스이다. 이 지지적 서비스는 자기 집에 살고 있는 아동을 위해 제공되고 있으므로 재가보호라고도 말할 수 있으며, 예방적인 접근방법이다. 이러한 지지적 서비스의 구체적인 활동으로는 부모 및 가족교육(방임아동 및 학대아동의 부모교육, 미혼남녀를 위한 부모교육, 장애 및 영재아동과 같은 특수아동의 부모교육, 재혼가정 아동의 부모교육), 상담사업(개인면접을 통한 케이스워크 서비스, 집단상담 및 프로그램), 가족치료 그리고 지역사회 프로그램 등이 있다. 아동복지와 관련된 지역사회 프로그램은 지역 내의 아동복지를 위한 자원과 환경을 지역사회의 조직활동을 통해 개발, 확보하려는 것이다. 이러한 지역적 서비스는 복지기관과 아동상담소에서 제공하는데, 복지기관은 주로 부모에 대한 서비스 제공 등을 통해, 아동상담소에서는 아동에 대한 서비스를 제공함으로써 문제해결을 시도한다. 지지적 서비스는 부모와 자녀들이 더 많은 만족감을 갖고 갈등을 최소화하여 원만한 관계를 유지하면서 생활할 수 있도록 변화시키며 결국 가족구성원의 사회기능을 향상시켜 가족해체의 위험성을 감소시키는 것을 목적으로 한다.

(2) 보충적 서비스

보충적 서비스는 부모의 역할 일부를 보조해 주는 것을 가리킨다. 이 서비스는 주로 가정 내에서 이루어지는데 부모의 보호, 양육의 질이 부적절하거나 제약이 있을 때, 이를 보충할 수 있도록 제공되는 서비스이다. 여기에는 각종 연금과 보험 및 소득보충사업과 같은 경제적 지원, 가사조력서비스, 보육사업, 장애 및 비행아동을 위한 복지사업, 학대 및 방임 아동을 위한 보호서비스 등의 사업이 있다.

(3) 대리적 서비스

부모와 자녀 및 가족관계가 일시적 혹은 영구히 해체된 정도의 상황이 발생한 경우 개입하는 아동보호수단으로 여기에는 입양사업, 가정위탁보호사업 그리고 시설보호사업 등이 있다. 가정위탁보호사업은 부모의 이혼, 사망, 아동유기 등으로 가정이 파괴된 경우 혹은 아동이 가정환경에서 정상적으로 성장하는데 문제를 가지고 있는 경우 일정한 기간 동안 대리적으로 가정적 보호를 받는 것이다. 시설보호의 대상은 가정 내에서 욕구를 만족시킬 수 없거나 위탁보호도 불가능한 경우이다. 대리적 서비스는 정상화의 원리에 따라 가급적 시설보호보다는 가정위탁보호나 입양에 의한 보호를 우선하며, 대리가정을 통해 아동에 대한 보호·양육 서비스를 제공할 수 없을 경우에는 아동복지사업의 3차적 방어선인 시설에 수용하여 집단적인 보호서비스를 제공하고 있지만, 불가피하게 시설보호를 할 경우 지역사회 중심의 소사제(cottage system)를 활용하려고 노력한다.

장인협(1998)은 아동복지의 서비스 분류를 여러 가지 관점을 고려하여 다음과 같이 제시하였으며, 분류기준으로, 아동복지서비스가 제공되는 장소에 따라 가정 내와 가정 외로 분류하고 있다(장인협, 1998).

<표 9-2> 아동복지서비스의 분류

분류기준	가 정	분류의 연속성	시 설	
서비스가 행해지는 장소	재가서비스	← 가정 외 서비스 →		
서비스의 기능	보완적 서비스	지지적 서비스	대리적 서비스	
방어선의 위치	제1차 방어선(출생가정)		제2차 방어선 (대리가정)	제3차 방어선 (수용시설)
서비스의 내용	홈메이커서비스, 강제보호(프로텍티브) 서비스, 보육서비스	개별지도, 집단카운슬링, 가족치료	가정위탁, 입양	수용시설

3) 아동복지시설

우리나라 아동복지법 체계에서 운영되는 아동복지시설의 종류는 다음과 같다.

① **아동양육시설** : 보호를 필요로 하는 아동을 입소시켜 보호·양육하는 것을 목적으로 하는 시설

② **아동일시보호시설** : 보호를 필요로 하는 아동을 일시보호하고 아동에 대한 향후의 양육대책수립 및 보호조치를 행하는 것을 목적으로 하는 시설

③ **아동보호치료시설** : 아동에게 보호 및 치료 서비스를 제공하는 시설로, 불량행위를 하거나 불량행위를 할 우려가 있는 아동으로서 보호자가 없거나 친권자나 후견인이 입소를 신청한 아동 또는 가정법원, 지방법원소년

부지원에서 보호위탁된 19세 미만인 사람을 입소시켜 치료와 선도를 통하여 건전한 사회인으로 육성하는 것을 목적으로 하는 시설. 정서적·행동적 장애로 인하여 어려움을 겪고 있는 아동 또는 학대로 인하여 부모로부터 일시 격리되어 치료받을 필요가 있는 아동을 보호·치료하는 시설

④ **공동생활가정** : 보호대상아동에게 가정과 같은 주거여건과 보호, 양육, 자립지원 서비스를 제공하는 것을 목적으로 하는 시설

⑤ **자립지원시설** : 아동복지시설에서 퇴소한 사람에게 취업준비기간 또는 취업 후 일정 기간 동안 보호함으로써 자립을 지원하는 것을 목적으로 하는 시설

⑥ **아동상담소** : 아동과 그 가족의 문제에 관한 상담, 치료, 예방 및 연구 등을 목적으로 하는 시설

⑦ **아동전용시설** : 어린이공원, 어린이놀이터, 아동회관, 체육, 연극, 영화, 과학실험전시시설, 아동휴게숙박시설, 야영장 등 아동에게 건전한 놀이·오락 기타 각종 편의를 제공하여 심신의 건강유지와 복지증진에 필요한 서비스를 제공하는 것을 목적으로 하는 시설

⑧ **지역아동센터** : 지역사회 아동의 보호·교육, 건전한 놀이와 오락의 제공, 보호자와 지역사회의 연계 등 아동의 건전육성을 위하여 종합적인 아동복지서비스를 제공하는 시설

⑨ **협동돌봄센터** : 보호자 또는 보호자와 돌봄종사자가 조합(영리를 목적으로 하지 아니하는 조합에 한정한다)을 결성하여 초등학교의 정규교육 이외의 시간 동안 방과 후 돌봄서비스를 제공하는 시설

⑩ **아동보호전문기관** : 학대받은 아동의 발견, 보호, 치료에 대한 신속처리 및 아동학대예방을 담당하는 시설

⑪ **가정위탁지원센터** : 요보호 아동에게 위탁 가정을 제공하여 아동이 건전한 사회 구성원으로 성장할 수 있도록 종합적인 서비스를 제공하는 시설

⑫ 아동권리보장원 : 아동정책에 대한 종합적인 수행과 아동복지 관련 사업의 효과적인 추진을 위하여 필요한 정책의 수립을 지원하고 사업평가 등의 업무를 수행하는 시설
⑬ 자립지원전담기관 : 보호대상아동의 위탁보호 종료 또는 아동복지시설 퇴소 이후의 자립을 지원하기 위한 시설
⑭ 학대피해아동쉼터 : 피해아동에 대한 보호, 치료, 양육 서비스 등을 제공. 구체적으로 피해아동의 보호와 숙식 제공 등의 쉼터 생활 지원, 피해아동의 심리적 안정을 위한 심리상담、치료, 피해아동에 대한 학습 및 정서 지원, 그 밖에 보건복지부령으로 정하는 업무를 수행하는 시설
⑮ 다함께돌봄센터 : 초등학교의 정규교육 이외의 시간 동안 아동의 안전한 보호, 안전하고 균형 있는 급식 및 간식의 제공, 등・하교 전후, 야간 또는 긴급상황 발생 시 돌봄서비스 제공, 체험활동 등 교육・문화・예술・체육 프로그램의 연계・제공, 돌봄 상담, 관련 정보의 제공 및 서비스의 연계, 그 밖에 보건복지부령으로 정하는 방과 후 돌봄서비스를 제공하기 위한 시설

4. 한부모복지서비스

1) 한부모복지의 기본 이념과 정책

한부모가족지원법은 한부모가족이 안정적인 가족 기능을 유지하고 자립할 수 있도록 지원함으로써 한부모가족의 생활 안정과 복지 증진에 이바지함을 목적으로 한다. “모” 또는 “부”란 배우자와 사별 또는 이혼하거나 배우자로부터 유기(遺棄)된 자나, 정신이나 신체의 장애로 장기간 노동능력을 상실한 배우

자를 가진 자, 교정시설·치료감호시설에 입소한 배우자 또는 병역복무 중인 배우자를 가진 사람, 미혼자[사실혼(事實婚) 관계에 있는 자는 제외한다] 등으로 아동인 자녀를 양육하는 자를 말한다. "한부모가족"이란 모자가족 또는 부자가족을 말하며, "청소년한부모"란 24세 이하의 모 또는 부를 말하고, "아동"이란 18세 미만(취학 중인 경우에는 22세 미만을 말한다)의 자를 말한다.

여성가족부 장관은 한부모가족 지원을 위한 정책수립에 활용하기 위하여 3년마다 한부모가족에 대한 실태조사를 실시하고 그 결과를 공표하여야 하며, 한부모가족복지단체에 대하여 필요한 비용의 전부 또는 일부를 보조하거나 그 업무수행에 필요한 행정적 지원을 할 수 있다. 국가나 지방자치단체는 복지급여의 신청이 있으면 복지급여를 실시할 수 있다. 급여의 종류에는 생계비, 아동교육지원비, 직업훈련비 및 훈련기간 중 생계비, 아동양육비, 그 밖에 대통령령으로 정하는 비용이며, 아동양육비를 지급할 때에 미혼모나 미혼부가 5세 이하의 아동을 양육하면 예산의 범위에서 추가적인 복지급여를 실시할 수 있다. 이 경우 미혼모나 미혼부가 자녀를 양육하지 아니하고 미혼모나 미혼부의 직계존속이 양육하는 경우에도 추가적인 복지급여를 실시할 수 있다.

한부모가족은 생활안정과 자립을 촉진하기 위하여 사업에 필요한 자금, 아동교육비, 의료비, 주택자금, 그 밖에 대통령령으로 정하는 한부모가족의 복지를 위하여 필요한 자금을 대여받을 수 있으며, 한부모가족의 모 또는 부와 아동의 직업능력을 개발하기 위하여 능력 및 적성 등을 고려한 직업능력개발훈련을 받을 수 있다. 또한 국가 또는 지방자치단체는 한부모가족의 모 또는 부와 아동의 고용을 촉진하기 위하여 적합한 직업을 알선하고 각종 사업장에 모 또는 부와 아동이 우선 고용되도록 노력하여야 한다.

국가나 지방자치단체는 한부모가족에게 가족지원서비스를 제공하도록 노력하여야 하는데, 아동의 양육 및 교육 서비스, 장애인, 노인, 만성질환자 등의 부양 서비스, 취사, 청소, 세탁 등 가사 서비스, 교육·상담 등 가족관계증진 서비스 등이 있고, 주택법에서 정하는 바에 따라 국민주택을 분양하거나 임대할 때에는 한부모가족에게 일정 비율이 우선 분양될 수 있도록 노력하도록 되어 있다.

2) 한부모가족복지시설

한부모가족복지시설은 다음과 같다.

① 출산지원시설 : 임신·출산 및 그 출산 아동의 양육을 위하여 주거 등을 지원하는 시설

② 양육지원시설 : 6세 미만 자녀를 동반한 한부모가족에게 자녀를 양육할 수 있도록 주거 등을 지원하는 시설

③ 생활지원시설 : 18세 미만 자녀를 동반한 한부모가족에게 자립을 준비할 수 있도록 주거 등을 지원하는 시설

④ 일시지원복지시설 : 배우자(사실혼 관계에 있는 사람을 포함한다)가 있으나 배우자의 물리적·정신적 학대로 아동의 건전한 양육이나 모의 건강에 지장을 초래할 우려가 있을 경우 일시적 또는 일정 기간 동안 모와 아동 또는 모에게 주거와 생계를 지원하는 시설

⑤ 한부모가족복지상담소 : 한부모가족에 대한 의기·자립 상담 또는 문제해결 지원 등을 목적으로 하는 시설

참고문헌

강희갑 · 김극명 · 김종배 · 오현숙 · 정일교(2016). 사회복지정책론. 경기 : 양성원.

고용노동부(2014). 산재보험 50년사 1964~2014.

고용수(2015). R&D의 혁신지향성 강화를 위한 새로운 평가방법 모색 : 발전적 평가(Developmental Evaluation)를 중심으로. Issue Papers, 2015－10, 1－43.

김영종(2014). 사회정책론(제2판). 서울 : 형성출판사.

김영화 · 박태정 · 장경은(2016). 사회정의실현을 위한 사회복지정책론. 경기 : 공동체.

김태성(2013). 한국사회복지정책론. 서울 : 청목출판사.

김태성 · 성경륭(2000) 복지국가론. 서울 : 나남출판사.

김형렬(1997). 정책결정론. 서울 : 대영문화사.

______(2000). 정책학. 경기 : 법문사.

김호진(1995). 한국정치체제론. 서울 : 박영사.

남세진 · 조홍식(1998). 한국사회복지론. 서울 : 나남출판사.

노병일(2016). 사회복지정책론. 경기 : 공동체.

박병현(2003). 사회복지정책론. 경기 : 현학사.

박순우(2004). T. H. Marshall 시민권론의 재해석. 사회복지정책, 20, 87－107.

서보준 · 김우호 · 신옥순 · 이진열 · 조재필(2022). 사회복지정책론. 경기 : 지식공동체.

송근원(1994). 사회복지와 정책과정. 경기 : 대영문화사.

양승일(2015). 사회복지정책론. 경기 : 양서원.

오석홍 · 김영평(2006). 정책학의 주요 이론. 경기 : 법문사.

오세영(2018). 사회복지정책론. 서울 : 신정출판사.

우명숙(2007). 한국의 복지제도 발전에서 산재보험 도입의 의미. 한국사회학, 41(3), 154－185.

원석조(2006). 사회복지정책론. 경기 : 양서원.

______(2010). 사회복지정책론. 경기 : 양서원.

윤홍식 · 송다영 · 김인숙(2010). 가족정책 : 복지국가의 새로운 전망. 경기 : 공동체.

이달휴(2010). 사회통합에서 본 사회보장법. 공법학연구, 11(2), 171－192.

이상우(2011). 개인연금의 이해(1) : 3층 · 다층 구조의 노후소득 보장체계. 보험연구원: KiRi금융보험해설.

이진숙 · 임소연(2021). 사회복지정책론. 경기 : 양성원.

이호연(1999). 맹자와 칸트 양심이론의 비교연구. 국민윤리연구, 393－413.

장인협(1998). 아동복지론. 서울 : 서울대학교출판부.

전재일 · 배일섭 · 정영숙(2000). 사회복지정책론. 서울 : 형설출판사.

_______________(2009). 사회복지정책론. 서울 : 형설출판사.

정기혜 · 김용하 · 이지현(2012). 주요국의 사회보장제도-미국편. 한국보건사회연구원.

정정길 · 최종원 · 이시원 · 정준금 · 정광호(2010). 정책학원론. 서울 : 대명출판사.

조성은 · 이방현 · 고경환 · 김수진 · 김회성 · 안수탄 · 오욱찬 · 유재언 · 이아영 · 임정미 · 이동석 · 길현종 · 김조설 · 안서연 · 양재진 · 윤홍식 · 이주영 · 최원구 · 최요한 · 김재현(2019). 한국 사회보장제도의 역사적 변화과정과 미래 발전 방향. 한국보건사회연구원.

통계청(2019). 장래인구추계 : 2017~2067년.

_____(2021). 2021 통계청 사회조사 결과.

_____(2023). 2023 고령자 통계.

_____(2023). 2023 통계청 사회조사 결과.

통계청 보도자료(2022). 노인빈곤 해소 및 안정적인 노후생활 보장을 위한 포괄적 연금통계 개발 추진. 제144회 국정현안점검조정회의(2022. 4. 14).

황윤원(1993). Richard I. Hofferbert의 정책결정변수이론. 정책학의 주요 이론. 서울 : 경세원.

Anderson, J. E.(1975). *Public Policy Making*. New York : Praeger Publishers, Inc.

Ashford, D. E.(1986). *The Emergence of the Welfare States*. Oxford : Basil Blackwell.

Baker, J.(1979). Social Conscience and Social Policy. *Journal of Social Policy, 8*(2), 177-206.

Buchholz, T. G.(1989). *New Ideas From Dead Economists*(이승환 역). 경기 : 김영사.

Butler, E.(2012). *Public Choice : A Primer*. London : The Institute of Economic Affairs.

Caiden, G. E.(1982). *Public Administration*(2nd ed.). California : Palisades Publishers.

Caldwell, L.(1990). *Environment : A Challenge for Modern Society*. New York : The Natural History Press.

Chelimsky. E.(1997). The Coming Transformations in Evaluation. In E. Chelimsky & W. R. Shadish(Eds.), *Evaluation For The 21st Century : A Handbook*. Thousand Oaks, California : Sage Publications.

Cobb, R. W., & Elder, C. D.(1983). *Participation in American Politics : The Dynamics of Agenda-Building*. Baltimore : The Jones Hopkins University Press.

Cobb, R. W., Ross, J. K. & Ross, M. H.(1976). Agenda Building as a Comparative Political Process. *American Political Science Review, 70*, 126-138.

Cohen, M. D., March, J. G., & Olsen, J. P.(1972). A Garbage Can Model of Organization Choice. *Administrative Science Quarterly, 17*(1), 1-25.

Collier, D., & Messick, R. E.(1975). Prerequisites versus diffusion : Testing alternative ex-planations of social security adoption. *American Political Science Review, 69*(1), 299-315.

deLone, P.(1982). New Perspectives on Program Termination. *Journal of Policy Analysis and Management, 2*(1), 103−128.

DiNitto, D. M.(1991). *Social Welfare Politics and Public Policy*(3rd ed.). New Jersey : Prentice Hall.

Drey, D.(1984). Evaluation and Termination in the Policy Cycle. *Policy Sciences, 17*(1), 13−14.

Dror, Y.(1983). *Public Policymaking Reexamined.* New Jersey : Transaction Books.

Dunn, W. N.(1981). *Public Policy Analysis.* Englewood Cliffs, New Jersey : Prentice−Hall.

Etzioni, A.(1986). Mixed Scanning Revisited. *Public Administration Review, 46*(1), 8−14.

Eyestone, R.(1978). *From Social Issue to Public Policy.* New York : John Wiley and Sons.

Ferge, Z.(1989). Social Policy and the Economy, In M. Bulmer, et al.(Ed.), *The Goals of Social Policy.* London : Unwin Hyman

Flora, P., & Alber, J.(1981). *The Development of Welfare States in Europe and America.* New Jersey : Transaction Books

Gerston, L. N.(1983). *Making Public Policy : From Conflict to Resolution.* Glenview, Illinois : Scott, Foresman and Company.

Ginsburg, N.(1973). *Class, Capital and Social Policy.* London : Macmillan.

Goldenberg, E. N.(1983). The Three Faces of Evaluation. *Journal of Policy Analysis and Management, 2*(4), 515−525.

Gough, I.(1979). *The Political Economy of the Welfare State.* London : Macmillan

Heffernan, J. W.(1992). *Social Welfare Policy.* New York : Longman.

______________(1992). *Social Work and Social Welfare : An Introduction*(2nd ed.). St. Paul, Minnesota : West Publishing Co.

Hofferbert, R. I.(1966). The Relationship Between Public Policy and Some Structural and Environmental Variables in the American States. *American Political Science Review, 60,* 73−82.

______________(1982). Differential Program Impact as a Function of Target Need. *Policy Studies Review, 2*(2), 279−292.

Jones, C. O.(1997). *An Introduction to the Study of Public Policy*(3rd ed.). Monterey, California : Brooks/ Cole.

Kalberg, S.(1980). Max Weber's Type of Rationality : Cornerstones for the Analysis of Rationalization Process in History. *The American Journal of Sociology, 85*(5), 1151−1164.

Kelman, S.(1987). *Making Public Policy : A Hopeful View of American Government.* New York : Basic Books.

Kendrick, F.(1974). *Strategies for Political Participation*(2nd ed.). Massachusetts : Winthrop Publishers Inc.

Kerr, C., Dunlop, J. T., Harbison, F., & Myers, C.(1964). *Industrialism and Industrial Man.* Oxford University Press.

Korpi. W.(1983). *The Democratic Class Struggle.* London : Routledge Kegan & Paul.

Lasswell, H. D.(1975). Research in Policy Analysis : The Intelligence and Appraisal Functions. In F. I. Greenstein, & N. W. Polsby(Eds.), *Handbook of Political Science : Policies and policy making.* Mass : Addison-Wesley publishing co.

Lowi, T. J.(1972). Four Systems of Policy, Politics, and Choice. *Public Administration Review, 32*(4), 298-310.

Magrabi, F. M., & Chung, Y. S.(1990). Impact of Health and Utility Expenditures on Consumption Patterns of the Elderly. *Society for Human Ecology, 1*, 1-25.

Marshall, T. H.(1963). *Sociology at The Crossroads, and other Essays.* London : Heinemann.

Nachmias, D.(1979). *Policy Evaluation.* New York : St. Martin's.

Nakamura, R. T., & Smallwood, F.(1980). *The Politics of Implementation.* New York : St. Martin's Press.

Nelson, B. L.(1984). *Making an Issue of Child Abuse : Political Agenda Setting for Social Problems.* Chicago : University of Chicago Press.

North, D .C., & Miller, R. L.(1994). 공공문제의 경제학(The Economics of Public Issues, 김상호 역). 인천 : 진영사.

O`Connor, J.(1973). *The Fiscal Crisis of the State.* New York : St. Martin's Press

Palumbo, D. J., & Nachmias, D.(1983). The Preconditions for Successful Evaluation : Is There an Ideal Paradigm?. *Policy Science, 15*, 67-79.

Pampel, F. C., & Williamson, J. B.(1989). *Age, Class, Politics, and the Welfare State.* Cambridge : Cambridge University Press.

Patton, Michael Q.(1982). *Utilization-Focused Evaluation.* Beverly Hills, CA : Sage Publications, Inc.

Patton, M. Q.(1997). A World Lager than Formative and Summative. *Evaluation Practice, 18*(2), 147-163.

__________(2011). *Developmental Evaluation : Applying Complexity Concepts to Enhance Innovation and Use.* New York : The Guilford Press.

Pinker, R.(1979). *The Idea of Welfare.* London : Heinemann.

Piven, F. F., & Cloward, R.(1971). *Regulating the Poor : The Functions of Public Welfare.* New York : Pantheon Books.

Powell, M., & Hewitt, M.(2002). *Welfare State and Welfare Change*. Buckingham : Open University Press.

Ripley, R. B., & Franklin, G. A.(1986). *Policy Implementation and Bureaucracy*(2nd ed.). Homewood, Illinois : The Dorsey Press.

Rossi, P. H., & Freeman, H. E.(1989). *Evaluation : A Systematic Approach*(4th ed.). California : Sage Publications.

Scriven, M.(1991). *Evaluation Thesaurus*(4th ed.). New York : Sage Publications.

Simon, H. A.(1976). From Substantive to Procedural Rationality. In Spiro J. Latsis(Ed.), *Method and Appraisal in Economics*. Cambridge, Massachusetts : Cambridge University Press.

Skidmore, R. A.(1995). *Social Work Administration : Dynamic Management and Human Relationships*. Boston : Allyn and Bacon.

Schumpeter, J. A.(1975). *Capitalism, Socialism and Democracy*. New York : Harper and Row.

Starling, G.(1988). *Strategies for Policy Making*. Chicago : The Dorsey Press.

Titmuss, R.(1963). *Essays on the Welfare State, The Social Division of Welfare*. Boston : Beacon Press.

Weber, M.(1964). The Essentials of Bureaucratic Organization : An Ideal Type Construction. In Robert K. Merton, et al.(Eds.), *Reader in Bureaucracy*. New York : The Free Press.

Weir, M., & Skocpol, T.(1985). 4－State Structures and the Possibilities for "Keynesian" Responses to the Great Depression in Sweden, Britain, and the United States. In P. Evans, D. Rueschemeyer, & T. Skocpol(Eds.), *Bringing the State Back In*. Cambridge : Cambridge University Press.

World Bank(2005). *Old Age Income Support in the 21st Century*. Washington : The World Bank.

4대보험정보연계센터. www.4insure.or.kr

건강보험공단. www.nhis.or.kr

고용보험. www.ei.go.kr

국가법령정보센터. www.law.go.kr

국민연금공단. www.nps.or.kr

근로복지공단. www.kcomwel.or.kr

노인장기요양보험. www.longtermcare.or.kr

보건복지부. www.mohw.go.kr

한국사회보험연구소. www.kisipeople.blogspot.com

찾아보기

저/자/약/력

■ 정영숙

미국 University of Illinois at Urbana-Champaign 철학박사 Ph.D
University of Minnesota 객원 교수
Women in International Development(미국 WID) 연구교수
대구광역시 여성정책위원장
한국재활심리학회 이사
한국정서행동장애학회 이사
현 대구대학교 아동가정복지학과 명예교수

■ 서종수

대구대학교 철학박사
한국복지행정학회 편집위원장
한국청소년상담학회 편집위원장 및 학술위원장
가정과삶의질학회 편집위원장
한국복지상담교육학회 편집위원
현 대구대학교 아동가정복지학과 부교수

■ 김문수

대구대학교 철학(사회복지학)박사
행정고등고시 사회복지직 사회복지학 재검토위원
구미시사회복지협의회 부회장
구미시사회복지사협회 부회장
경북행복재단 시험위원
현 구미대학교 사회복지과 교수

■ 이미영

대구대학교 철학(사회복지학)박사
영남사이버대학교 사회복지학과 교수
경북과학대학교 지역복지센터장, 학생상담센터장
한국에니어그램상담학회 부회장
경북사회복지사협회 사회복지인인권센터 심리지원위원장
현 경북과학대학교 사회복지과 조교수

■ 이우구

대구대학교 철학박사
대구대학교 가정복지학과 겸임교수
사회복지법인 한기장복지재단 은빛재가통합지원센터 팀장
구미대학교 사회복지과 초빙교수
현 사회복지법인 에덴원 효사랑시니어센터 사무국장

■ 양지훈

경북대학교 사회복지학박사
한국뇌연구원 학생정신브레인센터 연구원
경북대학교 사회과학연구원 데이터분석센터 연구원
인천고령사회대응센터 부연구위원
현 인천연구원 연구위원

제2판
사회복지정책론

|공저자| 정영숙 · 서종수 · 김문수 · 이미영 · 이우구 · 양지훈

|1판 1쇄| 발행 2024년 7월 30일
|2판 1쇄| 발행 2026년 2월 25일

|발행인| 김 동 훈
|발행처| 공 동 체

|주소| 경기도 고양시 일산동구 호수로 358-39, 동문타워Ⅰ 905호(백석동)
|전화| 031) 814-3000(대표)
|팩스| 031) 814-3100
|홈페이지| http://www.compub.co.kr
|전자우편| compub@naver.com
|출판등록| 2005년 10월 6일
|등록번호| 제396-2005-36호

|ISBN| 979－11－7554－082－8
정가 23,000원